HISTOIRE
DE LA
LITTÉRATURE ANGLAISE

TOME QUATRIÈME

740 — PARIS, IMPRIMERIE LALOUX Fils et GUILLOT
7, rue des Canettes, 7

HISTOIRE

DE LA

LITTÉRATURE ANGLAISE

PAR H. TAINE

TOME QUATRIÈME

QUATRIÈME ÉDITION REVUE ET AUGMENTÉE

PARIS
LIBRAIRIE HACHETTE ET Cie
79, BOULEVARD SAINT-GERMAIN, 79

1878

Tous droits réservés.

HISTOIRE DE LA LITTÉRATURE ANGLAISE.

LIVRE III.

L'AGE CLASSIQUE.

(SUITE.)

CHAPITRE V.

Swift.

I. Les débuts de Swift. — Son caractère. — Son orgueil. — Sa sensibilité. — Sa vie chez sir W. Temple. — Chez lord Berkeley. — Son rôle politique. — Son importance. — Son insuccès. — Sa vie privée. — Ses amours. — Son désespoir et sa folie.

II. Son esprit. — Sa puissance et ses limites. — L'esprit prosaïque et positiviste. — Comment il est situé entre la vulgarité et le génie. — Pourquoi il est destructif.

III. Le pamphlétaire. — Comment en ce moment la littérature entre dans la politique. — Différence des partis en France et en Angleterre. — Différence des pamphlets en France et en Angleterre. — Conditions du pamphlet littéraire. — Conditions du pamphlet efficace. — Ces pamphlets sont spéciaux et pratiques. — L'*Examiner*. — Les *Lettres du Drapier*. — Le *Portrait de lord*

Wharton. — *Argument contre l'abolition du christianisme.* — L'invective politique. — La diffamation personnelle. — Le bon sens incisif. — L'ironie grave.

IV. Le poëte. — Comparaison de Swift et de Voltaire. — Sérieux et dureté de ses badinages. — *Bickerstaff.* — Rudesse de sa galanterie. — *Cadénus et Vanessa.* — Sa poésie prosaïque et réaliste. — *La grande question débattue.* — Énergie et tristesse de ses petits poëmes. — Vers *sur sa propre mort.* — A quels excès il aboutit.

V. Le conteur et le philosophe. — Le *Conte du Tonneau.* — Son jugement sur la religion, la science, la philosophie et la raison. — Comment il diffame l'intelligence humaine. — Les *Voyages de Gulliver.* — Son jugement sur la société, le gouvernement, les conditions et les professions. — Comment il diffame la nature humaine. — Derniers pamphlets. — Construction de son caractère et de son génie.

En 1685, dans la grande salle de l'université de Dublin, les professeurs occupés à conférer les grades de bachelier eurent un singulier spectacle : un pauvre écolier, bizarre, gauche, aux yeux bleus et durs, orphelin, sans amis, misérablement entretenu par la charité d'un oncle, déjà refusé pour son ignorance en logique, se présentait une seconde fois sans avoir daigné lire la logique. En vain son *tutor* lui apportait les in-folio les plus respectables : Smeglesius, Keckermannus, Burgersdicius. Il en feuilletait trois pages, et les refermait au plus vite. Quand vint l'argumentation, le *proctor* fut obligé de lui mettre ses arguments en forme. On lui demandait comment il pourrait bien raisonner sans les regles ; il répondit qu'il raisonnait fort bien sans les règles. Cet excès de sottise fit scandale ; on le reçut pourtant, mais à grand'peine, *speciali gratia*, dit le registre, et les professeurs s'en allèrent, sans doute avec des risées de pitié, plaignant le cerveau débile de Jonathan Swift.

I

Ce furent là sa première humiliation et sa première révolte. Toute sa vie fut semblable à ce moment, comblée et ravagée de douleurs et de haines. A quel excès elles montèrent, son portrait et son histoire peuvent seuls l'indiquer. Il eut l'orgueil outré et terrible, et fit plier sous son arrogance la superbe des tout-puissants ministres et des premiers seigneurs. Simple journaliste, ayant pour tout bien un petit bénéfice d'Irlande, il traita avec eux d'égal à égal. M. Harley, le premier ministre, lui ayant envoyé un billet de banque pour ses premiers articles, il se trouva offensé d'être pris pour un homme payé, renvoya l'argent, exigea des excuses; il les eut, et écrivit sur son journal : « J'ai rendu mes bonnes grâces à M. Harley[1]. » Un autre jour, ayant trouvé que Saint-John, le secrétaire d'État, lui faisait froide mine, il l'en tança rudement. « Je l'avertis que je ne voulais pas être traité
« comme un écolier, que tous les grands ministres
« qui m'honoraient de leur familiarité devaient, s'ils
« entendaient ou voyaient quelque chose à mon dé-
« savantage, me le faire savoir en termes clairs, et
« ne point me donner la peine de le deviner par le

---

1. I have taken M. Harley into favour again.

« changement ou la froideur de leur contenance ou
« de leurs manières; que c'était là une chose que je
« supporterais à peine d'une tête couronnée, mais
« que je ne trouvais pas que la faveur d'un sujet valût
« ce prix; que j'avais l'intention de faire la même
« déclaration à milord garde des sceaux et à M. Har-
« ley, pour qu'ils me traitassent en conséquence[1]. »
Saint-John l'approuva, se justifia, dit qu'il avait passé
plusieurs nuits à travailler, une nuit à boire, et que
sa fatigue avait pu paraître de la mauvaise humeur.
Dans le salon de réception, Swift allait causer avec
quelque homme obscur et forçait les lords à venir le
saluer et lui parler. « M. le secrétaire d'État me dit
« que le duc de Buckingham désirait faire ma con-
« naissance; je répondis que cela ne se pouvait, qu'il
« n'avait pas fait assez d'avances. Le duc de Shrews-
« bury dit alors qu'il croyait que le duc n'avait pas
« l'habitude de faire des avances. Je dis que je n'y
« pouvais rien, car j'attendais toujours des avances

---

1. I will not see him (M. Harley) till he makes amends.... I was deaf to all entreaties, and have desired Lewis to go to him, and let him know that I expected further satisfaction. If we let these great ministers pretend too much, there will be no governing them....
One thing I warned him of, never to appear cold to me, for I would not be treated like a school-boy; that I expected every great minister who honoured me with his acquaintance, if he heard or saw anything to my disadvantage, would let me know in plain words, and not put me in pain to guess by the change or coldness of his countenance or behaviour; for it was what I would hardly bear from a crowned head; and I thought no subject's favour was worth it; and that I designed to let my lord Keeper and M. Harley know the same thing, that they might use me accordingly.

« en proportion de la qualité des gens, et plus de la
« part d'un duc que de la part d'un autre homme¹. »
Il triomphait dans son arrogance, et disait avec une
joie contenue et pleine de vengeance : « On passe là
« une demi-heure assez agréable². » Il allait jusqu'à
la brutalité et la tyrannie ; il écrivait à la duchesse de
Queensbury : « Je suis bien aise que vous sachiez
« votre devoir ; car c'est une règle connue et établie
« depuis plus de vingt ans en Angleterre, que les pre-
« mières avances m'ont constamment été faites par
« toutes les dames qui aspiraient à me connaître, et
« plus grande était leur qualité, plus grandes étaient
« leurs avances³. » Le glorieux général Webb, avec

1. Mr secretary told me the duke of Buckingham had been talking much to him about me, and desired my acquaintance. I answered it could not be, for he had not made sufficient advances. Then the duke of Shrewsbury said he thought the duke was not used to make advances. I said I could not help that. For I always expected advances in proportion to men's quality, and more from a duke than from any other man.
I saw lord Halifax at court, and we joined and talked, and the duchess of Shrewsbury came up and reproached me for not dining with her. I said that was not so soon done, for I expected more advances from ladies, especially duchesses. She promised to comply.... Lady Oglethorp brought me and the duchess of Hamilton together to day in the drawing-room, and I have given her some encouragement, but not much. (*Journal*, 19 mai et 7 octobre.)
2. I generally am acquainted with about thirty in the drawing-room, and am so proud that I make all the lords come up to me. One passes half an hour pleasant enough.
3. I am glad you know your duty; for it has been a known and established rule above twenty years, that the first advances have been constantly made me by ladies who aspired to my acquaintance, and the greater their quality, the greater were their advances.

sa béquille et sa canne, montait en boitant ses deux étages pour le féliciter et l'inviter; Swift acceptait, puis, une heure après, se désengageait, aimant mieux dîner ailleurs. Il semblait se regarder comme un être d'espèce supérieure, dispensé des égards, ayant droit aux hommages, ne tenant compte ni du sexe, ni du rang, ni de la gloire, occupé à protéger et à détruire, distribuant les faveurs, les blessures et les pardons. Addison, puis lady Giffard, une amie de vingt ans, lui ayant manqué, il refusa de les reprendre en grâce, s'ils ne lui demandaient pardon. Lord Landsdowne, ministre de la guerre, s'étant trouvé blessé d'un mot dans l'*Examiner*, « je fus hautement irrité, dit Swift, « qu'il se fût plaint de moi avant de m'avoir parlé. « Je ne lui dirai plus une parole avant qu'il ne m'ait « demandé pardon [1]. » Il traita l'art comme les hommes, écrivant d'un trait, dédaignant « la dégoû-« tante besogne de se relire, » ne signant aucun de ses livres, laissant chaque écrit faire son chemin seul, sans le secours des autres, sans le patronage de son nom, sans la recommandation de personne. Il avait l'âme d'un dictateur, altérée de pouvoir, et ouvertement, disant « que tous ses efforts pour se distinguer « venaient du désir d'être traité comme un lord [2]. » — « Que j'aie tort ou raison, ce n'est pas l'affaire. La

---

1. This I resented highly that he should complain of me before he spoke to me. I sent him a peppering letter, and would not summon him by a note as I did the rest. Nor ever will have any thing to say to him till he begs my pardon.
2. Lettre à Bolingbroke.

« renommée d'esprit ou de grand savoir tient lieu
« d'un ruban bleu ou d'un carrosse à six bêtes. » Mais
ce pouvoir et ce rang, il se les croyait dus ; il ne demandait pas, il attendait. « Je ne solliciterai jamais
« pour moi-même, quoique je le fasse souvent pour
« les autres. » Il voulait l'empire, et agissait comme
s'il l'avait eu. La haine et le malheur trouvent leur
sol natal dans ces esprits despotiques. Ils vivent en
rois tombés, toujours insultants et blessés, ayant
toutes les misères de l'orgueil, n'ayant aucune des
consolations de l'orgueil, incapables de goûter ni la
société ni la solitude, trop ambitieux pour se contenter du silence, trop hautains pour se servir du
monde, nés pour la rébellion et la défaite, destinés
par leur passion et leur impuissance au désespoir
et au talent.

La sensibilité ici exaspérait les plaies de l'orgueil.
Sous ce flegme du visage et du style bouillonnaient
des passions furieuses. Il y avait en lui une tempête
incessante de colères et de désirs. « Une personne de
« haut rang en Irlande (qui daignait s'abaisser jus-
« qu'à regarder dans mon esprit) avait coutume de
« dire que cet esprit était comme un démon conjuré,
« qui ravagerait tout si je ne lui donnais de l'em-
« ploi[1]. » Le ressentiment s'enfonçait en lui plus
avant et plus brûlant que dans les autres hommes. Il

---

1. A person of great honour in Ireland (who was pleased to stoop so low as to look into my mind) used to tell me that my mind was like a conjured spirit, that would do mischief, if I would not give it employment.

faut écouter le profond soupir de joie haineuse avec lequel il contemple ses ennemis sous ses pieds. « Tous « les whigs étaient ravis de me voir ; ils se noient et « voudraient s'accrocher à moi comme à une branche ; « leurs grands me faisaient tous gauchement des « apologies. Cela est bon de voir la lamentable con- « fession qu'ils font de leur sottise [1]. » Et un peu après : « Qu'ils crèvent et pourrissent, les chiens d'in- « grats ! Avant de partir d'ici, je les ferai repentir de « leur conduite.... J'ai gagné vingt ennemis pour « deux amis, mais au moins j'ai eu ma vengeance. » Il est assouvi et comblé ; comme un loup et comme un lion, il ne se soucie plus de rien.

Cette fougue l'emportait à travers toutes les témérités et toutes les violences. Ses *Lettres du Drapier* avaient soulevé l'Irlande contre le gouvernement, et le gouvernement venait d'afficher une proclamation promettant récompense à qui dénoncerait le *drapier*. Swift entre brusquement dans la grande salle de réception, écarte les groupes, arrive devant le lord-lieutenant, le visage enflammé, et d'une voix tonnante : « Très-bien, milord-lieutenant ; c'est un « glorieux exploit que votre proclamation d'hier « contre un pauvre boutiquier dont tout le crime est « d'avoir voulu sauver ce pays [2]. » Et il déborda en

---

1. All the whigs were ravished to see me, and would have laid hold on me as a twig, to save them from sinking; and the great men were all making me their clumsy apologies. It is good to see what a lamentable confession the whigs all make of my ill usage.
2. So, my lord lieutenant, this is a glorious exploit that you per-

invectives au milieu du silence et de la stupeur. Le lord, homme d'esprit, lui répondit doucement. Devant ce torrent, on se détournait. Ce cœur bouleversé et dévoré ne comprenait rien au calme de ses amis; il leur demandait « si les corruptions et les scélératesses « des hommes au pouvoir ne mangeaient pas leur « chair et ne séchaient pas leur sang. » La résignation le révoltait. Ses actions, brusques, bizarres, partaient du milieu de son silence comme des éclairs. Il était étrange et violent en tout, dans sa plaisanterie, dans ses affaires privées, avec ses amis, avec les inconnus; souvent on le crut en démence. Addison et ses amis voyaient depuis plusieurs jours à leur café un ecclésiastique singulier qui mettait son chapeau sur la table, marchait à grands pas pendant une heure, payait et partait, n'ayant rien regardé et n'ayant pas dit un mot. Ils l'appelèrent le *curé fou.* Un soir ce curé aperçoit un gentilhomme nouveau débarqué, va droit à lui, et, sans saluer, lui demande : « Dites-moi, mon- « sieur, vous rappelez-vous un jour de beau temps « dans ce monde? » L'autre, étonné, répond, après quelques instants, qu'il se rappelle beaucoup de pareils jours. « C'est plus que je ne puis dire : je ne me « rappelle aucun temps qui n'ait été trop chaud ou trop « froid, trop humide ou trop sec ; mais, avec tout cela, « le seigneur Dieu s'arrange pour qu'à la fin de l'an « tout soit très-bien. » Sur ce sarcasme, il tourne les

---

formed yesterday, in issuing a proclamation against a poor shopkeeper, whose only crime is an honest endeavour to save his country from ruin.

talons et sort : c'était Swift. — Un autre jour, chez le comte de Burlington, en quittant la table, il dit à la maîtresse de la maison : « Lady Burlington, j'apprends « que vous chantez. Chantez-moi un air. » La dame irritée refuse. « Elle chantera, ou je l'y forcerai. Eh « bien! madame, je suppose que vous me prenez pour « un de vos curés de carrefour. Chantez quand je « vous le commande. » Le comte s'étant mis à rire, la dame pleura et se retira. Quand Swift la revit, il lui dit pour première parole : « Dites-moi, madame, « êtes-vous aussi fière et d'aussi mauvais caractère « aujourd'hui que la dernière fois? » Les gens s'étonnaient ou s'amusaient de ces sorties ; j'y vois des sanglots et des cris, les explosions de longues méditations impérieuses ou amères : ce sont les soubresauts d'une âme indomptée qui frémit, se cabre, brise les barrières, se blesse, écrase ou froisse ceux qu'elle rencontre ou qui veulent l'arrêter. Il a fini par la folie ; il la sentait venir, il l'a décrite horriblement; il en a goûté par avance la nausée et la lie; il la portait sur son visage tragique, dans ses yeux terribles et hagards. Voilà le puissant et douloureux génie que la nature livrait en proie à la société et à la vie ; la société et la vie lui ont versé tous leurs poisons.

Il a subi la pauvreté et le mépris dès l'âge où l'esprit s'ouvre, à l'âge où le cœur est fier[1], à peine soutenu par les maigres aumônes de sa famille, sombre et sans espérance, sentant sa force et les dangers de

---

1. Il avait esquissé dès cette époque *le Conte du Tonneau.*

sa force[1]. A vingt et un ans, secrétaire chez sir William Temple, il eut par an vingt livres sterling de gages, mangea à la table des premiers domestiques, écrivit des odes pindariques en l'honneur de son maître, emboursa dix ans durant les humiliations de la servitude et la familiarité de la valetaille, obligé d'aduler un courtisan goutteux et flatté, de subir milady sa sœur, agité d'angoisses « dès qu'il voyait un « peu de froideur[2] » dans les yeux de sir William, leurré d'espérances vaines, contraint après un essai d'indépendance de reprendre la livrée qui l'étouffait. « Pauvres hères, cadets du ciel, indignes de son soin, « nous sommes trop heureux d'attraper les restes et « le rebut de la table[3] ! » — « C'est pourquoi, quand « vous trouvez que les années viennent sans espé- « rance d'une place, je vous conseille d'aller sur la « grande route, seul poste d'honneur qui vous soit « laissé ; vous y rencontrerez beaucoup de vos vieux

---

1. Il dit à la muse :

>Wert thou right woman, thou should'st scorn to look
>On an abandon'd wretch by hopes forsook,
>Forsook by hopes, ill fortune's last relief,
>Assign'd for life to unremitting grief,
>To thee I owe that fatal bend of mind
>Still to unhappy restless thoughts inclined;
>To thee what oft I vainly strive to hide,
>That scorn of fools, by fools mistook for pride.

2. Don't you remember how I used to be in pain when sir William Temple would look cold and out of humour for three or four days, and I used to suspect a hundred reasons? I have plucked up my spirit since then, faith. He spoiled a fine gentleman.

3. Poor we! cadets of Heaven, not worth her care,
Take up at best with lumber and the leavings of a fare.

« camarades, et vous y ferez une vie courte et bonne. » Suivent des avis sur la conduite qu'ils devront tenir lorsqu'on les mènera à la potence. Voilà ses instructions aux domestiques ; il racontait ainsi ce qu'il avait souffert. A trente et un ans, espérant une place du roi Guillaume III, il édita les œuvres de son patron, les dédia au souverain, lui remit un placet, n'eut rien, et retomba au poste de secrétaire chez lord Berkeley, cette fois chapelain de la famille, avec tous les dégoûts dont ce rôle de valet ecclésiastique rassasiait alors un homme de cœur. « J'honore la soutane, dit la servante « Harris[1], je veux être femme d'un curé. Que Vos « Excellences me donnent une lettre avec un ordre « pour le chapelain[2] ! » Les excellences, lui ayant promis le doyenné de Derry, le donnèrent à un autre. Rejeté vers la politique, il écrivit un pamphlet whig, *les Dissensions d'Athènes et de Rome*, reçut de lord Halifax et des chefs du parti vingt belles promesses, et fut planté là. Vingt ans d'insultes sans vengeance et d'humiliations sans relâche, le tumulte intérieur de tant d'espérances nourries, puis écrasées, des rêves violents et magnifiques subitement flétris par la contrainte d'un métier machinal, l'habitude de souffrir et de haïr, la nécessité de cacher sa haine et sa souffrance, la conscience d'une supériorité blessante, l'isolement du génie et de l'orgueil, l'aigreur de la

---

1. *Mistress Harris's petition.*
2. You know I honour the cloth; I design to be a parson's wife....
And over and above, that I may have your excellencies letter
With an order for the chaplain aforesaid, or instead of him a better.

colère amassée et du dédain engorgé, voilà les aiguillons qui l'ont lancé comme un taureau. Plus de mille pamphlets en quatre ans vinrent l'irriter encore, avec les noms de *renégat*, de *traître* et *d'athée*. Il les écrasa tous, mit le pied sur leur parti, s'abreuva du poignant plaisir de la victoire. Si jamais âme fut rassasiée de la joie de déchirer, d'outrager et de détruire, ce fut celle-là. Le débordement du mépris, l'ironie implacable, la logique accablante, le cruel sourire du combattant qui marque d'avance l'endroit mortel où il va frapper son ennemi, marche sur lui et le supplicie à loisir, avec acharnement et complaisance, ce sont les sentiments qui l'ont pénétré et qui ont éclaté hors de lui, avec tant d'âpreté qu'il se barra lui-même sa carrière [1], et que de tant de hautes places vers lesquelles il étendait la main, il ne lui resta qu'un poste de doyen dans la misérable Irlande. L'avénement de George Ier l'y exila; l'avénement de George II, sur lequel il comptait, l'y confina. Il s'y débattit d'abord contre la haine populaire, puis contre le ministère vainqueur, puis contre l'humanité tout entière, par des pamphlets sanglants, par des satires désespérées; il y savoura encore une fois le plaisir de combattre et de blesser [2]; il y souffrit jusqu'au bout, assombri par le progrès de l'âge, par le spectacle de l'oppression et de la misère, par le sentiment de son impuissance,

---

1. Par *le Conte du Tonneau* auprès du clergé, et par *la Prophétie de Windsor* auprès de la reine.
2. *Lettres du Drapier*, *Gulliver*, *Rhapsodie sur la poésie*, *Proposition modeste*, divers pamphlets sur l'Irlande.

furieux « de vivre parmi des esclaves, » enchaîné et vaincu. « Chaque année, dit-il, ou plutôt chaque mois « je me sens plus entraîné à la haine et à la ven- « geance, et ma rage est si ignoble qu'elle descend « jusqu'à s'en prendre à la folie et à la lâcheté du « peuple esclave parmi lequel je vis[1]. » Ce cri est l'abrégé de sa vie publique; ces sentiments sont les matériaux que la vie publique a fournis à son talent.

Il les retrouvait dans la vie privée, plus violents et plus intimes. Il avait élevé et aimé purement une jeune fille charmante, instruite, honnête, Esther Johnson, qui dès l'enfance l'avait chéri et vénéré uniquement. Elle habitait avec lui, il avait fait d'elle sa confidente. De Londres, pendant ses combats politiques, il lui envoyait le journal complet de ses moindres actions; il écrivait pour elle deux fois par jour, avec une familiarité, un abandon extrêmes, avec tous les badinages, toutes les vivacités, tous les noms mignons et caressants de l'épanchement le plus tendre. Cependant une autre jeune fille belle et riche, miss Vanhomrigh, s'attachait à lui, lui déclarait son amour, recevait plusieurs marques du sien, le suivait en Irlande, tantôt jalouse, tantôt soumise, mais si passionnée, si malheureuse, que ses lettres auraient brisé le cœur le plus dur. « Si vous continuez à me traiter « comme vous le faites, je n'aurai pas à vous gêner

---

1. I find myself disposed every year or rather every month to be more angry and revengeful; and my rage is so ignoble that it descends even to resent the folly and baseness of the enslaved people among whom I live.

« longtemps.... Je crois que j'aurais supporté plus
« volontiers la torture que ces mortelles, mortelles
« paroles que vous m'avez dites.... Oh! s'il vous restait
« seulement assez d'intérêt pour moi pour que cette
« plainte pût toucher votre pitié[1]! » Elle languit et
mourut. Esther Johnson, qui si longtemps avait eu
tout le cœur de Swift, souffrait encore davantage. Tout
était changé dans la maison de Swift. « A mon arrivée,
« dit-il, je crus que je mourrais de chagrin, et tout
« le temps qu'on mit à m'installer, je fus horriblement
« triste. » Des larmes, la défiance, le ressentiment,
un silence glacé, voilà ce qu'il trouvait à la place de la
familiarité et des tendresses. Il l'épousa par devoir,
mais en secret, et à la condition qu'elle ne serait sa
femme que de nom. Pendant douze ans, elle dépérit;
Swift s'en allait le plus souvent qu'il pouvait en Angleterre. Sa maison lui était un enfer; on soupçonne
qu'une infirmité physique s'était mêlée à ses amours
et à son mariage. Un jour, Delany, son biographe,
l'ayant trouvé qui causait avec l'archevêque King, vit
l'archevêque en larmes, et Swift qui s'enfuyait le visage bouleversé. « Vous venez de voir, dit le prélat,
« *le plus malheureux homme de la terre*; mais sur la
« cause de son malheur, vous ne devez jamais faire
« une question. » Esther Johnson mourut; quelles

---

1. If you continue to treat me as you do, you will not be made uneasy by me long.... I am sure I could have born the rack much better than those killing, killing words of you.... O, that you may have but so much regard for me left, that this complaint may touch your soul with pity!

furent les angoisses de Swift, de quels spectres il fut poursuivi, dans quelles horreurs le souvenir de deux femmes minées lentement et tuées par sa faute le plongea et l'enchaîna, rien que sa fin peut le dire. « Il est temps pour moi d'en finir avec le monde...; « mais je mourrai ici dans la rage comme un rat « empoisonné dans son trou[1]... » L'excès du travail et des émotions l'avait rendu malade dès sa jeunesse : il avait des vertiges; il n'entendait plus. Il sentait depuis longtemps que sa raison l'abandonnerait. Un jour on l'avait vu s'arrêter devant un orme découronné, le contempler longtemps, et dire : « Je serai comme cet « arbre, je mourrai d'abord par la tête[2]. » Sa mémoire le quittait, il recevait les attentions des autres avec dégoût, parfois avec fureur. Il vivait seul, morne, ne pouvant plus lire. On dit qu'il passa une année sans prononcer une parole, ayant horreur de la figure humaine, marchant dix heures par jour, maniaque, puis idiot. Une tumeur lui vint sur l'œil, telle qu'il resta un mois sans dormir, et qu'il fallut cinq personnes pour l'empêcher de s'arracher l'œil avec les ongles. Un de ses derniers mots fut : « Je suis fou. » Son testament ouvert, on trouva qu'il léguait toute sa fortune pour bâtir un hôpital de fous.

1. It is time for me to have done with the world.... And so I would,... and not die here in a rage, like a poisoned rat in a hole.
2. I shall be like that tree. I shall die at the top.

II

Il a fallu ces passions et ces misères pour inspirer les *Voyages de Gulliver* et le *Conte du Tonneau*.

Il a fallu encore une forme d'esprit étrange et puissante, aussi anglaise que son orgueil et ses passions. Il a le style d'un chirurgien et d'un juge, froid, grave, solide, sans ornement, ni vivacité, ni passion, tout viril et pratique. Il ne veut ni plaire, ni divertir, ni entraîner, ni toucher ; il ne lui arrive jamais d'hésiter, de redoubler, de s'enflammer ou de faire effort. Il prononce sa pensée d'un ton uni, en termes exacts, précis, souvent crus, avec des comparaisons familières, abaissant tout à la portée de la main, même les choses les plus hautes, surtout les choses les plus hautes, avec un flegme brutal et toujours hautain. Il sait la vie comme un banquier sait ses comptes, et une fois son addition faite, il dédaigne ou assomme les bavards qui en disputent autour de lui.

Avec le total il sait les parties. Non-seulement il saisit familièrement et vigoureusement chaque objet, mais encore il le décompose et possède l'inventaire de ses détails. Il a l'imagination aussi minutieuse qu'énergique. Il peut vous donner sur chaque événement et sur chaque objet un procès-verbal de circonstances sèches, si bien lié et si vraisemblable qu'il vous fera illusion. Les voyages de son Gulliver sembleront un journal de bord. Les prédictions de son Bickerstaff seront prises à la lettre par l'inquisition de Portugal. Le récit de son *M. du Baudrier* paraîtra une traduction authentique. Il donnera au roman extravagant l'air d'une histoire certifiée. Par cette science détaillée et solide, il importe dans la littérature l'esprit positif des hommes de pratique et d'affaires. Il n'y en a pas de plus fort, ni de plus borné, ni de plus malheureux ; car il n'y en pas de plus destructeur. Nulle grandeur fausse ou vraie ne se soutient devant lui ; les choses sondées et maniées perdent à l'instant leur prestige et leur valeur. En les décomposant, il montre leur laideur réelle et leur ôte leur beauté fictive. En les mettant au niveau des objets vulgaires, il leur supprime leur beauté réelle et leur imprime une laideur fictive. Il présente tous leurs traits grossiers, et ne présente que leurs traits grossiers. Regardez comme lui les détails physiques de la science, de la religion, de l'État, et réduisez comme lui la science, la religion et l'État à la bassesse des événements journaliers ; comme lui, vous verrez, ici, un Bedlam de rêveurs ratatinés, de cerveaux étroits et chimériques, occupés à se contredire, à ramasser dans des bouquins moisis des phrases vides, à inventer des conjectures qu'ils crient comme des vérités ; là, une bande d'enthousiastes marmottant des phrases qu'ils n'entendent pas, adorant des figures de style en guise de mystères, attachant la sainteté ou l'impiété à des manches d'habit ou à des postures, dépensant en persécutions et en génuflexions le surcroît de folie moutonnière et féroce dont le ha sard malfaisant a gorgé leurs cerveaux; là-bas, des troupeaux d'idiots qui livrent leur sang et leurs biens aux caprices et aux calculs d'un monsieur en carrosse, par respect pour le carrosse qu'ils lui ont fourni. Quelle partie de la nature ou de la vie humaine peut subsister grande et belle devant un esprit qui, pénétrant tous les détails, aperçoit l'homme à table, au lit, à la garde-robe, dans toutes ses actions plates ou basses, et qui ravale toute chose au rang des événements vulgaires, des plus mesquines circonstances de friperie et de pot-au-feu? Ce n'est pas assez pour l'esprit positif de voir les ressorts, les poulies, les quinquets et tout ce qu'il y a de laid dans l'opéra auquel il assiste; par surcroît, il l'enlaidit, l'appelant parade. Ce n'est pas assez de n'y rien ignorer, il veut encore n'y rien admirer. Il traite les choses en outils domestiques; après en avoir compté les matériaux, il leur impose un nom ignoble; pour lui, la nature n'est qu'une marmite où cuisent des ingrédients dont il sait la proportion et le nombre. Dans cette force et dans cette faiblesse, vous voyez d'avance la misanthropie de Swift et son talent.

C'est qu'il n'y a que deux façons de s'accommoder au monde : la médiocrité d'esprit et la supériorité d'intelligence; l'une à l'usage du public et des sots, l'autre à l'usage des artistes et des philosophes; l'une qui consiste à ne rien voir, l'autre qui consiste à voir tout. Vous respecterez les choses respectées, si vous n'en regardez que la surface, si vous les prenez telles qu'elles se donnent, si vous vous laissez duper par la belle apparence qu'elles ne manquent jamais de revêtir. Vous saluerez dans vos maîtres l'habit doré dont ils s'affublent, et vous ne songerez jamais à sonder les souillures qui sont cachées par la broderie. Vous serez attendri par les grands mots qu'ils répètent d'un ton sublime, et vous n'apercevrez jamais dans leur poche le manuel héréditaire où ils les ont pris. Vous leur porterez pieusement votre argent et vos services ; la coutume vous paraîtra justice, et vous accepterez cette doctrine d'oie, qu'une oie a pour devoir d'être un rôti. Mais d'autre part vous tolérerez et même vous aimerez le monde, si, pénétrant dans sa nature, vous vous occupez à expliquer ou à imiter son mécanisme. Vous vous intéresserez aux passions par la sympathie de l'artiste ou par la compréhension du philosophe ; vous les trouverez naturelles en ressentant leur force, ou vous les trouverez nécessaires en calculant leur liaison ; vous cesserez de vous indigner contre des puissances qui produisent de beaux spectacles, ou vous cesserez de vous emporter contre des contre-coups que la géométrie des causes avait prédits ; vous admirerez le monde comme un drame grandiose ou comme un développement invincible, et vous serez préservé par l'imagination ou par la logique du dénigrement ou du dégoût. Vous démêlerez dans la religion les hautes vérités que les dogmes offusquent et les généreux instincts que la superstition recouvre. Vous apercevrez dans l'État les bienfaits infinis que nulle tyrannie n'abolit et les inclinations sociables que nulle méchanceté ne déracine. Vous distinguerez dans la science les doctrines solides que la discussion n'ébranle plus, les larges idées que le choc des systèmes purifie et déploie, les promesses magnifiques que les progrès présents ouvrent à l'ambition de l'avenir. On peut de la sorte échapper à la haine par la nullité de la perspective ou par la grandeur de la perspective, par l'impuissance de découvrir les contrastes ou par la puissance de découvrir l'accord des contrastes. Élevé au-dessus de l'une, abaissé au-dessous de l'autre, voyant le mal et le désordre, ignorant le bien et l'harmonie, exclu de l'amour et du calme, livré à l'indignation et à l'amertume, Swift ne rencontre ni une cause qu'il puisse chérir, ni une doctrine qu'il puisse établir[1]; il emploie toute la force de l'esprit le mieux armé et du caractère le mieux trempé à décrier et à détruire : toutes ses œuvres sont des pamphlets.

III

C'est à ce moment et entre ses mains que le journal atteignit en Angleterre son caractère propre et sa plus grande force. La littérature entrait dans la politique. Pour comprendre ce que devint l'une, il

---

1. « L'absence de foi est un inconvénient qu'il faut cacher quand on ne peut le vaincre. — Je me regarde, en qualité de prêtre, comme chargé par la Providence de défendre un poste qu'elle m'a confié, et de faire déserter autant d'ennemis qu'il est possible. » (*Pensées sur la religion.*)

faut comprendre ce qu'était l'autre : l'art dépendit des affaires, et l'esprit des partis fit l'esprit des écrivains.

En France, une théorie paraît, éloquente, bien liée et généreuse ; les jeunes gens s'en éprennent, portent un chapeau et chantent des chansons en son honneur ; le soir, en digérant, les bourgeois la lisent et s'y complaisent ; plusieurs, ayant la tête chaude, l'acceptent et se prouvent à eux-mêmes leur force d'esprit en se moquant des rétrogrades. D'autre part, les gens établis, prudents et craintifs, se défient ; comme ils se trouvent bien, ils trouvent que tout est bien, et demandent que les choses restent comme elles sont. Voilà nos deux partis, fort anciens, comme chacun sait, fort peu graves, comme chacun voit. Nous avons besoin de causer, de nous enthousiasmer, de raisonner sur des opinions spéculatives, tout cela fort légèrement, environ une heure par jour, ne livrant à ce goût que la superficie de nous-mêmes, si bien nivelés, qu'au fond nous pensons tous de même, et qu'à voir justement les choses on ne trouvera dans notre pays que deux partis, celui des hommes de vingt ans et celui des hommes de quarante ans. Au contraire, les partis anglais furent toujours des corps compacts et vivants, liés par des intérêts d'argent, de rang et de conscience, ne prenant les théories que pour drapeau ou pour appoint, sortes d'États secondaires qui, comme jadis les deux ordres de Rome, essayaient légalement d'accaparer l'État. Pareillement, la constitution anglaise ne fut jamais qu'une transaction entre des puissances distinctes, contraintes de se tolérer les unes les autres, disposées à empiéter les unes sur les autres, occupées à traiter les unes avec les autres. La politique est pour eux un intérêt domestique, pour nous une occupation de l'esprit : ils en font une affaire, nous en faisons une discussion.

C'est pourquoi leurs pamplets, et notamment ceux de Swift, ne nous paraissent qu'à demi littéraires. Pour qu'un raisonnement soit littéraire, il faut qu'il ne s'adresse point à tel intérêt ou à telle faction, mais à l'esprit pur, qu'il soit fondé sur des vérités universelles, qu'il s'appuie sur la justice absolue, qu'il puisse toucher toutes les raisons humaines; autrement, étant local, il n'est qu'utile : il n'y a de beau que ce qui est général. Il faut encore qu'il se développe régulièrement par des analyses et avec des divisions exactes, que sa distribution donne une image de la pure raison, que l'ordre des idées y soit inviolable, que tout esprit puisse y puiser aisément une conviction entière, que la méthode, comme les principes, soit raisonnable en tous les lieux et dans tous les temps. Il faut enfin que la passion de bien prouver se joigne à l'art de bien prouver, que l'orateur annonce sa preuve, qu'il la rappelle, qu'il la présente sous toutes ses faces, qu'il veuille pénétrer dans les esprits, qu'il les poursuive avec insistance dans toutes leurs fuites, mais en même temps qu'il traite ses auditeurs en hommes dignes de comprendre et d'appliquer les vérités générales, et que son discours ait la vivacité, la noblesse, la politesse et l'ardeur qui conviennent à de tels sujets et à de tels esprits. C'est par là que la prose antique et la prose française sont éloquentes, et que des dissertations de politique ou des controverses de religion sont restées des modèles d'art.

Ce bon goût et cette philosophie manquent à l'esprit positif; il veut atteindre non la beauté éternelle, mais le succès actuel. Swift ne s'adresse pas à l'homme en général, mais à certains hommes. Il ne parle pas à des raisonneurs, mais à un parti; il ne s'agit pas pour lui d'enseigner une vérité, mais de faire une impression; il n'a pas pour but d'éclairer cette partie isolée de l'homme qu'on appelle l'esprit, mais de remuer cette masse de sentiments et de préjugés qui est l'homme réel. Pendant qu'il écrit, son public est sous ses yeux : gros *squires* bouffis par le porto et le bœuf, accoutumés à la fin du repas à brailler loyalement pour l'Église et le roi; gentilshommes fermiers aigris contre le luxe de Londres et l'importance nouvelle des commerçants; ecclésiastiques nourris de sermons pédants et de haine ancienne contre les dissidents et les papistes. Ces gens-là n'auront pas assez d'esprit pour suivre une belle déduction ou pour entendre un principe abstrait. Il faut calculer les faits qu'ils savent, les idées qu'ils ont reçues, les intérêts qui les pressent, ne rappeler que ces faits, ne partir que de ces idées, n'inquiéter que ces intérêts. Ainsi parle Swift, sans développement, sans coups de logique, sans effets de style, mais avec une force et un succès extraordinaires, par des sentences dont les contemporains sentaient intérieurement la justesse et qu'ils acceptaient à l'instant même, parce qu'elles ne faisaient que leur dire nettement et tout haut ce qu'ils balbutiaient obscurément et tout bas. Telle fut la puissance de l'*Examiner*, qui changea en un an l'opinion de trois royaumes, et surtout du *Drapier*, qui fit reculer un gouvernement.

La petite monnaie manquait en Irlande, et les ministres anglais avaient donné à William Wood une patente pour frapper cent huit mille livres sterling de cuivre. Une commission, dont Newton était membre, vérifia les pièces fabriquées, les trouva bonnes, et plusieurs juges compétents pensent aujourd'hui que la mesure était loyale autant qu'utile au pays. Swift ameuta contre elle le peuple en lui parlant son langage, et triompha du bon sens et de l'État[1]. « Frères,
« amis, compatriotes et camarades, ce que je vais
« vous dire à présent est, après votre devoir envers
« Dieu et le soin de votre salut, du plus grand inté-
« rêt pour vous-mêmes et vos enfants; votre pain, vo-
« tre habillement, toutes les nécessités de la vie en
« dépendent. C'est pourquoi je vous exhorte très-
« instamment comme hommes, comme chrétiens,
« comme pères, comme amis de votre pays, à lire
« cette feuille avec la dernière attention, ou à vous
« la faire lire par d'autres. Pour que vous puissiez
« le faire avec moins de dépense, j'ai ordonné à l'im-

---

1. Je ne crois pas, quoi qu'on ait dit, qu'il fût alors de mauvaise foi. On pouvait croire à une escroquerie ministérielle, et Swift plus qu'un autre. Au fond, Swift me paraît honnête homme.

« primeur de la vendre au plus bas prix[1]. » Vous voyez naître du premier coup d'œil l'inquiétude populaire ; c'est ce style qui touche les ouvriers et les paysans ; il faut cette simplicité, ces détails, pour entrer dans leur croyance. L'auteur a l'air d'un drapier, et ils n'ont confiance qu'aux gens de leur état. Swift continue et diffame Wood, certifiant que ses pièces de cuivre ne valent pas le huitième de leur titre. De preuves, nulle trace : il n'y a pas besoin de preuves pour convaincre le peuple ; il suffit de répéter plusieurs fois la même injure, d'abonder en exemples sensibles, de frapper ses yeux et ses oreilles. Une fois l'imagination prise, il ira criant, se persuadant par ses propres cris, intraitable. « Votre paragra-
« phe, dit Swift à ses adversaires, rapporte encore ceci,
« que sir Isaac Newton a rendu compte d'un essai fait à
« la Tour sur le métal de Wood, par quoi il paraissait
« que Wood a rempli à tous égards son traité. Son
« traité ? Avec qui ? Est-ce avec le Parlement ou avec le
« peuple d'Irlande ? Est-ce que ce ne sont pas eux qui seront les acheteurs ? Mais ils le détestent, l'abhorrent,
« comme corrompu, frauduleux ; ils la rejettent, sa

---

1. Brethren, friends, countrymen, and fellow-subjects, what I intend now to say to you, is, next to your duty to God and the care of your salvation, of the greatest concern to you and your children; your bread and clothing and every common necessary of life depends upon it. Therefore I do most earnestly exhort you, as men, as christians, as parents, and as lovers of your country, to read this paper with the utmost attention, or get it read to you by others; which that you may do at the less expense, I have ordered the printer to sell at it the lowest rate.

« boue et sa drogue¹. » Et un peu après : « M. Wood,
« dit-il, propose de ne fabriquer que quarante mille
« livres de sa monnaie, à moins *que les exigences du*
« *commerce n'en demandent davantage*, quoique sa
« patente lui donne pouvoir pour en fabriquer une
« bien plus grande quantité ; — à quoi, si je devais
« répondre, je le ferais comme ceci. Que M. Wood
« et sa bande de fondeurs et de chaudronniers battent
« monnaie jusqu'à ce qu'il n'y ait plus dans le
« royaume une vieille bouilloire de reste, qu'ils en
« battent avec du vieux cuir, de la terre à pipe ou
« de la boue de la rue, et appellent leur drogue du
« nom qu'il leur plaira, guinée ou liard, nous n'a-
« vons pas à nous inquiéter de savoir comment lui
« et sa troupe de complices jugent à propos de s'em-
« ployer ; mais j'espère et j'ai confiance que tous,
« jusqu'au dernier homme, nous sommes bien dé-
« terminés à ne point avoir affaire avec lui ni avec
« sa marchandise². » Swift s'emporte, ne répond

---

1. Your paragraph relates farther that sir Isaac Newton reported an essay taken at the Tower of Wood's metal, by which it appears that Wood had in all respects performed his contract. His contract! With whom? Was it with the Parliament or people of Ireland? Are not they to be purchasers? But they detest, abhor, and reject it as corrupt, fraudulent, mingled with dirt and thrash.

2. His first proposal is that he will be content to coin no more (than forty thousand pounds), unless *the exigencies of the trade require it*, although his patent empowers him to coin a far greater quantity.... To which if I were to answer, it should be thus : let Mr Wood and his crew of founders and tinkers coin on, till there is not an old kettle left in the kingdom; let them coin old leather, tobacco-pipe clay, or the dirt in the street, and call their trumpery

pas. En effet, c'est la meilleure manière de répondre : pour remuer de tels auditeurs, il faut mettre en mouvement leur sang et leurs nerfs ; dès lors les boutiquiers et les fermiers retrousseront leurs manches, apprêteront leurs poings, et les bonnes raisons de leur ennemi ne feront qu'augmenter l'envie qu'ils ont de l'assommer.

Voyez maintenant comment un amas d'exemples sensibles rend probable une assertion gratuite. « Votre
« journal dit qu'on a vérifié la monnaie. Comme cela
« est impudent et insupportable ! Wood a soin de fa-
« briquer une douzaine ou deux de sous en bon métal,
« les envoie à la Tour, et on les approuve, et ces sous
« doivent répondre de tous ceux qu'il a déjà fabriqués
« ou fabriquera à l'avenir ! Sans doute il est vrai qu'un
« *gentleman* envoie souvent à ma boutique prendre un
« échantillon d'étoffe : je le coupe loyalement dans la
« pièce, et si l'échantillon lui va, il vient, ou bien en-
« voie et compare le morceau avec la pièce entière,
« et probablement nous faisons marché ; mais si je
« voulais acheter cent moutons, et que l'éleveur,
« après m'avoir amené un seul mouton, gras et de
« bonne toison, en manière d'échantillon, me voulût
« faire payer le même prix pour les cent autres, sans
« me permettre de les voir avant de payer, ou sans

---

by what name they please, from a guinea to a farthing; we are not under any concern to know how he and his tribe of accomplices think fit to employ themselves; but I hope and trust that we are all, to a man, fully determined to have nothing to do with him or his ware.

« me donner bonne garantie qu'il me rendra mon
« argent pour ceux qui seront maigres, ou tondus,
« ou galeux, je ne voudrais pas être une de ses pra-
« tiques. On m'a conté l'histoire d'un homme qui vou-
« lait vendre sa maison, et pour cela portait un mor-
« ceau de brique dans sa poche, et le montrait
« comme échantillon pour encourager les acheteurs;
« ceci est justement le cas pour les vérifications de
« M. Wood[1]. » Un gros rire éclatait; les bouchers,
les maçons, étaient gagnés. Pour achever, Swift leur
enseignait un expédient pratique, proportionné à leur
intelligence et à leur état. « Le simple soldat, quand
« il ira au marché ou à la taverne, offrira cette mon-
« naie; si on la refuse, il sacrera, fera le diable à
« quatre, menacera de battre le boucher ou la caba-
« retière, ou prendra les marchandises par force, et
« leur jettera la pièce fausse. Dans ce cas et dans

---

1. Your newsteller says that an essay was made of the coin. How impudent and insupportable is this! Wood takes care to coin a dozen or two halfpence of good metal, sends them to the Tower, and they are approved; and these must answer all that he has already coined or shall coin for the future. It is true, indeed, that a gentleman often sends to my shop for a pattern of stuff. I cut it fairly off, and if he likes it, he comes or sends and compares the pattern with the whole piece, and probably we come to a bargain. But if I were to buy a hundred sheep, and the grazier should bring me one single wether fat and well fleeced by way of pattern, and expect the same price for the whole hundred, without suffering me to see them before he was paid or giving me good security to restore my money for those that were lean, or shorn or scabby, I would be none of his customers. I have heard of a man who had a mind to sell his house, and therefore carried a piece of brick in his pocket, which he showed as a pattern to encourage the purchasers; and this is directly the case in point with Mr Wood's essay.

« les autres semblables, le boutiquier, ou le débi-
« tant de viandes, ou tout autre marchand, n'a pas
« autre chose à faire que de demander dix fois le prix
« de sa marchandise, si on veut le payer en monnaie
« de Wood, — par exemple vingt pence de cette mon-
« naie pour un quart d'ale, — et ainsi dans toutes les
« autres choses, et ne jamais lâcher sa marchandise
« qu'il ne tienne l'argent [1]. » La clameur publique
vainquit le gouvernement anglais; il retira sa monnaie et paya à Wood une grosse indemnité. Tel est
le mérite des raisonnements de Swift; ce sont de
bons outils, tranchants et maniables, ni élégants ni
brillants, mais qui prouvent leur valeur par leur
effet.

Toute la beauté de ces pamphlets est dans l'accent.
Ils n'ont ni la fougue généreuse de Pascal, ni la gaieté
étourdissante de Beaumarchais, ni la finesse ciselée
de Courier, mais un air de supériorité accablante et
une âcreté de rancune terrible. La passion et l'orgueil
énorme, comme tout à l'heure l'esprit positif, ont
asséné tous les coups. Il faut lire son *Esprit public des
Whigs* contre Steele. Page à page, Steele est déchiré
avec un calme et un dédain que personne n'a égalés.

1. The common soldier, when he goes to the market or ale house will offer his money; and if be refused, he perhaps will swagger and hector, and threaten to beat the butcher or alewife, or take the goods by force, and throw them the bad half-pence. In this and the like cases, the shop-keeper or victualler, or any other trades-man, has no more to do than to demand ten times the price of his goods, if it is to be paid in Wood's money; for example twenty pence of that money for a quart of ale, and so in all things, and never part with the goods till he gets the money.

Swift avance régulièrement, ne laissant aucune partie saine, enfonçant blessure sur blessure, sûr de tous ses coups, en sachant d'avance la portée et la profondeur. Le pauvre Steele, étourdi vaniteux, est entre ses mains comme Gulliver chez les géants ; c'est pitié de voir un combat si inégal, et ce combat est sans pitié : Swift l'écrase avec soin et avec aisance, comme une vermine. Le malheureux, ancien officier et demi-lettré, se servait maladroitement des mots constitutionnels. « Contre cet écueil, il vient perpétuellement
« faire naufrage à nos yeux, toutes les fois qu'il se
« hasarde hors des bornes étroites de sa littérature. Il
« a gardé un souvenir confus des termes depuis qu'il
« a quitté l'université, mais il a perdu la moitié de
« leur sens, et les met ensemble sans autre motif que
« leur cadence, comme ce domestique qui clouait des
« cartes de géographie dans le cabinet d'un *gentleman*,
« quelques-unes en travers, d'autres la tête en bas,
« pour mieux les ajuster aux panneaux [1]. »

Quand il juge, il est pire que quand il prouve ; témoin son *court portrait de lord Wharton*. Avec les formules de politesse officielle, il le transperce ; il n'y

---

[1]. Upon this rock the author is perpetually splitting, as often as he ventures out beyond the narrow borns of his literature. He has a confused remembrance of words since he left the university, but has lost half their meaning, and puts them together with no regard except to their cadence; as I remember a fellow nailed up maps in a gentleman's closet, some sidelong, other upside down, the better to adjust them to the pannels.

Voyez aussi dans l'*Examiner* le pamphlet sur Malborough, désigné sous le nom de *Crassus*, et la comparaison de la générosité romaine et de la ladrerie anglaise.

a qu'un Anglais capable d'un tel flegme et d'une telle hauteur.

J'ai eu l'occasion, dit-il, de converser beaucoup avec sa Seigneurie, et je suis parfaitement convaincu qu'il est indifférent aux applaudissements autant qu'insensible aux reproches. Il est dépourvu du sens de la gloire et de la honte, comme quelques hommes sont dépourvus du sens de l'odorat; c'est pourquoi une bonne réputation est pour lui aussi peu de chose qu'un parfum précieux serait pour eux. Quand un homme, dans l'intérêt du public, se met à décrire le naturel d'un serpent, d'un loup, d'un crocodile ou d'un renard, on doit entendre qu'il le fait sans aucune espèce d'amour ou de haine personnelle envers ces animaux eux-mêmes. Pareillement Son Excellence est un de ceux que je n'aime ni ne hais personnellement. Je le vois à la cour, chez lui et quelquefois chez moi, car j'ai l'honneur de recevoir ses visites; et quand cet écrit sera public, il est probable qu'il me dira, comme il l'a déjà fait dans une circonstance semblable, « qu'il vient d'être diablement éreinté, » puis, avec la transition la plus aisée du monde, me parlera du temps ou de l'heure qu'il est. J'entreprends donc ce travail de meilleur cœur, étant sûr de ne point le mettre en colère et de ne blesser en aucune façon sa réputation : comble de bonheur et de sécurité qui appartient à Son Excellence, et que nul philosophe avant lui n'a pu atteindre. — Thomas, comte de Wharton, lord-lieutenant d'Irlande, par la force étonnante de sa constitution, a depuis quelques années dépassé l'âge critique, sans que la vieillesse ait laissé de traces visibles sur son corps ou sur son esprit, quoiqu'il se soit prostitué toute la vie aux vices qui ordinairement usent l'un et l'autre. Qu'il se promène, ou siffle, ou jure, ou dise des ordures, ou crie des injures, il s'acquitte de tous ces emplois mieux qu'un étudiant de troisième année. Avec la même grâce et le même style, il tempêtera contre son cocher en pleine rue, dans le royaume dont il est gouverneur, et tout cela sans conséquence, parce que la chose est dans son naturel et que tout le monde s'y attend. Lorsqu'il réussit, c'est moins par l'art que par le nombre de ses mensonges, ces mensonges étant quelquefois découverts en une heure, souvent en un jour, toujours en une semaine. Il jure solennellement qu'il vous aime et veut vous servir, et, votre dos tourné, dit aux assistants que vous êtes un chien et un drôle. Il va assidûment aux prières, selon l'étiquette de sa place, et profère des ordures et des blasphèmes à la porte de la chapelle. En politique, il est presbytérien; en religion, athée; mais il trouve bon en ce moment d'avoir pour concubine une papiste. Dans son commerce avec les hommes, sa règle générale est de tâcher de leur en imposer, n'ayant d'autre recette pour cet effet qu'un composé de serments et de mensonges. On n'a jamais su qu'il ait refusé ou tenu une promesse. Et je me souviens que lui-même en faisait l'aveu à une dame, exceptant toutefois la promesse qu'il lui faisait en ce moment, qui était de lui procurer une pension. Cependant il manqua à cette même promesse, et, je l'avoue, nous trompa tous les deux; mais ici, je prie qu'on distingue entre une promesse et un marché, car certainement il tiendra le marché avec celui qui lui aura fait la plus belle offre. En voilà assez pour le portrait de Son Excellence[1].

1. I have had the honour of much conversation with his lordship, and am thoroughly convinced how indifferent he is to applause and how insensible of reproach.... He is without the sense of shame or glory, as some men are without the sense of smelling; therefore a good name to him is no more than a precious ointment would be to these. Whoever, for the sake of others, were to describe the nature of a serpent, a wolf, a crocodile or a fox, must be understood to do it without any personal love or hatred for the animals themselves. In the same manner his Excellency is one whom I neither personally love or hate. I see him at court, at his own house, or sometimes at mine, for I have the honour of his visits; and when these papers are public, it is odds but he will tell me, as he once did upon a like occasion, « that he is damnably mauled, » and then with the easiest transition in the world, ask about the weather, or time of the day. So that I enter on the work with more cheerfulness, because I am sure neither to make him angry, nor any way to hurt his reputation; a pitch of happiness and security to which his Excellency has arrived, and which no philosopher before him could reach. — Tho-

> Suit une liste détaillée des belles actions à l'appui.
> « A la vérité, je n'ai pu les ranger convenablement,
> « comme je l'aurais voulu. C'est que j'ai cru utile
> « pour diverses raisons que le monde fût informé

mas, Earl of Warthon, lord lieutenant of Ireland, by the force of a wonderful constitution, has some years passed his grand climacterick without any visible effects of old age, either on his body or his mind and in spite of a continual prostitution to those vices which usually wear out both.... Whether he walks or whistles, or swears, or talks bawdy, or calls names, he acquits himself in each beyond a templar of three years standing. With the same grace and in the same style, he will rattle his coachman in the midst of the street, where he is governor of the kingdom; and all this is without consequence, because it is his character, and what every body expects.... The ends he has gained by lying appear to be more owing to the frequency than the art of them, his lies being sometimes detected in an hour, often in a day, and always in a week.... He swears solemnly he loves and will serve you, and your back is no sooner turned, but he tells those about him you are a dog and a rascal. He goes constantly to prayers in the forms of his place, and will talk bawdy and blasphemy at the chapel door. He is a presbyterian in politicks, and an atheist in religion, but he chooses at present to whore with a papist. In his commerce with mankind, his general rule is to endeavour to impose on their understandings, for which he has but a receipt, a composition of lies and oaths.... He bears the gallantries of his lady with the indifference of a stoick, and thinks them well recompensed by a return of children to support his family, without the fatigues of being a father.... He was never known to refuse or to keep a promise, as I remember he told a lady, but with an exception to the promise he then made, which was to get her a pension. Yet he broke even that, and, I confess, deceived us both. But here I desire to distinguish between a promise and a bargain ; for he will be sure to keep the latter, when he has the fairest offer.... But here I must desire the reader's pardon, if I cannot digest the following facts in so good a manner as I intended; because it is thought expedient for some reasons, the world should be informed of his Excellency's mérits as soon as possible.... As they are, they may serve for hints to any person who may hereafter have a mind to write memoirs of his Excellency's life.

« aussitôt que possible des mérites de Son Excellence.
« Telles qu'elles sont, elles pourront servir de maté-
« riaux à toute personne qui aura l'envie d'écrire des
« mémoires sur la vie de Son Excellence. » Dans tout
ce morceau, la voix de Swift est restée calme ; pas un
muscle de son visage n'a remué ; ni demi-sourire, ni
éclair de l'œil, ni geste; il parle en statue; mais sa
colère croît par la contrainte et brûle d'autant plus
qu'elle n'a pas d'éclat.

C'est pourquoi son style ordinaire est l'ironie
grave. Elle est l'arme de l'orgueil, de la méditation
et de la force. L'homme qui l'emploie se contient au
plus fort de la tempête intérieure ; il est trop fier
pour offrir sa passion en spectacle ; il ne prend point
le public pour confident ; il entend être seul dans son
âme ; il aurait honte de se livrer ; il veut et sait
garder l'absolue possession de soi. Ainsi concentré,
il comprend mieux et il souffre davantage ; l'empor-
tement ne vient point soulager sa colère ou dissiper
son attention ; il sent toutes les pointes et pénètre
le fond de l'opinion qu'il déteste ; il multiplie
sa douleur et sa connaissance, et ne s'épargne ni
blessure, ni réflexion. C'est dans cette attitude qu'il
faut voir Swift, impassible en apparence, mais les
muscles contractés, le cœur brûlant de haine, écrire
avec un sourire terrible des pamphlets comme
celui-ci[1] :

Il n'est peut-être ni très-sûr, ni très-prudent de raisonner

1. *Argument contre l'abolition du christianisme.* Il s'agit de décrier les whigs, amis des libres penseurs

contre l'abolition du christianisme dans un moment où tous les partis sont déterminés et unanimes sur ce point. Cependant, soit affectation de singularité, soit perversité de la nature humaine, je suis si malheureux, que je ne puis être entièrement de cette opinion. Bien plus, quand je serais sûr que l'attorney général va donner ordre qu'on me poursuive à l'instant même, je confesse encore que dans l'état présent de nos affaires soit intérieures, soit extérieures, je ne vois pas la nécessité absolue d'extirper chez nous la religion chrétienne. Ceci pourra peut-être sembler un paradoxe trop fort, même à notre âge savant et paradoxal; c'est pourquoi je l'exposerai avec toute la réserve possible et avec une extrême déférence pour cette grande et docte majorité qui est d'un autre sentiment. — Du reste, j'espère qu'aucun lecteur ne me suppose assez faible pour vouloir défendre le christianisme réel, qui, dans les temps primitifs, avait, dit-on, quelque influence sur la croyance et les actions des hommes; ce serait-là en effet un projet insensé; on détruirait ainsi d'un seul coup la moitié de la science et tout l'esprit du royaume. Le lecteur de bonne foi comprendra aisément que mon discours n'a d'autre objet que de défendre le christianisme nominal, l'autre ayant été depuis quelque temps mis de côté par le consentement général comme tout à fait incompatible avec nos projets actuels de richesse et de pouvoir[1].

---

1. It may perhaps be neither safe nor prudent, to argue against the abolishment of christianity, at a juncture, when all parties appear so unanimously determined upon the point.... However I know not how, whether from the affectation of singularity, or the perverseness of human nature, but so it unhappily falls out, that I cannot be entirely of this opinion. Nay, though I were sure an order were issued for my immediate prosecution by the attorney-general, I should still confess, that in the present posture of our affairs, at home or abroad, I do not yet see the absolute necessity of extirpating the christian religion from among us. This perhaps may appear too great a paradox even for our wise and paradoxical age to endure; therefore I shall handle it with all tenderness, and with the utmost deference to that great and profound majority which is of another sentiment.... I hope no reader imagines me so weak as

Examinons donc les avantages que pourrait avoir cette abolition du titre et du nom de chrétien, ceux-ci par exemple :

On objecte que, de compte fait, il y a dans ce royaume plus de dix mille prêtres, dont les revenus, joints à ceux de milords les évêques, suffiraient pour entretenir au moins deux cents jeunes gentilshommes, gens d'esprit et de plaisir, libres penseurs, ennemis de la prêtraille, des principes étroits, de la pédanterie et des préjugés, et qui pourraient faire l'ornement de la ville et de la cour [1]. On représente encore comme un grand avantage pour le public que, si nous écartons tout d'un coup l'institution de l'Évangile, toute religion sera naturellement bannie pour toujours, et par suite avec elle tous les fâcheux préjugés de l'éducation qui, sous les noms de vertu, conscience, honneur, justice et autres semblables, ne servent qu'à troubler la paix de l'esprit humain [2].

to stand up in the defence of real christianity, such as used in primitive times (if we may believe the authors of those ages), to have an influence upon men's belief and actions. To offer at the restoring of that would indeed be a wild project; it would be to dig up foundations; to destroy at one blow all the wit, and half the learning of the kingdom.... Every candid reader will easily understand my discourse to be intended only in defence of nominal christianity; the other having been for some time wholly laid aside by general consent, as utterly inconsistent with our present schemes of wealth and power.

1. It is likewise urged, that there are by computation in this kingdom above ten thousand parsons, whose revenues, added to those of my lords the bishops, would suffice to maintain at least two hundred young gentlemen of wit and pleasure, and freethinking, enemies to priestcraft, narrow principles, pedantry, and prejudices, who might be an ornament to the court and town.

2. It is likewise proposed as a great advantage to the publick that if we once discard the system of the Gospel, all religion will of course be banished for ever, and consequently along with it, those grievous prejudices of education, which under the names of virtue, conscience, honour, justice, and the like, are so apt to disturb the peace of human minds, and the notions thereof are so hard to be eradicated by right reason, or free-thinking.

Puis il conclut en doublant l'insulte :

, Ayant maintenant considéré les plus fortes objections contre le christianisme et les principaux avantages qu'on espère obtenir en l'abolissant, je vais, avec non moins de déférence et de soumission pour de plus sages jugements, mentionner quelques inconvénients qui pourraient naître de la destruction de l'Évangile, et que les inventeurs n'ont peut-être pas suffisamment examinés. D'abord je sens très-vivement combien les personnes d'esprit et de plaisir doivent être choquées et murmurer à la vue de tant de prêtres crottés qui se rencontrent sur leur chemin et offensent leurs yeux ; mais en même temps ces sages réformateurs ne considèrent pas quel avantage et quelle félicité c'est pour de grands esprits d'avoir toujours sous la main des objets de mépris et de dégoût pour exercer et accroître leurs talents, et pour empêcher leur mauvaise humeur de retomber sur eux-mêmes ou sur leurs pareils, — particulièrement quand tout cela peut être fait sans le moindre danger imaginable pour leurs personnes. Et pour pousser un autre argument de nature semblable : si le christianisme était aboli, comment les libres penseurs, les puissants raisonneurs, les hommes de profonde science, sauraient-ils trouver un autre sujet si bien disposé à tous égards pour qu'ils puissent déployer leur talent ? De quelles merveilleuses productions d'esprit serions-nous privés, si nous perdions celles des hommes dont le génie, par une pratique continuelle, s'est entièrement tourné en railleries et en invectives contre la religion, et qui seraient incapables de briller ou de se distinguer sur tout autre sujet ! Nous nous plaignons journellement du grand déclin de l'esprit parmi nous, et nous voudrions supprimer la plus grande, peut-être la seule source qui lui reste[1] ! — Mais voici la plus forte des raisons ; celle-là

---

1. I am very sensible how much the gentlemen of wit and pleasure are apt to murmur and be shocked at the sight of so many daggle-tail parsons, who happen to fall in their way, and offend their eyes; but at the same time, those wise reformers do not consider what an advantage and felicity it is for great wits to be always

est tout à fait invincible. Il est à craindre que, six mois après l'acte du Parlement pour l'extirpation de l'Évangile, les fonds de la banque et des Indes-Orientales ne tombent au moins de 1 pour 100. Et puisque c'est cinquante fois plus que la sagesse de notre âge n'a jugé à propos d'aventurer pour le salut du christianisme, il n'y a nulle raison de s'exposer à une si grande perte pour le seul plaisir de le détruire [1].

Swift n'est qu'un combattant, je le veux; mais quand on revoit d'un coup d'œil ce bon sens et cet orgueil, cet empire sur les passions des autres et cet empire de soi, cette force de haine et cet emploi de la haine, on juge qu'il n'y eut guère de combattants semblables. Il est pamphlétaire comme Annibal fut *condottiere.*

provided with objects of scorn and contempt, in order to exercise and improve their talents, and divert their spleen from falling on each other, or on themselves; especially when all this may be done without the least imaginable danger to their persons. And to urge another argument of a parallel nature : if christianity were once abolished, how could the freethinkers, the strong reasoners, and the men of profound learning, be able to find another subject so calculated in all points whereon to display their abilities? What wonderful productions of wit should we be deprived of from those whose genius, by continual practice, hath been wholly turned upon raillery and invectives against religion, and would, therefore, be never able to shine or distinguish themselves on any other subject? We are daily complaining of the great decline of wit among us, and would we take away the greatest, perhaps the only topic we have left?

1. I do very much apprehend that in six months time after the act is passed for the extirpation of the Gospel, the Bank and East-India stock may fall at last one per cent. And since that is fifty more than ever the wisdom of our age thought fit to venture for the preservation of christianity, there is no reason why we should bear so great a loss, merely for the sake of distroying it.

IV

Le soir de la bataille, ordinairement on se délasse : on badine, on raille, on cause, en prose, en vers ; mais ce soir continue la journée, et l'esprit qui a laissé sa trace dans les affaires laisse sa trace dans les amusements.

Quoi de plus gai que les soirées de Voltaire ? Il se moque ; mais est-ce que dans sa moquerie vous apercevez quelque intention meurtrière ? Il s'emporte ; mais est-ce que dans ses colères vous apercevez un naturel haineux et méchant ? Tout est aimable en lui. En un instant, par besoin d'action, il frappe, caresse, change cent fois de ton, de visage, avec de brusques mouvements, d'impétueuses saillies, quelquefois enfant, toujours homme du monde, de goût et de conversation. Il veut me faire fête ; il me mène en un instant à travers mille idées, sans effort, pour s'égayer, pour m'égayer moi-même. Le charmant maître de maison qui veut plaire, qui sait plaire, qui n'a horreur que de l'ennui, qui ne se défie point de moi, qui ne se contraint pas, qui est toujours lui-même, qui pétille d'idées, de naturel et d'enjouement ! Si j'étais avec lui, et qu'il se moquât de moi, je ne me fâcherais pas ; je prendrais le ton, je rirais de moi-même, je sentirais qu'il n'a d'autre envie que de passer une heure agréable, qu'il ne m'en veut pas, qu'il me traite en égal et en convive, qu'il éclate en plaisanteries comme un feu d'hiver en étincelles, et qu'il n'en est ni moins joli, ni moins salutaire, ni moins réjouissant.

Plaise à Dieu que jamais Swift ne badine sur mon compte! L'esprit positif est trop solide et trop sec pour être aimable et gai. Quand il rencontre le ridicule, il ne s'amuse pas à l'effleurer, il l'étudie; il y pénètre gravement, il le possède à fond, il en sait toutes les subdivisions et toutes les preuves. Cette connaissance approfondie ne peut produire qu'une plaisanterie accablante. Celle de Swift, au fond, n'est qu'une réfutation par l'absurde, toute scientifique. Par exemple, l'*Art de mentir en politique* est un traité didactique dont le plan pourrait servir de modèle. « Dans le premier chapitre de cet excellent traité, « l'auteur examine philosophiquement la nature de « l'âme humaine et les qualités qui la rendent capa- « ble de mensonge. Il suppose que l'âme ressemble « à un spéculum ou miroir plano-cylindrique, le côté « plat représentant les choses comme elles sont, et le « côté cylindrique, selon les règles de la catoptrique, « devant représenter les choses vraies comme fausses « et les choses fausses comme vraies. Dans le second « chapitre, il traite de la nature du mensonge poli- « tique; dans le troisième, de la légitimité du men- « songe politique. Le quatrième est presque tout em- « ployé à résoudre cette question : si le droit de « fabriquer des mensonges politiques appartient uni- « quement au gouvernement? » Ailleurs rien de plus fort, de plus digne d'une académie des inscriptions que le raisonnement par lequel il convainc un badinage de Pope[1] d'être un pamphlet insidieux contre la religion et l'État. Son *Art de couler bas en poésie*[2] a tout l'air d'une bonne rhétorique; les principes y sont posés, les divisions justifiées, les exemples rapportés avec une justesse et une méthode extraordinaires : c'est la parfaite raison mise au service de la déraison.

Ses passions, comme son esprit, sont trop fortes. Pour égratigner, il déchire; son badinage est funèbre; par plaisanterie, il traîne le lecteur sur tous les dégoûts de la maladie et de la mort. Un ancien cordonnier, nommé Partridge, s'étant fait astrologue, Swift, d'un flegme imperturbable, prend un nom d'astrologue, compose des considérations sur les devoirs du métier, et, pour donner confiance au lecteur, se met lui-même à prédire. « Ma première prédiction n'est « qu'une bagatelle; cependant je la mentionne pour « prouver combien ces vains prétendants à l'astrolo-« gie sont ignorants dans leurs propres affaires. Elle « concerne Partridge, le faiseur d'almanachs. J'ai « consulté d'après mes règles l'étoile de sa nativité, « et je trouve qu'il mourra infailliblement le 29 mars « prochain, à onze heures du soir environ, d'une « fièvre chaude; c'est pourquoi je l'avertis d'y songer « et de mettre ordre à ses affaires[3]. » Le 29 mars

---

1. *La Boucle de cheveux enlevée.*
2. Pope, Arbuthnot et Swift y ont travaillé ensemble.
3. My first prediction is but a trifle; yet I will mention it to show how ignorant those sottish pretenders to astrology are in their own concerns. It relates to Partridge the almanack-maker. I have consulted the star of his nativity by my own rules and find he will in-

étant passé, il raconte que l'entrepreneur des pompes funèbres est venu pour tendre de noir l'appartement de Partridge ; puis Ned le fossoyeur, demandant si la fosse sera revêtue de briques ou ordinaire ; puis M. White le charpentier, pour mettre des vis à la bière ; puis le marbrier apportant ses comptes. Enfin un successeur est venu s'établir aux environs, « di-« sant dans ses prospectus qu'il habite dans la maison « de feu M. John Partridge, éminent praticien en cuirs, « médecine et astrologie. » Vous entendez d'avance les réclamations du pauvre Partridge. Swift, dans sa réponse, lui prouve qu'il est mort et s'étonne de ses injures. « Appeler un homme coquin, impudent parce qu'il « diffère de vous sur une question *purement spéculative*, « c'est là, dans mon humble opinion, un style très-« inconvenant pour une personne de l'éducation de « M. Partridge. J'en appelle à M. Partridge lui-même : « est-il probable que j'aie été assez extravagant pour « commencer mes prédictions par la seule fausseté « qu'on y ait jamais prétendu trouver, » sur un événement domestique si prochain, où la découverte de l'imposture devait être si facile ? M. Partridge se trompe, ou trompe le public, ou veut frauder ses héritiers[1].

---

fallibly die upon the 29th March next, about eleven at night of a raging fever; therefore I advise him to consider of it, and settle his affairs in time.

1. To call a man a fool and villain, and an impudent fellow, only for differing from him in a point merely speculative, is, in my humble opinion, a very improper style for a person of his education. I will appeal to Mr Partridge himself, whether it be probable I could have been so indiscreet to begin my prediction, with the only false-

— Ailleurs, la lugubre plaisanterie devient plus lugubre. Swift suppose que son ennemi le libraire Curl vient d'être empoisonné, et il raconte son agonie. Un interne de l'Hôtel-Dieu n'écrirait pas plus froidement un journal plus repoussant. Les détails, établis avec la solidité de Hogarth, sont d'une minutie admirable, mais atroce. On rit, ou plutôt on ricane, le cœur serré, comme devant les extravagances d'un fou d'hôpital. Swift, dans sa gaieté, est toujours tragique; rien ne le détend; même quand il vous sert, il vous blesse. Jusque dans son journal à Stella, il y a une sorte d'austérité impérieuse; ses complaisances sont celles d'un maître pour un enfant. — Ni la grâce ni le bonheur d'une jeune fille de seize ans ne l'amollissent[1]. Elle vient de se marier, et il lui dit que l'amour est une niaiserie ridicule[2]; puis il ajoute avec une brutalité parfaite: « Vos pareilles emploient plus
« de pensées, de mémoire et d'application pour être
« extravagantes qu'il n'en faudrait pour les rendre
« sages et utiles. Quand je réfléchis à cela, je ne puis
« concevoir que vous soyez des créatures humaines :
« vous êtes une sorte d'espèce à peine au-dessus du
« singe. Encore, un singe a des tours plus divertis-
« sants, est un animal moins malfaisant, moins coû-
« teux; il pourrait avec le temps devenir critique pas-

---

hood that ever was pretended to be in them, and this in an affair at home?
1. *Letter to a very young lady.*
2. That ridiculous passion which has no being but in playbooks and romances.

« sable en fait de velours et de brocart, et ces pa-
« rures, que je sache, lui siéraient aussi bien qu'à
« vous[1]. »

Est-ce un pareil esprit qu'apaisera la poésie ? Ici comme ailleurs il est plus infortuné que personne. Il est exclu des grands ravissements de l'imagination comme des vives échappées de la conversation. Il ne peut rencontrer ni le sublime ni l'agréable ; il n'a ni les entraînements de l'artiste, ni les divertissements de l'homme du monde. Deux sons semblables au bout de deux lignes égales ont toujours consolé les plus cuisantes peines ; la vieille Muse, après trois mille ans, est une jeune et divine nourrice, et son chant berce les nations maladives qu'elle visite encore, comme les jeunes races florissantes où elle a paru. La musique involontaire dont la pensée s'enveloppe cache la laideur et dévoile la beauté. L'homme fiévreux, après le labeur du soir et les angoisses de la nuit, aperçoit au matin la blancheur rayonnante du ciel qui s'ouvre ; il se déprend de lui-même, et de toutes parts la joie de la nature entre avec l'oubli dans son cœur. Que si ses misères le poursuivent, le souffle poétique, qui ne peut les effacer, les trans-

---

1. I never yet knew a tolerable woman to be fond of her sex.... your sex employ more thought, memory and application to be fools than would serve to make them wise and useful.... When I reflect on this, I cannot conceive you to be human creatures, but a sort of species hardly a degree above a monkey; who has more diverting tricks than any of you, is an animal less mischievous and expensive, might in time be a tolerable critick in velvet and brocade, and or aught I know, would equally become them.

forme : elles s'ennoblissent, il les aime, et dès lors il les supporte ; car la seule chose à laquelle il ne puisse se résigner, c'est la petitesse. Ni Faust ni Manfred n'ont épuisé la douleur humaine ; ils n'ont bu de la cruelle coupe que le vin généreux, ils ne sont point descendus jusqu'à la lie. Ils ont joui d'eux-mêmes et de la nature ; ils ont savouré la grandeur qui était en eux et la beauté qui était dans les choses ; ils ont pressé de leurs mains douloureuses toutes les épines dont la nécessité a hérissé notre route, mais ils y ont vu fleurir des roses, vivifiées par le plus pur de leur noble sang. Rien de semblable en Swift : ce qui manque le plus à ses vers c'est la poésie. L'esprit positif ne peut ni l'aimer ni l'entendre ; il n'y voit qu'une machine ou une mode et ne l'emploie que par vanité ou convention. Quand, dans sa jeunesse, il a essayé des odes pindariques, il est tombé déplorablement. Je ne me rappelle pas une seule ligne de lui qui indique un sentiment vrai de la nature ; il n'apercevait dans les forêts que des bûches et dans les champs que des sacs de grain. Il a employé la mythologie comme on s'affuble d'une perruque ; mal à propos, avec ennui ou avec dédain. Sa meilleure pièce, *Cadénus et Vanessa*, est une pauvre allégorie râpée. Pour louer Vanessa, il suppose que les nymphes et les bergers plaident devant Vénus, les uns contre les hommes, les autres contre les femmes, et que Vénus, voulant terminer ces débats, forme dans Vanessa un modèle de perfection. Qu'est-ce qu'une telle conception peut fournir, sinon de plates apostrophes et des comparaisons de collége ? Swift, qui a donné quelque part la recette d'un poëme épique, est ici le premier à s'en servir. Encore ses rudes boutades prosaïques déchirent à chaque instant cette friperie grecque. Il met la procédure dans le ciel ; il impose à Vénus tous les termes techniques. Il amène « des témoins, des questions de fait, des sentences « avec dépens. » On crie si fort que la déesse craint de tomber en discrédit, d'être chassée de l'Olympe, renvoyée dans la mer, sa patrie, « pour y vivre par- « quée avec les sirènes crottées, réduite au poisson, « dans un carême perpétuel. » Quand ailleurs il raconte la touchante légende de Philémon et Baucis, il l'avilit par un travestissement. Il n'aime point la noblesse et la beauté antiques ; les deux dieux deviennent entre ses mains des moines mendiants, Philémon et Baucis des paysans du Kent. Pour récompense, leur maison devient église, et Philémon curé « sa- « chant parler de dîmes et redevances, fumer sa pipe, « lire la gazette, aigre contre les dissidents, ferme « pour le droit divin[1]. » L'esprit abonde, incisif, par petits vers serrés, vigoureusement frappés, d'une netteté, d'une facilité, d'une précision extrêmes ; mais, comparé à notre La Fontaine, c'est du vin devenu vinaigre. Même lorsqu'il arrive à la charmante Vanessa, sa veine coule semblable : pour la louer

---

1. His talk was now of tithes and dues;
He smok'd his pipe and read the news....
Against dissenters would repine,
And stood up firm for right divine.

enfant, il la pose en petite fille modèle au tableau d'honneur, à la façon d'un maître d'école[1]. « On « décida que la conduite de toutes les autres serait « jugée par la sienne, comme par un guide infaillible. « Les filles en faute entendraient souvent les louanges « de Vanessa sonner à leurs oreilles. Quand miss « Betty fera une sottise, laissera tomber son couteau « ou renversera la salière, sa mère lui dira pour la « gronder : « voilà ce que Vanessa n'a jamais fait ! » Singulière façon d'admirer Vanessa et de lui prouver qu'on l'admire ! Il l'appelle nymphe et la traite en écolière ! « Cadénus pouvait louer, estimer, approu-« ver, mais ne comprenait pas ce que c'était qu'ai-« mer[2]. » Rien de plus vrai, et Stella l'a senti comme les autres. Les vers que chaque année il compose pour sa naissance sont des censures et des éloges de pédagogue ; s'il lui donne des bons points, c'est avec des restrictions. Un jour il lui inflige un petit sermon sur le manque de patience ; une autre fois, en manière de compliment, il lui décoche cet avertissement délicat : « Stella, ce jour de naissance est ton trente-« quatrième. — Nous ne disputerons pas pour une « année ou un peu plus. — Pourtant, Stella, ne te

---

[1]. And all their conduct would be try'd
By her, as an unerring guide.
Offending daughters oft would hear
Vanessa's praise rung in their ear.
Miss Betty, when she does a fault,
Lets fall her knife or spills the salt,
Will then by her mother be chid :
« 'Tis what Vanessa never did ! »

[2]. He now could praise, esteem, approve,
But understood not what was love.

« tourmente pas, quoique ta taille et tes années soient
« doubles de ce qu'elles étaient lorsqu'à seize ans je
« te vis pour la première fois la plus brillante vierge
« de la pelouse. Ce peu qu'a perdu ta beauté est large-
« ment compensé par ton esprit[1]. » Et il insiste avec
un goût exquis : « Oh ! s'il plaisait aux dieux de cou-
« per en deux ta beauté, ta taille, tes années et ton
« esprit, aucun siècle ne pourrait fournir un couple
« de nymphes si gracieuses, si sages et si belles[2] ! »
Décidément cet homme est un charpentier, fort de
bras, terrible à l'ouvrage et dans la mêlée, mais
borné, et maniant une femme comme si elle était une
poutre. Les rimes et le rhythme ne sont que des machines officielles, qui lui ont servi pour presser et
lancer sa pensée ; il n'y a mis que de la prose : la
poésie était trop fine pour être saisie par ces rudes
mains.

Mais, dans les sujets prosaïques, quelle vérité et
quelle force ! Comme cette mâle nudité rabaisse l'é-
légance cherchée et la poésie artificielle d'Addison et
de Pope ! Jamais d'épithètes ; il laisse sa pensée telle

---

1. Stella, this day is thirty-four
    (We sha'n't dispute a year or more).
    However, Stella, be not troubled,
    Although thy size and years are doubled,
    Since first I saw thee at sixteen,
    The brightest virgin on the green;
    So little is thy form declin'd,
    Made up so largely in thy mind.

2. O, would it please the Gods to split
    Thy beauty, size, years and wit!
    No age could furnish out a pair
    Of nymphes so graceful, wise, and fair.

qu'elle est, l'estimant pour elle-même et pour elle seule, n'ayant besoin ni d'ornements, ni de préparation, ni d'allongements ; élevé au-dessus des procédés de métier, des conventions d'école, de la vanité de rimailleur, des difficultés de l'art, maître de son sujet et de lui-même. Cette simplicité et ce naturel étonnent en des vers. Ici, comme ailleurs, son originalité est entière et son génie créateur; il dépasse son siècle classique et timide ; il s'asservit la forme, il la brise, il y ose tout dire, il ne lui épargne aucune crudité. Reconnaissez la grandeur dans cette invention et dans cette audace ; celui-là seul est un homme supérieur qui trouve tout et ne copie rien. Quel comique poignant dans la *Grande Question débattue!* Il s'agit de peindre l'entrée d'un capitaine dans un château, ses airs, son insolence, sa sottise, et l'admiration que lui méritent son insolence et sa sottise! La dame le sert le premier, les servantes mettent le nez à la fente de la porte pour voir son habit brodé.

Les curés sont près de crever d'envie. — « Chère madame, bien sûr, c'est un homme de beau langage ; — écoutez seulement comme sa langue mord bien le clergé. » — « Ma foi ! madame, dit-il, si vous donnez de tels dîners, — vous ne manquerez jamais de curés, si longtemps que vous viviez. — Je n'ai jamais vu de curé qui n'eût un bon flair. — Mais le diable serait partout mieux venu qu'eux. — Dieu me damne ! ils nous disent de nous corriger et de nous repentir ; — mais morbleu ! à leur figure, on voit bien qu'ils ne font pas carême. — Sire vicaire, avec vos airs graves, j'ai bien peur — que vous ne couliez un regard fripon sur la femme de chambre de madame. — Je souhaite qu'elle vous prête sa jolie main blanche — pour raccommoder votre soutane et repasser votre rabat. — Partout où vous voyez une soutane et une robe, — pariez cent contre un qu'il y a dedans un rustre.—Vos *Eaux-Vides*, vos *Amers*, vos *Platurks*[1], et toute cette drogue, — pardieu! ils ne valent pas cette prise de tabac. — Voulez-vous donner à un gentilhomme une belle éducation? — L'armée est la seule bonne école de toute la nation[2].

Ceci a été *vu*, et telle est la beauté des vers de Swift: ils sont personnels ; ce ne sont pas thèmes développés, mais des impressions ressenties et des observations amassées. Qu'on lise le *Journal d'une dame moderne*, l'*Ameublement de l'esprit d'une dame*, et tant d'autres pièces : ce sont des dialogues transcrits ou

1. Ovide, Homère, Plutarque.
2. The parsons for envy are ready to burst;
The servants amazed are scarce ever able
To keep off their eyes, as they wait at the table;
And Molly and I have thrust in our nose
To peep at the captain in all his fine clothes;
Dear madam, be sure he's a fine spoken man,
Do but hear on the clergy how glib his tongue ran;
' And madam, " says he, ' if such dinners you give,
You'll never want parsons as long as you live;
I ne'er knew a parson without a good nose.
But the devil's as welcome wherever he goes;
G—d—me, they bid us reform and repent,
But, z—s, by their looks they never keep lent;
Mister curate, for all your grave looks, I'm afraid
You cast a sheep's eye on her ladyship's maid;
I wish she would lend you her pretty white hand
In mending your cassock, and smoothing your band;
(For the dean was so shabby, and looked like a ninny,
That the captain supposed he was curate to Jenny.)
Whenever you see a cassock and gown,
A hundred to one but it covers a clown;
Observe how a parson comes into a room,
G—d—me, he hobbles as bad as my groom;
A scholar, when just from his college broke loose,
Can hardly tell how to cry *bo* to a goose;
Your *Noveds*, and *Bluturks*, and *Omurs*, and stuff,
By G—, they don't signify this pinch of snuff;
To give a young gentleman right education,
The army's the only good school of the nation.

des jugements notés au sortir d'un salon. L'*Histoire d'un mariage* représente un doyen de cinquante-deux ans qui épouse une jeune coquette à la mode; n'apercevez-vous pas dans ce seul titre toutes les craintes du célibataire de Saint-Patrick? Quel journal plus intime et plus âcre que ses vers *sur sa propre mort?*

« Comment va le doyen ? — Il vit tout juste. — Voilà qu'on lit les prières des mourants. — Il respire à peine. — Le doyen est mort. » — Avant que le glas n'ait commencé, — la nouvelle a parcouru toute la ville. — « Ah ! nous devons tous être prêts pour la mort.— Qu'est-ce qu'il a laissé ? Qui est son héritier? — Je n'en sais pas plus que ce qu'on en dit.—Il a tout légué au public.— Au public? Voilà un caprice. —Qu'est-ce que le public avait fait pour lui? —Pure envie, avarice, orgueil. — Il a donné tout; mais il est mort auparavant. — Est-ce que dans toute la nation le doyen n'avait pas — quelque ami méritant, quelque parent pauvre ? — Si disposé à faire du bien aux étrangers! — oubliant ceux qui sont sa chair et son sang!.... » — Les dames mes amies, dont le tendre cœur — a mieux appris à jouer un rôle, — reçoivent la nouvelle avec une grimace d'affligées :— « Le doyen est mort (pardon, quel est l'atout?). — Alors que Dieu ait pitié de son âme! — (Mesdames, je risque la vole.)— On dit qu'il y aura six doyens pour tenir le poêle. — (Je voudrais bien savoir à quel roi faire invite.) — Madame, votre mari assistera-t-il — aux funérailles d'un si bon ami? — Non madame, c'est une vue trop triste.— et puis il est engagé demain soir. — Milady Club trouverait mauvais — s'il manquait à son quadrille. — Il aimait le doyen (j'ouvre les cœurs) , — mais les meilleurs amis, comme on dit, doivent se séparer. — Son heure était venue, il avait fini sa carrière, — j'espère qu'il est dans un monde meilleur.... » — Le pauvre Pope sera triste un mois, et Gay — une semaine, et Arbuthnot un jour[1]

---

1. How is the dean? he's just alive.
Now the departing prayer is read;

Tel est l'inventaire des amitiés humaines. Toute poésie exalte, celle-ci déprime ; au lieu de cacher le réel, elle le dévoile ; au lieu de faire des illusions, elle en ôte. Quand il veut peindre l'aurore, il nous montre « les balayeurs dans les rues, les recors » et les cris de la halle. Quand il veut peindre la pluie, il décrit « toutes les couleurs et toutes les puanteurs » des ruisseaux grossis, « les chats morts, les feuilles « de navets, les poissons pourris, » qui roulent pêle-

> He hardly breathes. The dean is dead.
> Before the passing-bell begun,
> The news through half the town has run;
> Oh! may we all for death prepare!
> What has he left? and who's his heir?
> I know no more than what the news is;
> 'Tis all bequeated to public uses.
> To public uses! there's a whim!
> What had the public done for him?
> Mere envy, avarice, and pride :
> He gave it all—but first he died.
> And had the dean in all the nation
> No worthy friend, no poor relation?
> So ready to do strangers good,
> Forgetting his own flesh and blood!
> Poor Pope will grieve a month, and Gay
> A week, and Arbuthnot a day...
> My female friends, whose tender hearts
> Have better learned to act their parts,
> Receive the news in doleful dumps :
> ' The dean is dead (pray, what is trumps?)
> Then, Lord, have mercy on his soul!
> (Ladies, I'll venture for the vole.)
> Six deans, they say, must bear the pall.
> (I wish I knew what king to call.)
> Madam, your husband will attend
> The funeral of so good a friend?
> No, madam, 'tis a shocking sight;
> And he's engaged to-morrow night :
> My Lady Club will take it ill,
> If he should fail her at quadrille.
> He loved the dean—(I lead a heart)
> But dearest friends, they say, must part.
> His time was come, he ran his race;
> We hope he's in a better place.'

mêle dans la fange. Ses grands vers traînent dans leurs plis toutes ces ordures. On sourit de voir la poésie ravalée jusqu'à cet emploi ; il semble qu'on assiste à une mascarade ; c'est une reine travestie en dindonnière. On s'arrête, et l'on regarde avec ce plaisir qu'on ressent à boire une liqueur amère. La vérité est toujours bonne à connaître, et, dans la pièce magnifique que les artistes nous étalent, il faut bien un régisseur pour nous donner le nombre des claqueurs et des figurants.

Heureux s'il ne faisait que dresser ce compte ! Les chiffres sont laids, mais ils ne blessent que l'esprit ; d'autres choses, les graisses des quinquets, les puanteurs des coulisses, et tout ce qu'on ne peut nommer restent à décrire. Je ne sais comment faire pour indiquer jusqu'où Swift s'emporte ; il le faut pourtant, car ces extrémités sont le suprême effort de son désespoir et de son génie : il faut les avoir touchées pour le mesurer et le connaître. Il traîne la poésie non pas seulement dans la fange, mais dans l'ordure ; il s'y roule en fou furieux, et il y trône, et il en éclabousse tous les passants. Comparées aux siennes, toutes les crudités sont décentes et agréables. Dans l'Arétin et Brantôme, dans La Fontaine et Voltaire, il y a la pensée d'un plaisir. Chez les uns la sensualité effrénée, chez les autres la gaieté malicieuse sont des excuses ; on éprouve du scandale, mais non du dégoût ; on n'aime point à voir dans un homme une fureur de taureau ou une polissonnerie de singe, mais le taureau est si ardent et si fort, le singe si spirituel et si leste, que l'on finit par regarder ou s'égayer. Puis, quelque grossières que soient leurs peintures, il s'agit chez eux des accompagnements de l'amour; Swift ne touche qu'aux suites de la digestion, et il n'y touche qu'avec dégoût et par vengeance; il les verse avec horreur et ricanement sur les misérables qu'il décrit. Qu'on n'aille point ici le comparer à Rabelais; notre bon géant, médecin et ivrogne, s'étale joyeusement sur son fumier sans penser à mal; le fumier est chaud, commode; on y est bien pour philosopher et cuver son vin. Élevées à cette énormité et savourées avec cette insouciance, les fonctions corporelles deviennent poétiques. Quand les tonneaux se vident dans son gosier et que les viandes s'engloutissent dans son estomac, l'on prend par sympathie part à tant de bien-être; dans les ballottements de ce ventre colossal et dans le rire de cette bouche homérique, on aperçoit comme à travers une fumée les souvenirs des religions bachiques, la fécondité, la joie monstrueuse de la nature; ce sont les magnificences et les dévergondages de ses premiers enfantements. Au contraire, le cruel esprit positif ne s'attache qu'aux bassesses; il ne veut voir que l'envers des choses; armé de douleur et d'audace, il n'épargne aucun détail ignoble, aucun mot cru. Il entre dans le cabinet de toilette [1], il conte les désenchantements de l'amour [2], il le déshonore par un mélange de pharmacie et de médecine [3], il décrit le fard et le reste [4]. Il va se pro-

---

1. *The lady's dressing-room.* — 2. *Strephon and Chloe.*
3. *A Love-poem from a Physician.* — 4. *The Progress of Beauty.*

mener le soir le long des murs solitaires[1], et dans ces lamentables recherches il a toujours le microscope en main. Jugez de ce qu'il voit et de ce qu'il souffre ; c'est là sa beauté idéale et sa conversation badine, et vous devinez qu'il aura pour philosophie comme pour poésie et pour politique l'exécration et le dégoût.

V

Ce fut chez sir William Temple qu'il écrivit le *Conte du Tonneau*, au milieu de toutes sortes de lectures, comme un abrégé de la vérité et de la science. C'est pourquoi ce conte est la satire de toute science et de toute vérité.

De la religion d'abord. Il semble y défendre l'Église d'Angleterre ; mais quelle Église et quel symbole ne sont pas enveloppés dans son attaque ? Pour égayer son sujet, il le profane et réduit les questions de dogmes à une question d'habits. Un père avait trois fils, Pierre, Martin et Jean ; il leur légua en mourant à chacun un habit[2], les avertissant de le tenir propre et de le brosser souvent. Les trois frères obéirent quelque temps et voyagèrent honnêtement, tuant « un nombre « raisonnable de géants et de dragons[3]. » Malheureusement, étant venus à la ville, ils en prirent les mœurs, devinrent amoureux de plusieurs grandes

---

1. *The Problem.* Lire surtout *Examination of certain abuses.*
2. La vérité chrétienne.
3. Persécutions et combats de l'Église primitive.

dames à la mode, la duchesse *of Money*, milady *Great-Titles*, la comtesse *of Pride*, et, pour gagner leurs faveurs, se mirent à vivre en galants, fumant, jurant, faisant des vers et des dettes, ayant des chevaux, des duels, des filles et des recors. Une secte s'était établie, posant en principe que le monde était une garde-robe d'habits; « car qu'est-ce qu'on appelle terre, sinon un
« pourpoint bariolé de vert, et qu'est-ce que la mer,
« sinon un gilet couleur d'eau ? Le hêtre a sur la tête
« une très-galante perruque, et il n'y a pas de plus
« joli justaucorps blanc que celui du bouleau. » De même pour les qualités de l'âme : « la religion n'est-
« elle pas un manteau, et la conscience une culotte,
« qui, quoique employée à couvrir la saleté et l'im-
« pudicité, se met bas très-aisément pour le service
« de l'une et de l'autre ?... C'est l'habit qui fait l'homme,
« et lui donne la beauté, l'esprit, le maintien, l'édu-
« cation, l'importance. Si certains morceaux d'hermine
« et de fourrure sont placés en un certain endroit,
« nous les appelons un juge ; de même une réunion
« convenable de linon et de satin noir se nomme un
« évêque [1]. » — Ils prouvaient aussi que le vêtement

---

[1] They held the universe to be a large suit of clothes, which invests every thing : that the earth is invested by the air; the air is invested by the stars, and the stars are invested by the primum mobile.... What is that which some call land, but a fine coat laced with green ? Or the sea but a waistcoat of water-tabby?... You will find how curious journeyman nature has been to trim up vegetable beans. Observe how sparkish a periwig adorns the head of the beech, and what a fine doublet of white satin is worn by the birch.... Is not religion a cloak, honesty a pair of shoes worn out in the dirt, self-love a surtout, vanity a shirt, and conscience a pair of

« est l'âme, et encore par l'Écriture, car c'est en lui
« que nous avons le mouvement, la vie et l'être. »
C'est pourquoi nos trois frères, n'ayant que des
habits fort simples, se trouvèrent très-embarrassés.
Par exemple, la mode en ce moment était aux nœuds
d'épaule (*shoulder-knots*), et le testament de leur père
leur défendait expressément d'ajouter, de changer,
ou d'ôter rien à leurs habits. « Après beaucoup de
« réflexions, l'un des frères, qui se trouvait plus lettré
« que les deux autres, dit qu'il avait trouvé un expé-
« dient. Il est vrai, dit-il, qu'il n'y a rien ici dans ce
« testament qui fasse mention, *totidem verbis*, des
« nœuds d'épaule; mais j'ose conjecturer que nous
« les y trouverons inclus, *totidem syllabis*. Cette dis-
« tinction fut à l'instant approuvée de tous. » Mais
par malheur la syllabe initiale ne se trouvait dans
aucun endroit du testament. « Dans ce mécompte, le
« frère qui avait trouvé la première échappatoire re-
« prit courage et dit : Mes frères, il y a encore de
« l'espoir, car quoique nous ne puissions les trouver
« *totidem verbis* ni *totidem syllabis*, j'ose promettre que
« nous les découvrirons *tertio modo*, ou *totidem litteris*.
« Cette invention fut hautement approuvée. Là-dessus
« ils se mirent à scruter le manuscrit et trièrent le
« premier mot : *shoulder*; mais la même planète,
« ennemie de leur repos, fit ce miracle qu'un K fut

breeches, which, though a cover for lewdness as well as nastiness, is easily slipt down for the service of both?... If certain hermines and furs be placed in a certain position, we style them a judge; and so an apt conjunction of lawn and black satin, we intitle a bishop.

« introuvable. C'était-là une grosse difficulté. Cepen-
« dant le frère aux distinctions, maintenant qu'il
« avait mis la main à l'ouvrage, prouva par un très-
« bon argument que K était une lettre moderne, illé-
« gitime, inconnue aux âges savants, et qu'on ne ren-
« contrait dans aucun ancien manuscrit. Là-dessus
« toute difficulté s'évanouit ; les nœuds d'épaule fu-
« rent prouvés clairement être d'institution pater-
« nelle, *jure paterno*, et nos trois gentilshommes s'éta-
« lèrent avec des nœuds d'épaule aussi grands et
« aussi pimpants que personne [1]. » D'autres interprétations admirent les galons d'or, et un codicille ajouté

---

1. In this unhappy case they went immediately to consult their father's will, read it over and over, but not a word of a Shoulder-Knot.... After much thought, one of the brothers who happened to be more book-learned than the other two, said he had found an expedient. « It is true, said he, there is nothing in this will, *totidem verbis*, making mention of Shoulder-Knot; but I dare conjecture we may find them inclusive, or *totidem syllabis*. — This distinction was immediately approved by all; and so they fell again to examine; but their evil star had so directed the matter that the first syllable was not to be found in the whole writings. Upon which disappointment, he, who found the former evasion, took heart and said: Brothers, there is yet hopes, for though we cannot find them *totidem verbis*, nor *totidem syllabis*, I dare engage we shall make them out *tertio modo*, or *totidem litteris*. This discovery was also highly commended; upon which they fell once more to the scrutiny, and picked out SHOULDER; when the same planet, enemy to their repose, had wonderfully contrived that a K was not to be found. Here was a weighty difficulty; but the distinguishing brother, now his hand was in, proved by a very good argument that K was a modern illegitimate letter; unknown to the learned ages, nor any where to be found in ancient manuscripts.... Upon which all difficulty vanished; shoulder-knots were made clearly out to be jure paterno, and our three gentlemen swaggered with as large and flaunting ones as the best.

autorisa les doublures de satin couleur de flamme. Malheureusement, « l'hiver suivant, un comédien, « payé par la corporation des passementiers, joua « son rôle dans une comédie nouvelle tout couvert de « franges d'argent, et, suivant une louable coutume, « les mit par cela même à la mode. Là-dessus, les « frères, consultant le testament de leur père, trou- « vèrent à leur grand étonnement, ces paroles : « *Item*, j'enjoins et ordonne à mesdits trois fils de ne « porter aucune espèce de *frange d'argent* autour de « leurs susdits habits. — Cependant, après une pause, « le frère, si souvent mentionné pour son érudition « et très-versé dans la critique, déclara avoir trouvé, « dans un certain auteur qu'il ne nommerait pas, « que le mot *frange* écrit dans ce testament signifie « aussi manche à balai, et devait indubitablement « avoir ce sens dans le paragraphe. Un des frères ne « goûta pas cela à cause de cette épithète *d'argent*, « qui, dans son humble opinion, ne pouvait pas, du « moins en langage ordinaire, être raisonnablement « appliquée à un manche à balai ; mais on lui répli- « qua que cette épithète devait être prise dans le sens « mythologique et allégorique. Néanmoins il fit « encore cette objection : pourquoi leur père leur « aurait-il défendu de porter un manche à balai sur « leurs habits, avertissement qui ne semblait pas na- « turel ni convenable ? sur quoi il fut arrêté court, « comme parlant irrévérencieusement d'un mystère, « lequel certainement était très-utile et plein de sens, « mais ne devait pas être trop curieusement sondé ni

« soumis à un raisonnement trop minutieux[1]. » A la fin, le frère scolastique s'ennuie de chercher des distinctions, met le vieux testament dans une boîte bien fermée, autorise par la tradition les modes qui lui conviennent, puis, ayant attrapé un héritage, se fait appeler Mgr Pierre. Ses frères, traités en valets, finissent par s'enfuir; ils rouvrent le testament, et recommencent à comprendre la volonté de leur père; Martin, l'anglican, pour réduire son habit à la simplicité primitive, découd point par point les galons ajustés dans les temps d'erreur, et garde même quelques broderies par bon sens, plutôt que de déchirer l'étoffe. Jean, le puritain, arrache tout par enthousiasme, et se trouve en loques, envieux de plus contre

---

1. Next winter a player hired for the purpose by the corporation of fringe-makers, acted his part in a new comedy all covered with silver fringe, and according to the laudable custom gave rise to that fashion. Upon which the brothers consulting their father's will, to their great astonishment found these words. « Item, I charge « and command my said three sons to wear no sort of silver fringe « upon or about their said coat. » However, after some pause the brother so often mentioned for his erudition, who was well skilled in criticisms, had found in a certain author, which he said would be nameless, that the same word which in the will is called *fringe* does also signify a *broomstick* and doubtless ought to have the same interpretation in this paragraph. This another of the brothers disliked, because of that epithet *silver* which could not, he humbly conceived, in propriety of speech, be reasonably applied to a broomstick; but it was replied upon him that this epithet was understood in a mythological and allegorical sense. However he objected again, why their father should forbid them to wear a broomstick on their coats, a caution that seemed unnatural and impertinent; upon which, he was taken up short, as one that spoke irreverently of a mystery, which doubtless was very useful and significant, but ought no to be over-curiously pried into, or nicely reasoned upon.

Martin, et à moitié fou. Il entre alors dans la secte des éolistes ou inspirés, admirateurs du vent, lesquels prétendent que l'esprit, ou souffle ou vent, est céleste, et contient toute science.

Car d'abord il est généralement reconnu que la science enfle les hommes, et de plus ils prouvaient leur opinion par le syllogisme suivant : les mots ne sont que du vent, et la science n'est que des mots ; *ergo* la science n'est que du vent. Or ce vent ne devait point être gardé sous le boisseau, mais librement communiqué à l'espèce humaine. Par ces raisons et d'autres de poids égal, les éolistes affirmaient que le don de roter est l'acte le plus noble de la créature raisonnable. C'est pourquoi on voyait souvent plusieurs centaines de leurs prêtres attachés les uns aux autres en façon de chaîne circulaire, chacun tenant un soufflet qu'il appliquait à la culotte de son voisin, expédient par lequel ils se gonflaient les uns les autres jusqu'à prendre la forme et la grosseur d'un tonneau, et pour cette raison ils appelaient ordinairement leurs corps d'une façon très-exacte « les vaisseaux du Seigneur. » Et afin de rendre la chose plus complète, comme le souffle de la vie de l'homme est dans ses narines, ils faisaient passer les rots les plus choisis, les plus édifiants et les plus vivifiants par cet orifice, pour leur en donner la teinture, à mesure qu'ils passaient [1].

---

1. Allusions aux assemblées des puritains, à leur prononciation nasale, etc.

First, it is generaly affirmed or confessed that learning puffeth men up ; and secondly they proved it by the following syllogism : words are but wind ; and learning is nothing but words ; ergo learning is nothing but wind. — .... This, when blown up to its perfection, ought not to be covetously hoarded up, stifled, or hid under a bushel, but freely communicated to mankind. Upon these reasons and others of equal weight, the wise æolists affirm *the gift of belching* to be the noblest act of a rational.... creature.... At certain seasons of the year you might behold the priests among them in vast number.... linked together in a circular chain, with every man a pair of

Après cette explication de la théologie, des querelles religieuses et de l'inspiration mystique, que reste-t-il, même de l'Église anglicane ? Elle est un manteau raisonnable, utile, politique, mais quoi d'autre ? Comme une brosse trop forte, la bouffonnerie a emporté l'étoffe avec la tache. Swift a éteint un incendie, je le veux, mais comme Gulliver à Lilliput : les gens sauvés par lui restent suffoqués de leur délivrance, et le critique a besoin de se boucher le nez pour admirer la juste application du liquide et l'énergie de l'instrument libérateur.

La religion noyée, il se tourne contre la science : car les digressions dont il coupe son conte pour contrefaire et railler les savants modernes sont attachées à son conte par le lien le plus étroit. Le livre s'ouvre par des introductions, préfaces, dédicaces et autres appendices ordinairement employés pour grossir les livres, caricatures violentes accumulées contre la vanité et le bavardage des auteurs. Il se dit de leur compagnie, et annonce leurs découvertes. Admirables découvertes ! Le premier de leurs commentaires sera sur « *Tom Pouce*[1], dont l'auteur était un philo-

---

bellows applied to his neighbour's breech, by which they blew each other to the shape and size of a tun; and for that reason with great propriety of speech did usually call their bodies their vessels.... and to render these yet more compleat, because the breath of man's life is in his nostrils, therefore the choicest, most edifying, and most enlivening belches were very wisely conveyed through that vehicle, to give them a tincture as they passed.

1. Petit livre à l'usage des enfants, ainsi que *Whittington et son chat*, nommé plus loin.

« sophe pythagoricien. Ce profond traité contient tout
« le secret de la métempsychose, et développe l'his-
« toire de l'âme à travers tous ses états. — *Whitting-*
« *ton et son chat* est une œuvre de ce mystérieux
« Rabbi Jehuda Hannasi, contenant une défense de
« la Gémara de la Misna Hiérosolymitaine, et les rai-
« sons qui doivent la faire préférer à celle de Baby-
« lone, contrairement à l'opinion reçue. » Lui-même
avertit qu'il va publier « une histoire générale des
« oreilles, un panégyrique du nombre trois, une
« humble défense des procédés de la canaille dans
« tous les siècles, un essai critique sur l'art de
« brailler cagotement, considéré aux points de vue
« philosophique, physique et musical, » et il engage
les lecteurs à lui arracher par les sollicitations ces ines-
timables traités qui vont changer la face du monde;
puis, se tournant contre les savants et les critiques
éplucheurs de textes, il leur prouve à leur façon que
les anciens ont parlé d'eux. Peut-on voir une plus
cruelle parodie des interprétations forcées? Les anciens, dit-il, ont désigné les critiques, à la vérité en
termes figurés et avec toute sorte de précautions
craintives; « mais ces symboles sont si transparents,
« qu'il est difficile de concevoir comment un lecteur
« de goût, doué de la perspicacité moderne, a pu les
« méconnaître. Ainsi Pausanias dit qu'il y eut une
« race d'hommes qui se plaisait à grignoter les su-
« perfluités et les excroissances des livres; ce que les
« savants ayant enfin observé, ils prirent d'eux-mêmes
« le soin de retrancher de leurs œuvres les branches

« mortes et superflues. Seulement Pausanias cache
« adroitement son idée sous l'allégorie suivante : que
« les Naupliens à Argos apprirent l'art d'émonder
« leurs vignes, en remarquant que lorsqu'un *âne* en
« avait brouté quelqu'une, elle profitait mieux et por-
« tait de plus beaux fruits[1]. Hérodote, précisément avec
« les mêmes hiéroglyphes, parle bien plus clairement
« et presque *in terminis*; il a eu l'audace de taxer les
« vrais critiques d'ignorance et de malice, et de le
« dire ouvertement, car on ne peut trouver d'autre
« sens à sa phrase : que dans la partie occidentale de
« la Libye, il y a des *ânes* avec des cornes[2]. » Les sanglants sarcasmes arrivent alors par multitude. Swift
a le génie de l'insulte ; il est inventeur dans l'ironie,
comme Shakspeare dans la poésie, et ce qui est le

---

1. The types are so apposite and the applications so necessary and natural, that it is not easy to conceive how any reader of a modern age or taste, could overlook them.... For first : Pausanias is of an opinion that the perfection of writing correct was entirely owing to the institution of criticks; and that he can possibly mean no other than the true critick is, I think, manifest from the following description. He says they were a race of men, who delighted to nibble at the superfluities and excrescencies of books, which the learned at length observing took warning, of their own accord, to lop the luxuriant, the rotten, the dead, the sapless, and the overgrown branches from their works. But now all this he cunningly shades under the following allegory : that the Nauplians in Argos learn-ed the art of pruning their vines, by observing that when an *ass* had browsed upon one of them, it thrived the better and bore fairer fruits.

2. Herodotus holding the same hieroglyph speaks much plainer and almost *in terminis*; he has been so bold as to tax the true cri-ticks of ignorance and malice, telling us openly (for I think nothing can be plainer), that in the western part of Libya there were *asses* with horns.

propre de l'extrême force, il va jusqu'à l'extrémité de sa pensée et de son art. Il flagelle la raison après la science, et ne laisse rien subsister de tout l'esprit humain. Avec une gravité médicale, il établit que de tout le corps s'exhalent des vapeurs, lesquelles, arrivant au cerveau, le laissent sain si elles sont peu abondantes, mais l'exaltent si elles regorgent ; que, dans le premier cas, elles font des particuliers paisibles, et dans le second de grands politiques, des fondateurs de religions et de profonds philosophes, c'est-à-dire des fous, en sorte que la folie est la source de tout le génie humain et de toutes les institutions de l'univers. C'est pourquoi on a grand tort de tenir enfermés les *gentlemen* de Bedlam, et une commission chargée de les trier trouverait dans cette académie beaucoup de talents enfouis capables de remplir les plus grands postes dans l'armée, dans l'État et dans l'Église. « Y a-t-il un étudiant qui mette sa paille en
« pièces, qui jure, blasphème, écume, morde ses bar-
« reaux et vide son pot de chambre sur le visage des
« spectateurs ? Que les sages et dignes commissaires
« inspecteurs lui donnent un régiment de dragons et
« l'envoient en Flandre avec les autres. — En voici
« un second qui prend gravement les dimensions de
« son chenil, homme à visions prophétiques et à vue
« intérieure, qui marche solennellement toujours du
« même pas, parle beaucoup de la dureté des temps,
« des taxes et de la prostituée de Babylone, barre le
« volet de sa cellule exactement à huit heures, et rêve
« du feu. A quelle valeur ne monteraient pas toutes

« ces perfections, si on envoyait le propriétaire dans
« une congrégation de la Cité[1]!... Je ne veux pas in-
« sister minutieusement sur le grand nombre d'élé-
« gants, de musiciens, de poëtes, de politiques, que
« cette réforme rendrait au monde. — Moi-même,
« l'auteur de ces admirables vérités, j'en suis une
« preuve, étant une personne dont les imaginations
« prennent aisément le mors aux dents, et sont mer-
« veilleusement disposées à s'enfuir avec ma raison,
« laquelle, comme je l'ai observé par une longue ex-
« périence, est un cavalier mal assis et qu'on désar-
« çonne aisément, d'où il arrive que mes amis ne me
« veulent jamais laisser seul que je ne leur aie pro-
« mis solennellement de décharger mes idées de la
« façon qu'on vient de voir, ou d'une autre sem-
« blable, pour l'avantage universel de l'humanité[2]. »

[1]. Les descriptions qui suivent sont telles que je n'ose les traduire.

[2]. Is any student tearing his straw in piece-meal, swearing and
blaspheming, biting his grate, foaming at the mouth, and emptying
his piss-pot in the spectator's faces? Let the right worshipfull
commissioners of inspection give him a regiment of dragoons, and
send him into Flanders among the rest.... You will find a third taking gravely the dimensions of his kennel; a person of foresight and
insight, though kept quite in the dark.... He walks duly in one
pace.... talks much of hard times and taxes and the whore of Baby-
lon, bars up the wooden window of his cell constantly at ight
o'clock, dreams of fire.... Now what a figure would all those acqui-
rements make if the owner were sent into the city among his brethren!... Accost the hole of another kennel (first stopping your nose),
you will behold a surly, gloomy, nasty, slovenly mortal, raking in his
own dung, and dabbling in his urine; the best parts of his diet is
the reversion of his own ordure, which, expiring into steams, whirls
perpetually about, and at last reinfunds. His complexion is of a
dirty yellow, with a thin scattered beard, exactly agreeable to that of

Le malheureux qui se connaît et qui se raille ! Quel rire de fou, et quel sanglot dans cette gaieté rauque ! Que lui reste-t-il, sinon à égorger le reste de l'invention humaine ? Qui ne voit ici le désespoir d'où est sortie l'académie de Laputa ? N'y a-t-il pas un avant-goût de la démence dans cette intense méditation de l'absurde ? Ici, son mathématicien, qui, pour enseigner la géométrie, fait avaler à ses élèves des gaufres où il a écrit ses théorèmes ; là, son moraliste, qui, pour mettre d'accord les partis politiques, propose de fendre les cervelles ennemies et de recoller la moitié de l'une avec la moitié de l'autre ; plus loin, son économiste qui distille les excréments pour les ramener à l'état nutritif ! Swift a sa loge à côté d'eux, et il est de tous le plus misérable, car il nourrit comme eux son esprit d'ordures et de folies, et il en a de plus qu'eux la connaissance et le dégoût.

S'il est triste de montrer la folie humaine, il est plus triste de montrer la perversité humaine ; le cœur

---

his diet upon its first declination; like other insects who having their birth and education in a excrement, from thence borrow their colour and their smell.... Now is it not amazing the society of Warwick-lane should have no more concern for the recovery of so useful a member?.... I shall not descend so minutely, as to insist upon the vast number of *beaux*, *fiddlers*, *poets*, and *politicians*, that the world might recover by such a reformation.... Even I myself, the author of these momentous truths, am a person whose imaginations are hard-mouthed, and exceedingly disposed to run away with his reason, which I have observed from long experience to be a very light rider, and easily shaken off; upon which account my friends will never trust me alone, without a solemn promise to vent my speculations in this or the like manner, for the universal benefit of mankind.

nous est plus intime que la raison; l'on souffre moins de voir l'extragavance ou la sottise que la méchanceté ou la bassesse, et je trouve Swift plus doux dans le *Conte du Tonneau* que dans *Gulliver*.

Tout son talent et toutes ses passions se sont amassés dans ce livre; l'esprit positif y a imprimé sa forme et sa force. Rien d'agréable dans la fiction ni dans le style; c'est le journal d'un homme ordinaire, chirurgien, puis capitaine, qui décrit avec sang-froid et bon sens les événements et les objets qu'il vient de voir; nul sentiment du beau, nul apparence d'admiration et de passion, nul accent. Banks et Cook racontent de même. Swift ne cherche que le vraisemblable et il l'atteint. Son art consiste à prendre une supposition absurde et à déduire sérieusement les effets qu'elle amène. C'est l'esprit logique et technique d'un constructeur qui, imaginant le raccourcissement ou l'agrandissement d'un rouage, aperçoit les suites de ce changement et en écrit la liste. Tout son plaisir est de voir ces suites nettement et par un raisonnement solide. Il marque les dimensions et le reste en bon ingénieur et statisticien, n'omettant aucun détail trivial et positif, expliquant la cuisine, l'écurie, la politique : là-dessus, sauf de Foe, il n'a pas d'égal. La machine à aimant qui soutient l'île volante, le transport et l'inventaire de Gulliver à Lilliput, son arrivée et sa nourriture chez les chevaux font illusion; nul esprit n'a mieux connu les lois ordinaires de la nature et de la vie humaine; nul esprit ne s'est si stricte ment renfermé dans cette connaissance ; il n'y en a point de plus exact ni de plus limité.

Mais quelle véhémence sous cette sécheresse ! Que nos intérêts et nos passions semblent ridicules, rabaissés à la petitesse de Lilliput, ou comparés à l'énormité de Brodingnag ? Qu'est-ce que la beauté, puisque le plus beau corps regardé avec des yeux perçants paraît horrible ? Qu'est-ce que notre puissance, puisqu'un insecte, roi d'une fourmilière, peut se faire appeler comme nos princes « majesté sublime, délices et terreur de l'univers ? » Que valent nos hommages, puisqu'un pygmée, « plus haut que « les autres de l'épaisseur de notre ongle, » les frappe par cela seul d'une crainte respectueuse ? Les trois quarts de nos sentiments sont des sottises, et l'imbécillité de nos organes est la seule cause de notre vénération ou de notre amour.

La société rebute encore plus que l'homme. A Laputa, à Lilliput, chez les chevaux, chez les géants, Swift s'acharne contre elle, et n'est jamais las de la bafouer et de l'avilir. A ses yeux, « l'ignorance, la paresse et « le vice sont les mérites et les marques distinctives du « législateur. Pour expliquer, interpréter et appli- « quer les lois, on choisit ceux dont le talent et l'in- « térêt consistent à les pervertir, à les brouiller et à « les éluder. » Un noble est un misérable pourri de corps et d'âme, ayant ramassé en lui toutes les maladies et tous les vices que lui ont transmis dix générations de débauchés et de drôles. Un homme de loi est un menteur à gages, habitué par vingt ans de chi-

canes à tordre la vérité s'il est avocat, à la vendre s'il est juge. Un ministre est un entremetteur qui, ayant prostitué sa femme ou clabaudé pour le bien public, s'est rendu maître de toutes les places, et qui, pour mieux voler l'argent de la nation, achète les députés avec l'argent de la nation. Un prince est un metteur en œuvre de tous les vices, incapable d'employer ou d'aimer un honnête homme, « persuadé que son trône
« ne peut subsister sans corruption, parce que cette
« humeur courageuse, indocile et fière, que la vertu
« inspire à l'homme, est une entrave perpétuelle aux
« affaires publiques. » A Lilliput, il choisit pour ministres ceux qui dansent le mieux sur la corde. A Laputa, il oblige tous ceux qui se présentent devant lui à ramper sur le ventre, léchant la poussière du parquet. Et Swift ajoute entre autres louanges : « Lors-
« qu'il a envie de mettre à mort quelqu'un de ses
« nobles d'une façon douce et indulgente, il fait ré-
« pandre sur le parquet une certaine poudre brune
« empoisonnée, qui, étant léchée, tue l'homme infail-
« liblement en vingt-quatre heures. Toutefois, pour
« rendre justice à la grande clémence de ce prince et au
« soin qu'il prend de la vie de ses sujets (en quoi les
« monarques d'Europe devraient bien l'imiter), il faut
« remarquer, à son honneur, que des ordres sévères
« sont toujours donnés après de telles exécutions,
« pour faire bien laver la partie empoisonnée du par-
« quet. Je l'ai entendu moi-même donner ordre de
« fouetter un de ses pages, qui avait été chargé pour
« cette fois de faire laver le parquet, et qui malicieu-

« sement n'avait point rempli cet office. Par cette né-
« gligence, un jeune seigneur de grande espérance,
« qui venait à une audience, avait malheureusement
« été empoisonné, bien que le roi à ce moment n'eût
« aucun dessein contre sa vie ; *mais cet excellent prince
« eut la touchante bonté de remettre le fouet au pauvre
« page, à condition qu'il promettrait de ne plus jamais re-
« commencer sans un ordre spécial*[1]. »

Toutes ces fictions de géants, de pygmées, d'îles volantes, sont des moyens de dépouiller la nature humaine des voiles dont l'habitude et l'imagination la couvrent, pour l'étaler dans sa vérité et dans sa laideur. Il reste une enveloppe à lever, la plus trompeuse, la plus intime. Il faut ôter cette apparence de raison dont nous nous affublons. Il faut supprimer ces sciences, ces arts, ces combinaisons de sociétés, ces inventions d'industries dont l'éclat éblouit.

---

1. When the king has a mind to put any of his nobles to death in a gentle, indulgent manner, he commands the floor to be strewed with a certain brown powder of a deadly composition, which being licked up, infaillibly kills him in twenty-four hours. But in justice to this prince's great clemency and the care he has of his subjects' lives (wherein it were much to be wished that the monarchs of Europe would imitate him) it must be mentioned for his honour that strict orders are given to have the infected parts of the floor well washed after every such execution.... I myself heard him give directions that one of his pages should be whipped, whose turn it was to give notice about washing the floor after an execution, but who maliciously had omitted it; by which neglect, a young lord of great hopes coming to an audience, was unfortunately poisoned, although the prince at that time had no design against his life. But this good prince was so gracious as to forgive the poor page his whipping, upon promise that he would do so nom ore, without special orders.

Il faut découvrir le *yahou* sous l'homme. Quel spectacle!

Je vis plusieurs animaux dans un champ, et un ou deux de la même espèce perchés sur des arbres. Leur corps était singulier et difforme; leurs têtes et leurs poitrines étaient couvertes d'un poil épais, quelquefois frisé, d'autres fois plat; ils avaient des barbes comme les chèvres et une longue bande de poil tout le long de leurs dos et sur le devant de leurs pieds et de leurs jambes; mais le reste du corps était nu [1],... de sorte que je pus voir leur peau, qui était d'un brun tanné; ils grimpaient au haut des arbres aussi agilement que des écureuils, car ils avaient aux pieds de devant et de derrière de fortes griffes étendues, terminées en pointes aiguës et crochues. Les femelles avaient de longs cheveux plats sur la tête, mais non sur la figure, ni rien sur tout le reste du corps qu'une sorte de duvet. Leurs mamelles pendaient entre leurs pieds de devant, et souvent, lorsqu'elles marchaient, touchaient presque à terre. En somme, dans tous mes voyages, je n'avais jamais vu d'animal si repoussant, ou contre qui j'eusse conçu naturellement une si forte antipathie [2].

Selon Swift, tels sont nos frères. Il trouve en eux tous nos instincts. Ils se haïssent les uns les autres,

---

1. Je suis forcé de supprimer plusieurs traits.
2. At last I beheld several animals in a field, and one or two of the same kind sitting in trees. Their shape was very singular and deformed.... Their heads and breasts were covered with a thick hair, somme frizzled, and others lank. They had beards like goats, and a long ridge of hair behind their back, and the forepart of their legs and feet. But the rest of the body was bare so that I might see their skins, which were of a brown buff colour. They had no tails, nor any hair at all on their buttocks, except about the anus.... They climbed high trees as nimbly as a squirrel, for they had strong extended claws before and behind, terminated in sharp points and hooked.... The females had long lank hair on their head but none on their faces, nor any thing more than a sort of down on the rest of their bodies, except about the anus and pudenda. The dugs hung

et se déchirent de leurs griffes avec des contorsions
et des hurlements hideux; voilà la source de nos querelles. S'ils rencontrent une vache morte, quoiqu'ils
ne soient que cinq, et qu'il y en ait pour cinquante,
ils s'étranglent ou s'ensanglantent; voilà l'image de
notre avidité et de nos guerres. Ils déterrent des
pierres brillantes qu'ils cachent dans leurs chenils,
qu'ils couvent des yeux, dépérissant et hurlant, si on
les leur ôte; voilà l'origine de notre amour de l'or.
Ils dévorent tout indistinctement, herbes, baies, racines, chair pourrie, et de préférence celle qu'ils ont
volée, s'en gorgeant jusqu'à vomir ou crever; voilà
le portrait de notre gloutonnerie et de notre improbité. Ils ont une sorte de racine juteuse et malsaine
dont ils s'abreuvent jusqu'à hurler et grincer des
dents, s'embrassant ou s'égratignant, puis roulant
pêle-mêle avec des hoquets, vautrés dans la boue;
voilà le tableau de notre ivrognerie. Ils ont un chef
par troupeau, le plus méchant et le plus difforme de
tous, servi par un favori « dont l'emploi est de lécher
« ses pieds et son derrière, ou de mener les yahous
« femelles à son chenil, ayant de temps en temps
« pour récompense un morceau de chair d'âne, à la
« fin chassé quand le maître trouve une brute pire, si
« exécré qu'à ce moment son successeur et toute la
« bande viennent en corps décharger sur lui leurs

between their forefeet, and often reached almost to the ground as
they walked.... Upon the whole I never beheld in all my travels
so desagreeable an animal, or one against which I naturally conceived so great an antipathy.

« excréments de la tête aux pieds [1] ; » voilà l'abrégé de notre gouvernement. Encore donné-t-il la préférence aux yahous sur les hommes, disant que notre misérable raison a empiré et multiplié ces vices, et concluant avec le roi de Brodingnag que notre espèce « est la plus pernicieuse race d'odieuse petite vermine « que la nature ait jamais laissé ramper sur la sur- « face de la terre [2]. »

Cinq ans après ce traité de l'homme, il écrivait en faveur de la malheureuse Irlande un pamphlet qui est comme le suprême effort de son désespoir et de son génie [3]. Je le traduis presque tout entier ; il le mérite. En aucune littérature je ne connais rien de pareil.

C'est un triste spectacle pour ceux qui se promènent dans cette grande ville, ou voyagent dans la campagne, que de voir les rues, les routes et les portes des cabanes couvertes de mendiantes, suivies de trois, quatre ou six enfants, tous en

---

[1] In most herds there was a sort of ruling yahoo, who was always more deformed in body and mischievous in disposition than any of the rest; this leader had usually a favourite as like himself as he could get, whose employment was to lick his master's feet and posteriors, and drive the female yahoos to his kennel; for which he was now and then rewarded with a piece of ass flesh.... He usually continues in office till a worse can be found; but the very moment he is discarded, his successor, at the head of all the yahoos in that district, male and female, come in a body and discharge their excrements upon him from head to foot.

[2] I cannot but conclude the bulk of your natives to be the most pernicious race of little odious vermin, that nature ever suffered to crawl upon the surface of the earth.

[3] « Proposition modeste pour empêcher que les enfants des pauvres en Irlande ne soient une charge à leurs parents ou à leur pays, et pour les rendre utiles au public. » 1729. — Swift devint fou quelques années après.

guenilles, et importunant chaque voyageur pour avoir l'aumône... Tous les partis conviennent, je pense, que ce nombre prodigieux d'enfants est aujourd'hui dans le déplorable état de ce royaume un très-grand fardeau de plus; c'est pourquoi celui qui pourrait découvrir un moyen honorable, aisé, peu coûteux de transformer ces enfants en membres utiles de la communauté, rendrait un si grand service au public, qu'il mériterait une statue comme sauveur de la nation. Je vais donc humblement proposer mon idée, qui, je l'espère, ne saurait rencontrer la moindre objection[1].

Quand on connaît Swift, de pareils débuts font peur.

Il m'a été assuré par un Américain de ma connaissance à Londres, homme très-capable, qu'un jeune enfant bien portant, bien nourri, est à l'âge d'un an une nourriture tout à fait délicieuse, substantielle et saine, rôti ou bouilli, à l'étuvée ou au four, et je ne doute pas qu'il ne puisse servir également en fricassée ou en ragoût.

Je prie donc humblement le public de considérer que des cent vingt mille enfants on en pourrait réserver vingt mille pour la reproduction de l'espèce, desquels un quart serait des mâles, et que les cent mille autres pourraient, à l'âge d'un an, être offerts en vente aux personnes de qualité et de fortune dans tout le royaume, la mère étant toujours avertie

---

1. It is a melancholy object to those who walk through this great town, or travel in the country, when they see the streets, the roads, and cabin-doors, crowded with beggars of the female sex, followed by three, four, or six children, all in rags, and importuning every passenger for an alms.... I think it is agreed by all parties that this prodigious number of children.... is in the present deplorable state of the kingdom, a very great additional grievance; and therefore, whosoever could find out a fair, cheap and easy method of making these children sound, easy members of the Commonwealth, would deserve so well of the public, as to have his statue set up for a preserver of the nation.... I shall now, therefore, humbly propose my own thoughts; which I hope will not be liable to the least objection.

de les faire téter abondamment le dernier mois, de façon à les rendre charnus et gras pour les bonnes tables. Un enfant ferait deux plats dans un repas d'amis ; quand la famille dîne seule, le train de devant ou de derrière ferait un plat très-raisonnable ; assaisonné avec un peu de poivre ou de sel, il serait très-bon, bouilli, le quatrième jour, particulièrement en hiver.

J'ai compté qu'en moyenne un enfant pesant douze livres à sa naissance peut en un an, s'il est passablement nourri, atteindre vingt-huit livres.

J'ai calculé que les frais de nourriture pour un enfant de mendiant (et dans cette liste je mets tous les *cottagers*, journaliers, et les quatre cinquièmes des fermiers) sont d'environ 2 shillings par an, guenilles comprises, et je crois que nul *gentleman* ne se plaindra de donner 10 shillings pour le corps d'un bon enfant gras qui lui fournira au moins quatre plats d'excellente viande nutritive.

Ceux qui sont plus économes (et j'avoue que les temps le demandent) pourront écorcher l'enfant, et la peau convenablement préparée fera des gants admirables pour les dames et des bottes d'été pour les *gentlemen* élégants.

Quant à notre cité de Dublin, on pourra y disposer des abattoirs dans les endroits les plus convenables ; pour les bouchers, nous pouvons être certains qu'il n'en manquera pas ; cependant je recommanderai plutôt d'acheter les enfants vivants, et d'en dresser la viande toute chaude au sortir du couteau, comme nous faisons pour les cochons à rôtir.

Je pense que les avantages de ce projet sont nombreux et visibles aussi bien que de la plus haute importance. — Premièrement, cela diminuera beaucoup le nombre de papistes, dont nous sommes tous les ans surchargés, puisqu'ils sont les principaux producteurs de la nation. — Secondement, comme l'entretien de cent mille enfants de deux ans et au-dessus ne peut être évalué à moins de 10 shillings par tête chaque année, la richesse de la nation s'accroîtrait par là de 50 000 guinées par an, outre le profit d'un nouveau plat introduit sur les tables de tous les *gentlemen* de fortune qui ont quelque déli-

catesse dans le goût. Et l'argent circulerait entre nous, ce produit étant uniquement de notre crû et de nos manufactures.
— Troisièmement, ce serait un grand encouragement au mariage, que toutes les nations sages ont encouragé par des récompenses ou garanti par des lois et pénalités. Cela augmenterait le soin et la tendresse des mères pour leurs enfants, quand elles seraient sûres d'un établissement à vie pour les pauvres petits, institué ainsi en quelque sorte par le public lui-même. — On pourrait énumérer beaucoup d'autres avantages, par exemple l'addition de quelques milliers de pièces pour notre exportation de bœuf en baril, l'expédition plus abondante de chair de porc, et des perfectionnements dans l'art de faire de bons jambons ; mais j'omets tout cela et beaucoup d'autres choses par amour de la brièveté.

Quelques personnes d'esprit abattu s'inquiètent en outre de ce grand nombre de pauvres gens qui sont vieux, malades ou estropiés, et l'on m'a demandé d'employer mes réflexions pour trouver un moyen de débarrasser la nation d'un fardeau aussi pénible ; mais là-dessus je n'ai pas le moindre souci, parce qu'on sait fort bien que tous les jours ils meurent et pourrissent de froid, de faim, de saleté et de vermine, aussi vite qu'on peut raisonnablement y compter. Et quant aux jeunes journaliers, leur état donne des espérances pareilles : ils ne peuvent trouver d'ouvrage, et par conséquent languissent par défaut de nourriture, tellement que si en quelques occasions on les loue par hasard comme manœuvres, ils n'ont pas la force d'achever leur travail. De cette façon, le pays et eux-mêmes se trouvent heureusement délivrés de tous les maux à venir [1].

---

[1]. I have been assured by a very knowing American of my acquaintance in London, that a young healthy child, well nursed, is, at a year old, a most delicious, nourishing, and wholesome food, whether stewed, roasted, baked, or boiled; and I make no doubt that it will equally serve in a fricassee or a ragout.

I do therefore humbly offer it to public consideration that of the hundred and twenty thousand children already computed, twenty thousand may be reserved for breed, whereof one-fourth part to be males.... that the remaining hundred thousand may, at a year old,

Et il finit par cette ironie de cannibale :

Je déclare dans la sincérité de mon cœur que je n'ai pas le moindre intérêt personnel à l'accomplissement de cette œuvre

be offered in sale to the persons of quality and fortune through the kingdom; always advising the mother to let them suck plentifully in the last month, so as to render them plump and fat for good tables. A child will make two dishes at an entertainment for friends, and when the family dines alone, the fore or hind quarter will make a reasonable dish, and seasoned with a little pepper or salt, will be very good boiled on the fourth day, especially in winter.

I have reckoned, upon a medium, that a child just born will weigh twelve pounds, and in a solar year, if tolerably nursed, will increase to twenty-eight pounds.

I have already computed the charge of nursing a beggar's child (in which list I reckon all cottagers, labourers, and four-fifths of the farmers), to be about two shillings per annum, rags included; and I believe no gentleman would repine to give ten shillings for the carcass of a good fat child, which, as I have said, will make four dishes of excellent nutritive meat.

Those who are more thrifty (as I must confess the times require), may flay the carcass : the skin of which, artificially dressed, will make admirable gloves for ladies, and summer boots for fine gentlemen.

As to our city of Dublin, shambles may be appointed for this purpose, in the most convenient parts of it; and butchers we may be assured will not be wanting; although I rather recommend buying the children alive, then dressing them hot from the knife, as we do roasted pigs....

I think the advantages by the proposals which I have made are obvious and many, as well as of the highest importance. For first, as I have already observed, it would greatly lessen the number of papists, with whom we are yearly overrun, being the principal breeders of the nation, as well as our most dangerous enemies.... Thirdly, whereas the maintenance of a hundred thousand children, from two years old and upwards, cannot be computed at less than ten shillings a piece per annum, the nation's stock will be thereby increased fifty thousand pounds per annum, beside the profit of a new dish introduced to the tables of all gentlemen of fortune in the kingdom, who have any refinement in taste. And all the

salutaire, n'ayant d'autre motif que le bien public de mon pays. Je n'ai pas d'enfants dont, par cet expédient, je puisse espérer tirer un sou, mon plus jeune ayant neuf ans et ma femme ayant passé l'âge de devenir grosse¹.

On a parlé beaucoup des grands hommes malheureux, de Pascal par exemple. Je trouve que ses cris

---

money will circulate among ourselves, the goods being entirely of our own growth and manufacture.... Sixthly, this would be a great inducement to marriage, which all wise nations have either encouraged by rewards or enforced by laws and penalties. It would increase the care and tenderness of mothers toward their children, when they were sure of a settlement for life to the poor babes, provided in some sort by the public, to their annual profit or expense.... Many other advantages might be enumerated, for instance, the addition of some thousand carcasses in our exportation of barrelled beef; the propagation of swine's flesh, and improvement in the art of making good bacon.... But this, and many others, I omit, being studious of brevity.

Some persons of desponding spirit are in great concern about that vast number of poor people who are aged, diseased, or maimed; and I have been desired to employ my thoughts, what course may be taken to ease the nation of so grievous an encumbrance. But I am not in the least pain upon that matter, because it is very well known, that they are every day dying and rotting by cold and famine and filth and vermin, as fast as can be reasonably expected. And as to the young labourers, they are now in almost as hopeful a condition; they cannot get work, and consequently pine away for want of nourishment to a degree, that, if at any time they are accidentally hired to common labour, they have not strength to perform it. And thus the country and themselves are happily delivered from the evils to come.

1. I profess in the sincerity of my heart that I have not the least personal interest in endeavouring to promote this necessary work, having no other motive than the public good of my country, by advancing our trade, providing for infants, relieving the poor, and giving some pleasure to the rich. I have no children by which I can propose to get a single penny; the youngest being nine years old, and my wife past child-bearing.

et ses angoisses sont doux auprès de cette tranquille dissertation.

Tel est ce grand et malheureux génie, le plus grand de l'âge classique, le plus malheureux de l'histoire, Anglais dans toutes ses parties, et que l'excès de ses qualités anglaises a inspiré et dévoré, ayant cette profondeur de désirs qui est le fond de la race, cette énormité d'orgueil que l'habitude de la liberté, du commandement et du succès a imprimée dans la nation, cette solidité d'esprit positif que la pratique des affaires a établie dans le pays; relégué hors du pouvoir et de l'action par ses passions déchaînées et sa superbe intraitable; exclu de la poésie et de la philosophie par la clairvoyance et l'étroitesse de son bon sens; privé des consolations qu'offre la vie contemplative et de l'occupation que fournit la vie pratique; trop supérieur pour embrasser de cœur une secte religieuse ou un parti politique, trop limité pour se reposer dans les hautes doctrines qui concilient toutes les croyances ou dans les larges sympathies qui enveloppent tous les partis; condamné par sa nature et ses alentours à combattre sans aimer une cause, à écrire sans s'éprendre de l'art, à penser sans atteindre un dogme, *condottiere* contre les partis, misanthrope contre l'homme, sceptique contre la beauté et la vérité. Mais ces mêmes alentours et cette même nature, qui le chassaient hors du bonheur, de l'amour, du pouvoir et de la science, l'ont élevé, dans cet âge d'imitation française et de modération classique, à une hauteur extraordinaire, où, par l'originalité et la

puissance de son invention, il se trouve l'égal de Byron, de Milton et de Shakspeare, et manifeste en haut relief le caractère et l'esprit de sa nation. La sensibilité, l'esprit positif et l'orgueil lui ont forgé un style unique, d'une véhémence terrible, d'un sang-froid accablant, d'une efficacité pratique, trempé de mépris, de vérité et de haine, poignard de vengeance et de guerre qui a fait crier et mourir ses ennemis sous sa pointe et sous son poison. Pamphlétaire contre l'opposition et le gouvernement, il a déchiré ou écrasé ses adversaires par son ironie ou ses sentences, avec un ton de juge, de souverain et de bourreau. Homme du monde et poëte, il a inventé la plaisanterie atroce, le rire funèbre, la gaieté convulsive des contrastes amers, et, tout en traînant comme une guenille obligée le harnais mythologique, il s'est fait une poésie personnelle par la peinture des détails crus de la vie triviale, par l'énergie du grotesque douloureux, par la révélation implacable des ordures que nous cachons. Philosophe contre toute philosophie, il a créé l'épopée réaliste, parodie grave, déduite comme une géométrie, absurde comme un rêve, croyable comme un procès-verbal, attrayante comme un conte, avilissante comme un torchon posé en guise de couronne sur la tête d'un dieu. Ce sont là ses misères et ses forces; on sort d'un tel spectacle le cœur serré, mais rempli d'admiration, et l'on se dit qu'un palais est beau, même lorsqu'il brûle; des artistes ajouteront :
« Surtout lorsqu'il brûle. »

CHAPITRE VI.

Les romanciers.

I. Caractères propres du roman anglais. — En quoi il diffère des autres.

II. De Foe. — Sa vie. — Son énergie, son dévouement, son rôle politique. — Son esprit. — Différence des réalistes anciens et des réalistes modernes. — Ses œuvres. — Ses procédés. — Son but. — *Robinson Crusoé*. — En quoi ce caractère est anglais. — Sa fougue intérieure. — Sa volonté obstinée. — Sa patience au travail. — Son bon sens méthodique. — Ses agitations religieuses. — Sa piété finale.

III. Circonstances qui font naître le roman du dix-huitième siècle. — Tous ces romans sont des fictions morales et des études de caractères. — Liaison du roman et de l'essai. — Deux idées principales en morale. — Comment elles suscitent deux classes de romans.

IV. Richardson. — Sa condition et son caractère. — Liaison de sa perspicacité et de son rigorisme. — Son talent, sa minutie, ses combinaisons. — *Paméla*. — Son tempérament. — Ses principes. — L'épouse anglaise. — *Clarisse Harlowe*. — La famille Harlowe. — Le caractère despotique et insociable en Angleterre. — Lovelace. — Le caractère orgueilleux et militant en Angleterre. — Clarisse. — Son énergie, son sang-froid, sa logique. — Sa pédanterie, ses scrupules. — *Sir Charles Grandisson*. — Inconvénients des héros automates et édifiants. — Richardson sermonnaire. — Ses longueurs, sa pruderie, son emphase.

V. Fielding. — Son tempérament, son caractère et sa vie. — *Joseph Andrews*. — Sa conception de la nature. — *Tom Jones*. — Caractère du squire. — Les héros de Fielding. — *Amélia*. — Lacunes de sa conception.

VI. Smollett. — *Roderick Random.* — *Peregrine Pickle.* — Comparaison de Smollett et de Lesage. — Sa conception de la vie. — Dureté de ses héros. — Crudité de ses peintures. — Relief de ses caractères. — *Humphrey Clinker.*

VII. Sterne. — Étude excessive des particularités humaines. — Caractère de Sterne. — Son excentricité. — Sa sensibilité. — Ses gravelures. — Pourquoi il peint les maladies et les dégénérescences de la nature humaine.

VIII. Goldsmith. — Épuration du roman. — Peinture de la vie bourgeoise, du bonheur honnête et de la vertu protestante. — *Le ministre de Wakefield.* — L'ecclésiastique anglais.

IX. Samuel Johnson. — Son autorité. — Sa personne. — Ses façons. — Sa vie. — Ses doctrines. — Son jugement sur Voltaire et Rousseau. — Son style. — Ses œuvres. — Hogarth. — Sa peinture morale et réaliste. — Contraste du tempérament anglais et de la morale anglaise. — Comment la morale a discipliné le tempérament.

Au milieu de ces écrits achevés et parfaits, un nouveau genre paraît, approprié aux penchants et aux circonstances publiques, le roman anti-romanesque, œuvre et lecture d'esprits positifs, observateurs et moralistes, destiné non à exalter ou amuser l'imagination comme les romans d'Espagne et du moyen âge, non à reproduire ou embellir la conversation comme les romans de France et du dix-septième siècle, mais à peindre la vie réelle, à décrire des caractères, à suggérer des plans de conduite et à juger des motifs d'action. Ce fut une apparition étrange et comme la voix d'un peuple enseveli sous terre, lorsque, parmi la corruption splendide du beau monde, se leva cette sévère pensée bourgeoise, et que les polissonneries d'Afra Behn, qui divertissaient encore les dames à la mode, se rencontrèrent sur la même table avec le *Robinson* de Daniel de Foe.

I

Celui-ci dissident, pamphlétaire, journaliste, romancier, tour à tour marchand de bas, fabricant de tuiles, comptable dans les douanes, fut un de ces infatigables travailleurs et de ces obstinés combattants, qui, maltraités, calomniés, emprisonnés, à force de probité, de bon sens et d'énergie, parvinrent à ranger l'Angleterre de leur parti. A vingt-trois ans, ayant pris les armes pour Monmouth, c'est grand hasard s'il n'est point pendu ou déporté. Sept ans plus tard, il est ruiné et obligé de se cacher. En 1702, pour un pamphlet entendu à contre-pied, on le condamne à l'amende, on le met au pilori, on lui coupe les oreilles, on l'emprisonne pendant deux ans à Newgate, et c'est la charité du trésorier Godolphin qui empêche sa femme et ses six enfants de mourir de faim. Relâché et employé en Écosse pour l'union des deux royaumes, il manque d'être lapidé. Un autre pamphlet, mal compris encore, le mène en prison, le force à payer une caution de huit cents livres, et c'est juste à temps qu'il reçoit le pardon de la reine. On le contrefait, on le vole et on le diffame. Il est obligé de réclamer contre les pillards faussaires qui impriment et altèrent ses œuvres à leur profit; contre l'abandon des whigs, qui ne le trouvent pas assez docile; contre l'animosité des tories, qui voient en lui le premier champion des whigs. Au milieu de son apologie, il est frappé d'apoplexie, et de son lit continue à se défendre. Il vit pourtant, et il en coûte de vivre; pauvre et chargé de famille, à cinquante-cinq ans, il se retourne vers la fiction et compose *Robinson Crusoé*, puis tour à tour *Moll Flanders, Captain Singleton, Duncan Campbell, Colonel Jack, the History of the Great Plague in London*, et d'autres encore. Cette veine épuisée, il pioche à côté et en exploite une autre, *le Parfait négociant anglais, Un Voyage à travers la Grande-Bretagne*. La mort approche, et la pauvreté reste. En vain il a écrit en prose, en vers, sur tous les sujets, politiques et religieux, d'occasion et de principes, satires et romans, histoires et poëmes, voyages et pamphlets, traités de négoce et renseignements de statistique, en tout deux cent dix ouvrages, non d'amplification, mais de raisonnements, de documents et de faits, serrés et entassés les uns par-dessus les autres avec une telle prodigalité que la mémoire, la méditation et l'application d'un homme semblent trop petites pour un tel labeur; il meurt sans un sou, laissant des dettes. De quelque côté qu'on regarde sa vie, on n'y voit qu'efforts prolongés et persécutions subies. La jouissance en semble absente; l'idée du beau n'y a point d'accès. Quand il arrive à la fiction, c'est en presbytérien et en plébéien, avec des sujets bas et des intentions morales, pour étaler les aventures et réformer la conduite des voleurs et des filles, des ouvriers et des matelots. Tout son plaisir fut de penser

CHAPITRE VI. LES ROMANCIERS.

qu'il y avait un service à rendre, et qu'il le rendait. « Celui qui a la vérité de son côté, dit-il, est un sot « aussi bien qu'un lâche, quand il a peur de la con- « fesser à cause du grand nombre des opinions des « autres hommes. Certainement il est dur à un homme « de dire : Tout le monde se trompe, excepté moi ; « mais si en effet tout le monde se trompe, qu'y « peut-il faire[1] ? » Rien, sinon marcher tout droit et tout seul à travers les coups et les éclaboussures. De Foe ressemble à l'un de ces braves soldats obscurs et utiles qui, l'estomac vide, le dos chargé, les pieds dans la boue, font les corvées, embourseur les coups, reçoivent tout le jour le feu de l'ennemi et quelquefois par surcroît celui de leurs camarades, et meurent sergents, heureux quand de rencontre ils ont accroché la croix d'honneur.

Il avait le genre d'esprit qui convient à un si dur service, solide, exact, absolument dépourvu de finesse, d'enthousiasme et d'agrément[2]. Son imagination est celle d'un homme d'affaires et non d'un artiste, toute remplie et comme bourrée de faits. Il les dit comme ils lui viennent, sans arrangement ni style, en manière de conversation, sans songer à

---

1. He that opposes his own judgment against the current of the times ought to be backed with unanswerable truth, and he that has truth on his side, is a fool as well as a coward, if he is afraid to own it, because of the multitude of other men's opinions. 'Tis hard for a man to say; all the world is mistaken, but himself. But if it be so, who can help it?

2. Voyez ses poëmes si plats, entre autres « *Jure Divino*, a poem in twelve books, in defence of every man's birthright by nature. »

faire un effet ou à combiner une phrase, avec les mots de métier et les tournures vulgaires, revenant au besoin sur ses pas, répétant deux et trois fois la même chose, n'ayant pas l'air de soupçonner qu'il y a des moyens d'amuser, de toucher, d'entraîner ou de plaire, n'ayant d'autre envie que de décharger sur le papier le trop-plein des renseignements dont il s'est muni. Même en fait de fiction, ses renseignements sont aussi précis qu'en fait d'histoire. Il donne les dates, l'année, le mois, le jour ; il marque le vent, nord-est, sud-ouest, nord-ouest ; il écrit un journal de voyage, des catalogues de marchandises, des comptes d'avoué et de marchand, le nombre des *moïdores* (monnaie portugaise), les intérêts, les payements en espèces, en nature, le prix de revient, le prix de vente, la part du roi, des couvents, des associés et des facteurs, le total liquide, la statistique, la géographie et l'hydrographie de l'île, tellement que le lecteur est tenté de prendre un atlas et de dessiner lui-même une petite carte de l'endroit, pour entrer dans tous les détails de l'histoire et voir les objets aussi nettement et pleinement que l'auteur. Il semble que celui-ci ait fait tous les travaux de son Robinson, tant il les décrit exactement, avec les nombres, les quantités, les dimensions, comme un charpentier, un potier ou un matelot émérite. On n'avait jamais vu un tel sentiment du réel, et on ne l'a point revu. Nos réalistes aujourd'hui, peintres, anatomistes, hommes de métier et de parti pris, sont à cent lieues de ce naturel ; l'art et le calcul percent dans leurs descriptions trop minutieuses. Celui-ci fait illusion, car ce n'est point l'œil qu'il trompe, c'est l'esprit, et cela à la lettre ; son récit de la grande peste a passé plus d'une fois pour vrai, et lord Chatam prenait ses *Mémoires d'un Cavalier* pour une histoire authentique. Aussi bien il y aspirait. « L'éditeur, » disent les vieilles éditions de *Robinson*, « croit que ce livre est une vraie histoire de « faits. Du reste, on n'y voit aucune apparence de fic-« tion[1]. » C'est là tout son talent, et de cette façon ses imperfections lui servent ; son manque d'art devient un art profond ; ses négligences, ses répétitions, ses longueurs, contribuent à l'illusion ; on ne peut pas supposer que tel détail, si petit, si plat, soit inventé ; un inventeur l'eût supprimé ; il est trop ennuyeux pour qu'on l'ait mis exprès ; l'art choisit, embellit, intéresse ; ce n'est donc point l'art qui a mis en monceau ce paquet d'accidents ternes et vulgaires, c'est la vérité.

Qu'on lise par exemple *la Relation véritable de l'apparition d'une mistress Veal, le jour d'après sa mort, à une mistress Bargrave, à Cantorbery, le 8 septembre 1705, apparition qui recommande la lecture du Livre des Consolations contre la crainte de la mort, par Drelincourt*[2]. Les bouquins de six sous qu'épellent les bonnes femmes tricoteuses ne sont pas plus monotones. Il y

---

1. The story is told.... to the instruction of others by this example, and to justify and honour the wisdom of Providence. The Editor believes the thing to be a just history of facts; neither is there any appearance of fiction in it.

2. Comparer au *Cas de M. Waldemar*, par Edgar Poe. L'Américain est un artiste malade, et de Foe un bourgeois sensé.

a un tel appareil de détails circonstanciés et légalisés, un tel cortége de témoins cités, désignés, contrôlés, confrontés, une si complète apparence de bonne foi bourgeoise et de gros bon sens vulgaire, qu'on prendrait l'auteur pour un brave bonnetier retiré, trop borné pour inventer un conte ; nul écrivain soigneux de sa réputation n'eût composé cette fadaise d'almanach. En effet, ce n'est point de sa réputation que de Foe est soigneux ; il a d'autres vues en tête ; nous ne les devinons pas, nous autres écrivains : c'est que nous ne sommes qu'écrivains. En somme, il veut faire vendre un livre pieux qui ne se vend pas, le livre de Drelincourt, et, par surcroît, confirmer les gens dans leur foi en persuadant qu'il revient des âmes de l'autre monde. C'est la grande preuve qu'on offre alors aux incrédules ; le grave Johnson lui-même tâchera de voir un revenant, et il n'y a point d'événement qui en ce temps-là soit mieux approprié aux croyances de la classe moyenne. Ici comme ailleurs, de Foe, ainsi que Swift, est un homme d'action ; l'effet le touche et non le bruit ; il compose *Robinson* pour avertir les impies, comme Swift écrivait la vie du dernier pendu pour faire peur aux voleurs. « Cette histoire, dit la préface, est ra-
« contée pour instruire les autres par un exemple, et
« aussi pour justifier et honorer la sagesse de la Pro-
« vidence. » Dans ce monde positif et religieux, parmi ces bourgeois politiques et puritains, la pratique est de telle importance qu'elle réduit l'art à n'être que son instrument.

CHAPITRE VI. LES ROMANCIERS.

Jamais l'art ne fut l'instrument d'une œuvre plus morale et plus anglaise. Robinson est bien de sa race et peut l'instruire encore aujourd'hui. Il a cette force de volonté, cette fougue intérieure, ces sourdes fermentations d'imagination violente qui jadis faisaient les rois de la mer, et qui aujourd'hui font les émigrants et les *squatters*. Les malheurs de ses deux frères, les larmes de ses proches, les conseils de ses amis, les remontrances de sa raison, les remords de sa conscience ont beau le retenir : « il y a une inclination fatale dans sa nature ; » sa tête a travaillé, il faut qu'il aille à la mer. En vain, à la première tempête, le repentir le prend : il noie dans le vin ces « accès » de conscience. En vain un naufrage et le voisinage de la mort l'avertissent, il s'endurcit et s'obstine. En vain la captivité chez les Maures et la possession d'une plantation fructueuse lui conseillent le repos : l'instinct indomptable se réveille ; « il est né pour être son propre destructeur, » et il se rembarque. Le vaisseau périt, il est jeté seul dans une île déserte; c'est alors que l'énergie native trouve son canal et son emploi; il faut que, comme ses descendants les pionniers d'Australie et d'Amérique, il refasse et reconquière une à une les inventions et les acquisitions de l'industrie humaine : une à une, il les reconquiert et les refait. Rien n'enraye son effort; ni la possession ni la lassitude. « J'avais maintenant, dit-il, après avoir
« fait et chargé onze radeaux en treize jours, le plus
« gros magasin d'objets de toute sorte qui eût jamais
« été amassé, je crois, pour un seul homme ; mais je

« n'étais point encore satisfait; car tant que le navire
« était debout dans cette posture, il me semblait que
« *je devais* en tirer tout ce que je pourrais. Et vérita-
« blement je crois que si le temps calme eût continué,
« j'aurais emporté tout le navire pièce à pièce[1]. » A
ses yeux, le travail est chose naturelle. Quand, pour
se barricader, il va couper dans les bois des pieux
qu'il enfonce, et dont chacun lui coûte un jour de
peine, il remarque que « cet ouvrage était très-labo-
« rieux et très-ennuyeux ; mais quel besoin avais-je
« de considérer si une chose que je faisais était en-
« nuyeuse ou non, puisque j'avais assez de temps pour
« la faire, et que je n'avais point d'autre occupation?...
« Mon temps et mon travail étaient de peu de valeur,
« et ainsi ils étaient aussi bien employés d'une façon
« que de l'autre[2]. » L'application et la fatigue de la
tête et des bras occupent ce trop-plein d'activité et
de forces ; il faut que cette meule trouve du grain à
moudre, sans quoi, tournant dans le vide, elle s'use-
rait elle-même. Il travaille donc tous les jours et
tout le jour, à la fois charpentier, rameur, portefaix,

1. I had the biggest magazine of all kinds now that ever was laid up, I believe, for one man. But I was not satisfied still; for while the ship sat upright in this posture, I thought I ought to get every thing out of her that I could.... I got most of the pieces of the cable ashore, and some of the iron, though with infinite labour; For I was fain to dip for it into the water, a work which fatigued me very much.... I verily believe, had the calm weather held, I should have brought away the whole ship, piece by piece.

2. A very tedious and laborious work. But what need I have to be concerned at the tediousness of any thing I had to do, since I had time enough to do it?... My time or labour was little worth, and so it was as well employed one way as another.

chasseur, laboureur, potier, tailleur, laitière, vannier, émouleur, boulanger, invincible aux difficultés, aux mécomptes, au temps, à la peine. N'ayant qu'une hache et un rabot, il lui faut quarante-deux jours pour faire une planche. Il emploie deux mois à fabriquer ses deux premières jarres ; il met cinq mois à construire son premier canot ; ensuite, « par une « quantité prodigieuse de travail, » il aplanit le terrain depuis son chantier jusqu'à la mer ; puis, ne pouvant amener son canot jusqu'à la mer, il tente d'amener la mer jusqu'à son canot, et commence à creuser un canal ; enfin, calculant qu'il lui faudrait dix ou douze ans pour achever l'œuvre, il construit à un autre endroit un autre canot, avec un autre canal long d'un demi-mille, profond de quatre pieds, large de six. Il y met deux ans, « J'avais appris à ne « désespérer d'aucune chose. Dès que je vis celle-là « praticable, je ne l'abandonnai plus. » Toujours reviennent ces fortes paroles d'indomptable patience[1]. Cette dure race est taillée pour le travail, comme ses moutons pour la boucherie et ses chevaux pour la course. On entend encore aujourd'hui ses vaillants coups de hache et de pioche dans les *claims* de Melbourne et dans les *log-houses* du Lac Salé. La raison de leur succès est la même là-bas qu'ici : ils font tout avec calcul et méthode ; ils raisonnent leur acharne-

---

1. I bore with this.... I went through that by dint of hard labour.... Many weary stroke it had cost.... This will testify that I was not idle.... As I had learned not to despair of any thing. I never grudged my labour.

ment; c'est un torrent qu'ils canalisent. Robinson ne procède que chiffres en main et toutes réflexions faites. Quand il cherche un emplacement pour sa tente, il numérote les quatre conditions que l'endroit doit réunir. Quand il veut se retirer du désespoir, il dresse impartialement, « comme un comptable, » le tableau de ses biens et de ses maux, et le divise en deux colonnes, actif et passif, article contre article, en sorte que la balance est à son profit. Son courage n'est que l'ouvrier de son bon sens. « En examinant, dit-il, et
« en mesurant chaque chose selon la raison, et en
« portant sur les choses le jugement le plus rationnel
« possible, tout homme avec le temps peut se rendre
« maître de tout art mécanique. Je n'avais jamais ma-
« nié un outil de ma vie, et cependant avec le temps,
« par le travail, l'application, les expédients, je vis en-
« fin que je ne manquerais de rien que je n'eusse pu
« faire, surtout si j'avais eu des outils; même sans ou-
« tils, je fis quantité de choses[1]. » Il y a un plaisir sérieux et profond dans cette pénible réussite et dans cette acquisition personnelle. Le *squatter*, comme Robinson, se réjouit des objets non-seulement parce qu'ils lui sont utiles, mais parce qu'ils sont son œuvre. Il se sent homme en retrouvant partout autour de lui la marque de son labeur et de sa pensée; il est satisfait « de voir

---

1. By stating and squaring every thing by reason, and by making the most rational judgment of things, every man may be in time master of every mechanic art. I had never handled a tool in my life, and yet in time, by labour, application, and contrivance, I found at last that I wanted nothing but I could have made it, especially if I had had tools.

« toutes les choses si prêtes sous sa main, et tous ses
« biens en si bon ordre, et son magasin d'objets né-
« cessaires si grand¹. » Il rentre volontiers chez lui,
parce qu'il y est maître et auteur de toutes les commo-
dités qu'il y rencontre ; il y dîne gravement « et en roi. »

Voilà les contentements du *home*. Un hôte y entre
qui fortifie ces inclinations de la nature par l'ascendant du devoir. La religion apparaît, comme elle doit
apparaître, par des émotions et des visions ; car ce
n'est point une âme calme que celle-ci ; l'imagination
s'y déchaîne au moindre heurt et l'emporte jusqu'au
seuil de la folie. Le jour où il voit les traces des sauvages, il est « comme frappé de la foudre ; il fuit
« comme un lièvre effarouché à son gîte ; » ses idées
tourbillonnent, il n'en est plus maître ; il a beau s'être
barricadé et caché, il se croit découvert ; il veut lâcher
ses chèvres, abattre ses enclos, retourner son blé. Il
entre dans toute sorte de rêveries ; il se demande si
ce n'est pas le diable qui a laissé cette empreinte de
pied, et il en raisonne. « Je considérai que le diable
« aurait pu trouver quantité d'autres moyens de
« m'effrayer², » si c'était là son envie. « Comme je
« vivais tout à l'opposé de ce côté de l'île, il n'aurait

1. I had every thing so ready to my hand, that it was a great pleasure for me to see all my goods in such order, and especially to find my stock of necessaries so great.

2. I considered that the Devil might have found out abundance of other ways to have terrified me.... that, as I lived quite on the other side of the island, he would never have been to simple to leave a mark in a place where it was ten thousand to one whether I should ever see it or not, and in the sand too, which the first surge of the sea upon a high wind would have defaced entirely. All this seemed

« jamais été si simple que de laisser cette marque à
« un endroit où il y avait dix mille chances contre
« une que je ne la verrais pas, dans le sable surtout,
« où la première houle par un grand vent l'eût effa-
« cée. Tout cela ne paraissait pas s'accorder avec la
« chose elle-même, ni avec les idées que nous nous
« faisons ordinairement de la subtilité du diable¹. »
Dans cette âme passionnée et inculte qui « huit années
« durant est restée sans pensée et comme stupide, »
enfoncée dans le travail manuel et sous les besoins du
corps, la croyance prend racine, nourrie par l'anxiété
et la solitude. Parmi les hasards de la toute-puissante
nature, dans ce grand roulis incertain, un Français,
un homme élevé comme nous, se croiserait les bras
d'un air morne, en stoïcien, ou attendrait en épicurien le retour de la gaieté physique. Pour lui, à l'aspect des épis qui viennent de pousser à l'improviste,
il pleure et commence par croire que Dieu les a semés
tout exprès pour lui. Un autre jour il a une vision
terrible ; pendant la fièvre, il se repent ; il ouvre la
Bible, il y trouve des paroles qui conviennent à son
état : « Invoque-moi dans tes jours d'angoisses, et je
« te délivrerai. » La prière alors vient à ses lèvres,
la vraie prière, qui est l'entretien du cœur avec un
Dieu qui répond et qu'on écoute. Puis, relisant ces
paroles : « jamais, jamais je ne t'abandonnerai, — à

---

inconsistent with the thing itself, and with all notions we usually
entertain of the subtlety of the Devil.

1. Nos anciennes éditions françaises suppriment tous ces détails
caractéristiques.

« l'instant l'idée me vint que ces paroles étaient pour
« moi; car pourquoi m'auraient-elles été adressées
« de cette façon, juste au moment où je m'affligeais
« de ma condition, me croyant abandonné de Dieu
« et des hommes[1]? » Désormais pour lui la vie spirituelle s'ouvre. Pour y pénétrer jusqu'au fond, le *squatter* n'a besoin que de sa Bible; il emporte avec elle sa foi, sa théologie et son culte; tous les soirs il y trouve quelque application à sa condition présente; il n'est plus seul; Dieu lui parle, et fournit à sa volonté la matière d'un second travail pour soutenir et compléter le premier. Car il entreprend maintenant contre son cœur le combat qu'il a soutenu contre la nature; il veut conquérir, transformer, améliorer, pacifier l'un comme il a fait de l'autre. Robinson jeûne, il observe le sabbat; trois fois par jour il lit l'Écriture. A force de travail intérieur, il obtient « de son
« esprit non-seulement la résignation à la volonté de
« Dieu, mais encore la gratitude sincère[2]. » — « Je lui
« rendis d'humbles et ferventes actions de grâces pour
« avoir bien voulu me faire comprendre qu'il pouvait
« pleinement compenser les inconvénients de mon
« état solitaire et le manque de toute société humaine
« par sa présence, et par les communications de sa

---

1. Immediately it occurred that these words were to me. Why else should they be directed in such a manner, just at the moment, when I was mourning over my condition, as one forsaken from God and man?

2. With these reflections, I worked my mind up not only to a resignation to the will of God,... but even to a sincere thankfulness.

« grâce à mon âme, me soutenant, me réconfortant,
« m'encourageant à me reposer ici-bas sur sa provi-
« dence et à espérer sa présence éternelle pour le
« temps d'après[1]. » Dans cette disposition d'esprit, il
n'est rien qu'on ne puisse supporter ni faire ; le cœur
et la tête viennent aider les bras ; la religion consacre
le travail, la piété alimente la patience, et l'homme,
appuyé d'un côté sur ses instincts, de l'autre sur
ses croyances, se trouve capable de défricher, peupler,
organiser et civiliser des continents.

II

C'est par hasard que de Foe, comme Cervantes, a rencontré ici un roman de caractères ; d'ordinaire, comme Cervantes, il ne fait que des romans d'aventures ; il connaît mieux la vie que l'âme, et le cours général du monde que les particularités de l'individu. Le branle est donné pourtant, et maintenant les autres suivent. Les mœurs chevaleresques se sont effacées, emportant avec elles le théâtre poétique et pittoresque. Les mœurs monarchiques s'effacent, emportant avec elles le théâtre spirituel et licencieux. Les mœurs bourgeoises s'établissent, amenant avec elles les lec-

---

1. .... That he (God) could fully make up to me the deficiencies my solitary state, and the want of human society by his presence and communication of his graces to my soul, supporting, comforting and encouraging me to depend upon his Providence and hope for his eternal presence hereafter.

tures domestiques et pratiques. Comme la société, la littérature change de cours. Il faut des livres qu'on lise au coin du feu, à la campagne, en famille ; c'est vers ce genre que se tournent l'invention et le génie. La séve de la pensée humaine, abandonnant les anciennes branches qui sèchent, vient affluer dans des rameaux inaperçus qu'elle fait tout d'un coup végéter et verdir, et les fruits qu'elle y développe témoignent à la fois de la température environnante et de la souche natale. Deux traits leur sont communs et leur sont propres. Tous ces romans sont des romans de caractères ; c'est que les hommes de ce pays, plus réfléchis que les autres, plus enclins au mélancolique plaisir de l'attention concentrée et de l'examen intérieur, rencontrent autour d'eux des médailles humaines plus vigoureusement frappées, moins usées par le frottement du monde, et dont le relief intact est plus visible qu'ailleurs. Tous ces romans sont des œuvres d'observation et partent d'une intention morale ; c'est que les hommes de ce temps, déchus de la haute imagination et installés dans la vie active, veulent tirer des livres une instruction solide, des documents exacts, des émotions efficaces, des admirations utiles et des motifs d'action.

On n'a qu'à regarder alentour ; le même penchant commence de tous côtés la même œuvre. Le roman pousse de toutes parts, et sous toutes les formes montre le même esprit. C'est à ce moment[1] que pa-

---

1. 1709-1711-1713.

raissent le *Tatler*, le *Spectator*, le *Guardian*, et tous ces essais agréables et sérieux qui, comme le roman, vont chercher le lecteur à domicile pour l'approvisionner de documents et le munir de conseils, qui, comme le roman, décrivent les mœurs, peignent les caractères et tâchent de corriger le public, qui enfin, comme le roman, tournent d'eux-mêmes à la fiction et au portrait. Addison, en amateur délicat des curiosités morales, suit complaisamment les bizarreries aimables de son cher sir Roger de Coverley, sourit, et d'une main discrète conduit l'excellent chevalier dans tous les faux pas qui peuvent mettre en lumière ses préjugés campagnards et sa générosité native, pendant qu'à côté de lui le malheureux Swift, dégradant l'homme jusqu'aux instincts de la bête de proie et de la bête de somme, supplicie la nature humaine en la forçant à se reconnaître dans l'exécrable portrait du Yahou. Ils ont beau différer, tous deux travaillent à la même œuvre. Ils n'emploient l'imagination que pour étudier les caractères et suggérer des plans de conduite. Ils rabattent la philosophie dans l'observation et l'application. Ils ne songent qu'à réformer ou à flageller le vice. Ils ne sont que moralistes et psychologues. Ils se confinent tous deux dans la considération du vice et de la vertu, l'un avec une bienveillance sereine, l'autre avec une indignation farouche. Le même point de vue produit les portraits gracieux d'Addison et les épopées diffamatoires de Swift. Leurs successeurs font de même, et toutes les diversités des tempéraments et des talents n'empêchent pas leurs œuvres de reconnaître une source unique et de concourir à un seul effet.

Deux idées principales peuvent régir la morale et l'ont régie en Angleterre. Tantôt c'est la conscience qu'on accepte pour souveraine, et tantôt c'est l'instinct qu'on prend pour guide. Tantôt l'on a recours à la grâce, et tantôt l'on se fie à la nature. Tantôt on assujettit tout à la règle, tantôt on abandonne tout à la liberté. Les deux opinions ont tour à tour régné en Angleterre, et la structure de l'homme à la fois trop vigoureuse et trop raide y a justifié tour à tour leur ruine et leur succès. Les uns, alarmés par la fougue d'un tempérament trop nourri et par l'énergie des passions insociables, ont regardé la nature comme une bête dangereuse, et posé la conscience avec tous ses auxiliaires, la religion, la loi, l'éducation, les convenances, comme autant de sentinelles armées pour réprimer ses moindres saillies. Les autres, rebutés par la dureté d'une contrainte incessante et par la minutie d'une discipline morose, ont renversé gardiens et barrières, et lâché la nature captive pour la faire jouir du plein air et du soleil, loin desquels elle étouffait. Les uns et les autres, par leurs excès, ont mérité leur défaite et relevé leurs adversaires. De Shakspeare aux puritains, de Milton à Wycherley, de Congreve à de Foe, de Sheridan à Burke, de Wilberforce à lord Byron, le déréglement a provoqué la contrainte, et la tyrannie la révolte ; c'est encore ce grand débat de la règle et de la nature qui se développe dans les écrits de Fielding et de Richardson.

III

« *Paméla ou la vertu récompensée*, suite de lettres
« familières, écrites par une belle jeune personne à
« ses parents, et publiées afin de cultiver les principes
« de la vertu et de la religion dans les esprits
« des jeunes gens des deux sexes, ouvrage qui a un
« fondement vrai, et qui, en même temps qu'il entretient
« agréablement l'esprit par une variété d'incidents
« curieux et touchants, est entièrement purgé
« de toutes ces images qui, dans trop d'écrits composés
« pour le simple amusement, tendent à enflammer
« le cœur au lieu de l'instruire. » On ne s'y méprendra pas, ce titre est clair[1]. Les prédicateurs se réjouirent en voyant l'aide leur venir du côté du danger, et le docteur Sherlock, du haut de sa chaire, recommanda le livre. On s'enquit de l'auteur. C'était un imprimeur, fils de menuisier, qui, à l'âge de cinquante ans et pendant ses moments de relâche, écrivait dans son arrière-boutique : homme laborieux qui, à force de travail et de conduite, s'était élevé jusqu'à l'aisance et à l'instruction ; du reste délicat, doux, nerveux, souvent malade, ayant le goût de la société des femmes, habitué à correspondre pour elles et avec elles, d'habitudes réservées et retirées, n'ayant pour défaut qu'une vanité craintive. Il était sévère de prin-

---

1. 1741.

cipes et se trouvait perspicace par rigorisme. En effet, la conscience est une lumière ; un moraliste est un psychologue ; la casuistique chrétienne est une sorte d'histoire naturelle de l'âme. Celui qui, par inquiétude de conscience, s'occupe à démêler les motifs bons ou mauvais de ses actions apparentes, qui aperçoit les vices et les vertus à leur naissance, qui suit le progrès insensible des pensées coupables et l'affermissement secret des résolutions honnêtes, qui peut marquer la force, l'espèce et le moment des tentations et des résistances, tient sous sa main presque toutes les cordes humaines, et n'a qu'à les faire vibrer avec ordre pour en tirer les plus puissants accords. En cela consiste l'art de Richardson ; il combine en même temps qu'il observe ; il y a en lui un méditatif qui développe les idées du moraliste. Nul en ce siècle ne l'a égalé pour ces conceptions détaillées et compréhensives qui, ordonnant en vue d'un but unique les passions de trente personnages, enchevêtrent et colorent les fils innombrables de toute la toile pour faire ressortir une figure, une action et une leçon.

Ce premier roman est une fleur, une de ces fleurs qui n'éclosent que dans une imagination vierge, à l'aurore de l'invention primesautière, dont le charme et la fraîcheur surpassent tout ce que la maturité de l'art et du génie peut cultiver ou arranger plus tard. Paméla est une enfant de quinze ans élevée par une vieille lady, demi-servante et demi-favorite, et qui, après la mort de sa maîtresse, se trouve exposée aux séductions et aux persécutions croissantes du jeune seigneur de la maison. C'est bien véritablement une enfant, naïve et bonne comme la Marguerite de Goethe, et du même sang. Au bout de vingt pages, on voit involontairement cette fraîche figure rose, toujours rougissante, et ses yeux souriants, si prompts aux larmes. Aux moindres bontés, elle est confuse; elle ne sait que dire, elle change de couleur, elle fait la révérence en baissant les yeux; ce pauvre cœur innocent se trouble ou se fond [1]. Nulle trace de la vivacité hardie et de la sécheresse nerveuse qui sont le fond d'une Française. Elle est, « comme un agneau, » aimée, aimante, sans orgueil, ni vanité, ni rancune, timide, toujours humble. Quand son maître entreprend de l'embrasser par force, elle s'étonne, elle ne veut pas croire que le monde soit si méchant. « Le « *gentleman* s'est rabaissé jusqu'à prendre des libertés « avec sa pauvre servante [2]! » Elle a peur d'en prendre avec lui; elle se reproche, en écrivant à ses parents, de dire trop souvent *il* et *lui*, au lieu de *son honneur*; « mais c'est sa faute si je le fais, car pour- « quoi a-t-il perdu toute sa dignité avec moi? » Nul outrage ne vient à bout de sa soumission; il lui a si fort serré le bras que ce bras est « tout noir et tout « bleu; » il a essayé pis : il s'est conduit comme un

---

1. To be sure I did think nothing but curt'sy and cry, and was all in confusion at his goodness.
I was so confounded at these words, you might have beat me down with a feather.... So, like a fool, I was ready to cry, and went away curt'sying, and blushing, I am sure up to the ears.
2. This gentleman has degraded himself to offer freedoms to his poor servant.

charretier et comme un coquin; par surcroît, il la calomnie longuement devant les domestiques; il l'insulte, et redouble, il la provoque à parler; elle ne parle pas, elle ne veut pas manquer à son maître. « Monsieur, répond-elle doucement, vous avez le « droit de dire ce qui vous plaît; moi, mon devoir est « de dire seulement : Dieu bénisse votre honneur[1]! » Elle s'agenouille et le remercie de la renvoyer. Mais parmi tant de soumission quelle résistance! Tout est contre elle : il est son maître; il est *justice of the peace*, à l'abri de toute intervention, sorte de Dieu pour elle, avec tout l'ascendant et l'autorité d'un prince féodal. Bien plus, il a la brutalité du temps; il la rudoie, lui parle comme à une négresse, et se croit encore bien bon. Il la séquestre seule, pendant plusieurs mois, avec une mégère, sa complaisante, qui la bat et la menace. Il l'attaque par la crainte, l'ennui, la surprise, l'argent, la douceur. Enfin, ce qui est plus terrible, son cœur est contre elle : elle l'aime tout bas; bien plus, ses vertus lui nuisent; elle n'ose mentir quand elle en aurait tant besoin[2], et la piété la retient au bord du suicide quand le suicide semble sa seule ressource. Une à une les issues se ferment autour d'elle, tellement qu'elle n'espère plus rien, qu'on la croit perdue, et qu'on voit venir la dernière violence. Mais cette innocence native a été trempée dans la foi puritaine. Elle voit des tentations dans ses fai-

---

1. It is for you, sir, to say what you please, and for me only to say : God bless your honour!
2. I cannot tell a wilful lie.

blesses; elle sait que « Lucifer est toujours prêt à
« pousser en avant son ouvrage et ses ouvriers[1]; »
elle est pénétrée de la grande idée chrétienne qui nivelle toutes les âmes devant la rédemption commune
et le jugement final; elle se dit que « son âme est
« égale en importance à l'âme d'une princesse, quoi-
« que sa qualité soit inférieure à celle du moindre
« esclave[2]. » Blessée, frappée, abandonnée, trahie, il
n'importe; la conscience et la pensée d'une éternité
heureuse ou malheureuse sont deux défenses que nul
assaut ne peut emporter. Elle le sait bien, et n'a pas
d'autre moyen pour expliquer le vice que de les supposer absentes. « Sûrement, dit-elle en parlant de
« l'entremetteuse, cette femme est athée. Ne pensez-vous pas qu'elle l'est? » La croyance en Dieu, la
croyance du cœur, non pas la phrase du catéchisme,
mais l'émotion intime, l'habitude de se représenter la
justice toujours vivante et partout présente, voilà le
sang nouveau que la Réforme a fait entrer dans les
veines du vieux monde, et qui seul s'est trouvé capable de le rajeunir et de le ranimer.

Elle en est comme vivifiée; aux plus périlleux moments comme aux plus doux, ce grand sentiment lui
revient, tant il s'est enlacé à tous les autres, tant il a
multiplié ses attaches et enfoncé ses racines dans les
derniers replis de son cœur! Le jeune seigneur songe à

---

1. Lucifer always is ready to promote his own work and workmen.
2. My soul is of equal importance to the soul of a princess, though my quality is inferior to that of the meanest slave.

l'épouser à présent, et veut être sûr qu'elle l'aime; elle n'ose lui rien dire, elle a peur de lui donner prise sur elle; elle est toute troublée de sa bonté, et pourtant il faut qu'elle réponde. La religion arrive dans un demi-aveu sublime pour voiler l'amour. « Oh! mon-
« sieur, je ne crains pas, avec le secours de la grâce
« de Dieu, qu'aucune marque de bonté me fasse ja-
« mais oublier ce que je dois à mon honneur; mais
« ma nature est trop franche et ouverte pour me faire
« souhaiter d'être ingrate, et si je devais connaître
« une pensée que je n'ai point encore apprise, avec
« quel regret descendrais-je dans mon tombeau de
« penser que je ne saurais haïr l'auteur de ma perte,
« et qu'au grand dernier jour je dois me lever comme
« accusatrice de la pauvre malheureuse âme que je
« souhaiterais pouvoir sauver[1]! » Il est attendri et vaincu, il descend de cette hauteur immense où les mœurs aristocratiques l'ont placé, et désormais, jour par jour, les lettres de l'heureuse enfant racontent les préparatifs de leur mariage. Au milieu de cette gloire et de ce bonheur, elle reste humble, dévouée et tendre ; son cœur est plein, et de toutes parts la reconnaissance y afflue encore. « Cette pauvre, pauvre
« sotte fille sera aujourd'hui, midi sonné, aussi

---

1. I fear not, sir, the grace of God supporting me, that any acts of kindness would make me forget what I owe to my virtue; but my nature is too frank and open to make me ungrateful; and if I should be taught a lesson I never yet learnt, with what regret should I descend to the grave, to think that I could not hate my undoer; and that at the last great day, I must stand up as an accuser of the poor unhappy soul that I could wish it in my power to save!

« bien sa femme que s'il épousait une duchesse!
« Oh! le cher charmant homme! » Elle s'enhardit,
elle prend la liberté de lui baiser la main. « Mon
« cœur est si complétement à vous que je ne crains
« rien, sinon d'être plus empressée que vous ne le
« souhaitez[1]. » Sera-ce lundi, ou bien mardi, ou
bien mercredi? Elle n'ose dire oui ; elle rougit et
tremble ; il y a une grâce délicieuse dans cette pudeur
effarouchée, dans ces effusions contenues. Pour cadeau de noces, elle obtient la grâce des mauvaises
gens qui l'ont maltraitée. « Je mis mes bras autour
« de son cou, et je n'eus pas honte de l'embrasser
« une fois, deux fois, trois fois, une fois pour chaque
« personne pardonnée[2]. » Alors ils parlent de leurs
projets : elle restera au logis, elle ne fréquentera
point les assemblées, elle n'aime point les cartes. Ce
sera elle qui tiendra les comptes de la maison et distribuera les charités de son mari ; elle aidera la femme
de charge à faire les confitures, les conserves, les
friandises, le linge fin ; elle surveillera le déjeuner et
le dîner, surtout quand il y aura des convives ; elle
sait découper ; elle attendra son mari, qui peut-être
voudra bien lui accorder quelquefois une heure ou

1. I had the boldness to kiss his hand.... I made bold to kiss his dear hand.
My heart is so wholly yours that I am afraid of nothing but that I might be forwarder than you wish.
This poor foolish girl must be after twelve oclock this day as much his wife as if he were to marry a duchess.

2. I clasped my arms about his neck and was not ashamed to kiss him once, and twice, and three times, once for each forgiven person.

deux de sa conversation, « et sera indulgent pour
« les effusions maladroites de sa reconnaissance. »
En son absence, elle lira « afin de polir son esprit
« pour se rendre plus digne de sa compagnie et de
« son entretien, » et priera Dieu, afin d'être plus
exacte à remplir envers lui son devoir. Richardson
esquissait ici le portrait de l'épouse anglaise, ména-
gère et sédentaire, studieuse et obéissante, aimante
et pieuse, et Fielding allait l'achever dans *Amélia*.

Ceci est un combat, en voici un plus grand. La
vertu, comme toute force, se mesure aux résistances,
et il n'y a qu'à la soumettre à des épreuves plus violentes pour lui donner un relief plus haut. Cherchons
dans les passions du pays des ennemis qui puissent
l'assaillir, l'exercer et la roidir. Le mal comme le
bien dans le caractère anglais, c'est la volonté trop
forte[1]. Quand la tendresse et la haute raison y manquent, l'énergie native se tourne en dureté, en opiniâtreté, en tyrannie inflexible, et le cœur devient
une caverne de passions malfaisantes acharnées à
rugir et à se déchirer. C'est contre une telle famille
que doit lutter Clarisse Harlowe. Son père « n'a ja-
« mais voulu être contrôlé ni même persuadé. » Jamais « il n'a cédé sur un point auquel il croyait avoir
« droit. » Il a brisé la volonté de sa femme et l'a réduite au rôle de servante silencieuse; il veut briser
la volonté de sa fille[2], et lui imposer pour mari un sot

---

1. Voyez déjà dans *Paméla* les rôles de M. B. et de lady Davers.
2. He told he would break some body's heart.

brutal et sans cœur. Il est chef de famille, maître de tous les siens, despote et ambitieux comme un patricien de Rome, et il veut fonder une maison. Il s'est roidi dans ces deux sentiments âpres et tonne contre la rebelle. Par-dessus les éclats de sa voix, on entend les clameurs furieuses du fils, sorte de bouledogue sanguin et trop nourri, enfiévré de rapacité, de jeunesse, de fougue et d'autorité prématurée ; les cris aigres de la fille aînée, laideron grossière et rougeaude, inexorablement jalouse, haineuse, et qui, dédaignée par Lovelace, se venge de la beauté de sa sœur ; le grondement hargneux des deux oncles, vieux célibataires bornés, vulgaires, entêtés par principes de l'autorité masculine ; les instances douloureuses de la mère, de la tante, de la vieille bonne, pauvres esclaves timides, réduites, une par une, à devenir des instruments de persécution. « Ils se sont liés les uns « aux autres par un écrit signé, et engagés à pousser « à bout leur entreprise en faveur de M. Solmes, et « pour la défense de l'autorité du père. » A présent la chose est une affaire de politique et de guerre. « Puisque vous avez déployé vos talents et tâché d'é-« branler tout le monde, sans être ébranlée vous-« même, c'est à nous maintenant de nous tenir plus « fermes et plus serrés ensemble. » Ils forment « une phalange rangée en bataille, » où chaque conviction alourdit les autres de tout son poids. Il ne s'agit plus ici de raisonnement ; leur volonté devient machinale. A force de se répéter entre eux la même idée, ils la fixent dans leur cervelle, et s'exas-

pèrent quand on essaye de la leur ôter. « Nous som
« mes sept et vous êtes seule : qui doit céder de toute
« la famille ou d'une seule personne? » Elle offre
toutes les soumissions. « Non, nous ne nous payons
« pas de respects. » Elle consent à abandonner son
bien. « Non, nous ne voulons pas de transactions. »
Elle propose de s'engager pour toujours au célibat.
« Non, c'est le mariage avec Solmes que nous avons
« demandé, et c'est ce mariage qu'il nous faut. » Ils
se sont butés à ce projet, ils l'exécuteront. Les engagements sont pris, c'est un point d'honneur. Une
fille, une jeune fille sans expérience, sans importance,
résister à des hommes, à des vieillards, à des gens
établis, considérés, à toute sa famille, cela est monstrueux! et ils poussent en avant, en brutes qu'ils
sont, aveuglément, serrant l'écrou de toutes leurs
stupides mains réunies, ne voyant pas qu'à chaque
tour ils rapprochent cette enfant de la folie, du déshonneur ou de la mort. Elle les supplie, elle les
implore tous un à un avec toutes les raisons et toutes
les prières; elle s'ingénie à inventer des concessions,
elle s'agenouille, elle s'évanouit, elle les fait pleurer.
Rien n'y fait. L'indomptable volonté écrasante appesantit tous les jours sur elle sa masse qui croît. Il n'y
a pas d'exemple d'une torture morale si variée, si
incessante, si obstinée. Ils s'y aheurtent comme à une
tâche et s'irritent de trouver qu'elle leur rend la
tâche si longue. Ils refusent de la voir, ils lui défendent d'écrire, ils ont peur de ses larmes. Arabella
surtout, avec la rancune venimeuse d'une femme

laide offensée, raffine les insultes : « La pieuse Cla-
« risse éprise d'un viveur ! Ses parents obligés de
« l'enfermer à clef pour qu'elle ne coure pas dans
« ses bras ! Dites-moi, ma chère, quelle est mainte-
« nant la distribution de votre journée ? Combien
« d'heures sur vingt-quatre donnez-vous à votre ai-
« guille ? Combien à vos prières ? et combien à l'a-
« mour ? Je crois, je crois, ma petite chérie, que ce
« dernier article est comme la verge d'Aaron, il avale
« le reste.... Vous plierez ou vous romprez, voilà tout,
« mon enfant[1]. » Là-dessus elle va prendre la harpe,
et se met à chantonner en s'accompagnant pour
montrer son indifférence : « Ma douce sœur Clary !
« mon cher cœur ! mon petit amour ! conduirai-je
« Votre Seigneurie en bas de l'escalier ? Allons, ma
« chère maussade silencieuse, dites-moi un seul mot;
« vous en direz bientôt deux à M. Solmes[2]. » Puis,
voyant Clarisse éclater en sanglots, elle lui essuie les

---

1. The *witty*, the *prudent*, nay the *dutiful* and pious (so she sneeringly pronounced the word) Clarisse Harlowe should be so strangely fond of a profligate man, that her parents were forced to lock her up, in order to hinder her from running into his arms. « Let me ask you, my dear, said she, how you now keep your account of the disposition of your time ? How many hours in the twenty-four do you devote to your needle ? How many to your prayers ? How many to letter-writing ? And how many to love ? I doubt, I doubt, my little dear, the latter article is like Aaron's rod, and swallows up the rest.... You must therefore bend or break that was all, child....

2. « What, not speak yet ? Come, my sullen, silent dear, speak one word to me. You must say *two* very soon to Mr Solmes, I can tell you that.... Well, well (insultingly wiping my averted face with her kandkerchief).... Then you think you may be brought to speak the two words.

CHAPITRE VI. LES ROMANCIERS.

yeux avec une tendresse dérisoire : « Parfait ! parfait !
« un cri de roman, le cri d'un tendre cœur qui sai-
« gne ! » — « Tenez, voici les échantillons des étoffes ;
« celui-ci est joli, mais cet autre est tout à fait char-
« mant. A votre place j'en ferais une robe pour ma
« nuit de noces. Et que diriez-vous d'un vêtement
« de velours ? Cela ferait une grande figure dans une
« église de village. Du velours cramoisi, je suppose.
« Un si beau teint que le vôtre, comme cela le fera
« ressortir ! Vous soupirez, mon amour ? Mais du ve-
« lours noir ! Du velours noir, belle comme vous l'ê-
« tes, avec ces yeux charmants, brillants comme un
« soleil d'avril à travers un nuage d'hiver ? Est-ce
« que Lovelace ne vous dit pas que ces yeux-là sont
« charmants[1] ? » Puis, lorsqu'on lui rappelle qu'il y a
trois mois elle ne trouvait point Lovelace si mépri-
sable, elle suffoque de fureur ; elle veut battre sa
sœur, elle ne peut plus parler, elle crie à sa tante
d'une voix sifflante : « Partons, madame, laissons la
« créature s'enfler jusqu'à ce qu'elle crève de son ve-
« nin[2] ! » On croit voir une meute de chiens qui cou-

---

1. *This*, Clary, is a pretty pattern enough. But *this* is quite charming! — And *this*, were I you, should be my wedding nightgown. — But, Clary, won't you have a velvet suit? It would cut a great figure in a country church, you know. Crimson velvet, I suppose. Such a fine complexion as yours, how it would be set off by this! — And do you sigh, love? Black velvet, so fair as you are, with those charming eyes, gleaming, through a wintry cloud, like an april sun. Does not Lovelace tell you they are charming eyes?

2. Let us go, Madam, let us leave the creature to swell till she bursts with her own poison.

rent une biche, qui l'atteignent, la blessent et s'acharnent encore, d'autant plus féroces qu'ils ont déjà goûté son sang.

Au dernier moment, quand elle croit leur échapper, voici qu'une nouvelle chasse commence, plus dangereuse que l'autre. Lovelace a toutes les mauvaises passions des Harlowe, et, par surcroît, du génie pour les aiguiser et les empirer. Quel caractère! Combien anglais! combien différent du don Juan de Mozart ou de Molière! Avant tout, la superbe intraitable, le désir de plier autrui, l'esprit militant, le besoin de triomphe; les sens ne viennent qu'ensuite. Il épargne une jeune fille innocente, parce qu'il la sait facile à vaincre, et que la grand'mère le supplie de ne point la tenter. Sa devise est « d'abattre les superbes. » « J'aime l'opposition, » dit-il ailleurs[1]. Au fond, l'orgueil, l'orgueil infini, insatiable, insensé, est le premier ressort, l'unique ressort de tout son être. Il avoue quelque part qu'il se croit l'égal de César, et que c'est par pur caprice qu'il se rabat à des conquêtes privées. « Que
« je sois damné si je voudrais épouser la première
« princesse de la terre, sachant ou même imaginant
« qu'elle a pu balancer une minute entre un empe-
« reur et moi[2]! » On le trouve gai, brillant, causeur; mais cette pétulance de la verve animale n'est qu'un

---

1. Parcere subjectis et debellare superbos.... « I love opposition. »

2. Damn me, said Lovelace, if he would marry the first princess on earth, if he but thought she balanced a minute in her choice of him or of an Emperor.

dehors ; il est barbare, il plaisante atrocement, froidement, en bourreau, du mal qu'il a fait ou qu'il veut faire. Voyez de quel air il rassure un pauvre domestique inquiet de lui avoir livré Clarisse : « Mon cher
« Joseph, ne vous tourmentez pas. On a tort de me
« faire une mauvaise renommée. Je n'ai rien à me
« reprocher vis-à-vis de miss Betterton. J'ai pris le
« deuil pour elle, quoiqu'à l'étranger ; distinction que
« j'ai toujours accordée aux dignes créatures qui sont
« mortes en couches de moi[1]. » Il faut dire qu'en ce pays, les viveurs de ce temps jettent la chair humaine à la voirie. Tel gentilhomme ami de Lovelace détourne une jeune fille innocente, l'enivre, passe la nuit avec elle dans une maison publique, l'y laisse pour payer l'écot, et se frotte les mains tranquillement en apprenant quinze jours après que la maîtresse l'a mise en prison et qu'elle y est morte folle. Les débauchés chez nous ne sont que des drôles[2], ici ils sont des scélérats ; la méchanceté y empoisonne l'amour. Lovelace hait Clarisse encore plus qu'il ne l'aime. Il a un livre sur lequel il tient note de toutes les offenses qu'il a reçues d'elle et des Harlowe. Il le relit quand il est près d'être attendri ; il s'irrite qu'elle ose se défendre : « J'enseignerai à la
« chère charmante créature à rivaliser avec moi en
« inventions ; je lui enseignerai à ourdir des toiles et

---

1. I went into mourning for her, though abroad at the time; a distinction I have ever paid to those worthy creatures who died in childbed by me.
2. *Mémoires* du maréchal de Richelieu.

» des complots contre son vainqueur ! » Ils sont aux prises, « c'est une lutte à qui des deux défera l'autre. » Ni trêve, ni relâche. « Lorsqu'il entreprend une chose « ou qu'il y met son cœur, il est le plus industrieux « mortel et le plus persévérant sous le soleil. » Il l'assiége et l'obsède ; il passe des nuits autour de sa maison, il donne aux Harlowe des valets de sa main, il forge des histoires, il amène des personnages supposés, il fabrique des lettres. Il n'y a point de dépense, de fatigue, de machinations, de déloyautés qu'il n'entreprenne. Toutes les armes lui sont bonnes. Il creuse et combine à distance dix, vingt, cinquante souterrains, qui tous se réunissent dans la même mine. Il remédie à tout, il est prêt sur tout, il devine tout, il ose tout, contre tout devoir, toute humanité, tout bon sens, en dépit des prières de ses amis, des supplications de Clarisse, des remords de son propre cœur. La volonté excessive devient ici, comme chez les Harlowe, un engrenage d'acier qui tord et broie ce qu'il devrait plier, jusqu'à ce qu'enfin, à force d'impétuosité aveugle, il se brise lui-même par-dessus les débris qu'il a faits.

Contre de tels assauts, quelles ressources a Clarisse ? Une volonté égale[1]. Elle aussi est armée en guerre. « Après un strict examen de moi-même, dit-elle quel-« que part, je trouve que j'ai en moi presque autant « du sang de mon père que de ma mère. » Quoique

---

1. That command of my passions which has been attributed to me as my greatest praise and in so young a creature as my distinction.

CHAPITRE VI. LES ROMANCIERS.

douce, quoique promptement rabattue dans l'humilité chrétienne, il y a de l'orgueil dans son fait ; elle a « espéré être un exemple pour les jeunes personnes « de son sexe [1] ; » elle est homme pour la fermeté, mais surtout elle a une réflexion d'homme [2]. Quelle attention sur soi ! quelle vigilance ! quelle observation minutieuse et infatigable de sa conduite et de la conduite d'autrui [3] ! Il n'y a pas une action, une parole, un geste involontaire ou non de Lovelace qu'elle ne remarque, qu'elle n'interprète et ne juge avec la perspicacité et la solidité d'esprit d'un diplomate et d'un moraliste. Il faut lire ces longues conversations où nulle parole n'est lâchée sans calcul, véritables duels renouvelés tous les jours avec la mort, bien plus avec le déshonneur en face. Elle le sait, elle n'en est point troublée, elle reste toujours maîtresse de soi, elle ne donne jamais de prise, elle n'a point d'éblouissements, elle combat pied à pied, sentant que tout le monde est pour lui, que personne n'est pour elle, qu'elle perd

---

1. How I am punished.... for my vanity in hoping to be an *example* to young persons of my sex! Let me be but a warning and I will now be contented.

2. Entre autres choses voyez son testament.

3. Elle se fait pour elle-même la statistique et la classification des mérites et des défauts de Lovelace, avec divisions et numéros. Voyez cette logique anglaise positiviste et pratique :

That such a husband might unsettle me in all my own principles and hasard my future hopes.

That he has a very immoral character to women.

That knowing this, it is a high degree of impurity to think of joining in wedlock with such a man.

Elle tient ses écritures et garde des *Mémorandums*, des sommaires, ou analyses de ses propres lettres.

du terrain, qu'elle en perdra davantage, qu'elle tombera, qu'elle tombe. Et néanmoins elle ne fléchit pas. Quel changement depuis Shakspeare ! D'où vient cette idée de la femme si originale et si neuve ? Qui a cuirassé d'héroïsme et de calcul ces innocentes si abandonnées et si tendres ? Le puritanisme devenu laïque. « Elle n'a jamais pu regarder un devoir avec indifférence[1], » et elle a passé sa vie à regarder ses devoirs[2]. Elle s'est posé des principes, elle en a raisonné, elle les a appliqués aux différentes circonstances de la vie, elle s'est munie sur chaque point de maximes, de distinctions et d'arguments. Elle a planté autour d'elle, comme des remparts hérissés et multipliés, l'innombrable rangée des préceptes inflexibles. On ne peut pénétrer jusqu'à elle qu'en renversant tout son esprit et tout son passé. Voilà sa force et aussi sa faiblesse ; car elle est tellement défendue par ses fortifications qu'elle y est prisonnière ; ses principes lui sont un piége, et c'est sa vertu qui la perd. Elle veut garder trop de décorum. Elle refuse d'avoir recours au magistrat, cela ébruiterait des discordes de famille. Elle ne résiste pas en face à son père ; cela serait contre l'humilité filiale. Elle ne chasse pas Solmes violemment et comme un chien qu'il est ; cela serait contre la délicatesse féminine. Elle ne veut pas partir avec miss Howe ; cela pourrait effleurer la réputation de son amie. Elle réprimande Lovelace quand

---

1. Myself one who never looked upon any duty, much less a voluntary vowed one, with indifference.
2. Voyez entre autres p. 196, t. VIII, 49e lettre.

il jure¹; une bonne chrétienne doit protester contre le scandale. Elle est raisonneuse et pédante, politique ² et prêcheuse, elle ennuie, elle n'est point femme. Mademoiselle, quand le feu est dans une chambre, on en sort pieds nus, et on ne s'amuse point à demander des pantoufles. J'en suis bien fâché, mais j'ajoute bien bas, tout bas, que la sublime Clarisse est un petit esprit; sa vertu ressemble à la piété des dévotes, littérale et scrupuleuse ³. Elle n'entraîne pas, on lui voit toujours à la main son catéchisme de bienséances; elle n'invente pas son devoir, elle suit une consigne; elle n'a pas l'audace des grands partis pris, elle a plus de conscience et de fermeté que d'enthousiasme et de génie ⁴. Voilà l'inconvénient de la morale poussée à bout, quelle que soit l'école, quel que soit le but. A force de régulariser l'homme, on le rétrécit.

Le pauvre Richardson, sans s'en douter, a pris la peine de mettre la chose dans tout son jour, et il a composé sir Charles Grandisson, « le modèle des *gent-«lemen* chrétiens. » Je ne sais pas si ce modèle a converti beaucoup de monde. Rien d'insipide comme un héros édifiant. Celui-ci est correct comme un au-

---

1. « Swearing is a most unmanly vice, and cursing as poor and low one; since they proclaim the profligate's want of power and his wickedness at the same time; For could such a one punish as he speaks, he would be a fiend. »

2. « I should be inclined to spare her all further trial, were it not for the contention that her vigilance has set on foot, which shall overcome the other.

3. Niceties.

4. C'est tout le contraire pour les héroïnes de George Sand.

tomate; il passe sa vie à peser des devoirs et à saluer[1]. Quand il va visiter un malade, il s'inquiète de voyager le dimanche; mais il rassure sa conscience en se disant que c'est pour une œuvre de charité[2]. Croiriez-vous qu'un pareil homme soit amoureux? Il l'est pourtant, mais à sa manière. Par exemple il écrit à sa fiancée : « Et maintenant, ô la plus aimable et la « plus chère des femmes, permettez-moi d'attendre de « vous l'honneur d'un mot qui me dira combien de « jours de cet ennuyeux mois vous aurez la bonté de « réduire. Mon extrême gratitude vous sera pour tou- « jours engagée par cette condescendance, quel que « soit ce jour, ce jour précieux pour moi jusqu'à « mon dernier soupir, qui me donnera la plus grande « bénédiction de ma vie, et confirmera ce que déjà je « suis à jamais, votre Charles Grandisson[3]. » Une image de cire ne serait pas plus convenable. Tout est du même goût. Il y a huit carrosses au mariage, chacun de quatre chevaux; sir Charles est attentif pour les personnes âgées; à table, les messieurs, une ser-

---

1. He received the letters, standing up, bowing; and kissed the papers with an air of gallantry that I thought greatly became him.

2. I am afraid I must borrow of the Sunday some hours on my journey; but visiting the sick is an act of mercy.

3. And now, loveliest and dearest of women, allow me to expect the honour of a line, to let me know how much of the tedious month from last Thursday you will be so good to abate.... My utmost gratitude will ever be engaged by the condescension, whenever you shall distinguish the day of the year, distinguished as it will be to the end of my life that shall give me the greatest blessing of it and confirm me.

For ever yours Charles Grandisson.

viette sous le bras, servent chacun une dame ; la fiancée est toujours prête à s'évanouir ; il se jette à ses pieds dans toutes les formes. « Eh bien ! mon « amour, par égard pour les meilleurs des parents, « reprenez votre présence d'esprit habituelle; autre- « ment, moi qui vais me glorifier devant mille té- « moins de recevoir l'honneur de votre main, je serai « prêt à regretter d'avoir acquiescé de si grand cœur « aux désirs de ces respectables amis qui ont souhaité « une célébration publique [1]. » Les révérences com- mencent, les compliments bourdonnent, l'essaim des convenances voltige comme une bande de petits ché- rubins amoureux, et leurs ailes dévotes [2] viennent sanctifier les tendresses bénies de l'heureux couple. Les larmes pleuvent ; Harriett s'attendrit sur sa rivale sacrifiée, et sir Charles « d'une façon caressante, « tendre et respectueuse, mettant son bras autour « d'elle, lui prend son mouchoir, sans qu'elle résiste, « pour essuyer les pleurs qui coulent sur ses joues. « — Douce humanité, dit-il ; charmante sensibilité, « ne réprimez point cette effusion touchante ! Rosée « du ciel (et il baise le mouchoir), rosée du ciel, « larmes d'un cœur doux comme le ciel et compatis- « sant comme lui [3] ! » C'en est trop, on est excédé,

---

1. What, my love! In compliment to the best of parents, resume your usual presence of mind. I else, who shall glory before a thou- sand witnesses in receiving the honour of your hand, shall be ready to regret I acquiesced so cheerfully with the wishes of those pa- rental friends for a public celebration.

2. Sir Charles seemed to have the office by heart, Harriet in her heart.

3. In a soothing, tender and respectful manner, he put his arm

on se dit que ces phrases devraient être accompagnées sur la mandoline. Le plus patient des mortels se sent écœuré quand il a, pendant trois mille pages, avalé ces fadeurs sentimentales et tout ce lait sucré de l'amour. Pour comble, sir Charles, voyant Harriett embrasser sa rivale, trace le plan d'un petit temple dédié à l'amitié qu'on bâtira dans le lieu même ; c'est le triomphe du rococo mythologique. A la fin, les couronnes pleuvent comme à l'Opéra, tous les personnages chantent à l'unisson et en chœur les louanges de sir Charles ; on lui récite sa litanie : « Comment « pourrait-il être autre chose que le meilleur des « maris, lui qui fut le plus soumis des fils, qui est le « plus affectionné des frères, le plus fidèle des amis, « et qui est bon par principe dans chacune des rela- « tions de la vie[1] ? » Il est grand, il est généreux, il est délicat, il est pieux, il est irréprochable ; il n'a jamais fait une vilaine action ni un geste faux. Sa conscience et sa perruque sont intactes. Amen. Il faut le canoniser et l'empailler.

Et vous non plus, mon cher Richardson, quoique grand homme, vous n'avez pas tout l'esprit qu'il faut

---

round me and taking my own handkerchief, unresisted, wiped away the tears as they fell on my cheek. « Sweet humanity! Charming sensibility! Check not the kindly gush. Dew-drops of heaven! (wiping away my tears, and kissing the handkerchief), dew-drops of Heaven, from a mind like that Heaven mild and gracious!

1. But could he be otherwise than the best of husbands, who was the most dutiful of sons, who is the most affectionate of brothers, the most faithful of friends, who is good upon principle in every relation of life?

pour en avoir assez. A force de vouloir servir la morale, vous lui faites tort. Savez-vous l'effet de ces affiches édifiantes que vous collez au commencement et à la fin de vos livres? On est rebuté, on perd l'émotion, on voit le prédicateur en robe noire sortir en nasillant de l'habit mondain qu'il avait pris pour une heure; on est mécontent de la tromperie. Insinuez la morale, ne l'infligez pas. Souvenez-vous qu'il y a un fonds de rébellion dans le cœur de l'homme, et que si on s'applique trop visiblement à le claquemurer dans une discipline, il s'échappe et va prendre l'air dehors. Vous imprimez à la suite de *Paméla* le catalogue des vertus dont elle donne l'exemple; le lecteur bâille, oublie son plaisir, cesse de croire, et se demande si la céleste héroïne n'était pas un mannequin ecclésiastique arrangé pour lui débiter une leçon. Vous racontez à la fin de *Clarisse* la punition de tous les méchants, grands ou petits, sans en épargner un seul; le lecteur rit, dit que les choses se passent autrement dans le monde, et vous invite à insérer ici, comme Arnolphe, la peinture « des chaudières où les « âmes mal vivantes vont bouillir en enfer. » Nous ne sommes point si sots que vous le pensez. Nous n'avons pas envie qu'on fasse la grosse voix pour nous faire peur; nous n'avons pas besoin qu'on inscrive la leçon à part et en majuscules pour la démêler. Nous aimons l'art, et vous n'en avez guère ; nous souhaitons qu'on nous plaise, et vous n'y songez pas. Vous transcrivez toutes les lettres, vous minutez toutes les conversations, vous dites tout, vous n'élaguez rien, vos romans ont huit volumes; de grâce, prenez des ciseaux; soyez écrivain, et non pas greffier archiviste. Ne versez pas votre bibliothèque de documents sur la voie publique. L'art diffère de la nature en ce qu'elle délaye et qu'il concentre. Vingt épîtres de vingt pages ne montrent pas un caractère, et une vive parole le fait. Vous êtes alourdi par votre conscience qui vous traîne pas à pas et terre à terre; vous avez peur de votre génie; vous le bridez, vous n'osez trouver aux moments violents les grands cris, les franches paroles. Vous tombez dans les phrases emphatiques et bien écrites[1]; vous ne voulez pas montrer la nature telle qu'elle est, telle que la montre Shakspeare, lorsque, piquée par la passion comme par un fer rouge, elle crie, se cabre et bondit pardessus vos barrières. Vous ne savez pas l'aimer, et votre punition est que vous ne pouvez pas la voir.

IV

C'est pour elle que Fielding réclame, et certes, à voir ses actions et sa personne, on l'eût cru fabriqué exprès pour cela : un grand vigoureux gaillard, haut presque de six pieds, sanguin, avec un excès de bonne humeur et de verve animale, loyal, généreux, affectueux et brave, mais imprudent, dépensier, buveur, viveur, ruiné de père en fils, ayant roulé par la vie

---

1. Clarisse et Paméla en font beaucoup trop.

dans les hauts, dans les bas, éclaboussé, mais toujours dispos ; « en somme, disait lady Mary Wortley
« Montague, plus heureux qu'un prince, et capable
« d'oublier sa goutte, ses soucis et ses dettes, pour
« peu qu'il eût sous sa main une bouteille de Cham-
« pagne et un pâté de gibier. » Le naturel domine en lui, un peu grossier, mais riche. Il ne se réprime pas, il se laisse aller, il coule sur sa pente, sans trop choisir son lit, sans se donner de digues, bourbeux, mais à grands flots et à plein lit. Dès l'abord, le surcroît de santé et d'impétuosité physique le jette dans la grosse débauche joviale, et la séve intempérante de la jeunesse bouillonne en lui jusque dans le mariage et dans l'âge mûr. Il est gai et il s'égaye ; il est insouciant, il n'a pas même la vanité littéraire. Un jour, Garrick le prie de supprimer une scène maladroite, et lui dit que sinon on sifflera infailliblement : « Au
« diable ! qu'ils la trouvent eux-mêmes ! » On siffle, et l'acteur, fort mal à l'aise, vient avertir l'auteur, qui buvait et fumait sa pipe. « — Qu'est-ce qu'il y a ? —
« Eh bien ! on me siffle à outrance. — Ah ! ah ! le
« diable les emporte ! Ils l'ont trouvée, n'est-ce pas
« qu'ils l'ont trouvée ? » — C'est avec ce franc rire qu'ils prenait les mésaventures. Il allait de l'avant sans trop sentir les meurtrissures, en homme confiant qui a le cœur épanoui et la peau dure. Sitôt qu'il a fait un héritage, il festine, traite ses voisins, entretient une meute, s'entoure de magnifiques laquais à livrée jaune. En trois ans, il a tout mangé ; mais le courage lui reste, il achève ses études de légiste, écrit

deux in-folio sur les droits de la couronne, devient *justice*, détruit des bandes de voleurs, et gagne dans la plus insipide besogne du monde « le plus sale argent « de la terre. » Les dégoûts ne l'atteignent pas, la lassitude non plus; il est trop solidement bâti pour avoir des nerfs de femme. Tout déborde en lui, la force, l'activité, l'invention, et aussi la tendresse. Il a pour ses enfants une idolâtrie de mère, il adore sa femme, il devient presque fou quand il la perd, il ne trouve d'autre consolation que de pleurer avec la servante, et finit par épouser cette bonne et brave fille pour donner une mère à ses enfants : dernier trait qui achève de peindre ce vaillant cœur plébéien [1], prompt aux effusions, exempt de répugnances, et qui, hormis la délicatesse, eut tout le meilleur de l'homme. On lit ses livres, comme on boit un vin franc, sain et rude, qui égaye, fortifie, et auquel il ne manque que le parfum.

Un pareil homme devait prendre Richardson en déplaisance. Celui qui aime la nature tout expansive et abondante chasse loin de lui, comme des ennemis, la solennité, la tristesse et la pruderie des puritains. Pour commencer, il tourne Richardson en caricature. Son premier héros, Joseph, est le frère de Paméla et résiste aux propositions de sa maîtresse, comme Paméla à celles de son maître. La tentation touchante dans une jeune fille devient comique dans un jeune homme, et le tragique tourne au grotesque. Fielding

---

1. Il était pourtant fils d'un général et petit-fils d'un comte.

rit à pleins poumons, comme Rabelais, et aussi comme Scarron. Il contrefait le style emphatique; il chiffonne les jupes et fait sauter les perruques; il bouscule de ses rudes plaisanteries toute la gravité des convenances. Si vous êtes raffiné ou seulement bien habillé, ne l'accompagnez pas. Il vous mènera dans les prisons, dans les auberges, sur les fumiers, dans la boue des grands chemins; il vous fera patauger parmi les scandales réjouissants, les peintures crues et les aventures populacières. Il est fort en gueule, et il n'a pas l'odorat sensible. M. Joseph, au sortir de chez lady Booby, est assommé, laissé dans un fossé sans habits et pour mort; une diligence passe, les dames font des haut-le-corps à l'idée de recueillir un homme vraiment nu, et les *gentlemen*, qui ont chacun trois paletots, les trouvent trop neufs pour les salir sur le corps du pauvre diable. Ceci n'est qu'un début, jugez du reste. Joseph et son ami le bon curé, M. Adam, donnent et reçoivent une infinité de horions; les coups de bâton trottent; on leur jette à la tête des poêlons pleins de sang de porc; les chiens mettent leurs habits en pièces; ils perdent leur cheval. Joseph est si beau qu'il est assailli par la servante, obligé de la prendre à bras-le-corps et de la déposer à la porte; ils n'ont jamais le sou; on veut les mener en prison. Ils avancent pourtant d'une façon gaillarde, comme leurs confrères des autres romans, le capitaine Booth et Tom Jones. Ces orages de coups de poing, ces clabauderies d'hôtellerie, ce retentissement de bassinoires cassées et d'écuelles lancées à la tête, ce pêle-mêle d'incidents et cette grêle de mésaventures, finissent par former la plus joyeuse musique. Tous ces braves gens se battent bien, marchent bien, mangent bien, boivent mieux encore. Il y a plaisir à regarder ces puissants estomacs : le *roastbeef* y descend comme dans sa place naturelle. Ne dites pas que ces bons bras fonctionnent trop sur la peau du prochain ; la peau du prochain est solide, et en tout cas se raccommode vite. Décidément la vie est bonne, et avec Fielding nous ferons en riant le voyage, la tête cassée et le ventre plein.

Ne ferons-nous que rire? Il y a bien des choses à voir en route; le sentiment de la nature est un talent comme la conception de la règle, et Fielding, le dos tourné à Richardson, s'ouvre un domaine aussi large que celui de son rival. Ce qu'on appelle nature, c'est cette couvée de passions secrètes, souvent malfaisantes, ordinairement vulgaires, toujours aveugles, qui frémissent et frétillent en nous, mal recouvertes par le manteau de décence et de raison sous lequel nous tâchons de les déguiser; nous croyons les mener, elles nous mènent; nous nous attribuons nos actions, elles les font. Il y en a tant, elles sont si fortes, si entrelacées les unes dans les autres, si promptes à s'éveiller, à s'élancer et à s'entraîner, que leur mouvement échappe à tous nos raisonnements et à toutes nos prises. Voilà le domaine de Fielding ; son art et son plaisir, comme celui de Molière, consistent à lever un coin du manteau; ses personnages paradent d'un air raisonnable, et tout d'un coup, par une ouverture, le lecteur aperçoit le fourmillement intérieur des vanités, des folies, des concupiscences et des rancunes secrètes qui les font marcher. Par exemple, quand Tom Jones a le bras cassé, le philosophe Square vient le consoler par une application de maximes stoïciennes ; mais en lui prouvant que la douleur est chose indifférente, il se mord la langue et lâche un ou deux jurons, sur quoi le théologien Thwackum, son commensal et son rival, lui assure que sa mésaventure est un avertissement de la Providence, et tous deux manquent de se gourmer. Une autre fois le chapelain de la prison, ayant déchargé son éloquence et engagé le condamné au repentir, accepte de lui un bol de punch parce que l'Écriture ne dit rien contre cette liqueur, et lui récite après boire son dernier sermon contre les philosophes païens. Ainsi déshabillés, les instincts ont une tournure grotesque ; les gens s'avancent gravement, la canne à la main, et pour nous ils sont tout nus. Sachez qu'ils sont nus tout à fait ; aussi certaines de leurs attitudes sont bien gaies. Les dames feront sagement de ne pas entrer ici. Ce puissant génie, tout franc et réjoui, aime comme Rubens les kermesses ; les rouges trognes reluisantes de bonne humeur, de sensualité et d'énergie, dansent chez lui, remuent et se choquent, et les instincts dévergondés y viennent accoupler leurs violences. C'est avec eux qu'il compose ses premiers personnages. Il n'y en a point chez lui de plus vivants que ceux-là, de plus largement tracés à grands traits et d'un élan, d'une

couleur plus saine. Si les gens réfléchis comme Allworthy restent effacés dans un coin de sa vaste toile, les personnages instinctifs comme Western s'y détachent avec un relief et un éclat qu'on n'a point vus depuis Falstaff. Western est un *squire* de campagne, bonhomme au demeurant, mais ivrogne, toujours à cheval, inépuisable en jurons, prompt aux gros mots, aux coups de poing, sorte de charretier alourdi, endurci et enfiévré par la brutalité de la race, par la sauvagerie de la campagne, par les exercices violents, par l'abus de la grosse mangeaille et des boissons fortes, tout imbu d'orgueil et de préjugés anglais et rustiques, n'ayant jamais été discipliné par la contrainte du monde, puisqu'il vit aux champs, ni par celle de l'éducation, puisqu'il sait à peine lire, ni par celle de la réflexion, puisqu'il ne peut pas mettre deux idées ensemble, ni par celle de l'autorité, puisqu'il est riche et *justice*, et livré, comme une girouette qui siffle et grince, à tous les coups de vent de toutes les passions. Sitôt qu'on le contredit, il devient rouge, il écume, il veut rosser les gens : « Défais ton habit[1].... » Il faut même l'empoigner à bras-le-corps pour l'arrêter de vive force. Il court chez Allworthy pour se plaindre de Jones, qui ose faire la cour à sa fille. « Il a eu de la chance que je n'aie
« pas pu l'empoigner ; je l'aurais roulé, j'aurais dé-
« rangé son miaulement ; j'aurais appris à ce fils de

---

[1]. Impossible de tout traduire. Liv. VI, ch. 9. Voyez vous-même l'offre remarquable que le squire fait à Jones.

« gueuse à mettre la main au plat de son maître. Il
« n'aura jamais un morceau de mon plat, ni un liard
« pour en acheter. Et si elle le veut, elle, une che-
« mise sera sa dot. J'aimerais mieux mettre mon
« bien dans la caisse d'amortissement, pour qu'on
« l'envoie en Hanovre et qu'on corrompe notre nation
« avec[1]. » — Et comme Allworthy dit qu'il en a bien
du chagrin. — « Au diable votre chagrin ! il me ser-
« vira joliment quand j'aurai perdu ma seule enfant,
« ma pauvre Sophie, qui était la joie de mon cœur,
« et toute l'espérance, et toute la consolation de mes
« vieux jours; mais je suis décidé à la mettre à la
« porte : elle mendiera, elle crèvera de faim, elle
« pourrira dans la rue. Pas un sou, pas un sou ! elle
« n'aura jamais un sou de moi ! Ce fils de chienne a tou-
« jours été bon pour tirer le lièvre au gîte. Le diable
« le crève ! Je ne savais guère la minette[2] qu'il avait en
« vue; mais ce sera le plus mauvais gibier qu'il ait levé
« de sa vie. Il ne trouvera là qu'une charogne; la peau
« de dessus est tout ce qu'il en aura[3] ! » — Sa fille es-

1. It's well for un I could not get at un; I'd a lick'd un, I'd a spoil'd his caterwauling; I'd a taught the son of a whore to meddle with the meat of his master. He shan't ever have a morsel of meat of mine or a varden to buy it. If she will ha un, one smock shall be her portion. I'll sooner gee my estate to the zinking fund, that it may be sent to Hanover, to corrupt our nation with.

2. Puss, terme de chasse, sans équivalent en français.

3. Pox o' your sorrow. It will do me abundance of good, when I have lost my only child, my poor Sophy, that was the joy of my heart, and all the hope and comfort of my age. But I am resolved I will turn her out o'doors; she shall beg and starve and rot in th streets. Not one hapenny, not a hapenny shall she ha o' mine. The son of a bitch was always good at findin hare sitting and be

saye de le raisonner, il tempête. Alors elle parle de tendresse et d'obéissance; [d'allégresse il saute par la chambre, et les larmes lui viennent aux yeux. A ce mot, elle reprend ses supplications; il grince les dents, il serre les poings, il frappe du pied. « Tu l'é-
« pouseras, tu l'auras! le diable m'emporte! tu l'au-
« ras, quand tu te pendrais le lendemain matin[1]! »
Il ne peut pas trouver une raison, il ne sait que lui dire d'être bonne fille. Il se contredit, il défait ses propres projets : il est comme un taureau aveugle qui bute à droite, à gauche, revient sur ses pas, n'atteint personne et piétine en place. Au moindre bruit, il fonce en avant, outrageusement, sans savoir pourquoi. Ses idées ne sont que des frémissements ou des élans de la chair et du sang. Jamais l'animal physique n'a plus entièrement recouvert et absorbé l'homme. Il en devient grotesque, tant il est naïf et près de la brute; il se laisse mener, il a des mots d'enfant : « Je ne sais pas comment cela arrive ; mais
« le diable m'emporte, Allworthy, si vous ne me faites
« pas toujours faire justement ce qu'il vous plaît. Et
« pourtant j'ai un aussi bon domaine que vous, et je
« suis *justice* aussi bien que vous-même. » Rien ne tient en lui ni ne dure ; il est tout de prime-saut ; il ne

---

rotted to'n; I little thought what puss he was looking after. But it shall be the worst he ever vound in his life. She shall be no better than carrion; the skin o'er it is all he shall ha, and zu you may tell un.

1. I am determined upon this match, and ha him you shall, damn me, if shat unt. Damn me, if shat unt, though dost hang thyself the next morning.

vit que pour le moment. Rancune, intérêt, aucune des passions à longue portée n'a de prise sur lui. Il embrasse les gens que tout à l'heure il voulait assommer. Tout disparaît pour lui dans la fougue de la passion présente ; elle lui arrive au cerveau comme un flot soudain qui noie le reste. A présent qu'il est réconcilié avec Tom, il n'a pas de cesse que Tom n'ait sa fille. « C'est Tom qui la chiffonnera. Sus, sus, mon
« garçon, en avant sur elle ! Voilà ce que c'est, mes
« petits agneaux. Eh bien ! est-ce convenu ? Sera-ce
« demain ou le jour d'après ? Ce ne sera pas une mi-
« nute plus tard que le jour d'après, j'y suis décidé.
« Allons donc, Tom, je te dis que ce sont des gri-
« maces. Par le sang-Dieu ! elle voudrait que le ma-
« riage fût pour cette nuit; elle le voudrait de tout
« son cœur. N'est-ce pas, Sophie, que tu le vou-
« drais ? Vois-tu, Allworthy, je te parie cinq guinées
« contre un écu que de demain en neuf mois nous
« aurons un garçon ! A présent, dis-moi, qu'est-ce
« que tu choisis ? du Bourgogne, du Champagne, ou
« bien quoi ? Par Dieu ! nous ferons ripaille cette
« nuit[1]. » Et lorsqu'il devient grand-père, il passe

1. To her, boy, to her, go to her. That's it, my little honeys, ô that's it. Well, what, is it all over? Has she appointed the day, boy? What, shall it be to morrow, or the next day? I shan't be put off a minute longer than next day, I am resolved.... I tell thee it is all a flimflam. Zoodikers! she'd ha the wedding to night with all her heart. Would'st not, Sophy? Where the devil is Allworthy?.. Harkee, Allworthy, I'll bet thee five pounds to a crown, we ha a boy to-morrow nine months. But prithee, tell me what wat ha? Wat ha Burgundy, Champaigne, or what? For please Jupiter, we'll make a night on't.

son temps auprès des nourrices, déclarant que « le babil « de sa petite fille est une musique plus douce que les « aboiements de la plus belle meute d'Angleterre. » Voilà la pure nature, et personne ne l'a lâchée à travers champs plus débridée, plus impétueuse, plus ignorante de toute règle, plus abandonnée à l'afflux de la séve corporelle que Fielding.

Ce n'est pas qu'il l'aime à la façon des grands artistes indifférents, Shakspeare et Goethe; au contraire, il est moraliste par excellence, et c'est un des grands signes du siècle que les intentions réformatrices se rencontrent aussi décidées chez lui qu'ailleurs. Il donne à ses fictions un but pratique, et les recommande en disant que le ton sérieux et tragique aigrit, tandis que le style comique « dispose les gens à la « bienveillance et à la bonne humeur [1]. » Bien plus, il fait la satire du vice; il considère les passions non comme de simples forces, mais comme des objets d'approbation ou de blâme. Il nous suggère à chaque pas des jugements moraux; il veut que nous prenions parti; il discute, excuse ou condamne. Il écrit un roman entier en style ironique [2] pour persécuter et assommer la friponnerie et la trahison. Il est plus que peintre, il est un justicier, et les deux rôles en lui sont d'accord. Car une psychologie engendre une morale : là où il y a une idée de l'homme, il y a un idéal de l'homme, et Fielding, qui a vu dans l'homme la nature par opposition à la règle, loue dans l'homme

---

1. Préface de *Joseph Andrews*. — 2. *Jonathan Wild*.

la nature par opposition à la règle, en sorte que, selon lui, la vertu n'est qu'un instinct. La générosité, à ses yeux, est comme toutes les sources d'action, une inclination primitive ; comme toutes les sources d'action, elle coule sans que les catéchismes et les phrases y ajoutent rien de bon ; comme toutes les sources d'action, elle coule parfois trop pleinement et trop vite. Prenez-la comme elle est, et n'essayez pas de l'opprimer sous une discipline ou de la remplacer par un raisonnement. Monsieur Richardson, vos héros si corrects, si compassés, si soigneusement empaquetés dans leur attirail de préceptes, sont des bedeaux de cathédrale bons pour nasiller dans une procession. Monsieur Square et monsieur Thwackum, vos tirades sur la vertu philosophique ou la vertu chrétienne sont des exercices de parole utiles pour digérer au dessert. La vertu est dans le tempérament et dans le sang ; l'éducation bavarde et le rigorisme monacal n'y ajoutent rien. Donnez-moi un homme, non un mannequin de représentation ou une serinette à phrases. Mon héros est l'homme qui naît généreux, comme le chien naît affectueux, et comme le cheval naît brave. Je veux un cœur vivant, plein de chaleur et de force, non un pédant sec occupé à aligner au cordeau toutes ses actions. Ce naturel ardent pourra l'emporter trop loin ; je lui pardonne ses écarts. Il s'enivrera par mégarde, il ramassera une fille sur la route, il donnera volontiers un coup de poing, il ne refusera pas un duel ; il souffrira qu'une grande dame le trouve beau garçon, et il acceptera sa bourse ; il sera imprudent.

il gâtera sa réputation comme Jones; il sera mauvais administrateur et fera des dettes comme Booth. Excusez-le d'avoir des muscles, des nerfs, des sens, et ce bouillonnement de colère ou d'ardeur qui précipite en avant les animaux de noble race. Mais il souffrira qu'on le batte jusqu'au sang plutôt que d'exposer un pauvre garde-chasse. Il pardonnera à son mortel ennemi sans effort, par bonté pure, et lui enverra de l'argent en cachette. Il sera loyal envers sa maîtresse, et lui gardera sa fidélité, en dépit de toutes les offres, dans le pire dénûment et sans la moindre espérance de l'obtenir. Il sera libéral de sa bourse, de ses peines, de sa souffrance, de son sang; il ne s'en vantera pas; il n'aura ni orgueil, ni vanité, ni affectation, ni dissimulation; la bravoure et la bonté surabonderont dans son cœur, comme la bonne eau dans une bonne source. Il pourra être balourd comme le capitaine Booth, joueur même, dépensier, incapable de conduire ses affaires, capable par tentation d'être un jour infidèle à sa femme; mais il sera si sincère dans son repentir, son erreur sera si involontaire, il sera si soigneusement, si véritablement tendre, qu'elle l'aimera avec excès[1], et qu'en bonne foi il le mérite. Il se fera auprès d'elle garde-malade,

---

1. Amélia est la parfaite épouse anglaise, supérieure en cuisine, dévouée jusqu'à pardonner à son mari ses infidélités accidentelles, toujours grosse. « Dear Billy, though my understanding be much inferior to yours, etc. » Elle est modeste à l'excès, toujours rougissante et tendre. Bagillard lui ayant écrit des lettres d'amour, elle les jette : « I would not have such a letter in my possession for the universe; I thought my eyes contaminated with reading it. »

nourrice, maman ; il l'accouchera lui-même ; il aura pour elle des adorations d'amant, toujours, en présence de tout le monde, même devant miss Matthews qui l'a séduit. « Je déclarai que, si j'avais le monde, « je serais prêt à le mettre aux pieds de mon Amélia. « Et Dieu sait que je le ferais, quand ce seraient dix « mille mondes[1] ! » Il pleure comme un enfant en pensant à elle ; il l'écoute comme ferait un petit enfant. « Je répète ses propres paroles, car il m'arrive « ordinairement de retenir ce qu'elle dit. » Il s'habille en cachette lorsqu'il est obligé de partir pour son régiment, et, « chantant, sifflant, se secouant, essayant « toutes les façons de ne pas penser, » il s'enfuit pendant qu'elle dort, parce qu'il ne saurait soutenir ses larmes. Dans ce corps de soudard, sous cette épaisse cuirasse de tapageur, il y a un vrai cœur de femme qui se fond, qu'un rien trouble lorsqu'il s'agit de ce qu'il aime, timide dans sa tendresse, inépuisable en dévouement, en confiance, en abnégation, en effusions. Quand un homme a cela, passez sur le reste ; avec ses excès et ses folies, il vaut mieux que tous vos dévots gantés.

A cela nous répondrons : Vous faites bien de défendre la nature ; mais que ce soit à la condition de n'en rien supprimer. Un point manque dans vos gens si bien membrés, la finesse ; les rêveries délicates, l'élévation enthousiaste et la délicatesse frémissante sont aussi bien dans la nature que la grosse vigueur,

---

1. I declared that if I had the world I was ready to lay it at my Amelia's feet. And so heaven knows I would ten thousand worlds!

l'hilarité bruyante et la franche bonté. La poésie est vraie comme la prose, et s'il y a des mangeurs et des boxeurs, il y a aussi des artistes et des chevaliers. Cervantes, que vous imitez, et Shakspeare, que vous rappelez, ont eu cette finesse, et l'ont peinte; dans cette large moisson que vous rapportez à pleins bras, vous avez oublié les fleurs. On finit par se lasser de vos coups de poing et de vos comptes d'hôtellerie. Vous pataugez trop volontiers dans les étables, parmi les pourceaux ecclésiastiques de Trulliber. On voudrait vous voir plus de ménagements pour vos héroïnes; les accidents du chemin lèvent bien souvent leurs collerettes, et Fanny, Sophie, mistress Heartfree ont beau rester pures, on se souvient malgré soi des coups de main qui ont troussé leurs jupons. Vous êtes si rude que vous ne sentez pas l'atroce. Vous persuadez à Tom Jones faussement, mais pour un instant, que mistress Williams, dont il a fait sa maîtresse, est sa mère, et vous laissez longtemps le lecteur enfoncé dans l'infamie de cette supposition. Enfin vous êtes obligé de vous guinder pour peindre l'amour; vous ne trouvez que des épîtres compassées; les transports de votre Tom Jones ne sont que des phrases d'auteur. Faute d'idées, il débite des odes. Vous ne connaissez que l'élan des sens, le bouillonnement du sang, l'effusion de la tendresse, mais non l'exaltation nerveuse et le ravissement poétique. L'homme tel que vous le concevez est un bon buffle, et c'est peut-être le héros qu'il faut à un peuple qui s'est appelé lui-même John Bull, Jean Taureau.

V

En tous cas, il est puissant et redoutable, et si en ce moment vous rassemblez en votre esprit les traits dispersés des figures que les romanciers viennent de faire passer devant vos yeux, vous vous sentirez transporté dans un monde à demi barbare et dans une race dont l'énergie doit effaroucher ou révolter toute votre douceur. A présent ouvrez un copiste plus littéral de la vie : sans doute ils le sont tous, et déclarent, Fielding entre autres, que, s'ils imaginent un trait, c'est qu'ils l'ont vu ; mais Smollett a cet avantage, qu'étant médiocre il décalque les figures platement, prosaïquement, sans les transformer par l'illumination du génie ; la jovialité de Fielding et le rigorisme de Richardson ne sont plus là pour égayer ou ennoblir les tableaux. Regardez chez lui les mœurs face à face ; écoutez les aveux de cet imitateur de Lesage, qui reproche à Lesage d'être gai et de badiner avec les mésaventures de son héros ; voyez l'âpreté de cette rancune, qui veut « soulever l'indignation « du lecteur contre le caractère sordide et vicieux du « monde et montrer le mérite modeste aux prises avec « l'égoïsme, l'envie, la malice et la lâche indifférence « de l'humanité[1]. » Ce ne sont plus seulement les

---

1. The disgraces of Gil Blas are for the most part such as rather excite mirth than compassion. He himself laughs at them, and his transitions from distress to happiness or, at least, ease, are so sudden

coups de poing qui pleuvent, mais aussi les coups de couteau, d'épée, de pistolet. Dans ce monde-là, quand une fille sort de chez elle, elle court risque de rentrer femme, et quand un homme sort de chez lui, il court risque de ne pas rentrer du tout. Les femmes enfoncent leurs ongles dans la figure des hommes ; les *gentlemen* bien élevés, comme Peregrine, sanglent les gens à coup de fouet. Ayant trompé un mari qui refuse de lui demander satisfaction, Peregrine le fait prendre par ses gens et tremper dans un canal. Dénoncé par un vicaire qu'il a rossé, il le fait rouer de coups par un aubergiste, qui de plus lui arrache avec les dents un morceau de l'oreille. Je citerais de mémoire vingt autres attentats commencés ou achevés. Les injures atroces, les mâchoires cassées, les coups de bâton assénés sur les gens abattus par terre, la hargneuse dureté des conversations, la grossière brutalité des plaisanteries, donnent l'idée d'une meute de bouledogues acharnés à se battre, et qui, lorsqu'ils entrent en gaieté, s'amusent encore à s'enlever des morceaux de chair. Un Français a peine à supporter l'histoire de Roderick Random ou plutôt celle de Smollett quand il est sur le vaisseau de guerre. Il est

---

that neither the reader has time to pity him, nor himself to be acquainted with affliction. This conduct.... prevents that generous indignation which ought to animate the reader against the sordid and vicious disposition of the world. I have attempted to represent modest merit struggling with every difficulty to which a friendless orphan is exposed from his own want of experience as well as from the selfishness, envy, malice, and base indifference of mankind.

pressé, c'est-à-dire empoigné de force, jeté par terre, à coups de bâton et de couteau, lié comme un ballot et roulé sanglant à bord devant les matelots, qui rient de ses blessures et disent, en voyant ses cheveux collés comme des ficelles, qu'il a les cordes rouges sur la tête au lieu de les avoir sur le dos. Il prie ses voisins de tirer son mouchoir de sa poche pour arrêter le sang qui coule de sa tête ; les voisins tirent le mouchoir et le vendent d'un grand sang-froid à la pourvoyeuse moyennant un quart de gin. Le capitaine Oakum déclare qu'il ne veut plus de malades à bord, les fait monter sur le pont à coups de fouet, crachant le sang, défaillant de faiblesse ; plusieurs deviennent fous, beaucoup meurent, et de soixante et un il n'en reste que douze. Pour pénétrer dans ce noir hôpital suffocant qui pullule de vermine, il faut ramper sous les hamacs pressés et les écarter par la force des épaules avant d'arriver jusqu'aux patients. Lisez encore le récit de miss William, une jeune fille riche et de bonne naissance réduite au métier de courtisane, rançonnée, affamée, malade, grelottante, errant dans les rues pendant de longues nuits d'hiver, parmi « les misérables créatures nues,
« en haillons crasseux, entassées comme des pour-
« ceaux dans le coin d'une allée sombre, » qui appellent les matelots ivres pour obtenir « de quoi apai-
« ser avec du gin la rage de la faim et le froid, et
« qui descendent dans l'insensibilité bestiale jusqu'à
« ce qu'à la fin elles aillent mourir et pourrir sur un
« fumier. » Celle-ci est jetée à Bridewell avec le rebut

de la ville, soumise aux caprices d'un tyran qui lui impose des tâches au-dessus de ses forces et la punit de ne pas les remplir, fouettée jusqu'à s'évanouir, puis à coups de fouet tirée de son évanouissement, pendant ce temps volée de tout ce qu'elle a sur elle, bonnet, souliers, bas, « mourant de faim et aspirant « à mourir vite. » Une nuit, elle essaye de se pendre. Deux de ses voisines qui la guettaient l'en empêchent. « Le lendemain matin, je fus punie de trente coups « de verges. La douleur, jointe au désappointement et « au désespoir, me priva de ma raison et me jeta dans « un délire de fureur pendant lequel j'arrachai la « chair de mes os avec mes dents et je me lançai la « tête contre le pavé. » En vain vous vous retournez du côté du héros pour vous reposer d'un tel spectacle. Il est sensuel et grossier comme ceux de Fielding, sans être comme ceux de Fielding bon et joyeux. « L'orgueil « et le ressentiment sont les deux principaux ingré- « dients de son caractère. » Le généreux vin de Fielding, entre les mains de Smollett, s'est tourné en eau-de-vie de cabaret. Ses héros sont égoïstes, ils se vengent barbarement ; Roderick exploite son fidèle Strap, et finit par le marier à une prostituée. Peregrine attaque par le complot le plus lâche et le plus brutal l'honneur d'une jeune fille qu'il doit épouser, et qui est la sœur de son meilleur ami. On prend en haine son caractère rancunier, concentré, opiniâtre, qui est tout à la fois celui d'un roi absolu habitué à se contenter aux dépens du bonheur des autres et celui d'un rustre qui n'a de l'éducation que le vernis. On serait inquiet de vivre auprès de lui; il n'est bon qu'à choquer ou à tyranniser les autres. On l'évite comme une bête dangereuse ; l'afflux soudain de la passion animale et le torrent de la volonté fixe sont si forts en lui que, lorsqu'il manque son but, il extravague, il met l'épée à la main contre l'aubergiste; il faut le saigner, il devient fou. Jusqu'à ses générosités, tout est gâté chez lui par l'orgueil; jusqu'à ses gaietés, tout est assombri chez lui par la dureté. Ses amusements sont barbares et ceux de Smollett sont du même goût. Il outre les caricatures ; il croit nous divertir en nous montrant des bouches fendues jusqu'aux oreilles et des nez longs d'un demi-pied; il exagère un préjugé national ou un tic de métier jusqu'à y absorber tout l'homme ; il entre-choque les plus repoussants des grotesques, un lieutenant Lishamago à demi rôti par les Indiens rouges, des loups de mer qui passent leur vie à vociférer et à travestir toutes les idées dans leur jargon nautique, de vieilles filles laides comme des guenons, sèches comme des squelettes, âpres comme du vinaigre, des maniaques enfoncés dans la pédanterie, dans l'hypocondrie, dans la misanthropie, dans le silence. Bien loin de les esquisser en passant, comme Gil-Blas, il appuie le trait désagréablement avec insistance, et le surcharge de tous les détails, sans considérer s'ils sont trop nombreux, sans reconnaître qu'ils sont excessifs, sans sentir qu'ils sont odieux, sans éprouver qu'ils sont dégoûtants. Son public est au niveau de son énergie et de sa rudesse, et, pour remuer de tels nerfs, un écrivain ne peut pas frapper trop fort.

Mais en même temps, pour civiliser cette barbarie et maîtriser cette violence, une faculté paraît, commune à tous, auteurs et public : la sérieuse réflexion attachée à observer les caractères. C'est vers le dedans de l'homme que leurs yeux se tournent. Ils notent exactement les particularités de l'individu et les marquent d'une empreinte si précise que leur personnage devient un type que l'on n'oublie plus. Ils sont psychologues. *Every man in his humour*, ce titre d'une comédie du vieux Ben Jonson indique combien ce goût, chez eux, est ancien et national. Smollett, sur cette donnée, écrit un roman entier, *Humphrey Clinker*. Point d'action; le livre est un recueil de lettres écrites pendant un voyage en Écosse et en Angleterre. Chacun des voyageurs, suivant son tour d'esprit, juge différemment des mêmes objets. Un vieux gentilhomme généreux, grognon, qui s'occupe à se croire malade, une vieille fille revêche en quête d'un mari, une femme de chambre naïve et vaniteuse qui estropie vaillamment l'orthographe, une file d'originaux qui tour à tour apportent leurs bizarreries sur la scène, voilà les personnages; le plaisir du lecteur consiste à reconnaître leur humeur dans leur style, à prévoir leurs sottises, à sentir le fil qui tire chacun de leurs gestes, à vérifier la concordance de leurs idées et de leurs actions. Poussez à l'excès cette étude des particularités humaines, vous verrez naître le talent de Sterne. Figurez-vous un homme qui se met en voyage ayant sur les yeux une paire de lunettes extraordinairement grossissantes. Un poil sur sa main, une tache à la nappe, le pli d'un habit qui remue, l'intéresseront ; à ce compte, il n'ira pas bien loin, il emploiera la journée à faire six pas et ne sortira pas de sa chambre. Pareillement Sterne écrit quatre volumes pour raconter la naissance, de son héros. Il aperçoit l'infiniment petit et décrit l'imperceptible. Un homme fait sa raie de travers, cela tient, selon Sterne, à l'ensemble de son caractère, lequel tient à celui de son père, de sa mère, de son oncle et de tous ses aïeux; cela tient à la structure de son cerveau, qui tient aux circonstances de sa conception et de sa naissance, lesquelles tiennent aux manies de ses parents, à l'humeur du moment, aux conversations de l'heure précédente, aux contrariétés du dernier curé, à une coupure du pouce, à vingt nœuds faits sur un sac, à je ne sais combien de choses encore. Les six ou huit volumes de *Tristram Shandy* sont employés à les compter ; car le moindre et le plus plat des accidents, un éternument, une barbe mal faite, traîne derrière soi un réseau inextricable de causes entre-croisées les unes dans les autres, qui, en haut, en bas, à droite, à gauche, par des prolongements et des ramifications invisibles, s'enfoncent au plus profond des caractères et dans les plus lointains des événements. Au lieu d'extraire, comme le reste des romanciers, la grosse racine principale, Sterne, avec des ménagements et des réussites merveilleuses, s'applique à retirer l'écheveau embrouillé des filaments innombrables qui sinueusement plongent et s'éparpillent pour aller de tous côtés pomper la séve et la vie. Si grêles, si entrelacés, si enfouis qu'ils soient, il atteint jusqu'à eux; il les démêle, il ne les casse point, il les rapporte à la lumière, et là où nous n'imaginions qu'une simple tige, nous contemplons avec étonnement la population et la végétation souterraine des fibres multipliées et des fibrilles par qui la plante visible végète et se soutient.

Voilà certes un talent étrange, composé d'aveuglement et de clairvoyance, et qui ressemble à ces maladies de la rétine dans lesquelles le nerf surexcité devient à la fois obtus et perspicace, incapable d'apercevoir ce que les yeux les plus ordinaires atteignent, capable d'apercevoir ce que les yeux les plus perçants ne saisissent pas. En effet, Sterne est un malade humoriste et excentrique, ecclésiastique et libertin, joueur de violon et philosophe, « qui geint « sur un âne mort et délaisse sa mère vivante, » égoïte de fait, sensible en paroles, et qui en toutes choses prend le contre-pied de lui-même et d'autrui. Son livre est comme un grand magasin de bric-à-brac où les curiosités de tout siècle, de toute espèce et de tout pays gisent entassées pêle-mêle : textes d'excommunication, consultations médicales, passages d'auteurs inconnus ou imaginaires, bribes d'érudition scolastique, enfilades d'histoires saugrenues, dissertations, apostrophes au lecteur. Sa plume le mène : ni suite, ni plan; tout au contraire, quand il rencontre l'ordre, il le défait exprès; d'un coup de pied, il fait rouler sur son histoire commencée la pile des in-folio voisins et gambade par-dessus. Il s'amuse à nous désappointer, à nous dérouter par les interruptions et les attentes. La gravité lui déplaît, il la traite d'hypocrite ; à son gré, la folie vaut mieux, et il se peint dans Yorick. Chez un esprit bien bâti, les idées défilent en procession avec un mouvement ou une accélération uniforme; dans cette tête bizarre, elles sautillent comme une cohue de masques en carnaval, par bandes, chacune tirant sa voisine par les pieds, par la tête, par un pan d'habit, avec le remue-ménage le plus universel et le plus imprévu. Toutes ses petites phrases coupées sont des soubresauts ; on halète à les lire. Le ton ne reste jamais deux minutes le même : le rire vient, puis un commencement d'émotion, puis le scandale, puis l'étonnement, puis l'attendrissement, puis encore le rire. Le malin bouffon tire et brouille les fils de tous nos sentiments, et nous fait aller de ci, de là, baroquement, comme des marionnettes. Entre ces divers fils, il y en a deux qu'il tire plus volontiers que les autres. Comme tous les gens qui ont des nerfs, il est sujet aux attendrissements : non qu'il soit vraiment bon et tendre, au contraire sa vie est d'un égoïste ; mais à de certains jours il a besoin de pleurer, et nous fait pleurer avec lui. Il s'émeut pour un oiseau captif, pour un pauvre âne qui, accoutumé aux coups, le regarde d'un air résigné, « comme pour lui dire de ne point le battre trop fort, « mais que cependant, s'il veut, il peut le battre. » Il écrira deux pages sur l'attitude de cet âne, et Priam aux pieds d'Achille n'était pas plus touchant. C'est ainsi qu'il rencontrera dans un silence, dans un juron, dans la plus mince action domestique, des délicatesses exquises et de petits héroïsmes, sortes de fleurs charmantes invisibles à tout autre, et qui poussent dans la poudre du plus sec chemin. Un jour l'oncle Toby, le pauvre capitaine invalide, attrape, après de longs essais inutiles, une grosse mouche bourdonnante qui l'a cruellement tourmenté pendant tout le dîner; il se lève, traverse la chambre sur sa jambe souffrante, et, ouvrant la fenêtre : « Va-t'en, « pauvre diablesse, va-t'en ; pourquoi est-ce que je te « ferais du mal ? Le monde certainement est assez « large pour nous contenir tous les deux, toi et « moi[1]. » Cette sensibilité de femme est trop fine, on ne peut la décrire; il faudrait traduire une histoire entière, celle de Lefèvre par exemple, pour en faire respirer le parfum; ce parfum s'évapore sitôt qu'on y touche, et ressemble à la faible senteur fugitive des plantes qu'on a portées un instant dans la chambre d'un convalescent. Ce qui en augmente encore la douceur triste, c'est le contraste des polissonneries qui, comme une haie d'orties, les environnent de toutes parts. Sterne, ainsi que tous les gens dont la machine est surexcitée, a des appétits baroques. Il aime les nudités, non par sentiment du beau à la façon des peintres, non par sensualité et franchise à l'exemple de Fielding;

---

1. Go, poor devil, get thee gone, why should I hurt thee ? The world surely is wide enough to hold both thee and me.

non par recherche du plaisir, ainsi que les Dorat, les Boufflers et tous les fins voluptueux qui riment et s'égayent en ce moment de l'autre côté de la Manche. S'il va aux endroits salés, c'est qu'ils sont interdits et point fréquentés. Ce qu'il y cherche c'est la singularité et le scandale. Ce qui l'affriande dans le fruit défendu, ce n'est pas le fruit, c'est la défense; car celui où il mord de préférence est tout flétri ou piqué aux vers. Qu'un épicurien ait du plaisir à détailler les jolis péchés d'une jolie femme, rien d'étonnant; mais qu'un romancier se complaise à surveiller l'alcôve de deux vieux bourgeois rances, à remarquer les suites de la chute d'un marron brûlant dans une culotte, à détailler les questions de la veuve Wadman sur la portée des blessures de l'aine, cela ne s'explique que par le dévergondage d'une imagination pervertie qui trouve son amusement dans les idées répugnantes, comme les palais gâtés trouvent leur contentement dans la saveur âcre du fromage avancé[1]. Aussi, pour lire Sterne, faut-il attendre les jours de caprice, de *spleen* et de pluie, où, à force d'agacement nerveux, on est dégoûté de la raison. En effet ses personnages

---

1. Sterne, Goldsmith, Burke, Sheridan, Moore ont une nuance propre, qui vient de leur sang, ou de leur parenté proche ou lointaine, la nuance irlandaise. De même Hume Robertson, Smollett, W. Scott, Burns, Beattie, Reid, D. Stewart, etc., ont la nuance écossaise. Dans la nuance irlandaise ou celte, on démêle un excès de chevalerie, de sensualité, d'expansion, bref un esprit moins bien équilibré, plus sympathique et moins pratique. Au contraire, l'Écossais est un Anglais un peu affiné ou un peu rétréci, parce qu'il a plus pâti et plus jeûné.

sont aussi déraisonnables que lui-même. Il ne voit en l'homme que la manie, et ce qu'il appelle le *dada*, le goût des fortifications dans l'oncle Tobie, la manie des tirades oratoires et des systèmes philosophiques dans M. Shandy. Ce dada, à son gré, est comme une verrue, d'abord si petite qu'on l'aperçoit à peine, et seulement lorsqu'elle est sous un bon jour; mais la voilà qui peu à peu grossit, se couvre de poils, rougit et bourgeonne tout alentour; son propriétaire, qui en jouit et l'admire, la nourrit, jusqu'à ce qu'enfin elle se change en loupe énorme, et que le visage entier disparaisse sous l'excroissance parasite qui l'envahit. Personne n'a égalé Sterne dans l'histoire de ces hypertrophies humaines; il pose le germe, l'alimente par degrés ; il fait ramper alentour les filaments propagateurs, il montre les petites veines et les artérioles microscopiques qui s'abouchent dans son intérieur, il compte les palpitations du sang qui les traverse, il explique leurs changements de couleur et leurs augmentations de volume. L'observation psychologique atteint ici l'un de ses développements extrêmes. Il faut un art bien avancé pour décrire, par delà la régularité et la santé, l'exception ou la dégénérescence, et le roman anglais se complète ici en ajoutant à la peinture des formes la peinture des déformations

VI

Le moment approche où les mœurs épurées vont, en l'épurant, lui imprimer son caractère final. Des deux grandes tendances qui se sont manifestées par lui, la brutalité native et la réflexion intense, l'une a fini par vaincre l'autre : la littérature, devenue sévère, chasse de la fiction les grossièretés de Smollett et les indécences de Sterne, et le roman tout moral, avant d'arriver dans les mains presque prudes de miss Burney, passe dans les honnêtes mains de Goldsmith. Son *Ministre de Wakefield* est « une idylle en « prose, » un peu gâtée par des phrases trop bien écrites, mais au fond bourgeoise comme un tableau flamand. Regardez dans Terburg ou Miéris une femme qui fait son marché, un bourgmestre qui vide son long verre de bière; les figures sont vulgaires, les naïvetés comiques, la marmite est à la place d'honneur ; pourtant ces bonnes gens sont si paisibles, si contents de leur petit bonheur régulier, qu'on leur porte envie. L'impression que laisse le livre de Goldsmith est à peu près celle-là. L'excellent docteur Primrose est un ecclésiastique de campagne dont toutes les aventures pendant longtemps consistent « à passer du lit bleu au lit brun. » Il a des cousins au quarantième degré qui viennent manger son dîner et lui emprunter ses bottes. Sa femme, qui a toute l'éducation du temps, est parfaite cuisinière, sait presque lire, excelle dans les conserves, et conte à table l'histoire et les mérites de chaque plat. Ses filles aspirent à l'élégance et confectionnent des eaux de toilette dans la poêle à frire. Son fils Moïse se fait duper à la foire, et vend le poulain moyennant un assortiment de lunettes vertes. Lui-même, Primrose, compose des traités que personne n'achète contre les secondes noces des ecclésiastiques, écrit d'avance dans l'épitaphe de sa femme qu'elle fut la seule femme du docteur Primrose, et, en manière d'encouragement, encadre sur sa cheminée ce morceau d'éloquence. Cependant le ménage va son petit train; les filles et la mère régentent un peu le père de famille; il se laisse faire en bon homme, lâche tout au plus de loin en loin quelque innocente raillerie, s'arrange dans sa nouvelle ferme avec ses deux chevaux, Blackberry à l'œil vairon et l'autre qui n'a pas de queue. « Rien « ne pouvait surpasser la propreté de mes petits en- « clos; les ormes et les haies étaient d'une beauté « inexprimable.... » Notre maison « était située au « pied d'une colline en pente, avec un beau taillis qui « l'abritait par derrière et une rivière babillarde par « devant. D'un côté une prairie et de l'autre une pe- « louse.... Elle n'était que d'un étage et couverte de « chaume, ce qui lui donnait un air de simplicité et « d'agrément. Les murs en dedans étaient soigneuse- « ment blanchis à la chaux [1].... Quoique la même

---

1. Nothing could exceed the neatness of my little enclosures, the elms and edge-rows appearing with inexpressible beauty.... Our little habitation was situated at the foot of a sloping hill, sheltered

« chambre nous servit de parloir et de cuisine, cela
« ne faisait que la rendre plus chaude. D'ailleurs,
« comme elle était tenue avec une extrême propreté,
« les plats, les assiettes, les cuivres étant bien net-
« toyés et tous déposés en rangées brillantes sur les
« rayons, l'œil était agréablement flatté et n'avait pas
« besoin d'un plus riche ameublement. » Ils fanent
en famille, vont s'asseoir sous le chèvrefeuille pour
boire une bouteille de vin de groseilles; les deux filles
chantent ou les petits garçons lisent, et les parents
s'amusent à regarder le champ qui descend sous leurs
pieds plein de clochettes bleues et de centaurées. « En-
« core une bouteille, Déborah, ma chère, et toi, Moïse,
« une bonne chanson. Quels remercîments ne devons-
« nous point au ciel pour nous avoir accordé ainsi la
« santé, la tranquillité, l'abondance! Je me sens
« plus heureux maintenant que le plus grand mo-
« narque de la terre. Il n'a pas un coin du feu pareil,
« ni autour de lui des visages si gais[1]. »

Voilà le bonheur moral. Le malheur ici ne l'est pas

---

with a beautiful underwood behind, and a prattling river before; on one side a meadow, on the other a green.... (It) consisted but of one story and was covered with thatch, which gave it an air of great snugness....

The walls on the inside were nicely white-washed. Though the same room served us for parlour and kitchen, that only made it the warmer. Besides as it was kept with the utmost neatness, the dishes, plates and coppers being well scoured and all disposed in bright rows on the shelves, the eye was agreeably relieved, and did not want richer furniture.

1. But let us have one bottle more, Deborah, my life, and Moses, give us a good song. What thanks do we not owe to heaven for

moins. Le pauvre ministre a perdu sa fortune, et, transporté dans une petite cure, il est devenu fermier. Le *squire* du voisinage séduit et enlève sa fille aînée ; le feu prend à sa maison, il a le bras brûlé jusqu'à l'épaule en sauvant ses deux petits enfants. Il est mis en prison, pour dettes, parmi des brutes et des coquins qui jurent et blasphèment, dans un mauvais air, sur la paille, sentant que son mal augmente, prévoyant que sa famille sera bientôt sans pain, apprenant que sa fille meurt ; « son cœur se soutient « pourtant, » il reste prêtre et chef de famille, prescrit à chacun des siens son emploi, encourage, console, pourvoit, ordonne, prêche les prisonniers, supporte leurs railleries grossières, les réforme, établit dans la prison le travail utile et la règle volontaire. Ce n'est pas la dureté ni le tempérament morose qui l'affermissent ; il n'y a pas d'âme plus paternelle, plus sociable, plus humaine, plus ouverte aux émotions douces et aux tendresses intimes. Ce n'est point l'orgueil ni la haine concentrée qui le roidissent. « Je n'ai
« point de ressentiment à présent, dit-il ; quoiqu'il
« m'ait pris ce que je tenais plus cher que toutes les
« richesses, quoiqu'il ait déchiré mon cœur (car je
« suis malade, très-malade, presque jusqu'à défail-
« lir), pourtant cela ne m'inspirera jamais un désir
« de vengeance.... Si ma soumission peut lui faire
« plaisir, qu'il sache que, si je lui ai fait quelque

thus bestoving tranquillity, health, and competence? I think myself happier now than the greatest monarch upon earth. He has no such fire-side, nor such pleasant faces about it.

« injure, j'en suis fâché.... Comme il a été autrefois
« mon paroissien, j'espère un jour pouvoir présenter
« son âme purifiée au tribunal éternel[1]. » Rien ne
sert ; le misérable repousse hautainement cette prière
si noble, par surcroît fait enlever la seconde fille et
jeter le fils en prison sous une fausse accusation de
meurtre. A ce moment-là toutes les affections du père
sont blessées, toutes ses consolations perdues, toutes
ses espérances ruinées. Son cœur n'est qu'une plaie,
il s'écrie ; mais, revenant aussitôt à sa profession et
à son devoir, il songe à préparer son fils et à se préparer lui-même pour l'autre vie, et, afin d'être utile
à autant de gens qu'il pourra, il veut en même temps
exhorter les prisonniers. Il « s'efforce de se lever sur
« sa paille, mais la force lui manque, et il n'est ca-
« pable que de s'appuyer contre le mur, soutenu d'un
« côté par son fils et de l'autre par sa femme. » En
cet état, il parle, et son sermon, qui fait contraste
avec son état, n'en est que plus émouvant. C'est une
dissertation à l'anglaise, toute composée de raisonnements exacts, ayant pour but d'établir que, d'après
la nature du plaisir et de la peine, les malheureux

---

[1]. I have no resentment now, and though he has taken from me what I held dearer than all his treasures, though he has wrung my heart (for I am sick almost to fainting, very sick, my fellow-prisoner), yet that shall never inspire me with vengeance.... If this submission can do him any pleasure, let him know that if I have done him any injury, I am sorry for it.... I should detest my own heart, if I saw either pride or resentment lurking there. On the contrary, as my oppressor has been once my parishioner, I hope one day to present him up an unpolluted soul at the eternal tribunal.

souffrent moins que les heureux de quitter la vie, et jouissent plus que les heureux d'obtenir le ciel. On y voit les sources de cette vertu, née du christianisme et de la bonté naturelle, mais alimentée longuement par la réflexion intérieure. La méditation, qui d'ordinaire ne produit que des phrases, aboutit chez lui à des actions. Véritablement ici la raison a pris le gouvernement du reste, et elle l'a pris sans opprimer le reste : rare et éloquent spectacle, qui, rassemblant et harmonisant en un seul personnage les meilleurs traits des mœurs et de la morale de ce temps et de ce pays, fait admirer et aimer la vie pieuse et réglée, domestique et disciplinée, laborieuse et rustique. La vertu protestante et anglaise n'a point formé un modèle plus éprouvé et plus aimable. Religieux, affectueux, raisonneur, il concilie des dispositions qui semblaient s'exclure; ecclésiastique, cultivateur, père de famille, il relève des caractères qui ne semblaient propres qu'à fournir des comiques et des bourgeois.

VII

Au centre de ce groupe se tient debout un personnage étrange; le plus accrédité de son temps; sorte de dictateur littéraire : Richardson est son ami et lui fournit des essais pour son journal; Goldsmith, avec une vanité naïve, l'admire en souffrant d'être toujours primé par lui; miss Burney imite son style, et le révère comme un père. L'historien Gibbon, le peintre

Reynolds, l'acteur Garrick, l'orateur Burke, l'indianiste Jones, viennent à son club lui donner la réplique. Lord Chesterfield, qui a perdu sa faveur, essaye en vain de la regagner en proposant de lui décerner, sur tous les mots de la langue, l'autorité d'un pape. Boswell le suit à la trace, note ses phrases et le soir en remplit des in-quarto. Sa critique fait loi; on se presse pour entendre sa conversation ; il est l'arbitre du style. Transportons par l'imagination ce prince de l'esprit en France, parmi nos jolis salons de philosophie élégante et de mœurs épicuriennes; la violence du contraste marquera mieux que tout raisonnement la tournure et les prédilections de l'esprit anglais.

On voyait entrer un homme énorme, à carrure de taureau, grand à proportion, l'air sombre et rude, l'œil clignotant, la figure profondément cicatrisée par des scrofules, avec un habit brun et une chemise sale, mélancolique de naissance et maniaque par surcroît. Au milieu d'une compagnie, on l'entendait tout d'un coup marmotter un vers latin ou une prière. D'autres fois, dans l'embrasure d'une fenêtre, il remuait la tête, agitait son corps d'avant en arrière, avançait, puis retirait convulsivement la jambe. Son compagnon racontait qu'il avait voulu absolument arriver du pied droit, et que, n'ayant pas réussi, il avait recommencé avec une attention profonde, comptant un à un tous ses pas. On se mettait à table. Tout d'un coup il s'oubliait, se baissait, et enlevait dans sa main le soulier d'une dame. A peine servi, il se pré-

cipitait sur sa nourriture « comme un cormoran, les
« yeux fichés sur son assiette, ne disant pas un mot,
« n'écoutant pas un mot de ce qu'on disait autour de
« lui, » avec une telle voracité que les veines de son
front s'enflaient et qu'on voyait la sueur en découler.
Si par hasard le lièvre était avancé ou le pâté fait
avec du beurre rance, il ne mangeait plus, il dévorait.
Lorsqu'enfin son appétit était gorgé et qu'il consentait
à parler, il disputait, vociférait, faisait de la conversation un pugilat, arrachait n'importe comment la
victoire, imposait son opinion doctoralement, impétueusement, et brutalisait les gens qu'il réfutait.
« Monsieur, je m'aperçois que vous êtes un misérable
« whig [1]. — Ma chère dame, ne parlez plus de ceci, la
« sottise ne peut être défendue que par la sottise. —
« Monsieur, j'ai voulu être incivil avec vous, pensant
« que vous l'étiez avec moi. » Cependant, tout en
prononçant, il faisait des bruits étranges, « tantôt
« tournant la bouche comme s'il ruminait, tantôt sif-
« flant à mi-voix, tantôt claquant de la langue comme
« quelqu'un qui glousse. » A la fin de sa période, il
soufflait à la façon d'une baleine, son ventre ballottait,
et il lançait une douzaine de tasses de thé dans son
estomac.

Alors tout bas, avec précaution, on questionnait
Garrick ou Boswell sur l'histoire et les habitudes de
cet ogre grotesque. Il avait vécu en cynique et en
excentrique, ayant passé sa jeunesse à lire au hasard

---

1. Sir, I perceive you are a vile Whig.

CHAPITRE VI. LES ROMANCIERS.

dans une boutique, surtout des in-folio latins, même les plus ignorés, par exemple Macrobe; il avait découvert les œuvres latines de Pétrarque en cherchant des pommes, et crut trouver des ressources en proposant au public une édition de Politien. A vingt-cinq ans, il avait épousé par amour une femme de cinquante, courte, mafflue, rouge, habillée de couleurs voyantes qui se mettait sur les joues un demi-pouce de fard, et qui avait des enfants du même âge que lui. Arrivé à Londres pour gagner son pain, les uns à ses grimaces convulsives l'avaient pris pour un idiot; les autres, à l'aspect de son tronc massif, lui avaient conseillé de se faire portefaix. Trente ans durant, il avait travaillé en manœuvre pour les libraires qu'il rossait lorsqu'ils devenaient impertinents, toujours râpé, ayant une fois jeûné deux jours, content lorsqu'il pouvait dîner avec six *pence* de viande et un *penny* de pain, ayant écrit un roman en huit nuits pour payer l'enterrement de sa mère. A présent, pensionné par le roi [1], exempt de sa corvée journalière, il suit son indolence naturelle, reste au lit souvent jusqu'à midi et au delà. C'est à cette heure qu'on va le voir. On monte l'escalier d'une triste maison située au nord de *Fleet-Street*, le quartier affairé de Londres, dans une cour étroite et obscure, et l'on entend en passant

---

1. Il avait eu le malheur de mettre auparavant dans son dictionnaire la définition suivante du mot *pension* :
"An allowance made to any one without an equivalent. In England it is generally understood to mean pay given to a state hireling for treason to his country."
Le lecteur voit d'ici les sarcasmes des adversaires.

les gronderies de quatre femmes et d'un vieux médecin charlatan, pauvres créatures sans ressources, infirmes, et d'un mauvais caractère, qu'il a recueillies, qu'il nourrit, qui le tracassent ou qui l'insultent ; on demande le docteur, un nègre ouvre ; une assemblée se forme autour du lit magistral ; il y a toujours à son lever quantité de gens distingués, même des dames. Ainsi entouré, il « déclame » jusqu'à l'heure du dîner, va à la taverne, puis disserte tout le soir, sort pour jouir dans les rues de la boue et du brouillard de Londres, ramasse un ami pour converser encore, et s'emploie à prononcer des oracles et à soutenir des thèses jusqu'à quatre heures du matin.

Là-dessus nous demandons si c'est l'audace libérale de ses opinions qui séduit. Ses amis répondent qu'il n'y a pas de partisan plus intraitable de la règle. On l'appelle l'Hercule du torysme. Dès l'enfance, il a détesté les whigs, et jamais il n'a parlé d'eux que comme de malfaiteurs publics. Il les insulte jusque dans son dictionnaire. Il exalte Jacques II et Charles II comme deux des meilleurs rois qui aient jamais régné. Il justifie les taxes arbitraires que le gouvernement prétend lever sur les Américains. Il déclare que « l'esprit whig est la négation de tout principe, » que « le premier whig a été le diable, » que « la couronne n'a « pas assez de pouvoir, » que « le genre humain ne peut être heureux que dans un état d'inégalité et de subordination. » Pour nous, Français du temps, admirateurs du *Contrat social*, nous sentons bien vite que nous ne sommes plus en France. Et que sentirons-

CHAPITRE VI. LES ROMANCIERS.

nous, bon Dieu ! quand, un instant après, nous entendrons le docteur continuer ainsi : « Rousseau est un
« des pires hommes qu'il y ait, un coquin qui mérite
« d'être chassé de toute société, comme il l'a été.
« C'est une honte qu'il soit protégé dans notre pays.
« Je signerais une sentence de déportation contre lui
« plus volontiers que contre aucun des drôles qui
« sont sortis d'Old Bailey depuis bien des années. Oui,
« je voudrais le voir travailler dans les plantations. »
— Il paraît qu'on ne goûte pas dans ce pays les novateurs philosophes ; voyons si Voltaire sera plus épargné : « De Rousseau ou de lui, il est difficile de décider
« lequel est le plus grand vaurien[1]. » — A la bonne
heure, ceci est net. Mais quoi ! est-ce qu'on ne peut
pas chercher la vérité en dehors d'une Église établie ?
Non, « aucun honnête homme ne peut être déiste, car
« aucun homme ne peut l'être après avoir examiné
« loyalement les preuves du christianisme. » — Voilà
un chrétien péremptoire ; nous n'en avons guère en
France d'aussi décidés. Bien plus, il est anglican, passionné pour la hiérarchie, admirateur de l'ordre établi, hostile aux dissidents. Vous le verrez saluer un
archevêque avec une vénération particulière. Vous
l'entendrez blâmer un de ses amis d'avoir oublié le
nom de Jésus-Christ en récitant les grâces. Si vous

---

1. I think him (Rousseau) one of the worst of men; a rascal who ought to be hunted out of society, as he has been.... I would sooner sign a sentence for his transportation, than that of any felon who has gone from the Old Bailey these many years. Yes I would like to have him work in the plantations ... It is difficult to settle the proportion of iniquity between them (Rousseau and Voltaire).

lui parlez d'une méthodiste qui convertit les gens, il vous dira qu'une femme qui prêche est comme un chien qui marche sur les pattes de derrière, que cela est curieux, mais n'est point beau. Il est conservateur et ne craint point d'être suranné. Sachez qu'il est allé à une heure du matin dans l'église de Saint-Jean de Clerkenwell pour interroger un esprit tourmenté qui revenait. Si vous aviez entre les mains son journal, vous y trouveriez des prières ferventes, des examens de conscience et des résolutions de conduite. Avec des préjugés et des ridicules, il a la profonde conviction, la foi active, la sévère piété morale. Il est chrétien de cœur et de conscience, de raisonnement et de pratique. La pensée de Dieu, la crainte du jugement final, le préoccupent et le réforment. « Garrick, dit-il « un jour, je n'irai plus dans vos coulisses, car les « bas de soie et les poitrines blanches de vos actrices « excitent mes propensions amoureuses[1]. » Il se reproche son indolence, il implore la grâce de Dieu, il est humble et il a des scrupules. — Tout cela est bien étrange. Nous demandons aux gens ce qui peut leur plaire dans cet ours bourru, qui a des habitudes de bedeau et des inclinations de constable. On nous répond qu'à Londres on est moins exigeant qu'à Paris en fait d'agrément et de politesse, qu'on y permet à l'énergie d'être rude et à la vertu d'être bizarre, qu'on y souffre une conversation militante, que

---

1. I'll come no more behind yours scenes, David, for the silk stockings and white bosoms of your actresses excite my amorous propensities

CHAPITRE VI. LES ROMANCIERS.

l'opinion publique est tout entière du côté de la constitution et du christianisme, et qu'elle a bien fait de prendre pour maître l'homme qui par son style et ses préceptes s'accommode le mieux à son penchant.

Sur ce mot, nous nous faisons apporter ses livres, et au bout d'une heure nous remarquons que, quel que soit l'ouvrage, tragédie ou dictionnaire, biographie ou essai, il garde toujours le même ton. « Doc-« teur, lui disait Goldsmith, si vous faisiez une fable « sur les petits poissons, vous les feriez parler comme « des baleines. » En effet, sa phrase est toujours la période solennelle et majestueuse, où chaque substantif marche en cérémonie, accompagné de son épithète, où les grands mots pompeux ronflent comme un orgue, où chaque proposition s'étale équilibrée par une proposition d'égale longueur, où la pensée se développe avec la régularité compassée et la splendeur officielle d'une procession. La prose classique atteint la perfection chez lui comme la poésie classique chez Pope. L'art ne peut être plus consommé ni la nature plus violentée. Personne n'a enserré les idées dans des compartiments plus rigides; personne n'a donné un relief plus fort à la dissertation et à la preuve; personne n'a imposé plus despotiquement au récit et au dialogue les formes de l'argumentation et de la tirade; personne n'a mutilé plus universellement la liberté ondoyante de la conversation et de la vie par des antithèses et des mots d'auteur. C'est l'achèvement et l'excès, le triomphe et la tyrannie du style oratoire[1]. Nous comprenons maintenant qu'un âge oratoire le reconnaisse pour maître, et qu'on lui attribue dans l'éloquence la primauté qu'on reconnaît à Pope dans les vers.

Reste à savoir quelles idées l'ont rendu populaire. C'est ici que l'étonnement d'un Français redouble. Nous avons beau feuilleter son dictionnaire, ses huit volumes d'essais, ses dix volumes de vies, ses innombrables articles, ses entretiens si précieusement recueillis; nous bâillons. Ses vérités sont trop vraies; nous savions d'avance ses préceptes par cœur. Nous apprenons de lui que la vie est courte et que nous devons mettre à profit le peu de moments qui nous sont accordés[2], qu'une mère ne doit pas élever son fils comme un petit-maître, que l'homme doit se repentir de ses fautes, et néanmoins éviter la superstition, qu'en toute affaire il faut être actif et non pressé. Nous le remercions de ces sages conseils, mais nous nous disons tout bas que nous nous en serions bien

---

1. Voici une phrase célèbre qui donnera quelque idée de ce style, assez semblable à celui de Thomas :

We were now treading that illustrious island which was once the luminary of the Caledonian regions, whence savage clans and roving barbarians derived the benefits of knowledge and the blessings of religion. To abstract the mind from all local emotion would be impossible if it were endeavoured, and would be foolish if it were possible. Far from me and my friends be such rigid philosophy as may conduct us indifferent and unmoved over any ground which has been dignified by wisdom, bravery, or virtue. The man is little to be envied whose patriotism would not gain force on the plains of Marathon, or whose piety would not grow warmer among the ruins of Iona.

2. *Rambler*, 108, 109, 110, 111.

passés. Nous voudrions savoir quels sont les amateurs d'ennui qui en ont acheté tout d'un coup treize mille exemplaires. Nous nous rappelons alors qu'en Angleterre les sermons plaisent, et ces *Essais* sont des sermons. Nous découvrons que des gens réfléchis n'ont pas besoin d'idées aventurées et piquantes, mais de vérités palpables et profitables. Ils demandent qu'on leur fournisse une provision utile de documents authentiques sur l'homme et sa vie, et ne demandent rien de plus. Peu importe que l'idée soit vulgaire ; la viande et le pain aussi sont vulgaires, et n'en sont pas moins bons. Ils veulent être renseignés sur les espèces et les degrés du bonheur et du malheur, sur les variétés et les suites des conditions et des caractères, sur les avantages et les inconvénients de la ville et de la campagne, de la science et de l'ignorance, de la richesse et de la médiocrité, parce qu'ils sont moralistes et utilitaires, parce qu'ils cherchent dans un livre des lumières qui les détournent de la sottise et des motifs qui les confirment dans l'honnêteté, parce qu'ils cultivent en eux le *sense*, c'est-à-dire la raison pratique. Un peu de fiction, quelques portraits, le moindre agrément suffira pour l'orner ; cette substantielle nourriture n'a besoin que d'un assaisonnement très-simple ; ce n'est point la nouveauté du mets ni la cuisine friande, mais la solidité et la salubrité qu'on y recherche. A ce titre, les *Essais* sont un aliment national. C'est parce qu'ils sont pour nous insipides et lourds que le goût d'un Anglais s'en accommode ; nous comprenons à présent pourquoi ils prennent comme favori et révèrent comme philosophe le respectable et insupportable Samuel Johnson[1].

VIII

Je voudrais rassembler tous ces traits, voir des figures ; il n'y a que les couleurs et les formes qui achèvent une idée ; pour savoir, il faut voir. Allons au musée des estampes : Hogarth, le peintre national, l'ami de Fielding, le contemporain de Johnson, l'exact imitateur des mœurs, nous montrera le dehors comme il nous ont montré le dedans.

Nous entrons dans cette grande bibliothèque des arts. La noble chose que la peinture ! Elle embellit tout, même le vice. Aux quatre murs, sous les vitres transparentes et reluisantes, les torses se soulèvent, les chairs palpitent, la tiède rosée du sang court sous la peau veinée, les visages parlants se détachent dans la lumière ; il semble que le laid, le vulgaire et l'odieux aient disparu du monde. Je ne juge plus les caractères, je laisse là les règles morales. Je ne suis plus tenté d'approuver ni de haïr. Un homme ici n'est qu'une tache de couleur, tout au plus un emmanchement de muscles ; je ne sais plus s'il est assassin.

La vie, le déploiement heureux, entier, surabon-

---

1. Voir sa biographie par Boswell, 4 vol.

dant, l'épanouissement des puissances naturelles et corporelles, voilà ce qui de tous côtés afflue sur les yeux et les réjouit. Nos membres involontairement se remuent par l'imitation contagieuse des mouvements et des formes. Devant ces lions de Rubens, dont les voix profondes montent comme un tonnerre vers la gueule de l'antre, devant ces croupes colossales qui se tordent, devant ces mufles qui remuent des crânes, l'animal en nous frémit par sympathie, et il nous semble que nous allons faire sortir de notre poitrine une clameur égale à leur rugissement.

En vain l'art a-t-il dégénéré ; même chez des Français, chez des faiseurs d'épigrammes, chez des abbés poudrés du dix-huitième siècle, il reste lui-même. La beauté est partie, mais la grâce demeure. Ces jolis minois fripons, ces fins corsages de guêpe, ces bras mignons plongés dans un nid de dentelles, ces nonchalantes promenades parmi des bosquets et des jets d'eau qui gazouillent, ces rêveries galantes dans un haut appartement festonné de guirlandes, tout ce monde délicat et coquet est encore charmant. L'artiste, alors comme autrefois, cueille dans les choses la fleur, et ne s'inquiète pas du reste.

Mais Hogarth, qu'est-ce qu'il a voulu ? qui a jamais vu un pareil peintre ? Est-ce un peintre ? Les autres donnent envie de voir ce qu'ils représentent ; il donne envie de ne pas voir ce qu'il veut représenter.

Y a-t-il rien de plus agréable à peindre qu'une

ivresse de nuit, de bonnes trognes insouciantes, et la riche lumière noyée d'ombres qui vient jouer sur des habits chiffonnés et des corps appesantis? Chez lui au contraire, quelles figures! La méchanceté, la stupidité, tout l'ignoble venin des plus ignobles passions humaines en suinte et en distille. L'un flageole debout, écœuré, pendant qu'un hoquet entr'ouvre ses lèvres vomissantes ; l'autre hurle rauquement, en mauvais dogue; celui-ci, crâne chauve et fendu, raccommodé par places, tombe en avant, précipité sur la poitrine, avec un sourire d'idiot malade. On feuillette, et la file des physionomies odieuses ou bestiales va s'allongeant sans s'épuiser : traits contractés ou difformes, fronts bosselés ou empâtés de chair suante, rictus hideux distendus par un rire féroce ; celui-ci a eu le nez mangé; son voisin, borgne, à tête carrée, tout bourgeonné de verrues sanguinolentes, rouge sous la blancheur crue de sa perruque, fume silencieusement, gonflé de rancune et de spleen ; un autre, vieillard avec sa béquille, écarlate et bouffi, le menton débordant jusque sur la poitrine, regarde avec les yeux fixes et saillants d'un crabe. C'est la bête que Hogarth montre dans l'homme, bien pis, la bête folle ou meurtrière, affaissée ou enragée. Voyez cet assassin arrêté sur le corps de sa maîtresse égorgée, les yeux tors, la bouche contractée, grinçant à l'idée du sang qui l'éclabousse et le dénonce, ou ce joueur ruiné qui vient d'arracher sa perruque et sa cravate, et crie à genoux, les dents serrées et le poing levé contre le ciel. Regardez encore cet hôpital de maniaques, le sale idiot au visage terreux, aux cheveux crasseux, aux griffes salies, qui croit jouer du violon et qui s'est coiffé d'un cahier de musique ; le superstitieux qui se tord convulsivement sur la paille, les mains jointes, sentant la griffe du diable dans ses entrailles ; le furieux hagard et nu qu'on enchaîne, et qui s'arrache avec les ongles des morceaux de chair. Détestables Yahous que vous êtes, et qui prétendez usurper la lumière bénie, dans quel cerveau avez-vous pu naître, et pourquoi un peintre est-il venu salir les yeux de votre aspect ?

C'est que ces yeux étaient anglais, et que les sens ici sont barbares. Laissons à la porte nos répugnances, et regardons les choses comme font les gens de ce pays, non par le dehors, mais par le dedans. Tout le courant de la pensée publique se porte ici vers l'observation de l'âme, et la peinture entraînée roule avec les lettres dans le même canal. Oubliez donc les contours, ils ne sont que des lignes ; le corps n'est ici que pour traduire l'esprit[1]. Ce nez tortu, ces bourgeons sur une joue vineuse, ce geste hébété de la brute somnolente, ces traits grimés, ces formes avilies, ne servent qu'à faire saillir le naturel, le métier, la manie, l'habitude. Ce ne sont plus des membres et des têtes qu'il nous montre, c'est la débauche, c'est l'ivrognerie, c'est la brutalité, c'est la haine, c'est

---

1. When a character is strongly marked in the living face, it may be considered as an index to the mind, to express which with any degree of justness in painting, requires the utmost efforts of a great master. (*Analysis of Beauty*.)

le désespoir, ce sont toutes les maladies et les difformités de ces volontés trop âpres et trop dures, c'est la ménagerie forcenée de toutes les passions. Non qu'il les déchaîne ; ce rude bourgeois dogmatique et chrétien manie plus vigoureusement qu'aucun de ses confrères le gros gourdin de la morale. C'est un *policeman* mangeur de bœuf qui s'est chargé d'instruire et de corriger des boxeurs ivrognes. D'un tel homme à de tels hommes, les ménagements seraient de trop. Au bas de chaque cage où il enferme un vice, il en inscrit le nom, il y ajoute la condamnation prononcée par l'Écriture ; il l'étale dans sa laideur, il l'enfonce dans son ordure, il le traîne à son supplice, en sorte qu'il n'y a pas de conscience si faussée qui ne le reconnaisse, ni de conscience si endurcie qui ne le prenne en horreur.

Regardez bien, voici des leçons qui portent : celle-ci est contre le gin. Sur un escalier, en pleine rue, gît une femme ivrogne, à demi nue, les seins pendants, les jambes scrofuleuses ; elle sourit idiotement, et son enfant, qu'elle laisse tomber sur le pavé, se brise le crâne. Au-dessous un pâle squelette, les yeux clos, s'affaisse tenant en main son verre. A l'entour l'orgie et le délire précipitent l'un contre l'autre des spectres déguenillés. Un misérable qui s'est pendu vacille dans une mansarde. Des fossoyeurs mettent au cercueil un cadavre de femme nue. Un affamé ronge côte à côte avec un chien un os qui n'a plus de viande. A côté de lui, des petites filles trinquent, et une jeune femme fait avaler du gin à son enfant à la mamelle. Un fou

embroche son enfant, l'emporte; il danse en riant, et
la mère le voit.

Encore un tableau et une leçon, cette fois contre la
cruauté. Le jeune homme barbare, devenu assassin, a été pendu, et on le dissèque. Il est là sur une
table, et le président, tranquillement, indique de sa
baguette les endroits où il faut travailler. Sur ce
geste, les opérateurs taillent et tirent. L'un est aux
pieds; le second homme expert, vieux boucher sardonique, empoigne un couteau d'une main qui fera bien
son office, et fourre l'autre dans les entrailles qu'on
dévide plus bas pour les mettre dans un seau. Le
dernier carabin extirpe l'œil, et la bouche contractée
a l'air de hurler sous sa main. Cependant un chien
attrape le cœur qui traîne à terre; des fémurs et des
crânes bouillent en manière d'accompagnement dans
une chaudière, et les docteurs tout alentour échangent de sang-froid des plaisanteries chirurgicales sur
le sujet qui, morceau par morceau, va s'en aller sous
leur scalpel.

Vous direz que des leçons de ce goût sont bonnes
pour des barbares et que vous n'aimez qu'à demi ces
prédicateurs officiels ou laïques, de Foë, Hogarth,
Smollett, Richardson, Johnson et les autres; je réponds que les moralistes sont utiles, et que ceux-ci
ont changé une barbarie en civilisation.

CHAPITRE VII.

Les poëtes.

I. Domination et domaine de l'esprit classique. — Ses caractères, ses œuvres, sa portée et ses limites. — Comment il a son centre dans Pope.
II. Pope. — Son éducation. — Sa précocité. — Ses débuts. — *Les Pastorales.* — *L'Essai sur la critique.* — Sa personne. — Son genre de vie. — Son caractère. — Pauvreté de ses passions et de ses idées. — Grandeur de sa vanité et de son talent. — Sa fortune indépendante et son travail assidu.
III. *L'Épître d'Héloïse à Abeilard.* — Ce que deviennent les passions dans la poésie artificielle. — *La boucle de cheveux enlevée.* — Le monde et le langage du monde en France et en Angleterre. — En quoi le badinage de Pope est pénible et déplaisant. — *La Sottisiade.* — Saletés et banalités. — En quoi l'imagination anglaise et l'esprit de salon sont inconciliables.
IV. Son talent descriptif. — Son talent oratoire. — Ses poëmes didactiques. — Pourquoi ces poëmes sont l'œuvre finale de l'esprit classique. — *L'Essai sur l'homme.* — Son déisme et son optimisme. — Valeur de ces conceptions. — Comment elles sont liées au style régnant. — Comment elles se déforment sous les mains de Pope. — Procédés et perfection de son style. — Excellence de ses portraits. — Pourquoi ils sont supérieurs. — Sa traduction de l'Iliade. — En quoi le goût a changé depuis un siècle.
V. Disproportion de l'esprit anglais et des bienséances classiques. — Prior. — Gay. — La pastorale antique est impossible dans les climats du Nord. — Le sentiment de la campagne est naturel en Angleterre. — Thompson.
VI. Discrédit de la vie de salon. — Apparition de l'homme sensible.

CHAPITRE VII. LES POÈTES.

— Pourquoi le retour à la nature est plus précoce en Angleterre qu'en France. — Sterne. — Richardson. — Mackensie. — Macpherson. — Gray, Akenside, Beattie, Collins, Young, Shenstone. — Persistance de la forme classique. — Empire de la période. — Johnson. — L'école historique. — Robertson, Gibbon, Hume. — Leur talent et leurs limites. — Commencements de l'âge moderne.

Lorsqu'on embrasse d'un coup d'œil la vaste région littéraire qui s'étend en Angleterre depuis la restauration des Stuarts jusqu'à la révolution française, on s'aperçoit que toutes les productions, indépendamment du caractère anglais, y portent l'empreinte classique, et que cette empreinte, particulière à ce territoire, ne se rencontre ni dans celui qui précède ni dans celui qui suit. Cette forme régnante de pensée s'impose à tous les écrivains, depuis Waller jusqu'à Johnson, depuis Hobbes et Temple jusqu'à Robertson et Hume ; il y a un art auquel ils aspirent tous ; le travail de cent cinquante années, pratique et théorie, inventions et imitations, exemples et critique, s'emploie à l'atteindre. Ils ne comprennent qu'une seule espèce de beauté ; ils n'établissent de préceptes que ceux qui peuvent la produire ; ils récrivent, traduisent et défigurent sur son patron les grandes œuvres des autres siècles ; ils l'importent dans tous les genres littéraires, et y réussissent ou y échouent selon qu'elle s'y adapte ou qu'elle ne peut s'y accommoder. La domination de ce style est si absolue, qu'elle s'impose aux plus grands, et les condamne à l'impuissance quand ils veulent l'appliquer hors de son domaine.

La possession de ce style est si universelle, qu'elle se rencontre dans les plus médiocres, et les élève jusqu'au talent quand ils l'appliquent dans son domaine[1]. C'est lui qui porte à la perfection la prose, le discours, l'essai, la dissertation, la narration, et toutes les œuvres qui font partie de la conversation et de l'éloquence. C'est lui qui détruit l'ancien drame, abaisse le nouveau, appauvrit et détourne la poésie, produit l'histoire correcte, agréable, sensée, décolorée et à courtes vues. C'est cet esprit, qui, commun à ce moment à l'Angleterre et à la France, imprime son image dans la diversité infinie des œuvres littéraires, en sorte que dans son ascendant partout visible on ne peut s'empêcher de reconnaître la présence d'une de ces forces intérieures qui ploient et règlent le cours du génie humain.

Il n'y a point de genre où il se montre plus manifestement que dans la poésie et il n'y a point de moment où il apparaisse plus nettement que sous la reine Anne. Les poëtes viennent d'atteindre l'art qu'ils avaient entrevu. Depuis soixante ans, ils s'en approchaient; à présent ils le tiennent, ils le manient, déjà ils l'usent et l'exagèrent. Le style se trouve du même coup achevé et artificiel. Ouvrez le premier venu, Parnell ou Philips, Addison ou Prior, Gay ou Tickell, vous trouvez un certain tour d'esprit, de versification, de langage. Passez au second, ce même

---

1. Une femme de chambre sous Louis XIV, dit Courier, écrivait mieux que le plus grand écrivain d'aujourd'hui.

tour reparaît ; on dirait qu'ils se sont copiés l'un l'autre. Parcourez un troisième : même diction, mêmes apostrophes, même façon de poser l'épithète et d'arrondir la période. Feuilletez toute la troupe ; avec de petites différences personnelles, ils semblent tous coulés dans un seul moule : l'un est plus épicurien, l'autre plus moral, l'autre plus mordant ; mais partout règnent le langage noble, la pompe oratoire, la correction classique ; le substantif marche accompagné de l'adjectif, son chevalier d'honneur ; l'antithèse équilibre son architecture symétrique : le verbe, comme chez Lucain ou Stace, s'étale, flanqué de chaque côté par un nom garni de son épithète ; on dirait que le vers a été fabriqué à la machine, tant la facture en est uniforme ; on oublie ce qu'il veut dire ; on est tenté d'en compter les pieds sur ses doigts ; on sait d'avance quels ornements poétiques vont le décorer. Il a une toilette de théâtre, oppositions, allusions, élégances mythologiques, réminiscences grecques ou latines. Il a une solidité d'école, maximes sentencieuses, lieux communs philosophiques, développements moraux, exactitude oratoire. Vous croiriez être devant une famille naturelle de plantes ; si la grandeur, la couleur, les accessoires, les noms diffèrent, au fond le type ne varie pas ; les étamines sont en nombre pareil, insérées de même, autour de pistils semblables, au-dessus de feuilles ordonnées sur le même plan ; qui connaît l'une connaît les autres ; il y a un organe et une structure commune qui entraîne la communauté du reste. Si vous parcourez toute la famille, vous y trouverez sans doute quelque plante marquante qui manifeste le type en pleine lumière, tandis qu'à l'entour et par degrés il va s'altérant, dégénère et finit par se perdre dans les familles environnantes. Pareillement, ici, on voit l'art classique rencontrer son centre dans les voisins de Pope et surtout dans Pope, puis s'effacer à demi, se mêler d'éléments étrangers, jusqu'au moment où il disparaît dans la poésie qui l'a suivi.

I

En 1688, chez un marchand de toile rue des Lombards à Londres, naquit une petite créature délicate et maladive, factice par nature, toute fabriquée d'avance pour la vie de cabinet, n'ayant de goût que pour les livres, et qui, dès son bas âge, mit tout son plaisir dans la contemplation des imprimés. Il en copiait les lettres, et ainsi apprit à écrire. Il passa son enfance avec eux en tête-à-tête, et se trouva versificateur dès qu'il sut parler. A douze ans, il avait composé une tragédie d'après l'*Iliade*, et une ode sur la solitude. De treize à quinze, il fit un grand poëme épique de quatre mille vers, appelé *Alcandre*. Pendant huit ans, enfermé dans une petite maison de la forêt de Windsor, il lut « tous les meilleurs critiques, presque
« tous les poëtes anglais, latins, français qui ont un
« nom, Homère, les poëtes grecs, et quelques-uns
« des grands dans l'original, le Tasse et l'Arioste dans

« les traductions, » avec tant d'assiduité qu'il en manqua mourir. Ce n'étaient point des passions qu'il y cherchait, c'était du style; il n'y a point eu d'adorateur plus dévoué de la forme; il n'y a point eu de maître plus précoce de la forme. Déjà son goût perçait : entre tous les poëtes anglais, son favori était Dryden, le moins inspiré et le plus classique. Il apercevait sa voie; un connaisseur, M. Walsh[1], « l'encou-
« rageait en lui disant qu'il y avait encore un chemin
« ouvert pour exceller; car si les Anglais avaient plu-
« sieurs grands poëtes, ils n'avaient jamais eu de
« grand poëte qui fût *correct*; et il l'engageait à faire
« de la correction son étude et son but. » Il suivait ce conseil, s'exerçait la main par des traductions d'Ovide et de Stace, et par des remaniements du vieux Chaucer. Il s'appropriait toutes les excellences et toutes les élégances poétiques, il les emmagasinait dans sa mémoire; il disposait dans sa tête le dictionnaire complet de toutes les épithètes heureuses, de tous les tours ingénieux, de tous les rhythmes sonores par lesquels on peut relever, préciser, éclairer une idée. Il était comme ces petits musiciens, enfants prodiges, qui, élevés au piano, atteignent tout d'un coup un doigté merveilleux, roulent les gammes, perlent les trilles, font voltiger les octaves avec une agilité et une justesse qui chassent de la scène les

---

[1]. Mr Walsh used to encourage me much, and used to tell me, that there was one left way of excelling : for though we had several great poets, we never had any one great poet that was correct; and desired me to make that my study and my aim.

plus fameux artistes. A dix-sept ans, ayant connu le vieux Wycherley, qui en avait soixante-dix, il entreprit, sur sa demande, de lui corriger ses poëmes, et les corrigea si bien, que celui-ci en fut charmé et mortifié. Pope raturait, ajoutait, refondait, parlait franc et tranchait ferme. L'auteur, à contre-cœur, admirait les corrections tout bas, et tâchait tout haut d'en rabaisser l'importance, jusqu'à ce qu'enfin sa vanité, blessée de tant devoir à un si jeune homme et de rencontrer un maître dans un écolier, finit par le retirer d'un commerce où il profitait et souffrait trop. C'est que l'écolier, du premier coup, avait porté l'art plus loin que les maîtres. A seize ans, ses *Pastorales* témoignaient d'une sûreté de main que personne n'avait eue, pas même Dryden. A voir ces mots si choisis, ces arrangements exquis de syllabes mélodieuses, cette science des coupes et des rejets, ce style si coulant, si pur, ces gracieuses images que la diction rendait encore plus gracieuses, et toute cette guirlande artificielle et nuancée de fleurs qui se disaient champêtres, on pensait aux premières églogues de Virgile. M. Walsh déclarait que « ce n'était point flatterie de « dire qu'à cet âge Virgile n'avait rien fait d'aussi « bon. » Quand plus tard elles parurent en volume [1], le public fut ébloui. « Vous avez déplu aux critiques, « écrivait Wycherley, en leur plaisant trop bien. » La même année, le poëte de vingt et un ans achevait son *Essay on Criticism*, sorte d'art poétique; c'est le

---

1. 1709.

poëme qu'on fait à la fin de sa carrière, quand on a manié tous les procédés et qu'on a blanchi dans la critique; et dans ce sujet qui réclame, pour être traité, l'expérience de toute une vie littéraire, il se trouvait d'emblée aussi mûr que Boileau.

Ce musicien consommé, qui débute par un traité d'harmonie, que va-t-il faire de son mécanisme incomparable et de sa science de professeur? Encore est-il bon de sentir et de penser avant d'écrire; il faut une source pleine d'idées vives et de passions franches pour faire un vrai poëte, et à le voir de près on trouve qu'en lui, jusqu'à la personne, tout est étriqué ou artificiel; c'est un nabot, haut de quatre pieds, tortu, bossu, maigre, valétudinaire, et qui arrivé à l'âge mûr ne semble plus capable de vivre. Il ne peut se lever; c'est une femme qui l'habille; on lui enfile trois paires de bas les unes par-dessus les autres, tant ses jambes sont grêles; puis on lui lace la taille dans un corset de toile roide, afin qu'il puisse se tenir droit, et par-dessus on lui fait endosser un gilet de flanelle; vient ensuite une sorte de pourpoint de fourrure, car il grelotte vite, et enfin une chemise de grosse toile très-chaude avec de belles manches. Par-dessus tout cela on lui met un costume noir, une perruque à nœud [1], une petite épée; ainsi équipé, il va prendre place à table avec son grand ami lord Oxford. Il est si petit, qu'il faut l'exhausser sur une chaise particulière; il est si chauve, que lorsqu'il n'y

---

1. Tye-wig.

a pas de réception il couvre sa tête d'un bonnet de velours; il est si vétilleux et si exigeant, que les laquais évitent de faire ses commissions, et que le lord a été obligé d'en renvoyer plusieurs qui refusaient de le servir. Enfin le dîner commence. Il mange trop, en enfant gâté; il veut des mets forts, épicés, et se fait mal à l'estomac. Quand on lui propose de la liqueur, il se met en colère, mais ne manque pas de la boire. Il a tous les appétits et tous les caprices d'un vieil enfant, d'un vieux malade, d'un vieil auteur, et d'un vieux garçon. Vous vous attendez bien à le trouver quinteux et susceptible. Plusieurs fois il a quitté, sans mot dire et sans qu'on sût pourquoi, la maison de lord Oxford, et il a fallu excéder les laquais de messages pour le ramener. Si aujourd'hui lady Mary Wortley, son ancienne divinité poétique, est par malheur à table, on ne pourra pas dîner en paix; ils ne manqueront pas de se contredire, de se picoter, de se quereller, et l'un des deux quittera la chambre. On va le chercher et il rentre, mais il n'a pas laissé ses manies à la porte. Il est cauteleux, malin, en avorton nerveux qu'il est; quand il souhaite une chose, il n'ose pas la demander rondement; avec des insinuations et des manœuvres de style, il amène les gens à la mentionner, à la faire venir, après quoi il s'en sert. C'est ainsi qu'il a obtenu un écran de lord Orrery. « A peine s'il boira une tasse de thé sans stratagème. » Lady Bolingbroke disait qu'il faisait de la diplomatie à propos de carottes et de navets.

Le reste de sa vie n'est pas beaucoup plus noble. Il

écrit des libelles contre Chandos, Aaron Hill, lady Mary Wortley, et ensuite il ment ou équivoque pour les désavouer. Il a un vilain goût pour l'artifice, et prépare un mauvais tour déloyal contre lord Bolingbroke, son plus grand ami. Il n'est jamais franc, il est toujours occupé d'un rôle; il contrefait l'homme dégoûté, le grand artiste indifférent, contempteur des grands, des rois, de la poésie elle-même. La vérité est qu'il ne songe qu'à ses phrases, à sa réputation d'auteur, et qu'une caresse du prince de Galles va fondre tout son stoïcisme. Je viens de lire sa correspondance, il n'y a pas peut-être dix lettres vraies; il est écrivain jusque dans ses épanchements; ses confidences sont de la rhétorique compassée, et quand il cause avec un ami, il songe toujours à l'imprimeur qui mettra ses effusions sous les yeux du public. Même à force de prétention il devient maladroit, et se démasque. Un jour Richardson le trouve occupé à lire un pamphlet que Cibber avait fait contre lui : « Ces choses-là, dit « Pope, font mon divertissement; » et pendant qu'il lit, on voit ses traits contractés par la violence de son angoisse. « Dieu me préserve, dit Richardson, d'un « divertissement pareil à celui-là. » En somme, son grand ressort est la vanité littéraire; il veut être admiré, rien de plus; sa vie est celle d'une coquette qui s'étudie à la glace, se farde, minaude, accroche des compliments, et cependant déclare que les compliments l'ennuient, que le fard salit et qu'elle a horreur des minauderies. Nul élan, rien de naturel ou de viril; il n'a pas plus d'idées que de passions, j'en-

tends de ces idées qu'on a besoin d'écrire et pour lesquelles on oublie les mots. La controverse religieuse et les querelles de parti retentissent autour de lui ; il s'en écarte soigneusement ; au milieu de tous ces chocs, son principal souci est de préserver son écritoire ; c'est un catholique *déteint*, déiste à peu près, qui ne sait pas bien ce qu'est le déisme ; là-dessus il emprunte à lord Bolingbroke des idées dont il ne voit pas la portée, mais qui lui semblent bonnes à mettre en vers. « J'espère, écrit-il à Atterbury, que toutes
« les Églises sont de Dieu, en tant qu'elles sont bien
« comprises, et que tous les gouvernements sont de
« Dieu, en tant qu'ils sont bien conduits. Pour ce qui
« est du mal qui s'y rencontre ou s'y peut rencon-
« trer, je laisse à Dieu seul le soin de les corriger ou
« de les réformer. Dans ma politique, ma grande préoc-
« cupation est de conserver la paix de ma vie sous
« quelque gouvernement que je vive ; dans ma reli-
« gion, de conserver la paix de ma conscience, quelle
« que soit l'Église dont je fasse partie[1]. » De pareilles convictions ne tourmentent pas un homme. Au fond, il n'a point écrit parce qu'il pensait, mais il a pensé afin d'écrire ; le papier noirci et le bruit qu'on fait ainsi dans le monde, voilà son idole ; s'il

---

[1]. In my politics, I think no further than how to preserve the peace of my life, in any government under which I live; nor in my eligion, than to preserve the peace of my conscience in any church with which I communicate. I hope all churches and governments are so far of God as they are rightly understood and rightly administered ; and where they are or may be wrong, I leave it to God alot mend and reform them. (Lettre à Atterbury, 1717.)

a fait des vers, c'est tout bonnement pour faire des vers.

On n'est que mieux préparé par là pour en faire d'irréprochables. Pope s'y emploie tout entier; il est de loisir; son père lui a laissé une assez belle fortune, il a gagné une grosse somme à traduire l'*Iliade* et l'*Odyssée*; il a huit cents livres sterling de rente. Jamais il n'a été aux gages d'un libraire; il regarde au-dessous de lui les auteurs mendiants rouler dans la bohême, et, tranquillement assis dans sa jolie maison de Twickenham, sous sa grotte ou dans le beau jardin qu'il a planté lui-même, il peut polir et limer ses écrits aussi longtemps qu'il lui convient. Il n'y manque pas. Quand il a composé un ouvrage, il le garde au moins deux ans en portefeuille. De temps en temps il le relit et le corrige; il prend conseil de ses amis, puis de ses ennemis; point d'édition qu'il n'améliore; il rature infatigablement. Son premier jet est si bien refondu et transformé, qu'on ne le reconnaît plus dans la copie définitive. Celles de ses pièces qui semblent le moins remaniées sont deux satires, et Dodsley dit que dans le manuscrit il n'y avait presque point de vers qui ne fût écrit deux fois. « Je le fis transcrire « proprement sur une autre feuille, et quand il me « renvoya celle-là pour l'impression, presque chaque « vers avait été récrit encore une seconde fois. » — « Jamais, dit Johnson, il ne détachait son attention de « la poésie. Si la conversation offrait un trait dont « on pût faire profit, il le confiait au papier; si une « pensée ou même une expression plus heureuse que

« l'ordinaire se levait dans son esprit, il avait soin de
« l'écrire; quand deux vers lui venaient, il les met-
« tait de côté pour les insérer à l'occasion. On a trouvé
« de petits morceaux de papier qui contenaient des
« vers ou des portions de vers qu'il pensait achever
« plus tard. » Il fallait que son écritoire fût devant
son lit avant son lever. Une nuit, chez lord Oxford,
pendant le terrible hiver de 1740, de peur de perdre
une idée, il fit lever quatre fois la femme qui le servait. Swift lui reproche de n'avoir jamais de loisir
pour la conversation; la cause en est « qu'il a toujours en tête quelque projet poétique. » Ainsi rien ne
lui manque pour atteindre l'expression parfaite : la
pratique d'une vie entière, l'étude de tous les modèles, l'indépendance de la fortune, la compagnie des
gens du monde, l'exemption des passions turbulentes,
l'absence des idées maîtresses, la facilité d'un enfant
prodige, l'assiduité d'un vieux lettré. Il semble qu'il
ait été tout exprès muni de défauts et de qualités, enrichi d'un côté, appauvri d'un autre, à la fois écourté
et développé, pour mettre en relief la forme classique
par l'amoindrissement du fond classique, pour présenter au public le modèle d'un art usé et accompli,
pour réduire en cristal brillant et rigide la séve coulante d'une littérature qui finissait.

II

C'est un grand danger pour un poëte que de savoir trop bien son métier ; sa poésie montre alors l'homme de métier et non le poëte. En vérité, je voudrais admirer les œuvres d'imagination de Pope ; je ne saurais. J'ai beau lire les témoignages des contemporains et même ceux des modernes, me répéter qu'en son temps il fut le prince des poëtes, que son *Épitre d'Héloïse à Abeilard* fut accueillie par un cri d'enthousiasme, qu'on n'imaginait point alors une plus belle expression de la passion vraie, qu'aujourd'hui encore on l'apprend par cœur comme le récit de Théramène, que Johnson, ce grand juge littéraire, l'a rangée parmi « les plus heureuses productions de l'esprit humain, » que lord Byron lui-même l'a préférée à l'ode célèbre de Sapho. Je la relis et je m'ennuie ; cela est inconvenant ; mais, en dépit de moi-même je bâille, et j'ouvre les lettres originales d'Héloïse pour chercher la cause de mon ennui.

Sans doute la pauvre Héloïse est une barbare, bien pis, une barbare lettrée ; elle fait des citations savantes, des raisonnements ; elle essaye d'imiter Cicéron, d'arranger des périodes ; il le faut bien, elle écrit dans une langue morte, avec un style appris ; vous en feriez peut-être autant si vous étiez obligé d'écrire en latin à votre maîtresse. Mais comme le sentiment vrai perce à travers la forme scolas-

tique! « Tu es le seul qui puisses m'attrister, qui puisses
« me consoler, qui puisses me donner de la joie......
« Je serais plus heureuse et plus orgueilleuse d'être
« appelée ta concubine que l'épouse de l'empereur....
« Jamais, Dieu le sait, je n'ai rien souhaité en toi
« que toi-même. C'est toi seul que je désire, ce n'est
« rien de ce que tu pouvais donner ; ce n'est point
« un mariage, une dot ; je n'ai jamais songé à faire
« mon plaisir ou ma volonté, tu le sais bien, mais la
« tienne. » Puis des mots passionnés, de vrais mots
d'amour [1]; puis ces mots si libres de la pénitente qui
dit tout, qui ose tout, parce qu'elle veut guérir, parce
qu'il faut montrer au confesseur sa plaie, même la
plus honteuse, peut-être aussi parce que dans l'extrême angoisse, comme dans l'accouchement, la pudeur s'en va. Tout cela est bien cru, bien rude ; Pope
a plus d'esprit qu'elle ; aussi comme il lui en donne !
Entre ses mains elle devient une académicienne, et sa
lettre est un répertoire d'effets littéraires. Peintures et
descriptions : elle décrit à Abeilard le monastère et le
paysage, « les dômes moussus couronnés de fines
« tourelles, les arches majestueuses qui changent en
« nuit la clarté du grand jour, les vitraux qui versent
« sur les dalles une clarté solennelle [2], » puis « les ri-
« vières errantes qui luisent entre les collines, les
« grottes dont l'écho répète le bruissement des ruis-

1. Vale, unice.
2.   In these lone walls (their day's eternal bound)
   These moss-grown domes with spiry turrets crowned,
   Where awful arches make a noon-day night,
   And the dim windows shed a solemn light.

« seaux, les brises mourantes qui viennent expirer
« sur les feuillages[1]. » — Tirades et lieux communs :
elle envoie à Abeilard des dissertations sur l'amour
et la liberté qu'il réclame, sur le cloître et la vie paisible qu'il peut donner, sur l'écriture et les avantages de la poste aux lettres[2]. — Antithèses et contrastes : elle les expédie à Abeilard par douzaines :
contraste entre le monastère illuminé par sa présence
et le monastère désolé par son absence, entre la tranquillité de la religieuse pure et l'anxiété de la religieuse coupable, entre le rêve du bonheur humain et
le rêve du bonheur céleste. — En somme, c'est un
air de bravoure, avec oppositions de forte et de piano,
avec variations et changements de ton ; Héloïse exploite son motif, et s'occupe à y insérer toutes les habiletés et les réussites de sa voix. Admirez les crescendo et les roulades par lesquelles elle termine ses
morceaux brillants ; pour enlever l'auditeur à la fin
du portrait de la nonne innocente, elle ira chercher
« la Grâce qui fait luire autour d'elle ses plus purs
« rayons, les anges qui de leurs chuchotements
« éveillent ses rêves dorés, les ailes des séraphins

1. The wand'ring streams that shine between the hills,
The grots that echo to the tinkling rills,
The dying gales that pant upon the trees,
The lakes that quiver to the curling breeze.

2. Heaven first taught letters for some wretch's aid,
Some banished lover, or some captive maid;
They live, they speak, they breathe what love inspires,
Warm from the soul, and faithful to its fires,
The virgin's wish without her fears impart,
Excuse the blush, and pour out all the heart,
Speed the soft intercourse from soul to soul,
And waft a sigh from Indus to the pole.

« qui répandent sur elle leurs divins parfums, l'époux
« qui prépare l'anneau nuptial, les blanches vierges
« qui chantent l'hyménée¹, » bref toute la garde-
robe du Paradis. Remarquez les coups de grosse caisse,
j'entends les grands moyens ; on appelle ainsi tout ce
que dit un personnage qui veut délirer et ne délire
pas ; par exemple, parler aux rocs et aux murailles,
prier Abeilard absent de venir, s'imaginer qu'il est
présent, apostropher la Grâce, la Vertu, « la fraîche
« Espérance, riante fille du ciel, et la Foi, notre im-
« mortalité anticipée², » entendre les morts qui lui
parlent, dire aux anges de « préparer leurs bosquets
« de roses, leurs palmes célestes et leurs fleurs qui
« ne se flétrissent pas³. » C'est ici la symphonie finale

1. How happy is the blameless Vestal's lot!
The world forgetting, by the world forgot.
Eternal sunshine of the spotless mind,
Each pray'r accepted, and each wish resign'd ;
Labour and rest that equal periods keep,
Obedient slumbers that can wake and weep....
Desires compos'd, affections ever e'en,
Tears that delight, and sighs that waft to heav'n.
Grace shines around with serenest beams,
And whisp'ring angels prompt her golden dreams.
For her th' unfading rose of Eden blooms,
And wings of seraphs shed divine perfumes ;
For her the spouse prepares the bridal ring,
For her white virgins Hymeneals sing,
To sounds of heav'nly harps she dies away,
And melts in visions of eternal day.

2. Oh grace serene! Oh virtue heavenly fair!
Divine oblivion of low-thoughted care!
Fresh-blooming hope, gay daughter of the sky!
And faith, our early immortality!
Enter, each mild, each amicable guest :
Receive, and wrap me in eternal rest!

3. I come, I come! Prepare your roseate bow'rs,
Celestial palms and ever-blooming flow'rs.

avec modulation de l'orgue céleste: je suppose qu'en l'écoutant Abeilard a crié bravo.

Mais ceci n'est rien auprès de l'art qu'elle déploie dans chaque phrase prise en détail. Elle met des agréments à toutes les lignes. Imaginez un chanteur italien qui ferait un trille sur chaque mot. Les jolis sons! comme ils sont perlés ou filés agilement, rondement, et toujours exquis! Impossible de les reproduire ici, avec une langue étrangère. C'est tantôt une image heureuse qui résume une phrase entière ; tantôt une série de vers où vont s'alignant les oppositions symétriques ; ce sont deux mots ordinaires qu'un étrange accouplement met en relief ; c'est un rhythme imitatif qui complète l'impression de l'esprit par l'émotion des sens ; ce sont les comparaisons les plus élégantes, les épithètes les plus pittoresques ; c'est le style le plus serré et le plus orné. Sauf la vérité, rien n'y manque. C'est pis qu'une cantatrice, c'est un auteur ; on regarde au dos pour savoir si elle n'a pas écrit : « Bon à tirer, porter vite à l'imprimerie. »

Pope a donné quelque part la recette avec laquelle on peut faire un poëme épique : prendre une tempête, un songe, cinq ou six batailles, trois sacrifices, des jeux funèbres, une douzaine de dieux en deux compartiments, remuer le tout jusqu'à ce qu'on voie mousser l'écume du grand style. Vous venez de voir les recettes avec lesquelles on peut composer une épître amoureuse. Cette sorte de poésie ressemble à la cuisine ; il ne faut ni cœur ni génie pour la faire, mais une main légère, un œil attentif et un goût exercé.

III

Il semble que ce genre de talent soit fait pour les vers de société. Il est factice, et les mœurs de la société sont factices. Dire des galanteries, badiner avec les dames, parler élégamment de leur chocolat ou de leur éventail, railler les sots, juger la dernière tragédie, manier la fadeur ou l'épigramme, c'est là, ce semble, l'emploi naturel d'un esprit comme celui-ci, peu passionné, très-vaniteux, passé maître en fait de style, et qui soigne ses vers comme un petit-maître soigne son habit. Pope a écrit *la Boucle de cheveux enlevée* et *la Sottisiade*; ses contemporains s'extasièrent sur la grâce de son badinage comme sur la justesse de sa moquerie, et jugèrent qu'il avait surpassé *le Lutrin* et *les Satires* de Boileau.

Cela peut bien être; en tout cas, l'éloge serait médiocre. Il y a ordinairement deux sortes de vers dans Boileau, disait un homme d'esprit[1]; les plus nombreux qui semblent d'un bon élève de troisième, les moins nombreux qui semblent d'un bon élève de rhétorique. Boileau fait le second vers avant le premier; c'est pourquoi, une fois sur quatre, le premier vers chez lui ne sert qu'à boucher un trou. Sans doute Pope avait le mécanisme plus brillant et plus agile; mais cette habi-

1. M. Guillaume Guizot.

leté de main ne suffit pas pour faire un poëte, même un poëte de boudoir. Là comme ailleurs, il faut des passions vraies, ou du moins des goûts vrais. Quand on veut peindre les jolis riens de la conversation et du monde, il est à propos de les aimer. On ne peint bien que ce que l'on aime[1]. Est-ce qu'il n'y a pas des grâces charmantes dans le babil et la frivolité d'une jolie femme? Des peintres comme Watteau ont passé leur vie à s'en régaler. Une boucle de cheveux que l'on relève, un bras mignon qui sort d'un flot de dentelles, une taille penchée qui fait chatoyer les plis lustrés de la jupe, et le fin sourire demi-engageant, demi-moqueur de la bouche mutine, en voilà assez pour ravir un artiste. Certainement il sera sensible à la toilette, sensible autant que la dame elle-même, et ne la grondera jamais de passer trois heures à son miroir; il y a de la poésie dans l'élégance. Il en jouit comme d'un tableau; il jouit des raffinements de la vie mondaine, des grandes lignes tranquilles de ce haut salon lambrissé, du doux reflet des longues glaces et des porcelaines luisantes, de la gaieté nonchalante des petits Amours sculptés qui s'embrassent au-dessus de la cheminée, du son argentin de ces voix flûtées qui autour de la table à thé gazouillent des médisances. Pope n'en jouit pas ou n'en jouit guère; il reste satirique et Anglais au milieu de ce luxe aimable importé de France. Il a beau être le plus mondain de ces poëtes,

---

1. Liebe sei vor allen Dingen,
Unser Thema, wenn wir singen.
(Goethe.)

il ne l'est pas assez; la société qui l'entoure ne l'est pas davantage. Lady Wortley Montagu, qui dans son temps fut la fleur des pois, et que l'on compare à Mme de Sévigné, a l'esprit si sérieux, le style si décidé, le jugement si précis et le sarcasme si âpre, qu'on la prendrait pour un homme. En somme, les Anglais, même lord Chesterfield et Horace Walpole, n'ont jamais attrapé le véritable ton des salons. Pope est comme eux; sa voix détonne et tout d'un coup devient mordante. A chaque instant une moquerie dure efface les gracieuses images qu'il commençait à éveiller. Prenez l'ensemble du poëme; c'est une bouffonnerie en style noble; lord Petre a coupé une boucle dans les cheveux d'une beauté à la mode, mistress Arabella Fermor; il s'agit de faire de cette bagatelle une épopée, avec les invocations, les apostrophes, l'intervention des êtres surnaturels et le reste des machines poétiques; la solennité du style contraste avec la petitesse des événements; on rit de ces tracasseries, comme d'une querelle d'insectes. Il en a toujours été ainsi dans ce pays : quand ils représentent la vie du monde, c'est avec une complaisance extérieure et officielle; au fond de leur admiration, il y a du mépris. Leurs fadeurs cachent une restriction mentale; en observant bien, vous verriez qu'ils regardent une jolie femme parée et coquette comme une poupée rose, bonne pour amuser les gens une demi-heure par son clinquant. Pope dédie son poëme à mistress Arabella Fermor avec toutes sortes de révérences; la vérité est qu'il n'est pas poli; une Française lui eût renvoyé son livre en lui conseillant d'apprendre à vivre; pour un éloge de sa beauté, elle y eût trouvé dix sarcasmes contre sa frivolité. Est-ce qu'il est bien agréable de s'entendre dire : « Vous avez les plus beaux yeux du « monde, mais vous vivez de fadaises? » C'est pourtant à cela que se réduit tout son hommage[1]. Son emphase complimenteuse, sa déclaration que la boucle de cheveux est placée au ciel parmi les astres, tout son attirail de phrases n'est qu'une parade de galanterie qui laisse percer l'indélicatesse et la grossièreté. « Perdra-t-elle son cœur ou son collier au bal, fera-« t-elle un accroc à son honneur ou à sa robe[2]? » Il n'y a pas un Français du dix-huitième siècle qui eût imaginé une gracieuseté semblable. Tout au plus cet ours de Rousseau, ancien laquais et Génevois moraliste, eût lancé ce coup de boutoir. En Angleterre, on ne le trouvait point trop rude. Mistress Arabella Fermor fut si contente du poëme, qu'elle en répandit des copies. Évidemment, elle n'était pas difficile; c'est qu'elle en avait entendu bien d'autres. Si vous lisez dans Swift la copie littérale d'une conversation à la mode, vous verrez qu'une femme à la mode dans ce temps-là pouvait souffrir beaucoup de choses sans se fâcher.

Mais ce qu'il y a de plus singulier, c'est que ce ba-

---

[1]. Voyez son épître sur le caractère des femmes, si dure. A son avis, ce caractère se compose d'amour du plaisir et d'amour du pouvoir.

[2].   Or stain her honour or her new brocade,
      Forget her pray'rs or miss a masquerade,
      Or lose her heart or necklace at a ball.

dinage, pour nous du moins, n'est point du tout badin. La légèreté, la gaieté en sont à cent lieues. Dorat, Gresset en auraient été stupéfaits et scandalisés. Nous restons froids devant ses plus brillantes réussites. Tout au plus de temps en temps un bon coup de fouet nous réveille; mais ce n'est pas pour rire. Ces caricatures nous semblent étranges, mais ne nous amusent pas. Cet esprit n'est pas de l'esprit; tout y est calculé, combiné, artificieusement préparé; on attend un petillement d'éclairs, et au dernier instant le coup rate. Par exemple, sir Petre, voulant se rendre les dieux propices, « bâtit un autel à l'Amour
« avec douze vastes romans français proprement do-
« rés sur tranche, pose dessus trois jarretières,
« une demi-paire de gants et tous les trophées de ses
« anciennes amours; puis, avec un tendre billet doux
« il allume le feu et ajoute trois soupirs amoureux
« pour attiser la flamme[1]. » Nous demeurons désappointés, nous ne devinons pas ce que cette description a de comique. Nous continuons par conscience, et, dans la peinture de la Mélancolie et de son palais, nous trouvons des figures bien autrement étranges :
« une jarre qui soupire, un pâté d'oie qui parle, des
« hommes qui, travaillés par l'imagination, se disent
« en mal d'enfant, des filles qui se croient changées

---

1. To love an altar built
Of twelve vast French romances, neatly gilt;
There lay three garters, half a pair of gloves,
And all the trophies of his former loves.
With tender billet doux he lights the pyre,
nd breathes three am'rous sighs to rise the fire.

« en bouteilles et demandent à grands cris un bou-
« chon[1]. » Nous nous disons alors que nous sommes
en Chine; qu'à une si grande distance de Paris et de
Voltaire il ne faut s'étonner de rien, que ces gens
ont d'autres oreilles que les nôtres, et qu'à Pékin un
mandarin goûte avec délices un concert de chaudrons.
Nous comprenons enfin que, même en cet âge correct
et dans cette poésie artificielle, l'antique imagination
subsiste; qu'elle se nourrit, comme autrefois, de bizarreries et de contrastes, que le goût, en dépit de
toutes les cultures, ne réussira jamais à s'acclimater
chez elle, que les disparates, au lieu de la choquer, la
réjouissent, qu'elle est insensible à nos douceurs et
à nos finesses; qu'elle a besoin de voir passer devant
elle une suite de figures expressives, inattendues et
grimaçantes, qu'elle préfère ce rude carnaval à nos
insinuations délicates, que Pope est de son pays en
dépit de sa politesse classique et de ses élégances vou-
lues, et que sa fantaisie désagréable et vigoureuse est
parente de celle de Swift.

A présent nous sommes préparés, et nous pouvons
entrer dans son second poëme, la *Dunciade*; il faut
beaucoup d'empire sur soi pour ne pas jeter par terre
ce chef-d'œuvre comme insipide et même dégoû-
tant. Rarement on a dépensé plus de talent pour produire plus d'ennui. Pope veut se venger de ses ennemis littéraires, et chante la Sottise, auguste déesse de

---

1. Here sighs a jar, and there a goose-pye talks;
Men prove with child, as pow'rful fancy works,
And maids turn'd bottles call aloud for corks.

la littérature, « fille du Chaos et de la Nuit éternelle, « lourde comme son père, grave comme sa mère, » reine des auteurs affamés, et qui choisit Théobald pour son fils et pour son favori. Le voilà roi, et pour célébrer son avénement, elle institue des jeux à la manière antique ; d'abord la course des libraires qui se disputent la possession d'un poëte, puis le combat des écrivains qui braient et sautent dans la boue à qui mieux mieux, enfin la lutte des critiques qui doivent subir la lecture de deux in-folio sans dormir. Étranges parodies, n'est-ce pas? et certes bien peu piquantes. Qui n'a pas les oreilles rebattues de ces allégories usées, l'ennui, les pavots, les brouillards et le sommeil? Que serait-ce si j'entrais dans le détail, si je décrivais la poëtesse proposée en prix, « avec « ses yeux de bœuf et ses mamelles de vache, » si je racontais les sauts des poëtes qui barbottent dans Fleet-Ditch, le plus ignoble égout de la ville, si je traduisais jusqu'au bout les vers extraordinaires où « les « nymphes de la fange, charmées de la mine du plon- « geur l'attirent sur leur cœur, où la jeune Lutetia « plus douce que le duvet, Nigrina la noire, et.... se « disputent son amour dans les palais de jais de leurs « bas-fonds[1]. » Il faut s'arrêter ; il y a tel passage, par exemple la chute de Curl, que Swift seul eût semblé

---

1. First he relates, how sinking to the chin.
    Smit with his mien, the Mud-nymphs suck'd him in.
    How young Lutetia, softer than the down,
    Nigrina black, and Merdamenta brown,
    Vy'd for his love in jetty bow'rs below....
    Full in the middle way there stood a lake,

capable d'écrire ; encore on l'excuserait dans Swift ; l'extrémité du désespoir, la rage de la misanthropie, le voisinage de la folie ont pu le porter à de tels excès. Mais Pope, qui vit tranquille et admiré dans sa villa, et qui n'est poussé que par des rancunes littéraires ! Il n'a donc point de nerfs ! Comment de gaieté de cœur un poëte a-t-il pu traîner son talent parmi de telles images, et contraindre ses vers si ingénieusement tissés à recevoir ces immondices ? Figurez-vous une jolie corbeille de salon, qui devrait ne renfermer que des fleurs et des broderies, et qu'on envoie à la cuisine pour en faire un panier d'ordures. En effet, toutes les ordures de la vie littéraire y sont ; et Dieu sait ce qu'elle était alors ! La bohême en aucun siècle ne fut si mendiante et plus vile : pauvres diables comme Richard Savage, qui couchait l'hiver à la belle étoile sur les cendres d'une vitrerie, vivait d'une dédicace, connaissait la prison, dînait rarement, et buvait aux dépens de ses amis; pamphlétaires comme Tuchtin, le dos écorché par les verges; faussaire comme Ward, exposés au pilori et criblés d'œufs et de pommes pourries ; courtisanes comme Élisa H. ywood, célèbres par l'impudence de leurs confessions publiques ; journalistes vendus, diffamateurs à gages, marchands de scandale et d'injures, demi-filous, viveurs parfaits, et toute cette vermine litté-

---

Which Curl's Corinna chanc'd that morn to make
(Such was her wont, at early dawn to drop
Her ev'ning cates before his neighbour's shop).
.... And the fresh vomit run for ever green.

raire qui hantait les tripots, les maisons de filles, les caveaux à gin, et au signal d'un libraire mordait les honnêtes gens pour un écu. Ces vilenies, les chemises sales, l'habit crasseux, vieux de six ans, le poudding rance et le reste sont dans Pope comme dans Hogarth, avec une crudité et une précision anglaises. Voilà leur défaut : ils sont réalistes, même avec la perruque classique ; ils ne déguisent pas le laid et l'ignoble ; ils les marquent avec leurs contours exacts et leurs arêtes tranchantes ; ils ne les enveloppent pas du beau manteau des idées générales ; ils ne les couvrent pas sous les jolis sous-entendus de société. C'est pour cela que leurs satires sont si âpres. Pope ne fustige pas les sots, il les assomme ; son poëme est vraiment dur et méchant ; il l'est tant qu'il en est maladroit ; pour ajouter au supplice des imbéciles, il remonte au déluge, il écrit des tirades d'histoire, il représente tout au long le règne passé, présent et futur de la sottise, la bibliothèque d'Alexandrie brûlée par Omar, les lettres éteintes par l'invasion des barbares et par la superstition du moyen âge, l'empire de la niaiserie qui s'étend et va envahir l'Angleterre. Quels pavés pour écraser des mouches ! « La Vérité craintive s'en-
« fuit dans son ancienne caverne, menacée par des
« montagnes de casuistique entassées sur sa tête. La
« Philosophie, qui jadis ne s'appuyait que sur le ciel,
« se rabat sur les causes secondes et disparaît ; la Re-
« ligion rougissante voile son feu sacré, et la Moralité,
« sans s'en douter, s'éteint ; la vertu publique, la
« vertu privée n'osent plus jeter de flammes ; il n'y

« a plus d'étincelle humaine, il n'y a plus d'éclair
« divin. O Chaos ! voilà que tu rétablis ton fu-
« neste empire ; la lumière meurt devant ta parole
« mortelle; ta main, grand anarque, laisse tomber
« le rideau, et l'obscurité universelle ensevelit le
« monde [1]. » Tapage final, cymbales et trombones,
pétarades et feux d'artifice. Pour moi, de cet opéra
célèbre, je n'emporte que le souvenir d'un charivari.
Involontairement, j'ai compté les lampions, je connais les machines, j'ai touché la laborieuse mise en
scène des apparitions et des allégories. Je laisse là
l'enlumineur, le machiniste, l'entrepreneur d'effets
littéraires, et je vais chercher le poëte ailleurs.

IV

Il y a pourtant un poëte dans Pope, et, pour le découvrir, il n'y a qu'à le lire par petits morceaux; si
l'ensemble est d'ordinaire ennuyeux ou choquant, le
détail est admirable. Il en est ainsi à la fin de tous les

---

1. See skulking Truth to her old cavern fled,
Mountains of casuistry heap'd o'er her head!
Philosophy that lean'd on Heav'n before
Shrinks to her second cause and his no more.
Physic of metaphysic begs defence,
And metaphysic calls for aid on sense....
Religion blushing veils her sacred fires,
And unawares morality expires.
Nor public flame, nor private dares to shine,
Nor human spark is left, nor glimpse divine;
Lo! Thy dread empire, Chaos, is restor'd;
Light dies before thy uncreating word,
Thy hand, great Anarch, lets the curtain fall
And universal Darkness buries all.

âges littéraires. Pline le Jeune et Sénèque, si affectés et si tendus, sont charmants par parcelles : chacune de leurs phrases prise à part est un chef-d'œuvre ; chaque vers dans Pope est un chef-d'œuvre s'il est pris à part. A ce moment, et après cent ans de culture, il n'y a aucun mouvement, aucun objet, aucune action qu'on ne sache décrire. Chaque aspect de la nature est noté : un lever de soleil, un paysage renversé dans l'eau [1], un coup de vent sur les feuilles, et le reste ; demandez à Pope de peindre en vers une anguille, une perche ou une truite ; il a sous la main la phrase parfaite ; vous extrairiez chez lui de quoi remplir un *Gradus*. Il a le trait si juste, que du premier coup vous croiriez voir les choses ; il a l'expression si abondante, que votre imagination, fût-elle obtuse, finira par les voir. Il marque tout dans le vol du faisan, le frou-frou de son essor, « ses teintes lustrées, « changeantes, — sa crête de pourpre, ses yeux cer- « clés d'écarlate, — le vert si vif que déploie son plu- « mage luisant, — ses ailes peintes, sa poitrine où « l'or flamboie [2]. » Il a la plus riche provision de mots brillants pour peindre les sylphes qui voltigent autour de son héroïne, « lumineux escadrons dont les chu-

1. Oft in her glass the musing shepherd spies
The headlong mountains and downward skies
The watr'y landskip of the pendant woods
And absent trees that tremble in the floods.

2. See, from the brake the whirring pheasant springs
And mounts exulting on triumphant wings.
Alas, what avail his glossy, varying dies,
His purple crest, and scarlet circled eyes,
The vivid green his shining plumes unfold,
His painted wings, and breast that flames with gold?

« chotements aériens semblent le bruissement des
« zéphyrs, — et qui, ouvrant au soleil leurs ailes
« d'insectes, — voguent sur la brise ou s'enfoncent
« dans des nuages d'or; — formes transparentes
« dont la finesse échappe à la vue des mortels, —
« corps fluides à demi dissous dans la lumière, —
« vêtements éthérés qui flottent abandonnés au vent,
« — légers tissus, voiles étincelants, formés des fils de
« la rosée, — trempés dans les plus riches teintes du
« ciel, — où la lumière se joue en nuances qui se
« mêlent, — où chaque rayon jette des couleurs pas-
« sagères, — couleurs nouvelles qui changent à cha-
« que mouvement de leurs ailes [1]. » Sans doute ce ne
sont point là les sylphes de Shakspeare; mais à côté
d'une rose naturelle et vivante, on peut encore voir
avec plaisir une fleur en diamants, comme il en sort
des mains d'un joaillier, chef-d'œuvre d'art et de patience, dont les facettes font chatoyer la lumière et
jettent une pluie d'étincelles sur le feuillage de fili-
grane qui les soutient. Vingt fois, dans un poëme de

[1] But now secure the painted vessel glides,
   The sun beams trembling on the floating tides;
   While melting music steals upon the sky,
   And soften'd sounds along the waters die;
   Smooth flow the waves, the Zephyrs gently play.
   The lucid squadrons round the sails repair :
   Soft o'er the shrouds aerial whispers breathe,
   That seem'd but Zephyrs to the train beneath.
   Some to the sun their insect wings unfold,
   Whaft on the breeze, or sink in clouds of gold;
   Transparent forms, too fine for mortal sight,
   Their fluid bodies half-dissolv'd in light.
   Loose to the wind their airy garment flies,
   Where light disports in ever-mingling dyes;
   Where ev'ry beam new transient colours flings,
   Colours that change whene'er they wave their wings.

Pope, on s'arrête pour regarder avec étonnement quelqu'une de ces parures littéraires. Il sent si bien son talent qu'il en abuse ; il se plaît aux tours de force. Quoi de plus plat qu'une partie de cartes, et de plus rebelle à la poésie que la dame de pique ou le roi de cœur ? et pourtant, par gageure sans doute, il a raconté dans la *Boucle de cheveux* une partie d'hombre ; on la suit, on l'entend, on reconnaît les costumes, « les quatre rois, majestés révérées, avec leurs favoris « blancs et leurs barbes fourchues, les quatre belles « dames dont les mains portent une fleur, emblème « expressif de leur aimable puissance, les quatre va- « lets en robes retroussées, troupe fidèle, une toque « sur la tête, une hallebarde à la main, puis les « quatre armées bigarrées, brillant cortége, rangées « en bataille sur la plaine de velours vert[1]. » On voit les atouts, les coupes, les levées, puis un instant après le café, la porcelaine, les cuillers, l'esprit de feu (entendez l'alcool); ce sont déjà les procédés et les périphrases de Delille. Vous savez que les célèbres vers où Delille pratique et peint du même coup l'harmonie imitative sont traduits de Pope[2]. C'est là de la poésie expirante, mais c'est encore de la poésie ; un bijou de

---

1. Behold, four kings in majesty rever'd,
With hoary whiskers, and a forky beard,
And four fair Queens, whose hands sustain a flow'r,
Th' expressive emblem of their softer pow'r.
Four knaves, in garb succinct, a trusty band,
Caps on their heads and halberts in their hand,
And party-coloured troops, a shining train,
Drawn forth to combat on the velvet plain.

2. Peins-moi légèrement l'amant léger de Flore,
Qu'un doux ruisseau murmure en vers plus doux encore, etc.

console est une œuvre d'art inférieur, mais pourtant une œuvre d'art.

Avec le talent descriptif, il a le talent oratoire. Cet art, qui est le propre de l'âge classique, est celui d'exprimer les idées générales moyennes. Pendant cent cinquante ans, les hommes dans les deux pays pensants, la France et l'Angleterre, y ont employé toute leur étude. Ils ont saisi ces vérités universelles et limitées qui, étant situées entre les hautes abstractions philosophiques et les petits détails sensibles, sont la matière de l'éloquence et de la rhétorique, et forment ce que nous appelons aujourd'hui les lieux communs. Ils les ont rangées en compartiments; ils les ont développées avec méthode; ils les ont rendues sensibles par des groupements et des symétries; ils les ont ordonnées en processions régulières qui, dignement, magistralement, s'avancent avec discipline et en corps. L'ascendant de cette raison oratoire est devenu si grand, qu'il s'est imposé à la poésie elle-même. Buffon finit par dire, pour louer des vers, qu'ils sont beaux comme de la belle prose. En effet, la poésie devient à ce moment une prose plus étudiée que l'on soumet à la rime. Elle n'est qu'une sorte de conversation supérieure et de discours plus choisi. Elle se trouve impuissante quand il faut peindre ou mettre en scène une action, quand il s'agit de voir et de faire voir des passions vivantes, de grandes émotions vraies, des hommes de chair et de sang; elle n'aboutit qu'à des épopées de collège comme *la Henriade*, à des odes et des tragédies glacées comme celles de Voltaire et de Jean-Baptiste Rousseau, comme celles d'Addison, de Thompson, de Johnson et du reste. Elle les compose de dissertations, parce qu'elle n'est plus capable que de dissertations. C'est là désormais qu'elle règne, et son œuvre finale est le poëme didactique qui est une dissertation mise en vers. Pope y triomphe, et les plus parfaits de ses poëmes sont ceux qui se composent de préceptes et de raisonnements. L'artifice n'y est point aussi choquant qu'ailleurs; un poëme, je me trompe, un traité comme le sien sur la critique, sur l'homme et le gouvernement de la Providence, sur le ressort premier du caractère des hommes, a le droit d'être écrit avec réflexion ; c'est une étude, et presque un morceau de science; on peut, on doit même en peser tous les mots, en vérifier toutes les liaisons; l'art et l'attention n'y sont pas superflus, mais nécessaires; il s'agit de préceptes exacts et de raisonnements serrés. En cela, Pope est incomparable. Je ne crois pas qu'il y ait au monde une prose versifiée égale à la sienne : celle de Boileau n'en approche pas. Ce n'est pas que les idées y soient très-dignes d'attention : nous les avons usées, elles ne nous intéressent plus. L'*Essai sur la critique* ressemble aux *Épîtres* et à *l'Art poétique* de Boileau, excellents ouvrages qui ne sont plus lus que dans les classes. C'est une collection de bons préceptes bien sages dont le seul défaut est d'être trop vrais. Dire que le bon goût est rare, qu'il faut réfléchir et s'instruire avant de décider, que les règles de l'art sont tirées de la nature, que l'orgueil, l'ignorance, le préjugé, la partialité, l'envie pervertissent notre jugement, qu'un critique doit être sincère, modeste, poli, bienveillant, toutes ces vérités pouvaient alors être des découvertes, aujourd'hui point. Je suppose que sous Pope, Dryden et Boileau, les hommes avaient surtout besoin de mettre leurs idées en ordre, et de les voir bien claires en des phrases bien nettes. Aujourd'hui que ce besoin est satisfait, il a disparu : ce sont des idées qu'on demande, et non des arrangements d'idées ; le casier est fabriqué ; remplissez les cases. Pope s'est efforcé de le faire une fois dans l'*Essai sur l'Homme*, qui est une sorte de *Vicaire savoyard*, moins original que l'autre. Il y montre que Dieu a fait tout pour le mieux, que l'homme est borné et ne doit pas juger Dieu, que nos passions et nos imperfections servent au bien général et aux desseins de la Providence, que le bonheur est dans la vertu et dans la soumission aux volontés divines. Vous reconnaissez là une espèce de déisme et d'optimisme, comme il y en avait beaucoup alors, empruntés, comme ceux de Rousseau, à la théodicée de Leibnitz, mais tempérés, effacés et arrangés à l'usage des honnêtes gens. La conception n'est pas bien haute : ce Dieu écourté, qui fait son apparition au commencement du dix-huitième siècle, n'est qu'un résidu ; la religion éteinte, il est resté au fond du creuset, et les raisonneurs du temps, n'ayant point d'invention métaphysique, l'ont gardé dans leur système pour boucher un trou. En cet état et à cet endroit il ressemble au vers classique. Il représente bien, on le comprend sans difficulté, il est dépourvu d'efficacité, il est l'œuvre de la froide raison raisonnante, et laisse fort tranquilles les gens qui s'occupent de lui ; à tous ces titres il est parent de l'alexandrin. Cette pauvre conception est d'autant plus pauvre chez Pope qu'elle ne lui appartient pas; car il n'est philosophe que par rencontre et pour trouver des matières de poëme. Trois ou quatre systèmes, déformés et amoindris, se sont amalgamés dans son œuvre. Il se vante « de les avoir tempérés » l'un par l'autre, et d'avoir « navigué contre les extrêmes. » La vérité est qu'il ne les a point entendus, et qu'il mêle à chaque pas des idées disparates. Il y a tel passage où, pour obtenir un effet de style, il devient panthéiste ; pardessus tout il se guindé et prend le ton rogue, impératif d'un jeune docteur. Je ne trouve d'invention personnelle que dans ses épîtres sur *les Caractères*. Il y a là une théorie de la passion dominante qui vaut la peine d'être lue ; en somme, il a été assez loin, plus loin que Boileau par exemple, dans la connaissance de l'homme. La psychologie est indigène en Angleterre, on l'y rencontre partout, même dans les esprits les moins créateurs. Elle suscite le roman, elle dépossède la philosophie, elle produit l'essai, elle entre dans les gazettes, elle remplit la littérature courante, comme ces plantes nationales qui pullulent sur tous les terrains.

Mais si les idées sont médiocres, l'art de les exprimer est véritablement merveilleux; merveilleux est le mot. « J'ai employé les vers, dit-il, plutôt que la
« prose, parce que je trouvais que je pouvais exprimer les idées plus brièvement en vers qu'en prose. »

CHAPITRE VII. LES POËTES.

En effet, ici tous les mots portent; il faut lire chaque passage lentement; chaque épithète est un résumé; on n'a jamais écrit d'un style plus serré; et d'autre part, on n'a jamais plus habilement travaillé à faire entrer les formules philosophiques dans le courant de la conversation mondaine. Ses préceptes sont devenus proverbes. J'ouvre au hasard, et je tombe sur le début du second livre; un orateur, un écrivain de l'école de Buffon serait ravi d'admiration en voyant tant de trésors littéraires amassés dans un si petit espace. Il faut bien que le lecteur se résigne à lire un peu d'anglais, s'il veut les compter :

> Know then thyself, presume not God to scan.
> The proper study of mankind is man.
> Plac'd on this isthmus of a middle state,
> A being darkly wise, and rudely great :
> With too much knowledge for the sceptic side,
> With too much weakness for the stoic's pride,
> He hangs between; in doubt to act or rest;
> In doubt to deem himself a God or beast,
> In doubt his mind or body to prefer;
> Born but to die, and reas'ning but to err;
> Alike in ignorance, his reason such,
> Whether he thinks too little or too much :
> Chaos of thought and passion, all confus'd,
> Still by himself abused or disabus'd;
> Created half to rise, and half to fall;
> Great lord of all things, yet a prey to all.
> Sole judge of truth, in endless error hurl'd,
> The glory, jest, and riddle of the world.

Le premier vers résume tout le livre précédent, et le second résume tout le livre présent; c'est une sorte d'escalier qui conduit d'un temple à un temple, régulièrement composé de marches symétriques et si habilement placées, que de la première on aperçoit d'un coup d'œil tout l'édifice qu'on quitte, et que de la seconde on aperçoit d'un coup d'œil tout l'édifice qu'on va visiter. Vit-on jamais une plus belle entrée et plus conforme aux règles qui ordonnent de lier les idées, de les rappeler quand on les a déjà développées, de les annoncer quand on ne les a pas développées encore? Mais ce n'est pas assez. Après cette courte annonce qui avertit qu'on va traiter de la nature humaine, il faut une annonce plus longue et qui peigne d'avance avec le plus d'éclat possible cette nature humaine dont on va traiter. C'est là proprement l'exorde oratoire, pareil à ceux que Bossuet met au commencement de ses oraisons funèbres, sorte de portique luxueux qui reçoit les auditeurs à leur entrée et les prépare aux magnificences du temple. Deux à deux, les antithèses se suivent comme des rangées de colonnes; il y en a treize couples qui forment enfilade, et la dernière s'élève au-dessus du reste par un mot qui fait centre et relie tout. Sous une autre main, cette prolongation de la même figure deviendrait fastidieuse; chez Pope, elle intéresse, tant il y a de variété dans la disposition et dans les ornements. Tantôt l'antithèse est comprise dans un seul vers, tantôt elle en occupe deux; tantôt elle est dans les substantifs, tantôt dans les adjectifs et dans les verbes; tantôt elle n'est que dans les idées, tantôt elle pénètre jusque dans le son et la position des mots. En vain on la voit reparaître; on ne s'en lasse pas, parce que chaque fois elle ajoute quelque chose à notre idée, et nous montre l'objet sous un nouveau jour. Cet objet lui-même a beau être abstrait, obscur, déplaisant, contraire à la poésie ; le style répand sur lui sa lumière ; de nobles images, empruntées aux spectacles simples et grands de la nature, viennent l'illuminer et le décorer. C'est qu'il y a une architecture classique pour les idées comme pour les pierres, amie comme l'autre de la clarté et de la régularité, de la majesté et du calme ; comme l'autre, elle a été inventée en Grèce, transmise par Rome à la France, par la France à l'Angleterre, et un peu altérée au passage. De tous les maîtres qui l'ont pratiquée en Angleterre, Pope est le plus savant.

Après tout, y a-t-il autre chose ici qu'une décoration ? Voici ces vers si beaux traduits en prose ; j'ai beau traduire exactement, de toutes ces beautés il ne reste presque rien :

Connais-toi donc toi-même, et ne te hasarde pas jusqu'à scruter Dieu. — La véritable étude de l'humanité, c'est l'homme. — Placé dans cet isthme de sa condition moyenne, — sage avec des obscurités, grand avec des imperfections, — avec trop de connaissances pour tomber dans le doute du sceptique, — avec trop de faiblesse pour monter jusqu'à l'orgueil du stoïcien, — il est suspendu entre les deux ; ne sachant s'il doit agir ou se tenir tranquille, — s'il doit s'estimer un Dieu ou une bête, — s'il doit préférer son esprit ou son corps, — ne naissant que pour mourir, ne raisonnant que pour s'égarer, — sa raison ainsi faite qu'il demeure également dans l'ignorance, — soit qu'il pense trop, soit qu'il pense trop peu, — chaos de pensée et de passion, tout pêle-mêle, — toujours par lui-même abusé ou désabusé, — créé à moitié pour s'élever, à moitié pour tomber,— souverain seigneur et proie de toutes choses,—seul juge de la vérité, précipité dans l'erreur infinie,— la gloire, le jouet et l'énigme du monde.

Le lecteur n'est guère ému, ni moi non plus; il pense involontairement ici au livre de Pascal, et mesure l'étonnante différence qu'il y a entre un versificateur et un homme. Bon résumé, bon morceau, bien travaillé, bien écrit, voilà ce qu'on dit, et rien de plus; évidemment la beauté des vers venait de la difficulté vaincue, des sons choisis, des rhythmes symétriques; c'était tout, et ce n'était guère. Un grand écrivain est un homme qui, ayant des passions, sait le dictionnaire et la grammaire; celui-ci sait à fond le dictionnaire et la grammaire, mais s'en tient là.

Vous direz que ce mérite est mince, et que je ne donne pas envie de lire les vers de Pope. Cela est vrai, du moins je ne conseille pas d'en lire beaucoup. J'ajouterais bien, en manière d'excuse, qu'il y a un genre où il réussit, que son talent descriptif et son talent oratoire rencontrent dans les portraits la matière qui leur convient, qu'en cela il approche souvent de La Bruyère; que plusieurs de ses portraits, ceux d'Addison, de Sporus, de lord Wharton, de la duchesse de Marlborough, sont des médailles dignes d'entrer dans le cabinet de tous les curieux et de rester dans les archives du genre humain; que, lorsqu'il sculpte une de ces figures, les images abréviatives, les alliances de mots inattendues, les contrastes soutenus, multipliés, la concision perpétuelle et extraordinaire, le choc incessant et croissant de tous les coups d'éloquence assénés au même endroit, enfoncent dans la mémoire une empreinte qu'on n'oublie plus. Il vaut mieux renoncer à ces apologies partielles, et avouer franchement qu'en somme ce grand poëte, la gloire de son siècle, est ennuyeux; il est ennuyeux pour le nôtre. « Une femme de quarante ans, « disait Stendhal, n'est jolie que pour ceux qui l'ont « aimée dans leur jeunesse, » La pauvre muse dont il s'agit n'a pas quarante ans pour nous; elle en a cent quarante. Rappelons-nous, quand nous voulons la juger équitablement, le temps où nous faisions des vers français qui ressemblaient à nos vers latins. Le goût s'est transformé depuis un siècle; c'est que l'esprit humain a fait volte-face; avec le point de vue la perspective a changé; il faut tenir compte de ce déplacement. Aujourd'hui nous demandons des idées neuves et des sentiments nus; nous ne nous soucions plus du vêtement, nous voulons la chose; exordes, transitions, curiosités de style, élégances d'expression, toute la garde-robe littéraire s'en va à la friperie; nous n'en gardons que l'indispensable; ce n'est plus de l'ornement que nous nous inquiétons, c'est de la vérité. Les hommes de l'autre siècle étaient tout autres. On le vit bien le jour où Pope traduisit l'*Iliade*: c'était l'*Iliade* écrite dans le style de la *Henriade*; à cause de ce travestissement, le public l'admira. Il ne l'eût point admirée dans la simple robe grecque; il ne consentait à la voir qu'avec de la poudre et des rubans. C'était le costume du temps, il fallait bien l'endosser. « La demande des élégances, dit le brave

« Samuel Johnson dans son style commercial et aca-
« démique, était si fort accrue, que la pure nature
« ne pouvait être supportée plus longtemps. » La bonne compagnie et les lettrés faisaient un petit monde à part, qui s'était formé et raffiné d'après les mœurs et les idées de la France. Ils avaient pris le style correct et noble en même temps que le bon ton et les belles façons. Ils tenaient à ce style comme à leur habit; c'était affaire de convenance ou de cérémonie; il y avait un patron accepté, immuable; on ne pouvait le changer sans indécence ou ridicule; écrire en dehors de la règle, surtout en vers, avec effusion et naturel, c'eût été se présenter dans un salon en pantoufles et en robe de chambre. Leur plaisir, en lisant des vers, était de vérifier si le patron était exactement suivi; l'invention n'était permise que dans les détails; on pouvait ajuster là une dentelle, ici un galon; mais on était tenu de conserver scrupuleusement la forme officielle, de brosser le tout avec minutie, et de ne paraître jamais qu'avec des dorures neuves et du drap lustré. L'attention ne se portait plus que sur les raffinements; une broderie plus ouvragée, un velours plus éclatant, une plume plus gracieusement posée, c'est à cela que se réduisaient les audaces et les tentatives; la moindre incorrection, la disparate la plus légère eût choqué les yeux; on perfectionnait l'infiniment petit. Les lettrés faisaient comme ces coquettes pour qui les superbes déesses de Michel-Ange et de Rubens ne sont que des vachères, mais qui poussent un petit cri de

plaisir à l'aspect d'un ruban à vingt francs l'aune. Une coupe de vers, un rejet, une métaphore les ravissait, et c'était là tout ce qui pouvait les ravir encore. Ils allaient ainsi chaque jour brodant, pomponnant, étriquant le brillant habit classique, jusqu'à ce qu'enfin l'esprit humain, gêné, le déchira, le jeta, et se mit à courir. Maintenant qu'il est à terre, les critiques le ramassent, le pendent à la vue de tous dans leur musée de curiosités antiques, le secouent et tâchent de conjecturer d'après lui les sentiments des beaux seigneurs et des beaux parleurs qui le portaient.

V

Ce n'est pas tout d'avoir un bel habit, solidement cousu et à la mode ; il faut encore pouvoir entrer commodément dans son habit. Lorsqu'on passe en revue toute la file des poëtes anglais du dix-huitième siècle, on s'aperçoit qu'ils n'entrent pas commodément dans l'habit classique. Ce justaucorps doré, si bien fait pour un Français, ne convient qu'à peu près à leur taille ; de temps en temps un mouvement trop fort, incongru, le découd aux manches, et ailleurs. Voici, par exemple, Mathew Prior ; au premier regard il semble qu'il ait toutes les qualités requises pour le bien porter : il a été ambassadeur en France, il écrit de jolis impromptus français ; il tourne aisément de petits poëmes badins sur un dîner, sur une dame ; il est galant, homme de société, aimable conteur, épicurien, sceptique même, à la façon des courtisans de Charles II, c'est-à-dire jusques et y compris la coquinerie politique ; bref, c'est un mondain accompli dans son genre, ayant le style correct et coulant, maître du vers leste et du vers noble, et qui manie, d'après Bossu et Boileau, les pantins mythologiques. Avec tout cela, nous ne le trouvons ni assez gai ni assez fin. Bolingbroke l'appelle « visage de bois, » têtu, et dit qu'il y a du Hollandais dans sa personne. Ses mœurs se sentent bien fort de celles de Rochester et de toute cette canaille bien vêtue que la Restauration légua à la Révolution. Il prend la première venue, s'enferme plusieurs jours avec elle, boit sec, s'endort, et la laisse s'enfuir avec son argenterie et ses habits. Entre autres souillons assez laides et toujours sales, il finit par garder Élisabeth Cox, si bien qu'il manqua l'épouser : heureusement il mourut à propos. Telles mœurs, tel style. Quand il veut imiter le Hans Carvel de La Fontaine, il l'alourdit, il l'allonge ; il ne sait pas être piquant, mais mordant ; ses polissonneries ont une crudité cynique ; sa moquerie est une satire, et il y a telle de ses poésies, l'avis à un jeune gentilhomme amoureux, où le coup de fouet est un coup d'assommoir. D'autre part, ce n'est pas un viveur ordinaire. De ses deux poëmes principaux, l'un, sur Salomon, paraphrase et met en scène le mot de l'Ecclésiaste : « Tout est va« nité. » A ce trait, vous découvrez tout de suite que vous êtes en pays biblique : une pareille idée ne fût point venue alors à un camarade du Régent. Salomon conte ici qu'il a vainement interrogé ses sages, qu'il a été malheureux également par l'amour refusé et par l'amour obtenu, que le pouvoir ne l'a point contenté, et il finit par se remettre aux mains de Dieu. Ce sont là des tristesses et des conclusions anglaises [1]. D'ailleurs, sous la rhétorique et la facture uniforme des vers, on sent de la chaleur et de la passion, on aperçoit de riches peintures, une sorte de magnificence et l'épanchement d'une imagination trop pleine. La sève en ce pays est toujours plus forte que chez nous; leurs sensations sont plus profondes, comme leurs pensées plus originales. Son autre poëme, très-hardi et très-philosophique, contre les vérités et les pédanteries officielles, est une conversation bouffonne sur le siège de l'âme, où Voltaire a pris beaucoup d'idées et beaucoup d'ordures; tout l'arsenal des sceptiques et des matérialistes était bâti et rempli en Angleterre, quand les Français y sont venus; Voltaire n'a fait qu'y choisir, affiler des flèches. Notez encore que ce poëme est tout entier écrit en style de prose, avec un âpre bon sens et une franchise médicale que les plus crues des abominations n'effarouchent pas [2]. *Candide* et *les Oreilles du comte de Chesterfield* sont des écrits plus bril-

---

[1]. In the remotest wood and lonely grot,
Certain to meet that worst of evils, *thought*.

[2]. Your nicer Hottentots think meet
With guts and tripe to deck their feet;
With downcast looks on Potta's legs,
The ogling youth most humbly begs,
She would not from his hopes remove
At once his breakfast and his love....
Before you see you smell your toast,
And sweetest she that stinks the most.
(*Alma*, livre II.)

lants, mais non plus vrais. Somme toute, brutalité, manque de goût, longueurs, perspicacité, passion, il y a quelque chose en cet homme qui ne s'accorde pas avec l'élégance classique. Il va au delà ou ne l'atteint pas.

Ce désaccord va croître, et des yeux attentifs découvrent vite sous l'enveloppe régulière une espèce d'imagination énergique et précise qui la rompra. En ce temps-là vivait Gay, sorte de La Fontaine, aussi voisin de La Fontaine qu'un Anglais peut l'être, c'est-à-dire assez peu, à tout le moins bon et aimable vivant, très-sincère, très-naïf, « singulièrement irré-
« fléchi, né pour être dupé, » et jeune homme jusqu'au bout. Swift disait de lui qu'il n'aurait jamais dû avoir plus de vingt-deux ans. « Simplicité d'enfant, écrivait
« Pope, esprit d'homme. » Il vivait, comme La Fontaine, aux dépens des grands, voyageait autant qu'il pouvait à leurs frais, perdait son argent dans les spéculations de la mer du Sud, souhaitait une place à la cour, écrivait des fables pleines d'humanité pour former le cœur du duc de Cumberland[1], finissait par s'établir en parasite aimé, en poëte domestique, chez le duc et la duchesse de Queensbury. De sérieux, fort peu ; de scrupule et de tenue, pas davantage. « C'est
« mon triste destin, disait-il, que je ne peux rien ob-
« tenir de la cour, que j'écrive contre elle ou pour
« elle. » Et il faisait mettre sur son tombeau : « La vie
« est une plaisanterie ; je l'avais bien pensé autrefois,

---

1. Celui qu'on surnomma le *Boucher*

« mais à présent je le sais. » C'est ce rieur insouciant qui, pour se venger du ministère, fit *l'Opéra du Gueux*, la plus féroce et la plus fangeuse des caricatures. En cette cour on égorge les gens pour les égratigner ; les innocents manient le couteau comme les autres. Il était rieur pourtant, mais à sa manière, ou plutôt à la manière de son pays. Voyant « certains jeunes « gens d'une délicatesse insipide, » Ambroise Philips par exemple, qui écrivait des pastorales élégantes et tendres, dans le goût de notre Fontenelle, il s'amusa à les contrefaire et à les contredire, et, dans *la Semaine du Berger*, fit entrer les mœurs réelles dans le mètre et dans la forme de la poésie d'apparat. « Courtois lecteur, dit-il dans sa préface, tu trouve-
« ras mes bergères occupées, non pas à souffler dans
« des chalumeaux, mais à lier les gerbes, à traire les
« vaches, ou à ramener les porcs à leur auge ; mon
« berger ne dort point sous des myrtes, mais sous
« une haie ; il ne veille pas diligemment à préserver
« son troupeau des loups, car il n'y en a point[1]. »
Figurez-vous un pâtre de Théocrite ou de Virgile à qui l'on met de force les souliers ferrés et l'attirail d'un vacher du Devonshire ; ce sera un grotesque qui nous divertira par le contraste de sa personne et de ses habits. De même ici *la Magicienne*, *le Combat*

---

1. Thou wilt not find my shepherdesses idly piping on oaten reeds, but milking the kine, tying up the sheaves, or if the hogs are astray, driving them to their styes. My shepherd.... sleepeth not under myrtle shades, but under hedges ; nor does he vigilantly defend his flocks from wolves, because there are none.

des Bergers, toutes sortes d'églogues antiques sont travesties à la moderne. Écoutez ce chant du premier berger : « Les poireaux sont chers au Gallois, le beurre « au Hollandais, — la pomme de terre est le mets du « berger irlandais. — L'Écossais broie l'avoine pour « son festin, — les raves douces sont la nourriture « de ma maîtresse. — Tant qu'elle aimera les raves, « je mépriserai le beurre. — Ni les poireaux, ni le « gruau d'avoine, ni les pommes de terre ne toucheront mon cœur[1]. » L'autre berger répond dans le même mètre, et le duo chemine, couplet par couplet, à l'antique, mais cette fois parmi les navets, la bière forte, les porcs gras, éclaboussé à plaisir par les vulgarités de la campagne moderne et par les fanges d'un climat du Nord. Van Ostade et Téniers aiment ces idylles triviales et bouffonnes, et chez Gay, comme chez eux, la drôlerie crue et sensuelle ne manque pas. Les gens du Nord, gros mangeurs, ont toujours aimé les kermesses. Les gaillardises des soûlards et des commères, l'expansion grotesque de la verve populacière et animale les mettent de belle humeur. Il faut être vraiment mondain ou artiste, Français ou Italien, pour y répugner. Elles sont un produit du pays, comme la viande et la bière ; tâchons, pour en jouir, d'oublier nos vins, nos fruits délicats,

---

1. Leek to the Welsh, to Dutchmen butter's dear,
Of Irish swains potatoe is the cheer,
Oat for their feasts the Scottish shepherds grind,
Sweet turnips are the food of Blouzelind;
While she loves turnips, butter I'll despise,
Nor leeks, nor oat-meal, nor potatoe, prize.

de nous faire des sens obtus, de devenir par l'imagination compatriotes de ces gens-là. Nous nous sommes bien habitués à ces patauds ivrognes que Louis XIV appelait des magots, à ces cuisinières rougeaudes qui ratissent un cabiau, et au reste. Habituons-nous à Gay, à son poëme sur l'art de marcher dans les rues de Londres, à ses conseils à propos de ruisseaux sales et de bottes fortes, à sa description des amours de la déesse Cloacina et d'un boueux, d'où sont sortis les petits décrotteurs. Il est amateur du réel ; il a l'imagination précise, il n'aperçoit pas les objets en gros par des vues générales, mais un à un, chacun avec tous ses contours et tous ses alentours, quel qu'il soit, beau ou laid, sale ou propre. Les autres font comme lui, même les classiques attitrés, même Pope. Il y a dans Pope telle description minutieuse garnie de mots colorés, de détails locaux, où les traits abréviatifs et caractéristiques sont enfoncés d'une main si libre et si sûre qu'on prendrait l'auteur pour un réaliste moderne, et qu'on trouverait dans l'œuvre un document d'histoire[1]. Quant à Swift, c'est le plus amer des positivistes, et plus encore en poésie qu'en prose. Lisez son églogue de Strephon et Chloé, si vous voulez savoir à quel point on peut ravaler la noble draperie poétique. Ils en font un torchon ou ils en habillent des rustres ; la toge romaine et la chlamyde grecque ne vont pas à ces épaules de barbares. Ils sont comme

---

1. Épître à miss Blount sur la vie de campagne.

ces chevaliers du moyen âge qui, ayant pris Constantinople, s'affublèrent par plaisanterie des longues robes byzantines et se mirent à chevaucher par les rues en cet équipage, traînant leurs broderies dans le ruisseau.

Ils feront bien, comme les chevaliers, de retourner dans leur manoir, à la campagne, dans la boue de leurs fossés et dans les fumiers de leurs basses-cours. Moins l'homme est propre à la vie sociale, plus il est propre à la vie solitaire. Il goûte d'autant mieux la campagne, qu'il goûte moins le monde. Les gens de ce pays ont toujours été plus féodaux et campagnards que nous. Sous Louis XIV et Louis XV, le pire malheur pour un gentilhomme était d'aller moisir dans ses terres; hors des sourires du roi et des beaux entretiens de Versailles, il n'y avait qu'à bailler et à mourir. Ici, en dépit de la civilisation artificielle et des révérences mondaines, le goût de la chasse et des exercices physiques, les intérêts politiques et les nécessités des élections ramènent les nobles dans leur domaine. A ce moment, l'instinct se réveille. Un homme passionné, triste, naturellement replié sur lui-même, fait la conversation avec les objets; un grand ciel grisâtre où dorment des vapeurs d'automne, un jet soudain de soleil qui vient illuminer une prairie humide l'abattent ou le raniment; les choses inanimées lui semblent vivantes; et la clarté faible, qui le matin vient rougir le bord du ciel, le remue autant que le sourire d'une jeune fille à son premier bal. Ainsi naît la vraie poésie descriptive. Elle perce dans Dryden, dans Pope lui-même, jusque dans les faiseurs des pastorales coquettes, et éclate dans les *Saisons* de Thompson. Celui-ci, fils d'un ecclésiastique et très-pauvre, vécut, comme la plupart des écrivains du temps, de gratifications et de souscriptions littéraires, de sinécures et de pensions politiques, ne se maria point faute d'argent, fit des tragédies parce que les tragédies étaient lucratives, et finit par s'établir dans une maison champêtre, restant au lit jusqu'à midi, indolent, contemplatif, mais bon homme et honnête homme, affectueux et aimé des autres. Il voyait et aimait la campagne jusque dans ses plus minces détails, non par grimace, comme Saint-Lambert, son imitateur; il en faisait sa joie, son divertissement, son occupation habituelle, jardinier de cœur, ravi de voir venir le printemps, heureux de pouvoir enclore un champ de plus dans son jardin. Il peint toutes les petites choses, il n'en a pas honte, elles l'intéressent; il prend plaisir à « l'odeur de la laiterie; » vous l'entendez parler des chenilles, et « de la feuille qui se « recroqueville empoisonnée par leur morsure, » des oiseaux qui, sentant venir la pluie, « lissent d'huile « leur plumage pour que l'eau luisante puisse glisser « sur leur corps. » Il sent si bien les objets qu'il les fait voir : on reconnaît le paysage anglais, vert et humide, à demi noyé de vapeurs mouvantes, taché çà et là de nuages violacés qui fondent en ondées sur l'horizon qu'ils ternissent, mais où la lumière se distille finement tamisée dans la brume, et dont le ciel lavé reluit par instants avec une incomparable pureté.

Là[1], « le vent du sud amollissant échauffe le large
« espace de l'air, et sur le vide du ciel souffle les
« lourdes nuées distendues par les pluies printanières.
« Tout le long du jour les nuages gonflés versent leurs
« ondées bienfaisantes, et la terre arrosée se gorge
« profondément de vie végétale, jusqu'à ce que, dans
« le ciel occidental, le soleil penché sorte resplendis-
« sant du milieu de la pourpre des nuages qu'il a
« rompus. Soudain le rapide rayonnement frappe la
« montagne illuminée, ruisselle à travers la forêt,
« ondoie sur les flots et, dans un brouillard jaunâtre
« qui fait fumer au loin l'interminable plaine, allume
« dans les gouttes de rosée des myriades d'étincelles. »
Voilà de l'emphase, mais voilà de l'opulence. Il y a
dans cet air et dans cette végétation, dans cette imagination et dans ce style, un entassement et comme
un empâtement de teintes noyées ou éclatantes; elles
sont ici la robe chatoyante et lustrée de la nature et
de l'art. Il faut la voir dans Rubens, il est le peintre
et le poëte du climat plantureux et humide; mais on

---

1.   Th' effusive South
Warms the wide air, and o'er the void of Heav'n,
Breathes the big clouds with vernal show'rs distent....
Thus all day long the full-distended clouds
Indulge their genial stores, and well-show'r'd Earth
Is deep enrich'd with vegetable life,
Till in the western sky the downward sun
Looks out, effulgent, from amid the flush
Of broken clouds, gay-shifting to his beam.
The rapid radiance instantaneous strikes
Th' illumin'd mountain, thro' the forest streams,
Shakes on the floods, and in a yellow mist
Far smoking o'er the interminable plain,
In twinkling myriads lights the dewy gems.
Moist, bright, and green, the landscape laughs around:
(*Spring*, 142—195.)

la découvre aussi chez les autres, et, dans cette magnificence de Thompson, dans ce coloris surchargé, luxuriant, grandiose, on retrouve quelquefois la grasse palette de Rubens.

VI

Tout cela s'encadre assez mal dans la dorure classique. Ses imitations visibles de Virgile, ses épisodes insérés en façon de placage, ses invocations au Printemps, à la Muse, à la Philosophie, tous les souvenirs et les conventions de collége font disparate. Mais le contraste se marque bien davantage sur un autre point. La vie mondaine, tout artificielle, telle que Louis XIV l'avait mise à la mode, commençait à excéder les gens en Europe. On la trouvait sèche et vide; on se lassait d'être toujours en représentation, de subir l'étiquette. On sentait que la galanterie n'est point l'amour, ni les madrigaux la poésie, ni l'amusement le bonheur. On comprenait que l'homme n'est point une poupée élégante, qu'un petit-maître n'est pas le chef-d'œuvre de la nature, et qu'il y a un monde en dehors des salons. Un plébéien génevois, protestant et solitaire, que sa religion, son éducation, sa pauvreté et son génie avaient mené plus vite et plus avant que les autres, vint dire tout haut le secret du public, et l'on jugea qu'il avait découvert ou retrouvé la campagne, la conscience, la religion, les droits de l'homme et les sentiments naturels. Alors parut un nouveau personnage, idole et modèle de son temps, *l'homme sensible* qui, par son caractère sérieux et par son goût pour la nature, faisait contraste avec l'homme de cour. Sans doute ce personnage se sent des lieux qu'il a fréquentés. Il est raffiné et fade, s'attendrit à l'aspect des jeunes agneaux qui broutent l'herbe naissante, bénit les petits oiseaux qui célèbrent leur bonheur par leurs concerts. Il est emphatique et phraseur, compose des tirades sur le sentiment, invective contre le siècle, apostrophe la Vertu, la Raison, la Vérité et les divinités abstraites qu'on grave en taille-douce sur les frontispices. En dépit de lui-même, il reste homme de salon et d'académie; après avoir dit des douceurs aux dames, il en dit à la nature et déclame en périodes limées à propos de Dieu. Mais, en somme, c'est par lui que commence la révolte contre les habitudes classiques; et, à ce titre, il est plus précoce en Angleterre, pays germanique, qu'en France, pays latin. Trente ans avant Rousseau, Thompson avait exprimé tous les sentiments de Rousseau, presque dans le même style. Comme lui, il peignait la campagne avec sympathie et avec enthousiasme. Comme lui, il opposait l'âge d'or de la simplicité primitive aux misères et à la corruption moderne. Comme lui, il exaltait l'amour profond, la tendresse conjugale, « l'union des âmes, la « parfaite estime animée par le désir; » l'affection paternelle et toutes les joies domestiques. Comme lui, il combattait la frivolité contemporaine et mettait en regard les anciennes républiques, « dont les désirs « héroïques planaient si fort au-dessus de la petite « sphère égoïste de notre vie sceptique. » Comme lui, il louait le sérieux, le patriotisme, la liberté, la vertu, s'élevait du spectacle de la nature à la contemplation de Dieu et montrait à l'homme par delà le tombeau les perspectives de la vie immortelle. Comme lui enfin, il altérait la sincérité de son émotion et la vérité de sa poésie par des fadeurs sentimentales, par des roucoulements de bergerades, et par une telle abondance d'épithètes, d'abstractions changées en personnes, d'invocations pompeuses et de tirades oratoires, qu'on y aperçoit d'avance le style décoratif et faux de Thomas, de David [1] et de la Révolution.

Les autres suivent. On pourrait appeler la littérature environnante la bibliothèque de l'homme sensible. Il y a d'abord Richardson, l'imprimeur puritain, avec son chevalier Grandisson, personnage à principes, modèle accompli du gentilhomme chrétien, professeur de décorum et de morale, et qui par-dessus le marché a de l'âme. Il y a aussi Sterne, le polisson raffiné et maladif, qui, au milieu de ses bouffonneries et de ses bizarreries, s'arrête pour pleurer sur un âne qu'il rencontre ou sur un prisonnier qu'il imagine. Il y a surtout Mackensie, « l'homme de sentiment, » dont le héros timide, délicat, s'attendrit cinq ou six fois par jour, devient poitrinaire par sensibilité, n'ose déclarer son amour qu'en mourant, et meurt de sa déclaration. Naturellement, l'éloge amène la satire, et on voit paraître dans le camp opposé Fielding, ce vaillant gaillard, et Sheridan, ce brillant

---

1. Voir *les Fêtes de la Révolution*, par David.

mauvais sujet, l'un avec son Blifil, l'autre avec son Joseph Surface, deux tartufes, surtout le second, non pas brutal, rougeaud et sentant la sacristie comme le nôtre, mais mondain, bien vêtu, beau diseur, noblement sérieux, triste et doux par excès de tendresse, et qui, la main sur le cœur, la larme à l'œil, verse sur le public une pluie de sentences et de périodes, pendant qu'il salit la réputation de son frère et débauche la femme de son voisin. Le personnage ainsi bâti, on lui fait son épopée. Un Écossais, homme d'esprit, qui en avait trop, ayant écrit pour son compte une rapsodie malheureuse, voulut se dédommager, alla dans les montagnes de son pays, ramassa des images pittoresques, assembla des fragments de légende, plaqua sur le tout beaucoup d'éloquence et de rhétorique, et fabriqua un Homère celtique, Ossian, qui, avec Oscar, Malvina et sa troupe, fit le tour de l'Europe et finit vers 1830 par fournir des noms de baptême aux grisettes et aux coiffeurs. Macpherson étalait devant les gens un pastiche des mœurs primitives, point trop vraies, car l'extrême crudité des barbares eût choqué, mais cependant assez bien conservées ou imitées pour faire contraste avec la civilisation moderne et persuader au public qu'il contemplait la pure nature. Un vif sentiment du paysage écossais, si grand, si froid, si morne, la pluie sur la colline, le bouleau qui tremble au vent, la brume au ciel et le vague de l'âme, en sorte que chaque rêveur retrouvait là les émotions de ses promenades solitaires et de ses tristesses philosophiques; des exploits et des générosités chevaleresques, des héros qui vont seuls combattre une armée, des vierges fidèles qui meurent sur la tombe de leur fiancé, un style passionné, coloré, qui affecte d'être abrupt, et qui pourtant est poli, capable de charmer un disciple de Rousseau par sa chaleur et son élégance : il y avait de quoi transporter les jeunes enthousiastes du temps, barbares civilisés, amateurs lettrés de la nature, qui rêvaient aux délices de la vie sauvage en secouant la poudre que le perruquier avait laissée sur leur habit.

Ce n'est point là pourtant que va le gros courant de la poésie ; il va vers la réflexion sentimentale ; les poëmes les plus nombreux et les plus en vogue sont des dissertations émues. En effet, la tirade est le propre de l'homme sensible. A propos d'un nuage, il rêve à la vie humaine et fait une phrase. C'est pourquoi on voit fourmiller en ce moment, parmi les poëtes, les philosophes attendris et les académiciens pleurards : Gray, le solitaire morose de Cambridge et le noble penseur Akenside, tous deux imitateurs savants de la haute poésie grecque ; Beattie, le métaphysicien moraliste, qui eut des nerfs de jeune femme et des manies de vieille fille ; l'aimable et affectueux Goldsmith, qui fit le *Ministre de Wakefield*, la plus charmante des pastorales protestantes ; le pauvre Collins, jeune enthousiaste qui se dégoûta de la vie, ne voulut plus lire que la Bible, devint fou, fut enfermé, et, dans ses intervalles de liberté, errait dans la cathédrale de Chichester, accompagnant la musique de ses sanglots et de ses gémissements ; Glover, Watts, Shenstone,

Smart, et d'autres encore. Les titres de leurs ouvrages indiquent assez leurs caractères : l'un écrit un poëme « sur les plaisirs de l'imagination, » l'autre des odes sur les passions et la liberté, celui-ci une élégie sur un cimetière de campagne et un hymne à l'adversité, celui-là des vers sur un village ruiné et sur le caractère des civilisations voisines, son voisin une sorte d'épopée sur les Thermopyles, un autre encore l'histoire morale d'un jeune ménestrel. Ce sont presque tous des gens sérieux, spiritualistes, passionnés pour les idées nobles, ayant des aspirations ou des convictions chrétiennes, occupés à méditer sur l'homme, enclins à la mélancolie, aux descriptions, aux invocations, amateurs de l'abstraction et de l'allégorie, et qui, pour atteindre la grandeur, montent volontiers sur des échasses. Un des moins rigides et des plus célèbres fut Young, l'auteur des *Nuits*, ecclésiastique et courtisan, qui ayant en vain essayé d'être député, puis évêque, se maria, perdit sa femme et les enfants de sa femme, et profita de son malheur pour écrire en vers des méditations « sur la vie, la mort, l'immor- « talité, le temps, l'amitié, le triomphe du chrétien, « la vertu, l'aspect du ciel étoilé, » et beaucoup d'autres choses semblables. Sans doute il y a de grands éclairs d'imagination dans ces poëmes; la gravité et l'élévation n'y manquent pas, on voit même qu'il les cherche; mais on découvre encore plus vite qu'il exploite son chagrin et qu'il se drape. Il exagère et déclame, il cherche les effets de style, il mêle les deux garde-robes, la grecque et la chrétienne. Figurez-vous un père malheureux qui célèbre « le silence et « l'obscurité, ces deux sœurs solennelles, ces deux « jumelles filles de l'antique Nuit; » un prêtre qui « fait sa cour à la sœur du jour, la déesse aux doux « yeux, » se déclare « le rival d'Endymion [1] » et quelques pages plus loin apostrophe le ciel et la terre à propos de la résurrection de Jésus-Christ. Et cependant le sentiment est neuf et sincère. Mettre en vers la philosophie chrétienne, n'est-ce pas là une des plus grandes idées modernes? Young et ses contemporains disent d'avance ce que découvriront M. de Chateaubriand et M. de Lamartine. Le vrai, factice, tout se trouve ici quarante ans plus tôt que chez nous. Les anges et les autres machines célestes fonctionnent depuis longtemps en Angleterre avant d'aller infester le *Génie du christianisme* et les *Martyrs*. Atala et Chactas sortent de la même fabrique que Malvina et Fingal. Si M. de Lamartine lisait les odes de Gray et les réflexions d'Akenside, il y retrouverait la douceur mélancolique, l'art exquis, les beaux raisonnements et la moitié des idées de sa propre poésie. Et néanmoins, si voisins d'une rénovation littéraire, ils ne l'atteignent pas encore. En vain le fond est changé, la forme subsiste. Ils ne se débarrassent pas de la draperie classique; ils écrivent trop bien, ils n'osent pas être naturels. Il y a toujours chez eux un magasin

---

1. Silence and Darkness! Solemn sisters! Twins
Of ancient night! I to Day's soft-ey'd sister pay my court
(Endymion's rival), and her aid implore
Now first implor'd in succour to the Muse.

patenté de beaux mots convenus, d'élégances poétiques, où chacun se croit obligé d'aller chercher ses phrases. Il ne leur sert de rien d'être passionnés ou réalistes, d'oser décrire comme Shenstone, une maîtresse d'école et l'endroit sur lequel elle fouette un polisson : leur simplicité est voulue, leur naïveté archaïque, leur émotion compassée, leurs larmes académiques. Toujours, au moment d'écrire, se dresse un modèle auguste, une sorte de maître d'école qui pèse sur eux de tout son poids, de tout le poids que cent vingt ans de littérature peuvent donner à des préceptes. La prose est toujours l'esclave de la période; Samuel Johnson, qui fut à la fois le La Harpe et le Boileau de son siècle, explique et impose à tous la phrase étudiée, équilibrée, irréprochable, et l'ascendant classique est encore si fort, qu'il maîtrise l'histoire naissante, le seul genre qui, dans la littérature anglaise, soit alors européen et original. Hume, Robertson et Gibbon sont presque Français par leur goût, leur langue, leur éducation, leur conception de l'homme. Ils content en gens du monde, cultivés et instruits, avec agrément et clarté, d'un style poli, nombreux, soutenu. Ils montrent un esprit libéral, une modération continue, une raison impartiale. Ils bannissent de l'histoire les grossièretés et les longueurs. Ils écrivent sans fanatisme ni préjugés. Mais en même temps ils amoindrissent la nature humaine; il ne comprennent ni la barbarie ni l'exaltation; ils peignent les révolutions et les passions comme feraient des gens qui n'auraient jamais vu que des salons parés et des bibliothèques époussetées; ils jugent les enthousiastes avec un sang-froid de chapelains ou un sourire de sceptiques; ils effacent les traits saillants qui distinguent les physionomies humaines; ils couvrent d'un vernis brillant et uniforme toutes les pointes âpres de la vérité. Enfin paraît un paysan d'Écosse [1] malheureux, révolté et amoureux, avec les aspirations, les concupiscences, la grandeur et la déraison d'un génie moderne. Çà et là, en poussant sa charrue, il trouve des vers vrais, des vers comme Heine et Alfred de Musset viennent aujourd'hui d'en faire. Dans ces quelques mots combinés d'une façon nouvelle, il y avait une révolution. Deux cents vers neufs, cela suffisait. L'esprit humain tournait sur ses gonds, et aussi la société civile. Quand Roland, devenu ministre, se présenta devant Louis XVI avec un habit uni et des souliers sans boucles, le maître des cérémonies leva les mains au ciel, pensant que tout était perdu. En effet, tout était changé.

1. Robert Burns.

LIVRE IV.

L'AGE MODERNE.

CHAPITRE I.

Les idées et les œuvres.

I. Changements dans la société. — Avènement de la démocratie.— La Révolution française. — Le désir de parvenir. — Changements dans l'esprit humain. — Nouvelle idée des causes. — La philosophie allemande. — Le désir de l'*au-delà*.

II. Robert Burns.— Son pays.— Sa famille.—Sa jeunesse.— Ses misères. — Ses aspirations et ses efforts. — Ses invectives contre la société et l'Église. — *The Jolly Beggars*. — Ses attaques contre le cant officiel. — Son idée de la vie naturelle. — Son idée de la vie morale. — Son talent. — Comment il est spontané. — Son style. — Comment il est novateur. — Son succès. — Ses affectations. — Ses lettres étudiées et ses vers académiques. — Sa vie de fermier. — Son emploi de douanier. — Ses dégoûts. — Ses excès. — Sa mort.

III. Domination des conservateurs en Angleterre. — La Révolution ne se fait d'abord que dans le style. — Cowper. — Sa délicatesse maladive.— Ses désespoirs.— Sa folie.— Sa retraite.— *The Task*. — Idée moderne de la poésie. — Idée moderne du style.

IV. L'école romantique. — Ses prétentions. — Ses tâtonnements.— Les deux idées de la littérature moderne. — L'histoire entre dans la littérature. — Lamb, Coleridge, Southey, Moore. — Défauts de ce genre. — Pourquoi il réussit moins en Angleterre qu'ailleurs.

— Sir Walter Scott. — Son éducation. — Ses études d'antiquaire. — Ses goûts nobiliaires. — Sa vie. — Ses poëmes. — Ses romans. — Insuffisance de ses imitations historiques. — Excellence de ses peintures nationales. — Ses tableaux d'intérieur. — Sa moquerie aimable. — Ses intentions morales. — Sa place dans la civilisation moderne. — Développement du roman en Angleterre. — Réalisme et honnêteté. — En quoi ce genre est bourgeois et anglais.
V. La philosophie entre dans la littérature. — Inconvénients du genre. — Wordsworth. — Son caractère. — Sa condition. — Sa vie. — Peinture de la vie morale dans la vie vulgaire. — Introduction du style terne et des compartiments psychologiques. — Défauts du genre. — Noblesse des sonnets. — *L'Excursion.* — Beauté austère de cette poésie protestante. — Shelley. — Ses imprudences. — Ses théories. — Sa fantaisie. — Son panthéisme. — Ses personnages idéaux. — Ses paysages vivants. — Tendance générale de la littérature nouvelle. — Introduction graduelle des idées continentales.

Aux approches du dix-neuvième siècle commence en Europe la grande révolution moderne. Le public pensant et l'esprit humain changent, et sous ces deux chocs une littérature nouvelle jaillit.

L'âge précédent a fait son œuvre. La prose parfaite et le style classique ont mis à la portée des esprits les plus arriérés et les plus lourds les opinions de la littérature et les découvertes de la science. Les monarchies tempérées et les administrations régulières ont laissé la classe moyenne se développer sous la pompeuse noblesse de cour, comme on voit les plantes utiles pousser sous les arbres de parade et d'ornement. Elles multiplient, elles grandissent, elles montent au niveau de leurs rivales, elles les enveloppent dans leur végétation florissante et les confondent dans leur massif. Un monde nouveau, bourgeois, plébéien, occupe désormais la place, attire les yeux, impose sa forme dans les mœurs, imprime son image dans les esprits. Vers la fin du siècle, un concours subit de circonstances extraordinaires l'étale tout d'un coup à la lumière et le dresse à une hauteur que nul âge n'avait connue. Avec les grandes applications des sciences, la démocratie paraît. La machine à vapeur et la mull-jenny élèvent en Angleterre des villes de trois cent, de cinq cent mille âmes. En cinquante ans, la population double, et l'agriculture devient si parfaite que, malgré cet accroissement énorme de bouches qu'il faut nourrir, un sixième des habitants avec le même sol fournit des aliments au reste; l'importation triple et au delà, le tonnage des navires sextuple, l'exportation sextuple et au delà[1]. Le bien-être, le loisir, l'instruction, la lecture, les voyages, tout ce qui était le privilége de quelques-uns devient le bien commun du grand nombre. Le flot montant de la richesse soulève l'élite des pauvres jusqu'à l'aisance, et l'élite des gens aisés jusqu'à l'opulence. Le flot montant de la civilisation soulève la masse du peuple jusqu'aux rudiments de l'éducation, et la masse de la bourgeoisie jusqu'à l'éducation complète. En 1709 avait paru le premier journal quotidien, grand comme la main, que l'éditeur ne savait comment remplir, et qui, joint à tous les autres ne fournissait pas chaque année trois mille exemplaires. En 1844, le timbre marquait soixante et onze millions de numéros, plusieurs grands et pleins

---

[1]. Alison, *History of Europe*;— Porter, *Progress of the Nation*

comme des volumes. Ouvriers et bourgeois, affranchis, enrichis, parvenus, ils sortent des bas-fonds où ils gisaient enfouis dans l'épargne étroite, l'ignorance et la routine ; ils arrivent sur la scène, ils quittent l'habit de manœuvres et de comparses, ils s'emparent des premiers rôles par une irruption subite ou par un progrès continu, à coups de révolutions, avec une prodigalité de travail et de génie, à travers des guerres gigantesques, tour à tour ou en même temps en Amérique, en France, dans toute l'Europe, fondateurs ou destructeurs d'États, inventeurs ou rénovateurs de sciences, conquérants ou acquéreurs de droits politiques. Ils s'ennoblissent par leurs grandes œuvres, ils deviennent les rivaux, les égaux, les vainqueurs de leurs maîtres ; ils n'ont plus besoin de les imiter, ils ont des héros à leur tour, ils peuvent montrer comme eux leurs croisades, ils ont gagné comme eux le droit d'avoir une poésie, et vont avoir une poésie comme eux.

C'est en France, pays de l'égalité précoce et des révolutions complètes, qu'il faut observer ce nouveau personnage, le plébéien occupé à parvenir : Augereau, fils d'une fruitière ; Marceau, fils d'un procureur ; Murat, fils d'un aubergiste ; Ney, fils d'un tonnelier ; Hoche, ancien sergent, qui le soir dans sa tente lit le *Traité des Sensations* de Condillac, et surtout ce jeune homme maigre, aux cheveux plats, aux joues creuses, desséché d'ambition, le cœur rempli d'imaginations romanesques et de grandes idées ébauchées, qui, lieutenant sept années durant, a lu deux fois à Va-

lence tout le magasin d'un libraire, qui en ce moment en Italie, ayant la gale, vient de détruire cinq armées avec une troupe de va-nu-pieds héroïques, et rend compte à son gouvernement de ses victoires avec des fautes d'orthographe et de français. Il devient maître, se proclame le représentant de la Révolution, déclare que « la carrière est ouverte aux talents, » et lance les autres avec lui dans les entreprises. Ils le suivent, parce qu'il y a de la gloire et surtout de l'avancement à gagner. « Deux officiers, dit Stendhal, comman-
« daient une batterie à Talavera ; un boulet arrive
« qui renverse le capitaine. — Bon ! dit le lieutenant,
« voilà François tué, c'est moi qui serai capitaine. —
« — Pas encore, dit François, qui n'avait été qu'é-
« tourdi et qui se relève. » Ces deux hommes n'étaient point ennemis ni méchants, au contraire, compagnons et camarades ; mais le lieutenant voulait monter en grade. Voilà le sentiment qui a fourni des hommes aux exploits et aux carnages de l'Empire, qui a fait la révolution de 1830, et qui aujourd'hui, dans cette énorme démocratie étouffante, contraint les gens à faire assaut d'intrigues et de travail, de génie et de bassesses, pour sortir de leur condition primitive et pour se hausser jusqu'aux sommets dont la possession est livrée à leur concurrence ou promise à leur labeur. Le personnage régnant aujourd'hui n'est plus l'homme de salon, dont la place est assise et la fortune faite, élégant et insouciant, qui n'a d'autre emploi que de s'amuser et de plaire ; qui aime à causer, qui est galant, qui passe sa vie en conversations avec

des femmes parées, parmi des devoirs de société et les plaisirs du monde ; c'est l'homme en habit noir, qui travaille seul dans sa chambre ou court en fiacre pour se faire des amis et des protecteurs ; souvent envieux, déclassé par nature, quelquefois résigné, jamais satisfait, mais fécond en inventions, prodigue de sa peine, et qui trouve l'image de ses souillures et de sa force dans le théâtre de Victor Hugo et dans le roman de Balzac[1].

Il a d'autres soucis, et de plus grands. En même temps que l'état de la société humaine, la forme de l'esprit humain a changé. Elle a changé par un développement naturel et irrésistible, comme une fleur qui devient fruit, comme un fruit qui devient graine. L'esprit recommence l'évolution qu'il a déjà faite à Alexandrie, non pas, comme alors, au milieu d'un air délétère, dans la dégradation universelle des hommes asservis, dans la décadence croissante d'une société qui se dissout, parmi les angoisses du désespoir et les fumées du rêve ; mais au sein d'un air qui s'épure, parmi les progrès visibles d'une société qui s'améliore et l'ennoblissement général des hommes relevés et affranchis, au milieu des plus fières espérances, dans la saine clarté des sciences expérimentales. L'âge oratoire qui finit, comme il finissait à Athènes et à Rome, a groupé toutes les idées dans un beau casier commode dont les compartiments conduisent à l'ins-

---

1. Comparez, pour [sentir ce contraste, Gil Blas et Ruy Blas, le Paysan parvenu de Marivaux et Julien Sorel de Stendhal.

tant les yeux vers l'objet qu'ils veulent définir, en sorte que désormais l'intelligence peut entrer dans des conceptions plus hautes et saisir l'ensemble qu'elle n'avait point encore embrassé. Les peuples isolés, Français, Anglais, Italiens, Allemands, arrivent à se toucher et à se connaître par l'ébranlement de la Révolution et par les guerres de l'Empire, comme jadis les races séparées, Grecs, Syriens, Égyptiens, Gaulois, par les conquêtes d'Alexandre et la domination de Rome : en sorte que désormais chaque civilisation, élargie par le choc des civilisations voisines, peut sortir de ses limites nationales et multiplier ses idées par le mélange des idées d'autrui. L'histoire et la critique naissent comme sous les Ptolémées, et de tous côtés, dans tout l'univers, sur tous les points du temps, elles s'occupent à ressusciter et à expliquer les littératures, les religions, les mœurs, les sociétés, les philosophies : en sorte que désormais l'intelligence, affranchie par le spectacle des civilisations passées, peut se dégager des préjugés de son siècle, comme elle s'est dégagée des préjugés de son pays. Une race nouvelle, engourdie jusque-là, donne le signal : l'Allemagne, par toute l'Europe, imprime le branle à la révolution des idées, comme la France à la révolution des mœurs. Ces bonnes gens qui se chauffaient en fumant au coin d'un poêle, et ne semblaient propres qu'à faire des éditions savantes, se trouvent tout d'un coup les promoteurs et les chefs de la pensée humaine. Nulle race n'a l'esprit si compréhensif ; nulle n'est si bien douée pour la haute spéculation.

On s'en aperçoit à sa langue, tellement abstraite qu'au delà du Rhin elle semble un jargon inintelligible. Et cependant c'est grâce à cette langue qu'elle atteint les idées supérieures. Car le propre de cette révolution, comme de la révolution alexandrine, c'est que l'esprit humain devient *plus capable d'abstraire.* Ils font en grand le même pas que les mathématiciens lorsqu'ils ont passé de l'arithmétique à l'algèbre, et du calcul ordinaire au calcul de l'infini. Ils sentent qu'au delà des vérités limitées de l'âge oratoire, il y a des explications plus profondes; ils vont au delà de Descartes et de Locke, comme les alexandrins au delà de Platon et d'Aristote; ils comprennent qu'un grand ouvrier architecte ou des atomes ronds et carrés ne sont point des causes, que des fluides, des molécules et des monades ne sont point des forces, qu'une âme spirituelle ou une sécrétion physiologique ne rend point compte de la pensée. Ils cherchent le sentiment religieux par delà les dogmes, la beauté poétique par delà les règles, la vérité critique par delà les mythes. Ils veulent saisir les puissances naturelles et morales en elles-mêmes, indépendamment des supports fictifs auxquels leurs devanciers les attachaient. Tous ces supports, âmes et atomes, toutes ces fictions, fluides et monades, toutes ces conventions, règles du beau et symboles religieux, toutes les classifications rigides des choses naturelles, humaines et divines, s'effacent et s'évanouissent. Désormais elles ne sont plus que des figures; on ne les garde qu'à titre d'aide-mémoire et d'auxiliaires de l'esprit; elles ne sont bonnes que provisoirement et pour aller plus loin. D'un mouvement commun sur toute la ligne de la pensée humaine, les causes reculent jusque dans une région abstraite où la philosophie n'était point allée les chercher depuis dix-huit cents ans. Alors paraît la maladie du siècle, l'inquiétude de Werther et de Faust, toute semblable à celle qui, dans un moment semblable, agita les hommes il y a dix-huit siècles : je veux dire le mécontentement du présent, le vague désir d'une beauté supérieure et d'un bonheur idéal, la douloureuse aspiration vers l'infini. L'homme souffre de douter, et cependant il doute; il essaye de ressaisir ses croyances, elles se fondent dans sa main ; il voudrait s'asseoir et se reposer dans les doctrines et dans les satisfactions qui suffisaient à ses devanciers, il ne les trouve pas suffisantes. Il se répand, comme Faust, en recherches anxieuses à travers les sciences et l'histoire, et les juge vaines, douteuses, bonnes pour des Wagner, pour des pédants d'académie ou de bibliothèque. C'est l'*au delà* qu'il souhaite; il le pressent à travers les formules des sciences, à travers les textes et les confessions des Églises, à travers les divertissements du monde et les éblouissements de l'amour. Il y a une vérité sublime derrière l'expérience grossière et les catéchismes transmis; il y a un bonheur grandiose par delà les agréments de la société et les contentements de la famille. Sceptiques, résignés ou mystiques, ils l'ont tous entrevu ou imaginé, depuis Gœthe jusqu'à Beethoven, depuis Schiller jusqu'à Heine; ils y sont montés pour remuer à pleines mains l'essaim de leurs grands rêves; ils ne se sont point consolés d'en tomber, ils y ont pensé du plus profond de leurs chutes; ils ont habité d'instinct, comme leurs devanciers alexandrins et chrétiens, ce magnifique monde invisible où dorment dans une paix idéale les essences et les puissances créatrices, et « la véhémente aspiration « de leur cœur a attiré hors de leur sphère ces esprits « élémentaires, créatures de flamme, qui, mêlés aux « choses dans les flots de la vie, dans la tempête de « l'action, travaillent sur le métier bruissant de la « durée et tissent la robe vivante de la Divinité[1]. »

Ainsi s'élève l'homme moderne, agité de deux sentiments, l'un démocratique, l'autre philosophique. Des bas-fonds de sa pauvreté et de son ignorance, il s'élève avec effort, soulevant le poids de la société établie et des dogmes admis, enclin à les réformer ou disposé à les détruire, et tout à la fois généreux et révolté. Ce sont ces deux courants qui de France et d'Allemagne arrivent en ce moment sur l'Angleterre. Les digues y sont fortes, ils ont peine à s'y frayer leur voie, ils entrent plus tardivement qu'ailleurs, mais néanmoins ils entrent. Ils se font un lit nouveau entre les barrières anciennes et les élargissent sans les rompre, par une transformation pacifique et lente qui continue encore aujourd'hui.

---

1. *Faust*, scène première.

CHAPITRE I. LES IDÉES ET LES ŒUVRES.

I

C'est chez un paysan d'Écosse, Robert Burns, qu'éclate pour la première fois l'esprit nouveau; en effet, l'homme et les circonstances sont convenables; on n'a guère vu ensemble plus de misère et de talent. Il naquit en janvier 1759 parmi les frimas d'un hiver écossais, dans une chaumière de glaise bâtie des mains de son père, pauvre fermier du comté d'Ayr : triste condition, triste pays, triste chaumière. Le pignon s'effondra quelques jours après sa naissance, et sa mère, au milieu de l'orage, fut obligée de chercher un abri avec lui chez un voisin. Il est dur de naître en cette contrée; le ciel est si froid qu'au mois de juillet, à Glasgow, par un beau soleil, je n'avais pas trop de mon manteau. La terre est mauvaise; ce sont des collines nues où souvent la récolte manque. Le père de Burns, déjà âgé, n'ayant guère que ses bras pour toute ressource, ayant loué sa ferme trop cher, chargé de sept enfants, vivait d'épargne, ou plutôt de jeûne, solitairement, pour éviter les tentations de dépense. « Pendant plusieurs années, la « viande de boucher fut dans la maison une chose « inconnue. » Robert allait pieds nus et tête nue : à treize ans, il battait en grange; à quinze ans, « il était « le principal laboureur de la ferme. » La famille faisait tous les ouvrages; point de domestique ni de servante. On ne mangeait guère et on travaillait trop.

« Jusqu'à seize ans, dit Burns, la tristesse morne
« d'un ermite avec le labeur incessant d'un galérien,
« voilà ma vie [1]. » Ses épaules se voûtèrent, la mélancolie arriva; presque tous les soirs, sa tête était douloureuse et lourde; plus tard les palpitations vinrent, et la nuit, dans son lit, il suffoquait et manquait de s'évanouir. « L'angoisse d'esprit que nous ressentions, « dit son frère, était très-grande. » Le père vieillissait; sa tête grise, son front soucieux, ses tempes amaigries, sa grande taille courbée, témoignaient des chagrins et du travail qui l'avaient usé. L'homme d'affaires écrivait des lettres insolentes et menaçantes « qui mettaient toute la famille en larmes. » Il y eut un répit quand le père changea de ferme; mais un procès s'éleva entre lui et le propriétaire. Enfin, « ayant « été ballotté et roulé trois ans, dit Burns avec sa « verve amère, dans le tourbillon de la procédure, il « fut sauvé tout juste des horreurs de la prison par « une maladie de poitrine qui, après deux ans de pro- « messes, eut l'obligeance d'intervenir [2]. » Afin d'arracher quelque chose aux griffes des gens de loi, les deux fils et les deux filles aînés furent obligés de se porter comme créanciers de la succession pour l'arriéré de leurs gages. Avec ce petit pécule, ils prirent à loyer une autre ferme. Robert eut sept livres ster-

---

1. This kind of life — the cheerless gloom of a hermit, with the unceasing toil of a galley-slave—brought me to my sixteenth year.
2. After three years' tossing and whirling in the vortex of litigation, my father was just saved from the horrors of a goal by a consumption, which after two years' promises kindly stepped in.

ling par an pour son travail : pendant plusieurs années, sa dépense entière n'excéda point cette maigre pitance ; il était décidé à réussir à force d'abstinence et de peine. « Je lus des livres de culture ; je calculai « les récoltes, je fus exact aux marchés ; mais la pre- « mière année la mauvaise qualité de la semence, et « la seconde année la moisson tardive, nous firent « perdre la moitié de notre récolte[1]. » Les malheurs arrivaient par troupes ; la pauvreté ne manque jamais de les engendrer. Le forgeron Armour, dont la fille était sa maîtresse, le poursuivait en justice pour lui extorquer de l'argent et refusait de l'accepter pour gendre. Jeanne Armour l'abandonnait ; il ne pouvait donner son nom à l'enfant qu'il allait avoir. Il était obligé de se cacher, il avait été soumis à une pénitence publique. Il écrivait « que sa gaieté en com- « pagnie n'était que la folie du criminel ivre aux mains « du bourreau[2]. » Il résolut de quitter sa patrie : moyennant trente livres par an, il fit marché avec M. Charles Douglas pour être teneur de livres ou aide-surveillant à la Jamaïque ; faute d'argent pour payer le passage, il était sur le point de s'engager par cette espèce de contrat de servitude qui liait les apprentis, lorsque le succès de son volume lui mit une vingtaine de guinées dans la main et pour un temps

---

1. I read farming books, I calculated crops ; I attended markets, but the first year, from unfortunately buying bad seed, the second, from a late harvest, we lost our crops.
2. Even in the hour of social mirth, my gaiety is the madness of an intoxicated criminal under the hands of the executioner.

lui ouvrit une éclaircie. Ce fut là sa vie jusqu'à vingt-sept ans, et celle qui suivit ne valut guère mieux.

Figurez-vous dans cette condition un homme de génie, un vrai poëte capable des émotions les plus délicates et des aspirations les plus hautes, qui veut monter, monter au sommet, qui s'en croit capable et digne[1]. De bonne heure l'ambition avait grondé en lui; il avait tâtonné à l'aveugle, « comme le cyclope « dans son antre, » le long des murs de la cave où il était enfermé ; mais « les deux seules issues étaient la « porte de l'épargne sordide ou le sentier du petit « trafic chicanier. La première est une ouverture si « étroite que je n'eusse pu jamais m'étriquer assez « pour y passer; la seconde, je l'ai toujours haïe : il y « avait de la boue même à l'entrée[2]. » Les bas métiers oppriment l'âme encore plus que le corps : l'homme y périt et il est obligé d'y périr; il faut qu'il ne reste de lui qu'une machine ; car dans cette action où tout est monotone, où tout le long de la longue journée les bras lèvent le même fléau et enfoncent la même charrue, si la pensée ne prend pas ce mouvement uniforme, l'ouvrage est mal fait. Que le poëte prenne garde de se laisser détourner par la poésie; qu'il

---

1. La plupart de ces détails sont tirés de la *Biographie de Burns*, par Chambers, en quatre volumes.
2. I had felt early some stirrings of ambition, but they were the blind groping of Homer's Cyclop round the walls of his cave.... The only two openings by which I could enter the temple of Fortune, were the gate of niggardly economy, or the path of little chicaning bargain-making. The first is so contracted an aperture, I could never squeeze myself into it. The last I always hated. There was contamination in the very entrance.

prenne garde de faire comme Burns, « de ne songer « à son travail que pendant qu'il y est. » Il doit y songer toujours, le soir en dételant ses bêtes, le dimanche en mettant son habit neuf, compter sur ses doigts ses œufs et sa volaille, penser aux espèces de fumier, trouver le moyen de n'user qu'une paire de souliers et de vendre son foin un sou de plus la botte. Il ne réussira point s'il n'a pas la lourdeur patiente d'un manœuvre et la vigilance rusée d'un petit marchand. Comment voulez-vous que le pauvre Burns réussît? Il était déclassé de naissance, et se portait de tout son effort hors de son état[1]. A la ferme de Lochlea, pendant les heures de repas, seuls instants de relâche, pères, frères, sœurs, mangeaient une cuiller dans une main, un livre dans l'autre. Burns, à l'école de l'arpenteur, et plus tard dans un club de jeunes gens, à Torbolton, agitait pour s'exercer les questions générales, et plaidait le pour et le contre afin de voir les deux côtés de chaque idée. Il emportait un livre dans sa poche pour étudier dans les champs aux moments libres; il usa ainsi deux exemplaires de Mackensie. « Le recueil des chansons était mon *vade* « *mecum*. Je tenais mes yeux collés dessus en menant « ma charrette, chanson après chanson, vers après « vers, notant soigneusement le vrai, le tendre, le su- « blime, pour les distinguer de l'affectation, et de l'en- « flure[2].... » Il entretenait exprès une correspondance

1. My great constituent elements are pride and passion.
2. The collection of songs was my vade-mecum. I pored over them driving my cart, or walking to labour, song by song,

avec plusieurs de ses camarades de classe pour se former le style, tenait un journal, y jetait des réflexions sur l'homme, sur la religion, sur les sujets les plus grands, critiquait ses premières œuvres. « Ja- « mais cœur n'a soupiré plus ardemment que le mien « après le bonheur d'être distingué[1]. » Il devinait ainsi ce qu'il ne savait pas, il s'élevait tout seul jusqu'au niveau des plus cultivés; tout à l'heure, à Édimbourg, il va percer à jour les docteurs respectés, Blair lui-même; il verra que Blair a de l'acquis, mais que le fond lui manque. En ce moment, il étudie avec minutie et avec amour les vieilles ballades écossaises, et le soir dans sa petite chambrette froide, le jour en sifflant son attelage, il invente des formes et des idées. C'est à cela qu'il faut songer pour mesurer son effort, pour comprendre ses misères et sa révolte. Il faut songer que l'homme en qui se remuent ces grandes idées bat en grange, nettoie ses vaches, va piocher de la tourbe, clapote dans une boue neigeuse, et craint en rentrant de trouver des recors qui le mèneront en prison. Il faut songer encore qu'avec les idées d'un penseur il a les délicatesses et les rêveries d'un poëte. Une fois ayant jeté les yeux sur une estampe qui représentait un soldat tué, et à côté de lui sa femme, son enfant et son chien dans la neige, tout d'un coup, involontairement, il fondit en larmes.

---

verse by verse, carefully noting the true, tender, sublime or fustian.

1. Never did a heart pant more ardently than mine to be distinguished.

Les ouragans d'hiver dans les arbres, sous un ciel nuageux, « l'exaltaient, le transportaient hors de « lui-même. » Une autre fois, dans une promenade, au printemps, « j'écoutais, dit-il, les oiseaux, et je me « détournais souvent de mon chemin pour ne pas « troubler leurs petites chansons ou les faire envoler. « Même la branche d'épine blanche qui avançait sur « la route, quel cœur en un pareil moment eût pu « songer à lui faire mal[1] ? » C'est cet essaim de songes grandioses ou gracieux que la servitude du labeur machinal et de l'économie perpétuelle venait écraser lorsqu'ils commençaient à prendre leur vol. Joignez à cela un caractère fier, si fier, que plus tard, dans le monde, parmi les grands, « la crainte de tout ce qui « pouvait approcher de la bassesse et de la servilité « rendait ses façons presque tranchantes et rudes. » Ajoutez enfin la conscience de son mérite. « Pauvre « inconnu que j'étais, j'avais une opinion presque « aussi haute de moi-même et de mes ouvrages que « je l'ai à présent que le public a décidé en leur fa- « veur[2]. » Rien d'étonnant si l'on trouve à chaque pas

---

1. There is scarcely any earthly object gives me more — I do not know if I should call it pleasure — but something which exalts me, which enraptures me more than to walk in the sheltered side of a wood or high plantation, in a cloudy winter day, and hear the stormy wind howling among the trees and raving over the plain.... I listened to the birds and frequently turned out of my path, lest I should disturb their little songs or frighten them to another station. Even the hoary hawthorn twig that shot across the way, what heart, at such a time, but must have been interested for his welfare?

2. Poor *inconnu* as I then was, I had pretty nearly as high an

dans sa poésie les réclamations amères d'un plébéien opprimé et révolté.

Il en a contre la société tout entière, contre l'État et contre l'Église. Il a l'accent âpre, souvent même les phrases de Rousseau, et voudrait « être un vigou-« reux sauvage, » sortir de la vie civilisée, de la dépendance et des humiliations qu'elle impose au misérable. « Il est dur de voir un monsieur que sa capacité « aurait élevé tout juste à la dignité de tailleur à huit « pence par jour, et dont le cœur ne vaut pas trois « liards, recevoir les attentions et les égards qu'on « refuse à l'homme de génie pauvre[1]. » Il est dur de voir « un pauvre homme, usé de fatigue, tout abject, « ravalé et bas, demander à un de ses frères de la « terre la permission de travailler. » Il est dur « de « voir ce seigneurial ver de terre repousser la pauvre « supplique, sans songer qu'une femme qui pleure et « des enfants sans pain se lamentent là tout à côté[2]. »

---

idea of myself and of my works as I have at this moment, when the public has decided in their favour.

Il avait le droit de penser ainsi ; quand il se mettait à parler le soir dans une auberge, il causait de telle façon que les domestiques allaient réveiller leurs camarades.

1. How it will mortify him to see a fellow, whose abilities would scarcely have made an eight-penny taylor and whose heart is not worth three farthings, meet with attention and notice that are withheld from the son of genius and poverty?

2. See yonder poor o'erlabour'd wight,
    So abject, mean, and vile,
    Who begs a brother of the earth
    To give himself leave to toil;
    And his lordly fellow-worm
    The poor petition spurn,
    Unmindful, tho' a weeping wife
    And helpless offspring mourn.

CHAPITRE I. LES IDÉES ET LES ŒUVRES. 251

Quand le vent d'hiver souffle et barre la porte de ses rafales de neige, le paysan collé contre son petit feu de tourbe, pense aux grands foyers largement chauffés des nobles et des riches, « et parfois il a bien de la « peine à s'empêcher de devenir aigre en voyant com- « ment les choses sont partagées, comment les plus « braves gens sont dans le besoin, pendant que des « imbéciles se démènent sur leurs tas de guinées sans « pouvoir en venir à bout[1]. » Mais surtout le cœur « frémit et se gangrène de voir leur maudit orgueil. » — « Un homme est un homme après tout[2], » et le paysan vaut bien le seigneur. Il y a des gens nobles de nature et il n'y a que ceux-là de nobles ; l'habit est une affaire de tailleur, les titres une affaire de chancellerie, et « la seule vraie patente d'honneur est celle « qu'on reçoit tout droit des mains du Dieu tout-puis- « sant. » Contre ceux qui renversent cette égalité naturelle, Burns est impitoyable. Le moindre événement le met hors des gonds. Lisez l'épître de Belzébuth « au très-honorable comte de Breadalbane, pré-

---

1. While winds frae off Ben Lomond blaw,
   And bar the doors wi' driving snaw....
   I grudge a wee the great folks' gift,
   That live so bien an' snug :
   I tent less and want less
   Their roomy fire-side,
   But hanker aud canker
   To see their cursed pride.
   It's hardly in a body's pow'r
   To keep at times frae being sour.
   To see how things are shar'd ;
   How best o' chiels are whiles in want,
   While coofs on countless thousands rant,
   And ken na haw to wair 't.

2. A man is a man for a' that.

« sident de l'honorable société des *highlands*, réunie
« le 23 mai dernier, à Covent-Garden, pour concerter
« des moyens et mesures à l'effet de rendre vain le
« projet de cinq cents *highlanders* qui scandaleusement
« avaient tâché d'échapper à leurs seigneurs et maîtres
« dont ils étaient la propriété légitime, en émigrant
« dans les déserts du Canada, afin d'y chercher cette
« chose imaginaire, — la liberté! » Rarement l'insulte fut plus prolongée et plus poignante, et la
menace n'était pas loin. Il avertit les députés écossais
en révolutionnaire. Retirez vos impôts sur le whiskey
ou prenez garde! La pauvre vieille mère Écosse veut
ravoir sa cruche et sa bouilloire. « Et par Dieu, si vous
« la menez trop loin, elle retroussera son jupon de
« tartan; elle descendra dans les rues poignard et
« pistolet à la ceinture, et fera entrer sa lame jusqu'au
« manche dans le premier qu'elle rencontrera [1]. » Avec
de tels sentiments, je n'ai pas besoin de dire qu'il est
pour la Révolution française. Il a beau écrire qu'en
politique « un homme pauvre doit être sourd et
« aveugle, laisser aux grands le privilége de voir et
« d'entendre [2]. » Il voit, il entend; bien plus, il parle,
et tout haut. Il félicite les Français d'avoir repoussé

1. An', Lord, if ance they pit her till 't
   Her tartan petticoat she 'll kilt,
   An' durk an' pistol at her belt,
      She'll take the streets,
   An' rin her whittle to the hilt
      I' th' first she meets!

2. In politics if thou wouldst mix
   And mean thy fortune be,
   Bear this n mind, be deaf and blind,
   Let great folks hear and see.

l'Europe conservatrice qui s'était liguée contre eux. Il célèbre l'arbre de la liberté mis à la place de la Bastille. « Sur cet arbre-là croît un singulier fruit; — « tout le monde pourra dire ses vertus, mon garçon. « — Il relève l'homme au-dessus de la brute, — et fait « qu'il se connaît lui-même, mon garçon. — Que le « paysan en goûte un morceau, — le voilà plus grand « qu'un seigneur, mon garçon. — Le roi Louis pensait « le couper — quand il était encore tout petit, mon « garçon. — A cause de cela, la sentinelle lui a cassé « sa couronne, — lui a coupé la tête et tout, mon « garçon[1]. » Étrange gaieté, toute sauvage et nerveuse, et qui, avec un meilleur style, ressemble à celle du *Ça ira*.

Il n'est guère plus doux pour l'Église. A ce moment, l'étroit habit puritain commençait à craquer; déjà la société lettrée d'Édimbourg l'avait francisé, élargi, approprié aux agréments du monde, garni d'ornements peu brillants à la vérité, mais bien choisis. Plus bas, le dogme se détendait, approchait par degrés des relâchements d'Arminius et de Socin. John Goldie, un négociant, avait tout récemment discuté[2] l'autorité

---

1. Upon this tree there grows sic fruit
    Its virtues a' can tell, man.
    It raises man above the brute,
    It makes him ken himself, man.
    Give once the peasant taste a bit,
    He's greater than a Lord, man....
    King Louis thought to cut it down,
    When it was unco small, man.
    For this the watchman crack'd his crown
    Cut off his head and all, man.

2. 1780.

des Écritures; John Taylor avait nié le péché originel. Le père de Burns, si pieux, inclinait vers les doctrines libérales et humaines, et diminuait la part de la foi pour augmenter celle de la raison. Burns, selon sa coutume, poussa les choses à bout, se trouva déiste, ne vit en Jésus-Christ qu'un homme inspiré, réduisit a religion au sentiment intime et poétique, et pouruivit de ses railleries les orthodoxes payés et patentés. Depuis Voltaire, personne, en matière religieuse, n'a été plus bouffon ni plus mordant. En somme, selon lui, les ministres sont des marchands qui tâchent de se filouter leurs chalands, crient du haut de leur tête contre l'échoppe du concurrent, célèbrent leurs drogues à grands renforts d'affiches, et ouvrent çà et là des foires pour activer la consommation. « Ces foires « sacrées » sont les assemblées de piété où l'on confère les sacrements. Tour à tour ils prêchent et tonnent, surtout le révérend Moodie, qui se démène et qui écume pour éclaircir les points de la foi : figure terrible ! « Si Satan, comme aux anciens jours, se « présentait ici parmi les fils de Dieu, cette vue suffi- « rait pour le renvoyer chez lui plein d'effroi[1]. » — « Comme sa voix ronfle, et comme il cogne! Comme « il tape du pied et comme il saute! Son menton « allongé, son nez tourné en l'air, ses glapissements, « ses gestes sauvages, échauffent les cœurs dévots, à

---

1. Should Hornie as in ancient days,
'Mang sons o' God present him,
The vera sight o' Moodie face
To's ain het hame had sent him
Wi' fright that day.

CHAPITRE I. LES IDÉES ET LES ŒUVRES. 255

« la façon des emplâtres de cantharides[1]. » — Il s'en roue, et on se repose; l'assemblée mange, chacun tire du sac les gâteaux, le fromage; les jeunes gens ont le bras autour de la taille de leurs belles; ils étaient bien ainsi pour écouter. Grand tapage à l'auberge; les canettes tintent sur la table; le whiskey coule et fournit des arguments aux buveurs qui commentent le sermon; on écrase la raison charnelle, on exalte la foi gratuite : arguments et piétinements, voix des vendeurs et des buveurs, tout se mêle; c'est une kermesse théologique. « Mais voilà que la propre
« trompette du Seigneur résonne tant que les collines
« en mugissent. C'est Russell le Noir, il ne s'épargne
« pas. Ses perçantes paroles, comme une épée des
« *highlands*, tranchent les membres jusqu'à la moelle.
« Il parle de l'enfer où habitent les diables, un large
« puits sans fond, sans bornes, tout rempli de soufre
« enflammé, où la flamme furieuse, la chaleur dévo-
« rante fondraient la plus dure pierre à aiguiser; les
« ouailles, demi-assoupies, sursautent avec effroi,
« croyant entendre l'abîme mugir, et découvrent que
« c'est quelque voisin qui ronfle[2]. » Enfin on se sépare
« Combien de pêcheurs et de fillettes convertis par

1. Hear how he clears the points o' faith
Wi' rattlin' an' wi' thumpin'....
He's stampin' an' he's jumpin !
His lengthen'd chin, his turn'd up snout,
His eldritch squeel and gestures,
Oh ! how they fire the heart devout,
Like cantharidian plasters,
    On sic a day !

2. But now the Lord's ain trumpet touts,
Till a' the hills are rairin'

« cette journée ! Les cœurs de pierre se sont fondus, « les voilà devenus aussi tendres que de la chair. Les « uns sont pleins d'amour divin, les autres sont pleins « d'eau-de-vie¹. » Les jeunes gens ont pris rendez-vous avec les filles, et le diable a fait ses affaires encore mieux que le bon Dieu. Belle cérémonie et morale ! gardons-la précieusement, et aussi notre sage théologie qui damne les gens « cinq mille ans « avant leur naissance. » Pour le mauvais chien appelé sens commun qui mord si ferme, bannissons-le au delà des mers : « qu'il aille aboyer en France ! » Car où trouver mieux que nos révérends, Willis le saint par exemple ? Il se sent prédestiné, plein de la grâce qui ne lui manquera jamais ; donc celui qui lui résiste résiste à Dieu, et n'est bon qu'à pendre ; il peut le décrier, ce drôle-là, et le persécuter en conscience.

> An' echoes back return the shouts;
> Black Russell is na spairin'
> His piercing words, like Highlan' swords,
> Divide the joints an' marrow;
> His talk o' Hell, whare devils dwell,
> Our vera sauls does harrow
>   Wi' fright that day.
>
> A vast unbottom'd boundless pit,
> Fill'd fu' o' lowin' brunstane,
> Wha's raging flame an' scorchin' heat,
> Wad melt the hardest whun-stane.
> The half asleep start up wi' fear,
> An' think they hear it roarin',
> When presently it does appear
> 'Twas but some neibor snorin'
>   Asleep that day.

1. How monie hearts this day converts
  O' sinners and o' lasses !
  Their hearts o' stane, gin night, are gane,
  As saft as ony flesh is.
  There's some are fou o' love divine,
  There's some are fou o' brandy.

CHAPITRE I. LES IDÉES ET LES ŒUVRES.

« Pour moi, dit Burns, j'aimerais mieux être un athée
« franc et net que de faire de l'Évangile un paravent. »
— « Un honnête homme peut aimer un verre, un
« honnête homme peut aimer une fille ; mais la basse
« vengeance et la méchanceté déloyale, il les dédai-
« gnera toujours. Et maintenant faites du zèle pour
« l'Évangile ! Criez haut, comme quelques-uns que
« nous connaissons[1] ! » Il y a une beauté, une honnêteté, un bonheur en dehors des conventions et de
l'hypocrisie, par delà les prêches corrects et les salons
décents, à côté des *gentlemen* en cravates blanches et
des révérends en rabats neufs.

Burns écrit ici son chef-d'œuvre, les *Gueux*[2], pareil
à celui de Béranger, mais combien plus pittoresque,
plus varié et plus puissant ! C'est à la fin de l'automne,
les feuilles grises roulent dans les rafales du vent ;
une joyeuse troupe de vagabonds, bons diables, viennent faire ripaille au cabaret de Poosie Nansie. « Ils
« trinquent et rient, ils chantent et se démènent, ils
« cognent et sautent, tant que les tourtières réson-
« nent[3]. » Le premier, auprès du feu, en vieux hail-

---

1. An honest man may like a glass,
    An honest man may like a lass,
    But mean revenge and malice fausse
      He'll still disdain ;
    And then cry zeal for Gospel laws
      Like some we ken....
      .... I rather would be
      An atheist clean,
    Than under Gospel colours hid be
      Just for a screen.

2. *The Jolly Beggars.*

3. Wi' quaffing and laughing,

lons rouges, est un soldat avec sa commère : la gaillarde a bien bu ; il l'embrasse et lui tend encore sa bouche goulue ; les gros baisers font clic-clac comme un fouet de charretier, et chancelant sur sa béquille, d'un air crâne, il entonne à pleins poumons sa chanson : « J'étais avec Curtis aux batteries flottantes, — « et j'y ai laissé en témoignage un bras et une jambe. « — Pourtant, que mon pays ait besoin de moi, et me « donne Elliot pour commandant, — on entendra ma « jambe de bois se démener au son du tambour[1]. » Le chœur reprend et les voix ronflent : les rats effrayés se sauvent au plus profond de leurs trous. C'est à présent le tour de la commère : « J'étais fille autre- « fois, quoique je ne puisse dire quand. — Encore « maintenant mon plaisir est dans les beaux jeunes « hommes[2]. » Son père fut un dragon, elle ne sait pas trop lequel : c'est pourquoi tous ses galants ont porté l'uniforme, d'abord le tambour, puis le chapelain. « Bien vite je me dégoûtai de mon révérend imbécile. « — Pour mari, je pris le régiment en gros. — De

> They ranted and they sang,
> Wi' jumping and thumping
> The very girdle rang.

[1]. I lastly was with Curtis, among the floating batt'ries,
And there I left for witness an arm and a limb ;
Yet let my country need me, with Elliot to head me,
I'd clatter on my stumps at the sound of a drum.

[2]. I once was a maid, tho' I cannot tell when,
And still my delight is in proper young men....
Full soon I grew sick of my sanctified sot,
The regiment at large for a husband I got,
From the gilded spontoon to the fife I was ready,
I asked no more but a sodger laddie.

CHAPITRE I. LES IDÉES ET LES ŒUVRES. 259

« l'esponton doré au fifre j'étais toujours prête. — Je
« ne demandais qu'un bon soldat gaillard. » Depuis,
la paix l'a mise à l'aumône ; mais à la foire de Cunningham elle a retrouvé son brave drôle ; l'uniforme
en lambeaux pendillait si splendidement autour de
ses côtes ! Elle l'a repris, et « tant que des deux
« mains elle pourra tenir son verre ferme, elle boira
« à la santé de son vieux héros. » J'espère que voilà
du style franc, et que le poëte n'est pas petite bouche.
Ses autres personnages sont du même goût, un paillasse, une luronne coupeuse de bourses, un pauvre
nain racleur de boyau, un chaudronnier ambulant,
tous déguenillés, braillards et bohèmes, qui s'empoignent, se rossent, s'embrassent et font trembler les
vitres des éclats de leur belle humeur. « Ils vident
« leurs havre-sacs, ils engagent leurs guenilles. — Ils
« gardent tout juste de quoi couvrir leur derrière, »
et leur chœur monte comme un tonnerre ébranlant
les solives et les murs :

Au diable ceux que la loi protége ! — La liberté est un glorieux festin. — Les cours ont été bâties pour les poltrons, — les églises pour plaire au prêtre.

Qu'est-ce qu'un titre ? qu'est-ce qu'un trésor ? — qu'est-ce que le souci d'une réputation ? — Si nous menons une vie de plaisir, — peu importe où et comment !

Avec nos tours et nos bourdes prêtes, — nous rôdons çà et là tout le jour, — et la nuit dans la grange ou l'étable — nous embrassons nos luronnes sur le foin.

La vie n'est qu'une casaque d'arlequin, — nous ne regardons pas comment elle va. — Allez cafarder sur le décorum, — vous qui avez des réputations à perdre.

A la santé des bissacs, des sacoches et des besaces ! — A la santé de toute la troupe rôdante! —A la santé de notre marmaille et de nos commères! — Chacun et tous criez *amen!*

Au diable ceux que la loi protége! — La liberté est un glorieux festin. — Les cours ont été bâties pour les poltrons, — les églises pour plaire au prêtre[1].

Quelqu'un a-t-il mieux parlé le langage des révoltés et des niveleurs? Il y a autre chose ici pourtant que l'instinct de la destruction et l'appel aux sens; il y a la haine du *cant* et le retour à la nature. « Moralité, « dit-il quelque part, mortel poison, toi aussi tu as « tué les gens par dix mille! Grâce à toi, celui-là « espère vainement qui a pris pour appui et pour « guide la vérité, la justice et la pitié[2]! » La pitié! ce

---

1. A fig for those by law protected!
Liberty's a glorious feast!
Courts for cowards were erected,
Churches built to please the priest!

What is title? What is treasure?
What is reputation's care?
If we lead a life of pleasure
'T is no matter how or where.

With the ready trick and fable
Round we wander all the day,
And at night, in barn or stable,
Hug our doxies on the hay.

Life is all a variorum,
We regard not how it goes;
Let them cant about decorum,
Who have characters to lose.

Here's to budgets, bags and wallets!
Here's to all the wandering train!
Here's our ragged brats and callets!
One and all cry out. — Amen.

2. Morality, thou deadly bane.
Thy tens o' thousands thou hast slain;
Vain is his hope whose stay and trust is
In moral mercy, truth and justice.

grand mot renouvelle tout. Comme autrefois, il y a dix-huit cents ans, les hommes dépassent les formulaires et les prescriptions légales. Comme autrefois, sous Virgile et Marc-Aurèle, la sensibilité raffinée et les sympathies élargies embrassent des êtres qui semblaient pour toujours relégués hors de la société et de la loi. Burns s'attendrit, et sincèrement, sur une brebis qui s'est blessée, sur une souris dont sa charrue a dérangé la tanière, sur une marguerite de montagne. Homme, bête ou plante, y a-t-il si grande différence? Une souris amasse, calcule, souffre comme un homme. « Je crois bien que par-ci « par-là elle vole; eh bien! après? Pauvre bête, il « faut qu'elle vive[1]. » Même les anciens condamnés, les grands malfaiteurs, Satan et sa bande, on n'a plus envie de les maudire; comme les sacripants de taverne et les mendiants qu'on a vus tout à l'heure, ils ont leurs mérites, et peut-être après tout ne sont-ils pas si méchants qu'on le dit. Voici par exemple « le « vieux cornu, le vieux pied de bouc, qui nous a joué « tant de mauvais tours, le chien sournois, surtout « le jour où il s'est faufilé incognito dans le paradis » et a mis nos grands parents à mal. A présent, « dans « sa caverne enfumée, il verse son écumoire de soufre « sur le pauvre monde. Pourtant, dit Burns, je suis « sûr que c'est un mince plaisir, même pour un diable, « d'éreinter et d'échauder les pauvres chiens comme « moi et de les entendre piauler. Bonsoir, vieux Nick;

---

1. I doubt na, whyles, but thou may thieve;
What then? poor beastie, thou maun live.

« puissiez-vous avoir une bonne idée et vous amen-
« der! Peut-être alors pourriez-vous.... qui sait?...
« avoir une chance.... Cela me fait peine de songer à
« ce trou noir là-bas, ne serait-ce que pour l'amour
« de vous[1] ! » On voit qu'il parle au diable comme à
un camarade malheureux, mauvais coucheur, mais
tombé dans la peine. Faites un pas de plus, et vous
verrez dans un poëme contemporain, chez Gœthe,
que Méphistophélès lui-même n'est pas trop damné;
son dieu, le dieu moderne, le tolère et lui déclare
qu'il n'a jamais haï ses pareils. C'est que la large
nature conciliante assemble dans ses chœurs au même
titre les ministres de destruction et les ministres de
vie. Dans ce profond changement, l'idéal change; la
vie bourgeoise et rangée, le strict devoir puritain,
n'épuisent pas toutes les puissances de l'homme.
Burns réclame en faveur de l'instinct et de la jouissance, jusqu'à sembler épicurien. Il a une vraie gaieté,
une verve comique; le rire lui semble une bonne

1. Hear me, auld Hangie, for a wee,
    An' let poor damned bodies be;
    I'm sure sma' pleasure it can gie,
        E'en to a deil,
    To skelp an' scaud' poor dogs like me
        An' hear us squeel....
    Then you, ye auld, snec-drawing dog!
    Ye came to Paradise incog,
    An' play'd on man a cursed brogue,
        (Black be your fa'!)
    An' gied the infant world a shog,
        'Maist ruin'd a'....
    But fare you weel, auld Nickie-ben!
    O wad ye tak a thought an' men'.
    Ye aiblins might — I dinna ken —
        Still hae a stake.
    I'm wae to think upon yon den,
        E'en for your sake!

chose ; il le loue, et aussi les bons soupers de bons camarades, où le vin coule, où la plaisanterie foisonne, où les idées roulent, où la poésie pétille, et fait danser dans la cervelle humaine un carnaval de belles figures et de personnages en belle humeur.

Amoureux, il le fut toujours[1]. Il faisait si bien de l'amour le grand but de la vie, que, dans le club qu'il fonda avec les jeunes gens de Torbolton, on imposa à chaque membre l'obligation « d'être l'amant déclaré « d'une ou plusieurs belles. » Dès l'âge de quinze ans, ce fut là sa principale affaire. Il avait pour compagne dans le travail de la moisson une douce et aimable fille plus jeune d'un an que lui. « Sans le savoir, « dit-il[2], elle m'initia à cette délicieuse passion qui, « malgré les désappointements amers et tout ce que « dira une prudence de cheval de meule et une philo« sophie de gratte-papier, est encore la première des « joies humaines, notre plus chère bénédiction ici« bas. » Quand ils avaient ramassé les gerbes, il s'asseyait près d'elle avec un plaisir qu'il ne comprenait pas, pour ôter de ses pauvres doigts les barbes d'épis qui s'y étaient fichées. Il eut bien d'autres fantaisies et moins innocentes ; il me semble que de fondation il était amoureux de toutes les femmes : dès qu'il en voyait une jolie, il se déridait ; son journal

---

1. " I have been all along a miserable dupe to Love. " He was constantly the victim of some fair enslaver. (Récit de son frère.)
2. In short she, altogether unwittingly to herself, initiated me in that delicious passion, which in spite of acid disappointment, ginhorse prudence, and book-worm philosophy, I hold to be the first of human joys, our dearest blessing here below.

et ses chansons montrent qu'au moindre papillon, doré ou non, qui faisait mine de se poser, il se mettait en chasse. Notez qu'il ne se réduisit pas aux rêveries platoniques; il fut leste d'actions et aussi de paroles; la gaudriole perce volontiers dans ses poésies. Il s'appelle lui-même « un païen non régénéré, » et il a raison. Même il a fait des vers orduriers, et lord Byron cite de lui un paquet de lettres, inédites bien entendu, et telles qu'on ne peut rien imaginer de pis; c'est le trop-plein de la séve qui suintait chez lui et salissait l'écorce. Sans doute il ne se vantait pas de ces débordements, il s'en repentait plutôt; mais pour l'essor et l'épanouissement de la libre vie poétique au grand soleil, il n'y voyait rien à redire. Il trouvait que l'amour, avec les songes charmants qu'il amène, la poésie, le plaisir et le reste, sont de belles choses, conformes aux instincts de l'homme, et partant aux desseins de Dieu. Bref, par opposition au puritanisme morose, il approuvait la joie et disait du bien du bonheur[1].

Non qu'il soit un simple épicurien; au contraire, il est religieux à l'occasion. Quand, après la mort de son père, il faisait à haute voix la prière du soir, il tirait des larmes aux assistants, et son poëme *le Samedi soir au Cottage*, est la plus sentie des idylles vertueuses. Je crois même qu'il était religieux foncièrement. Il conseillait aux jeunes gens, « s'ils tenaient à la paix de « leur âme, d'entretenir un commerce chaleureux et

---

[1]. Chamber's edition, t. I, p. 93.

« régulier avec la Divinité. » Ce qu'il avait raillé, c'était le culte officiel; pour la religion, qui est « le langage « de l'âme, » il s'y tenait étroitement attaché. Plusieurs fois, devant Dugald Stewart, à Édimbourg, il désapprouva les plaisanteries sceptiques qu'il entendait dans les soupers. Il croyait avoir « toutes les assurances possibles[1] » d'une vie future, et maintes fois, à côté d'une satire bouffonne, on trouve chez lui des stances pleines de repentir humble, de ferveur confiante ou de résignation chrétienne. Ce sont là, si vous voulez, les contradictions d'un poëte, mais ce sont aussi les divinations d'un poëte; sous ces variations apparentes, il y a un idéal nouveau qui se lève; les vieilles morales étroites vont faire place à la large sympathie de l'homme moderne qui aime le beau partout où le beau se rencontre, et qui, refusant de mutiler la nature humaine, se trouve à la fois païen et chrétien.

Cette originalité et cet instinct divinateur, il les a dans le style comme dans les idées. Le propre de l'âge où nous vivons et qu'il ouvre, c'est d'effacer les distinctions rigides de classe, de catéchisme et de style; académiques, morales ou sociales, les conventions tombent, et nous réclamons l'empire dans la société pour le mérite personnel, dans la morale pour la

1. In the first place, let my pupil, as he tenders his own peace, keep up a regular warm intercourse with the Deity.... You may perhaps think it an extravagant fancy; but it is a sentiment that strikes home to my very soul : though sceptical in some points of our current belief, yed I think I have every evidence for the reality of a life beyond the stinted bourne of our present existence.... O thou great unknown Power, thou Almighty God!

générosité native, dans la littérature pour le sentiment vrai. Burns entre le premier dans cette voie, et plusieurs fois il y va jusqu'au bout. S'il fait des vers, ce n'est point par calcul ni obéissance à la mode. « Je « n'avais jamais eu la moindre idée ou inclination de « devenir poëte, dit-il, jusqu'au moment où je devins « amoureux pour tout de bon, et alors la rime et la « chanson devinrent en quelque façon le langage « spontané de mon cœur. » — « Mes passions se dé- « menaient comme autant de démons tant qu'elles « n'avaient point trouvé un débouché dans les vers[1]. » Les vers faits, il se sentait soulagé, consolé de ses misères ; il les chantonnait, en poussant sa charrue, sur les vieux airs écossais, qu'il aimait passionnément, et qui, dit-il, sitôt qu'on les chante, apportent aux lèvres les idées et les rimes. Voilà bien la poésie naturelle, non point poussée en serre chaude, mais née du sol entre deux sillons, côte à côte avec la musique, parmi les tristesses et les beautés du climat, comme les bruyères violettes de ses collines et de ses landes. On comprend qu'elle ait renouvelé sa langue; pour la première fois cet homme parle comme on parle, ou plutôt comme on pense, sans parti pris, avec un mélange de tous les styles, familier et terrible, cachant une émotion sous une bouffonnerie, tendre et gouailleur au même endroit, prêt à mettre ensemble les trivialités d'auberge et les plus grands mots de la

---

1. My passions, when once lighted up, raged like so many devils, till they got vent in rhyme.

poésie[1], tant il est indifférent aux règles et content de montrer son sentiment comme il lui vient et tel qu'il l'a. Enfin, après tant d'années, nous sortons de la déclamation notée, nous entendons une voix d'homme ; bien mieux, nous oublions la voix pour l'émotion qu'elle exprime, nous ressentons par contre-coup cette émotion en nous-mêmes, nous entrons en commerce avec une âme. A ce moment, la forme semble s'anéantir et disparaître ; j'ose dire que ceci est le grand trait de la poésie moderne ; sept ou huit fois Burns y a atteint.

Il a fait davantage, il a percé, comme nous disons aujourd'hui. Son premier volume publié, il devint tout d'un coup célèbre. Arrivé à Édimbourg, il fut fêté, caressé, admis sur le pied d'égalité dans les premiers salons, parmi les grands et les lettrés, aimé d'une femme qui était presque une dame. Pendant une saison, on se le disputa, et il se tint debout, dignement, parmi ces gens si riches et si nobles. On le respecta et même on l'aima. Une souscription lui valut une seconde édition et cinq cents livres sterling. Lui aussi enfin, comme les grands plébéiens de France, comme Rousseau le premier de tous, il avait conquis sa place. Par malheur, il y portait, comme eux, les vices de son état et de son génie. Ce n'est pas impunément qu'on parvient, ni surtout qu'on veut parvenir ; nous aussi, nous avons nos vices, et la vanité

---

1. Voyez *Tam O'shanter, Address to the Deil, the Jolly Beggars, A man is a man, Green grow the rushes,* etc.

souffrante en premier lieu. « Jamais cœur, dit Burns, « n'a soupiré plus ardemment que le mien après le « bonheur d'être distingué. » Cet amour-propre douloureux faussait son talent et le jetait dans des sottises. Il se travaillait pour avoir un beau style épistolaire, et se donnait le ridicule d'imiter dans ses lettres les gens d'académie et de cour. Il écrivait à ses maîtresses avec des phrases périodiques et recherchées aussi pédantes que celles de Johnson. Vraiment on n'ose les citer, tant l'emphase en est grotesque[1]. D'autres fois il consignait sur un journal les tirades littéraires qui lui venaient, et six mois après il les envoyait à ses correspondants comme des effusions du moment et des improvisations naturelles. Même dans ses vers, bien souvent, bien trop souvent, il tombe dans le beau style officiel[2]; il met en jeu les soupirs, les ardeurs, les flammes, et jusqu'aux grosses machines classiques et mythologiques. Béranger, qui se croyait ou se disait le poëte du peuple, en a fait autant. Il faut qu'un plébéien ait bien du courage pour se décider à rester toujours lui-même et à ne jamais endosser l'habit de cour. Par exemple Burns, Écossais et villageois, évitait en parlant toutes les locutions écossaises ou villa-

---

1. « O Clarinda, shall we not meet in a state, some yet unknown state of being, where the lavish hand of plenty shall minister to the highest wish of benevolence, and where the chill north-wind of prudence shall never blow over the flowery fields of enjoyment? »

2.   O Life, how pleasant is thy morning,
       Young Fancy's rays the hills adorning,
       Cold-pausing Caution's lesson spurning! etc.
                    (Ep. à James Smith.)

geoises; il était content de se montrer aussi bien élevé que les gens à la mode. C'était de force et par surprise que son génie le tirait des convenances : deux fois sur trois, son sentiment est gâté par ses prétentions.

Son succès dura un hiver, après quoi la grande plaie incurable du plébéien se fit sentir, je veux dire qu'il lui fallut gagner sa vie. Avec l'argent qu'il avait tiré de son livre, il loua une petite ferme. Ce fut un mauvais marché, et d'ailleurs on sent bien qu'il n'avait pas le caractère de grippe-sou nécessaire à l'emploi. « Je pourrais bien vous écrire, dit-il dans une de ses « lettres, sur la culture, la bâtisse et les marchés; « mais ma pauvre tête bouleversée est si démontée, « si éreintée, si torturée, si endiablée par l'exécrable « et maudite obligation d'arriver à ce qu'une guinée « fasse le service de trois, que je déteste, que j'abhorre « le seul mot d'affaires, et que je m'évanouis d'y pen- « ser[1]. » Bientôt il s'en alla, les poches vides, remplir à Dumfries une petite place de douanier qui rapportait quatre-vingt-dix livres par an, tout compris. Dans ce bel emploi, il estampillait les cuirs, jaugeait les cuveaux, surveillait la fabrique des chandelles, accordait des licences pour le transport des spiritueux. Des fumiers, il était passé à l'administration et à l'épicerie : quelle vie pour un tel homme ! Même indépendant et

---

1. I might write you on farming, on building, on marketing. But my poor distracted mind is so torn, so jaded, so racked and bedeviled with the task of the superlatively damned obligation to make one guinea do the business of three, that I detest, abhor, and swoon at the very word business.

riche, il eût été malheureux. Ces grands novateurs, ces poëtes sont tous pareils. Ce qui les fait poëtes, c'est l'afflux violent des sensations; ils ont une machine nerveuse plus sensible que la nôtre; les objets qui nous laissent froids les secouent subitement hors d'eux-mêmes. Au moindre choc, leur cervelle entre en branle, après quoi ils retombent à plat, se dégoûtent de la vie et s'assoient moroses parmi les souvenirs des fautes qu'ils ont faites et des délices qu'ils ont perdues. « Mon pire ennemi, disait Burns, c'est moi-
« même. Il y a deux créatures que j'envie : un cheval
« sauvage qui traverse une forêt d'Asie, ou une huître
« sur quelque côte déserte de l'Europe; l'un n'a pas
« un désir qu'il ne satisfasse, l'autre n'a ni désir ni
« crainte[1]. » Il était toujours dans les extrêmes, au plus haut, au plus bas, le matin prêt à pleurer, le soir à table ou sous la table, épris de Jeanne Armour, puis, sur son refus, s'engageant à une autre, puis retournant à Jeanne, puis la quittant, puis la reprenant encore, parmi beaucoup de scandales, de souillures et encore plus de dégoûts. Dans ces sortes de têtes, les idées *font boulet;* l'homme lancé en avant rompt tout, se brise lui-même, recommence le lendemain en sens contraire, et finit par ne plus trouver en lui et hors de lui que des débris. Burns n'avait jamais été sage, et le fut moins que jamais après son

---

1. My worst enemy is *moi-même*.... There are just two creatures I would envy : a horse in his wild state traversing the forests of Asia, or an oyster on some of the desert shores of Europe. The one has not a wish without enjoyment, the other has neither wish nor fear.

succès d'Édimbourg. Il avait trop joui, il sentait désormais trop vivement le douloureux aiguillon de l'homme moderne, je veux dire la disproportion du désir et de la puissance. La débauche avait presque gâté la belle imagination « qui auparavant était la « source principale de son bonheur, » et il avouait qu'au lieu de rêveries tendres il n'avait plus que des désirs sensuels. On l'avait fait boire jusqu'à six heures du matin; bien souvent à Dumfries il fut ivre; non que le vin soit bien bon; mais il nous met un carnaval dans la tête, et à ce titre les poëtes, comme les pauvres, y sont enclins. Une fois chez M. Riddel, Burns se grisa si fort qu'il insulta la dame du logis; le lendemain, il envoya des excuses qu'on n'accepta pas, et par dépit fit des vers contre elle : lamentables excès et qui annoncent un esprit jeté hors de son assiette. A trente-sept ans il était usé. Une nuit, ayant trop bu, il s'assit et s'endormit dans la rue. C'était en janvier, il prit une fièvre rhumatismale. On voulut appeler un médecin. « Pourquoi un médecin perdrait-il son temps « sur moi? Je suis un si pauvre pigeon que je ne vaux « pas la peine qu'on me plume. » Il était horriblement maigre, ne dormait plus et ne pouvait plus se tenir sur ses jambes. « Quant à ma personne, je suis tranquille; « mais la pauvre veuve de Burns, et une demi-douzaine « de ses chers petits! Là, je suis aussi faible qu'une « larme de femme[1]. » Même il eut la crainte de ne

---

1. What business has a physician to waste his time on me? I am a poor pigeon not worth plucking.... As to my individual self

pas finir en paix et l'amertume de demander l'aumône. « Un coquin de mercier, écrivait-il à son cousin, « s'étant mis dans la tête que je vais mourir, a com- « mencé une procédure contre moi, et va infaillible- « ment envoyer ma maigre carcasse en prison.... Oh! « James, si vous saviez comme mon cœur est fier, « vous me plaindriez doublement! Hélas! je ne suis « pas habitué à mendier[1]! » Il mourut peu de jours après, à trente-huit ans. Sa femme accouchait de son cinquième enfant.

II

Triste vie, et qui est le plus souvent celle des précurseurs; il n'est pas sain de marcher trop vite; Burns était si fort en avant, que l'on mit quarante ans à le rejoindre. A ce moment, en Angleterre, les conservateurs et les croyants primaient les sceptiques et les révolutionnaires. La constitution était libérale, et semblait la garantie des droits; l'Église était populaire, et semblait le soutien de la morale. La capacité pratique et l'incapacité spéculative détournaient les esprits des innovations proposées, et les rattachaient

---

I am tranquil. But Burns' poor widow and half a dozen of his dear little ones, there I am weak as a woman's tear.

1. A rascal of haberdasher taking into his head that I am dying has commenced a process against me, and will infallibly put my emaciated body into jail. Will you be so good as to accommodate me and by return of post with ten pounds? Oh James! did you know the pride of my heart, you would feel doubly for me! Alas, I am not used to beg!

à l'ordre établi. Ils se trouvaient bien dans leur grande maison féodale, élargie et appropriée aux besoins modernes; ils la trouvaient belle, ils en étaient fiers, et l'instinct national comme l'opinion publique se déclaraient contre les novateurs qui voulaient l'abattre pour la rebâtir. Tout d'un coup une secousse violente avait changé cet instinct en passion et cette opinion en fanatisme. La révolution française, d'abord admirée comme une sœur, avait paru une furie et un monstre. Pitt déclarait en plein Parlement, aux applaudissements universels[1], « que les traits dominants du nouveau gouvernement républicain étaient l'abolition de la religion et l'abolition de la propriété. » Toute la classe pensante et influente se levait pour écraser cette secte de jacques, brigands par institution, athées par principes, et le jacobinisme, sorti du sang pour s'asseoir dans la pourpre, fut poursuivi jusque dans son enfant et dans son champion « Bonaparte, qui « l'avait centralisé et intronisé[2]. » Sous cet acharnement national, les idées libérales s'effaçaient; les plus illustres des amis de Fox, Burke, Windham, Spencer, le quittèrent : de cent soixante partisans dans la chambre des communes, il ne lui en resta que cinquante. Le grand parti whig sembla disparaître, et dans l'année 1799 la plus forte minorité qu'on put rassembler contre le gouvernement fut de vingt-cinq voix. Cependant le jacobinisme anglais était pris à la

---

1. Tome II, page 17, *Pitt's Speeches*.
2. Discours de Pitt, 17 février 1800.

gorge et tenu à terre [1] ; « l'*habeas corpus* était suspendu
« à plusieurs reprises ; les écrivains qui avançaient
« des doctrines contraires à la monarchie et à l'aristo-
« cratie étaient proscrits et punis sans merci. Il était
« dangereux à un républicain de faire sa profession de
« foi politique au restaurant, devant son *beefsteak* et sa
« bouteille, et l'on voyait en Écosse, pour des offenses
« qui à Westminster eussent été qualifiées de délits
« simples [2], des hommes d'esprit cultivé et de manières
« polies envoyés à Botany-Bay avec le troupeau des
« criminels [3]. » Cependant l'intolérance de la nation
aggravait celle du gouvernement. Quiconque eût avoué
des sentiments démocratiques eût été insulté. Les
journaux présentaient les novateurs comme des scélérats et des ennemis publics. La populace, à Birmingham, brûlait les maisons de Priestley et des
unitaires. A la fin, Priestley fut obligé de quitter l'Angleterre. Lord Byron s'exila sous la même contrainte,
et quand il partit, ses amis craignirent que la foule
assemblée autour de sa voiture ne portât les mains
sur lui.

Ce n'est point dans ce monde armé en guerre contre
les nouvelles théories que les nouvelles théories pouvaient naître. La révolution y entre cependant ; elle
y entre déguisée, et par une voie détournée, en sorte
qu'on ne la reconnaît pas. Ce ne sont point les idées
sociales qui se transforment, comme en France, ni

---

1. *Life of William Pitt*, by Macaulay.
2. *Misdemeanours*.
3. *Felons*. Ces termes légaux n'ont pas d'équivalent en français.

les idées philosophiques comme en Allemagne, mais les idées littéraires; la grande marée montante de l'esprit moderne, qui renverse ailleurs tout l'édifice des conditions et des spéculations humaines, ne parvient d'abord ici qu'à changer le style et le goût. Médiocre changement, du moins en apparence, mais qui en somme vaut les autres; car ce renouvellement dans la manière d'écrire est un renouvellement dans la manière de penser; celui-ci amènera tous les autres, comme le mouvement du pivot central entraîne le mouvement de tous les rouages engrenés.

En quoi consiste cette réforme du style? Avant de la définir, j'aime mieux la montrer, et pour cela il faut que l'on voie le caractère et la vie de celui qui le premier l'a pratiquée sans système, William Cowper; car son talent n'est que l'image de son caractère, et ses poëmes ne sont que l'écho de sa vie. C'était un enfant délicat, craintif, d'une sensibilité frémissante, passionnément tendre, et qui, ayant perdu sa mère à six ans, fut soumis presque aussitôt au *fagging* et aux brutalités d'une école publique. Elles sont étranges en Angleterre : un garçon d'environ quinze ans le prit comme victime, et le pauvre petit, incessamment maltraité, conçut « une telle crainte de son bourreau, « qu'il n'osait lever les yeux sur lui plus haut que les « genoux, et le connaissait mieux par ses boucles de « souliers que par aucune autre partie de son habille- « ment. » Dès neuf ans, la mélancolie le prit, non pas la rêverie douce que nous appelons de ce nom, mais le profond abattement, le désespoir morne et continu l'horrible maladie des nerfs et de l'âme qui produit le suicide, le puritanisme et la folie. « Jour et nuit « j'étais à la torture, me couchant dans l'angoisse, « me levant dans le désespoir. » Le mal changeait d'aspect, diminuait, mais ne le quittait pas. Né dans une grande famille, mais n'ayant qu'une petite fortune, il accepta sans réflexion l'offre de son oncle, qui voulait lui donner une place de clerc à la chambre des communes; mais il fallait subir un examen, et ses nerfs se démontaient à la seule idée qu'il faudrait paraître et parler en public. Pendant six mois, il essaya de se préparer; mais il lisait sans comprendre; une fièvre nerveuse le minait. Ses sensations étaient « celles d'un homme qui monte sur l'échafaud, « toutes les fois qu'il mettait le pied dans le bureau; « pendant six mois il y vint tous les jours[1]. » — « Dans « cet état, dit-il, j'étais saisi par moments d'un tel accès « de désespoir, que, seul dans ma chambre, je poussais « des cris et maudissais l'heure de ma naissance, « levant mes yeux au ciel, non pas en suppliant, mais « avec un esprit infernal de haine envenimée et de « reproche contre mon Créateur[2]. » Le jour de l'examen approchait; il espéra devenir fou pour s'y sou-

---

1. The feelings of a man when he arrives at the place of execution are, probably, much as mine were every time I set my foot in the office, which was every day for more than a half year together.

2. In this situation such a fit of passion has sometimes seized me, when alone in my chambers, that I have cried out aloud, and cursed the hour of my birth; lifting up my eyes to heaven not as a suppliant, but in the hellish spirit of rancorous reproach and blasphemy against my Maker.

CHAPITRE I. LES IDÉES ET LES ŒUVRES. 277

straire, et comme la raison tenait bon, il pensa même à se tuer. Enfin, dans un moment de délire, la démence vint, et on le mit dans une maison d'aliénés, « tout pénétré par un sentiment exalté de dégoût et « d'horreur pour lui-même et par la crainte d'un « châtiment instantané, » jusqu'à se croire damné, comme Bunyan et les premiers puritains. Au bout de plusieurs mois, sa raison lui revint; mais elle se sentait des étranges pays où elle avait voyagé toute seule. Il resta triste, comme un homme qui se croit dans la disgrâce de Dieu, et se trouva incapable d'une vie active. Cependant un ministre, M. Unwin, et sa femme, bonnes gens bien pieux et bien réguliers, l'avaient recueilli. Il essayait de s'occuper mécaniquement, par exemple en fabriquant des cages à lapins, en jardinant, en apprivoisant des lièvres. Il employait le reste de la journée, comme un méthodiste, à lire l'Écriture ou des sermons, à chanter des hymnes avec ses amis, et à s'entretenir de matières spirituelles. Ce régime, l'air salubre de la campagne, la tendresse maternelle de mistress Unwin et de lady Austen amenèrent quelques éclaircies. Elles l'aimaient si généreusement, et il était si aimable! Affectueux, plein d'abandon, innocemment moqueur, avec une imagination naturelle et charmante, une fantaisie gracieuse, une finesse exquise, et si malheureux! Il était de ceux auxquels les femmes se dévouent, qu'elles aiment maternellement, par compassion d'abord, par attrait ensuite, parce qu'elles trouvent en eux seuls les ménagements, les attentions minutieuses et tendres, les respects délicats que notre rudesse ne sait leur rendre, et dont leur être plus sensible a pourtant besoin. Ces doux instants ne durèrent pas. « Au mieux, « disait-il, mon esprit a toujours un fonds mélanco- « lique ; il ressemble à certains étangs que j'ai vus, qui « sont remplis d'une eau noire et pourrie, et qui pour- « tant dans les jours sereins réfléchissent par leur « surface les rayons du soleil[1]. » Il souriait comme il pouvait, mais avec effort ; c'était le sourire d'un malade qui se sait incurable et tâche de l'oublier un instant, du moins de le faire oublier aux autres. « Vraiment, je m'étonne qu'une pensée enjouée vienne « frapper à la porte de mon intelligence, encore plus « qu'elle y trouve accès. C'est comme si Arlequin for- « çait l'entrée de la chambre lugubre où un mort est « exposé en cérémonie. Ses gestes grotesques seraient « déplacés de toute façon, mais encore davantage s'ils « arrachaient un éclat de rire aux figures mornes des « assistants. Néanmoins l'esprit longtemps fatigué « par l'uniformité d'une perspective monotone et « désolée fixera ses yeux avec joie sur tout objet qui « mettra un peu de variété dans ses contemplations, « ne serait-ce qu'un chat jouant avec sa queue[2]. »

1. My mind has always a melancholy cast, and is like some pools I have seen, which, though filled with a black and putrid water, will nevertheless in a bright day reflect the sunbeams from their surface.

2. Indeed I wonder that a sportive thought should ever knock at the door of my intellects, and still more that it should gain admittance. It is as if harlequin should intrude himself into the gloomy chamber, where a corpse is deposited in state. His antic gesticulations would be unseasonable at any rate, but more spe-

Somme toute, il avait le cœur trop délicat et trop pur : pieux, irréprochable, austère, il se jugeait indigne d'aller à l'église, ou même de prier Dieu. « Ceux qui « ont trouvé un Dieu et qui ont la permission de « l'adorer ont trouvé un trésor dont ils n'ont qu'une « idée bien maigre et bien bornée, si haut qu'ils le « prisent. Croyez-m'en, croyez-en un homme qui, « ayant joui de ce privilége pendant quelques années, « en a été privé pendant un nombre d'années plus « grand encore, et *qui n'a point l'espérance de jamais le* « *recouvrer.* » Et ailleurs : « On peut représenter le « cœur d'un chrétien comme dans l'affliction et pour- « tant dans la joie, percé d'épines et pourtant couronné « de roses. J'ai l'épine sans la rose. Ma rose est une « rose d'hiver; les fleurs sont flétries, mais l'épine « demeure [1]. » Au lit de mort, quand le ministre lui disait d'avoir confiance en la miséricorde du Rédemp- teur qui veut sauver tous les hommes, il poussa un cri passionné, le suppliant de ne plus lui proposer de consolations pareilles. Il se croyait perdu, il s'était cru perdu toute sa vie. Une à une, sous cet effroi, toutes ses facultés s'anéantirent. Pauvre et charmante

---

cially so, if they should distort the features of the mournful atten- dants into laughter. But the mind long wearied with the sameness of a dull, dreary prospect, will gladly fix his eyes on any thing that may make a little variety in its contemplations though it were but a kitten playing with her tail.

1. My device was intended to represent.... the heart of a Christian, mourning and yet rejoicing, pierced with thorns, yet wreathed about with roses. I have the thorn without the rose. My brier is a wintry one, the flowers are withered, but the thorn remains.

âme, qui périt comme une fleur frêle d'un pays chaud transplantée dans la neige : la température du monde se trouva trop rude pour elle, et la règle morale, qui eût dû l'abriter, la déchira de ses aiguillons.

Un pareil homme n'écrit point pour le plaisir de faire du bruit. Il faisait des vers comme il peignait ou rabotait, pour s'occuper, pour se déprendre de lui-même. Son âme était trop pleine, il n'avait pas besoin d'aller bien loin chercher des sujets. Représentez-vous cette figure pensive, qui, silencieusement, au bord de l'Ouse, erre et regarde. Il regarde et rêve : une fraîche paysanne avec son panier au bras, une charrue lointaine qui avance lentement derrière l'attelage en sueur, une source luisante qui polit les cailloux bleuâtres, en voilà assez pour le remplir de sensations et de pensées. Il revient, s'assoit dans son petit pavillon grand comme une chaise à porteurs, dont la fenêtre donne sur le verger du voisin, et la porte sur un jardin plein d'œillets, de roses et de chèvrefeuilles. C'est dans ce nid qu'il travaille. Le soir, auprès de son amie dont les aiguilles courent pour lui sur la laine, il lit ou écoute les bruits demi-assoupis du dehors. C'est de cette vie que naissent ses vers. Elle lui suffit et suffit à les faire naître. Il ne lui en faut pas une plus violente ; moins unie et moins effacée, elle le bouleverserait ; les impressions qui sont petites pour nous sont grandes pour lui, et dans une chambre, dans un jardin, il trouve un monde. A ses yeux, les moindres objets sont poétiques. C'est le soir, en hiver ; le messager de la poste arrive, « héraut d'un

CHAPITRE I. LES IDÉES ET LES ŒUVRES. 281

« monde affairé, avec les nouvelles de toutes les na-
« tions qui ballotent sur son dos[1]. » Il ne s'en inquiète
pas; « il siffle, pauvre gai bonhomme; » toute son
affaire est de les déposer à l'auberge. Enfin le voilà, le
précieux paquet; on l'ouvre, on veut entendre la multitude de voix bruyantes qu'il apporte de Londres et
de l'univers. « Maintenant ranimez le feu, fermez
« bien les volets, laissez tomber les rideaux, roulez le
« sofa, et, pendant que l'urne bouillante et sifflante
« élève sa colonne de vapeur, souhaitons la bienvenue
« au soir pacifique qui entre[2]. » Et le voilà qui conte
son journal, politique, nouvelles, tout jusqu'aux an-
nonces, non pas en simple réaliste, comme tant d'écrivains aujourd'hui, mais en poëte, c'est-à-dire en
homme qui découvre une beauté et une harmonie
dans les charbons d'un feu qui pétille ou dans le va-
et-vient des doigts qui courent sur une tapisserie; car
c'est là l'étrange distinction du poëte : les objets non-
seulement rejaillissent de son esprit plus puissants

---

1. He comes, the herald of a noisy world,
With spattered boots, strapped waist, and frozen locks,
News from all nations lumbering at his back.
True to his charge, the close-packed load behind,
Yet careless what he brings, his one concern
Is to conduct it to the destined inn,
And, having dropped the expected bag, pass on.
He whistles as he goes, light-hearted wretch!
Cold and yet cheerful : messenger of grief
Perhaps to thousands, and of joy to some.

2. 'Now stir the fire, and close the shutters fast,
Let fall the curtains; wheel the sofa round,
And while the bubbling and loud-hissing urn
Throws up a steamy column, and the cups,
That cheer but not inebriate, wait on each,
So let us welcome peaceful evening in.

et plus précis qu'ils n'étaient en eux-mêmes et avant d'y entrer, mais encore, une fois conçus par lui, ils s'épurent, ils s'ennoblissent, ils se colorent, comme les vapeurs grossières qui, transfigurées par la distance et la lumière, se changent en nuages satinés, frangés de pourpre et d'or. Pour lui, il y a de la grâce dans les rondeurs mouvantes de cette vapeur que la bouilloire exhale; il y a de la douceur dans cette concorde des hôtes d'une même maison assemblés autour de la même table. Ce seul mot, *nouvelles de l'Inde*, lui fera voir l'Inde elle-même, vieille reine empanachée, « avec son turban emplumé, brodé de perles[1]. » Cette seule idée, *l'impôt des boissons*, mettra devant ses yeux « les dix milles tonnes incessamment suintantes, « et qui, touchées par le doigt de l'État comme par le « doigt de Midas, saignent de l'or pour la prodigalité « des ministres. » A proprement parler, la nature est comme un musée de tableaux magnifiques et variés, qui pour nous, gens ordinaires, sont toujours recouverts de leur serge. Tout au plus, çà et là, une déchirure nous laisse soupçonner les beautés cachées derrière les monotones enveloppes; mais ces enveloppes, le poëte les lève toutes et voit un tableau là où nous ne découvrions qu'un surtout. Voilà la vérité neuve que les poëmes de Cowper ont mise en lumière. Nous savons par lui que nous ne sommes plus forcés d'aller chercher en Grèce, à Rome, dans les palais, chez les

---

1. Is India free? And does she wear her plumed
   And jewelled turban with a smile of peace?
   Or do we grind her still?

héros et les académiciens, les objets poétiques. Ils sont tout près de nous : si nous ne les voyons pas, c'est que nous ne savons pas les voir; le défaut est dans nos yeux, non dans les choses. Nous trouverons la poésie, si nous le voulons bien, au coin de notre feu et parmi les planches de notre potager[1].

Est-ce bien le potager qui est poétique? Aujourd'hui peut-être, mais demain, si j'ai l'imagination sèche, je n'y verrai rien que des carottes et autres fournitures de cuisine. C'est ma sensation qui est poétique, c'est elle que je dois respecter, comme la fleur la plus précieuse de la beauté. De là un nouveau style. Il ne s'agit plus, suivant l'ancienne mode oratoire, d'enfermer un sujet dans un plan régulier, de le diviser en portions symétriques, de ranger les idées en files, comme les pions sur un damier. Cowper prend le premier sujet venu, celui que lady Austen lui a donné au hasard, un sofa, et il en parle pendant deux pages; puis il va où son courant d'esprit le conduit, décrivant une soirée d'hiver, quantité d'intérieurs et de paysages, mêlant çà et là toutes sortes de réflexions morales, des récits, des dissertations, des jugements, des confidences, à la façon d'un homme qui pense tout haut devant le plus intime et le plus aimé de ses amis. Voilà son grand poëme, *the Task*. « Comparés « à ce livre, dit Southey, les meilleurs poëmes didac- « tiques sont comme des jardins compassés auprès

---

1. A cet égard, Crabbe est aussi un des maîtres et des rénovateurs ; mais il a le style classique, et on l'a fort bien appelé « a Pope in worsted stockings. »

« d'un vrai paysage boisé. » Si l'on entre dans le détail, le contraste est plus grand encore. Il n'a point l'air de songer qu'on l'écoute, il ne se parle qu'à lui-même. Il n'insiste pas sur ses idées, comme les classiques, pour les mettre en relief et en saillie par des répétitions et des antithèses ; il note sa sensation, et puis c'est tout. Nous la suivons en lui à mesure qu'elle naît, nous la voyons sortir d'une autre, grandir, s'abaisser, puis remonter encore, comme nous voyons la vapeur sortie d'une source s'élever insensiblement, enrouler et développer ses formes changeantes. La pensée, qui chez les autres était figée et roidie, devient ici mobile et fluide ; le vers rectiligne s'assouplit ; le vocabulaire noble élargit sa trame pour laisser entrer les mots vulgaires de la conversation et de la vie. Enfin la poésie est redevenue vivante ; ce ne sont plus des mots qu'on écoute, mais des émotions qu'on ressent ; ce n'est plus un auteur qui parle, c'est un homme. Sa vie est bien là, sous ses lignes noires, tout entière, sans mensonge ni apprêt ; tout son effort s'est employé à ôter l'apprêt et le mensonge. Quand il décrit sa petite rivière, sa chère Ouse, « qui tourne « lentement dans la plaine unie parmi les spacieuses « prairies çà et là tachées de bétail[1], » il la voit intérieurement, et chaque mot, chaque coupe, chaque son correspond à un changement de cette vue inté-

---

1. Here Ouse slow winding through a level plain
Of spacious meads, with cattle sprinkled o'er,
Conducts the eye along his sinuous course
Delighted.

rieure. Il en est ainsi de tous ses vers; ils sont gros d'émotions personnelles, véritablement éprouvées, jamais altérées ni déguisées, tout au contraire exprimées avec leurs nuances et leurs ondulations fugitives, en un mot telles qu'elles sont, c'est-à-dire *en train de se faire et de se défaire*, non pas toutes faites, immobiles et fixes, comme l'ancien style les représentait. En cela consiste la grande révolution du style moderne. L'esprit, dépassant les règles connues de la rhétorique et de l'éloquence, pénètre dans la psychologie profonde, et n'emploie plus les mots que pour chiffrer les émotions.

III

Alors parut[1] l'école romantique anglaise, toute semblable à la nôtre par ses doctrines, ses origines et ses alliances, par les vérités qu'elle découvrit, les exagérations qu'elle commit et le scandale qu'elle excita. Ils formaient une secte, « secte de dissidents « en poésie[2], » qui parlaient haut, se tenaient serrés, et révoltaient les cervelles rassises par l'audace et la nouveauté de leurs théories. Pour le fond des choses, on leur trouvait « les principes antisociaux et la sen- « sibilité maladive de Rousseau, bref un mécontente- « ment stérile et misanthropique contre les institutions « présentes de la société. » En effet, Southey, un de leurs chefs, avait commencé par être socinien et jaco-

---

1. 1793-1794. — 2. *Revue d'Édimbourg*, octobre 1802.

bin, et l'un de ses premiers poëmes, *Wat Tyler*, apportait la glorification de la Jacquerie passée à l'appui de la Révolution présente. Un autre, Coleridge, pauvre diable et ancien dragon, la tête farcie de lectures incohérentes et de songes humanitaires, avait songé à fonder en Amérique une république communiste purgée de rois et de prêtres; puis devenu unitaire, s'était imbu à Goettingue de théories hérétiques et mystiques sur le Verbe et l'absolu. Wordsworth lui-même, le troisième et le plus tempéré, avait débuté par des vers enthousiastes contre les rois, « ces fils du « limon, qui de leur sceptre voulaient arrêter la « marée révolutionnaire, et que le flot montant de la « liberté allait balayer et engloutir. » Mais ces colères et ces aspirations ne tenaient guère; et tous trois, au bout de quelques années, ramenés dans le giron de l'État et de l'Église, se trouvaient, l'un journaliste de M. Pitt, l'autre pensionnaire du gouvernement, le troisième poëte lauréat, convertis zélés, anglicans décidés et conservateurs intolérants. En matière de goût, au contraire, ils avaient marché en avant sans reculer. Ils avaient rompu violemment avec la tradition, et sautaient par-dessus toute la culture classique pour aller prendre leurs modèles dans la Renaissance et le moyen âge. L'un d'eux, Charles Lamb, comme Sainte-Beuve, avait découvert et restauré le seizième siècle. Les dramatistes les plus incultes, Marlowe par exemple, leur paraissaient admirables, et ils allaient chercher dans les recueils de Percy et de Warton, dans les vieilles ballades nationales et dans les anciennes poésies étrangères, l'accent naïf et primitif qui avait manqué à la littérature classique, et dont la présence leur semblait la marque de la vérité et de la beauté. Par-dessus toute réforme, ils travaillaient à briser le grand style aristocratique et oratoire, tel qu'il était né de l'analyse méthodique et des convenances de cour. Ils se proposaient « d'adapter aux usages de la poésie « le langage ordinaire de la conversation, tel qu'il est « employé dans la moyenne et la basse classe, » et de remplacer les phrases étudiées et le vocabulaire noble par les tons naturels et les mots plébéiens. A la place de l'ancien moule, ils essayaient la stance, le sonnet, la ballade, le vers blanc, avec les rudesses et les cassures des poëtes primitifs. Ils reprenaient ou arrangeaient les mètres et la diction du treizième et du seizième siècle. Charles Lamb écrivait une tragédie d'archéologue qu'on eût pu croire contemporaine du règne d'Élisabeth. D'autres, comme Southey et surtout Coleridge, fabriquaient des rhythmes absolument neufs, aussi heureux parfois et parfois aussi malheureux que ceux de Victor Hugo, par exemple un vers dans lequel on comptait les accents et non plus les syllabes; singulier pêle-mêle de tâtonnements confus, d'avortements visibles et d'inventions originales. Le plébéien, affranchi du costume aristocratique, en cherchait un autre, empruntant une pièce aux chevaliers ou aux barbares, une autre aux paysans ou aux journalistes, sans trop s'apercevoir des disparates, prétentieux et content dans son manteau bariolé et mal cousu, jusqu'à ce qu'enfin, après beaucoup d'essais et de déchirures, il finit par se connaître lui-même et choisir le vêtement qui lui seyait.

Dans cette confusion laborieuse, deux grandes idées se dégagent : la première qui produit la poésie historique, la seconde qui produit la poésie philosophique, l'une surtout visible dans Southey et Walter Scott, l'autre surtout visible dans Wordsworth et Shelley, toutes deux européennes et manifestées avec un éclat égal en France dans Hugo, Lamartine et Musset, avec un éclat plus grand en Allemagne dans Goethe, Schiller, Ruckert et Heine; l'une et l'autre si profondes que nul de leurs représentants, sauf Goethe, n'en a deviné la portée; et que c'est à peine si aujourd'hui, après plus d'un demi-siècle, nous pouvons en définir la nature pour en présager les effets.

La première consiste à dire ou plutôt à pressentir que notre idéal n'est pas l'idéal : c'en est un, mais il y en a d'autres. Le barbare, l'homme féodal, le cavalier de la Renaissance, le musulman, l'Indien, chaque âge et chaque race a conçu sa beauté, qui est une beauté. Jouissons-en, et pour cela mettons-nous à la place de ceux qui l'ont inventée; mettons-nous-y tout à fait; ce ne sera point assez de représenter, comme les romanciers et les dramatistes précédents, des mœurs modernes et nationales sous des noms étrangers et antiques; peignons les sentiments des autres siècles et des autres races avec leurs traits propres, si différents que ces traits soient des nôtres et si déplaisants qu'ils soient pour notre goût. Montrons notre personnage tel qu'il fut, grotesque ou non, avec son costume et son langage : qu'il soit féroce et superstitieux s'il le faut; éclaboussons le barbare dans le sang, et chargeons le covenantaire de sa dossée de textes bibliques. Une à une on vit reparaître alors sur la scène littéraire les civilisations anéanties ou lointaines, le moyen âge d'abord et la Renaissance, puis l'Arabie, l'Hindoustan et la Perse, puis l'âge classique et le dix-huitième siècle lui-même, et le goût historique devint si vif que, de la littérature, la contagion gagna les autres arts. Le théâtre changea ses costumes et ses décors de convention pour les costumes et les décors vrais. L'architecture bâtit des villas romaines dans nos climats du Nord, et des tourelles féodales au milieu de la sécurité moderne. Les peintres voyagèrent pour imiter la couleur locale, et étudièrent pour reproduire la couleur morale. Chacun devint touriste et archéologue; l'esprit humain, sortant de ses sentiments particuliers pour entrer dans tous les sentiments éprouvés, et à la fin dans tous les sentiments possibles, trouva son modèle dans le grand Gœthe, qui, par son *Tasse*, son *Iphigénie*, son *Divan*, son second *Faust*, devenu concitoyen de toutes les nations et contemporain de tous les âges, semblait vivre à volonté dans tous les points de la durée et de l'espace, et donnait une idée de l'esprit universel. Cependant cette littérature, en approchant de sa perfection, approchait de son terme et ne se développait que pour finir. On en vint à comprendre que les résurrections tentées sont toujours imparfaites, que toute imitation est un pastiche, que l'accent moderne perce infailliblement dans les paroles que nous prêtons aux personnages antiques, que toute peinture de mœurs doit être indigène et contemporaine, et que la littérature archéologique est un genre faux. On sentit enfin que c'est dans les écrivains du passé qu'il faut chercher le portrait du passé, qu'il n'y a de tragédies grecques que les tragédies grecques, que le roman arrangé doit faire place aux mémoires authentiques, comme la ballade fabriquée aux ballades spontanées; bref, que la littérature historique doit s'évanouir et se transformer en critique et en histoire, c'est-à-dire en exposition et en commentaire des documents.

Dans cette multitude de voyageurs et d'historiens déguisés en poëtes, comment choisir? Ils pullulent comme les volées d'insectes éclos un jour d'été dans la végétation surabondante; ils bourdonnent et luisent, et l'esprit se trouve perdu parmi leurs bruissements et leurs chatoiements. Lesquels citerai-je? Thomas Moore, le plus gai et le plus français de tous, moqueur spirituel [1], trop gracieux et recherché, et qui fit des odes descriptives sur les Bermudes, des mélodies sentimentales sur l'Irlande, un roman poétique sur l'Égypte [2], un poëme romanesque sur la Perse et l'Inde [3]; Lamb, le restaurateur du vieux drame; Coleridge, penseur et rêveur, poëte et critique, qui, dans sa *Christabel* et dans son *Vieux Marinier*, retrouva le surnaturel et le fantastique; Campbell, qui, ayant commencé par un poëme didactique sur *les plaisirs de*

---

1. Voyez *the Fudge Family*, etc. — 2. *The Epicurean.*
3. *Lalla Rookh.*

l'Espérance, entra dans la nouvelle école tout en gardant son style noble et demi-classique, et composa des poëmes américains et celtes, médiocrement celtes et américains; au premier rang Southey, habile homme qui, après quelques faux pas de jeunesse, devint le défenseur attitré de l'aristocratie et du *cant*, lecteur infatigable, écrivain inépuisable, chargé d'érudition, doué d'imagination, célèbre comme Victor Hugo par la nouveauté de ses innovations, par le ton guerrier de ses préfaces, par les magnificences de sa curiosité pittoresque, ayant promené sur l'univers et l'histoire ses cavalcades poétiques, et enveloppé dans le réseau infini de ses vers Jeanne d'Arc, Wat Tyler, Roderick le Goth, Madoc, Thalaba, Kehama, les traditions celtiques et mexicaines, les légendes des Arabes et des Indiens, tour à tour catholique, musulman, brahmane, mais seulement en poésie, en somme protestant prudent et patenté. Ne prenez ceux-ci que comme exemples; il y en a une trentaine d'autres par derrière, et je crois que de tous les beaux paysages visibles ou imaginables, de tous les grands événements réels ou légendaires, sur tous les points du temps, aux quatre coins du monde, il n'en est pas un qui leur ait échappé. Cette fantasmagorie est bien brillante : par malheur elle sent la fabrique. Si vous voulez en avoir l'image, figurez-vous que vous êtes à l'Opéra. Les décors sont splendides, on les voit descendre du ciel, c'est-à-dire du plafond, trois fois par acte : hautes cathédrales gothiques, dont les rosaces flamboient au soleil couchant, pendant que les processions se déploient autour des piliers, et que des clartés ondoient sur les chapes ouvragées, sur les dorures des habits sacerdotaux ; mosquées et minarets, caravanes mouvantes qui serpentent au loin sur le sable jaunâtre, et dont les lances, les parasols alignés posent leur frange sur la blancheur immaculée de l'horizon ; paradis indiens, où les roses amoncelées pullulent par myriades, où les jets d'eau entre-croisent leurs panaches de perles, où les lotus étalent leurs larges feuilles, où les plantes épineuses hérissent leurs cent mille calices de pourpre autour des singes et des crocodiles divins qui grouillent dans leurs massifs. Cependant les danseuses posent la main sur leur cœur avec une émotion délicate et profonde, les jeunes premiers chantent qu'ils sont prêts à mourir, les tyrans font gronder leur voix de basse, l'orchestre se démène, accompagnant les variations des sentiments par les soupirs doucereux de ses flûtes, par les clameurs lugubres de ses trombones, par les mélodies angéliques de ses harpes ; jusqu'à ce qu'enfin, au moment où l'héroïne met le pied sur la gorge du traître, il éclate triomphalement par ses mille voix vibrantes réunies en un seul accord. Beau spectacle ! on en sort ébloui, assourdi ; les sens défaillent sous cette inondation de magnificences ; mais en rentrant chez soi, on se demande ce qu'on a appris, ce qu'on a senti, si véritablement on a senti quelque chose. Après tout, il n'y a guère ici que des décors et de la mise en scène ; les sentiments sont factices ; ce sont des sentiments d'opéra ; les auteurs ne sont que d'habiles gens, manufacturiers de livrets et de toiles peintes; ils ont du talent et point de génie; ils tirent leurs idées, non de leur cœur, mais de leur tête. Telle est l'impression que laissent *Lalla Rookh, Thalaba, Roderik, Kehama,* et le reste de ces poëmes. Ce sont de grandes machines décoratives appropriées à la mode. La marque propre du génie est la découverte de quelque large région inexplorée dans la nature humaine, et cette marque leur manque; ils témoignent seulement de beaucoup d'habileté et de savoir. En somme, j'aime mieux voir l'Orient dans les Orientaux d'Orient que dans les Orientaux d'Angleterre, chez Vyasa ou Firdousi que chez Southey[1] ou Moore; leurs poëmes ont beau être descriptifs ou historiques, ils le sont moins que les textes et les pièces justificatives qu'ils ont soin de mettre au bas.

Par delà toutes les causes générales qui ont entravé cette littérature, il y en a une nationale : ils n'ont pas l'esprit assez flexible, et ils ont l'esprit trop moral. Leur imitation n'est que littérale. Ils ne connaissent les temps passés et les pays lointains qu'en antiquaires et en voyageurs. Quand ils mentionnent un usage, ils mettent leurs autorités en note; ils ne se présentent au public que munis d'attestations; ils établissent par certificats valables qu'ils n'ont pas commis une faute de topographie ni de costume. Moore, comme Southey, nomme ses garants : sir John Malcolm, sir William Ouseley, M. Carue et autres personnages qui reviennent

---

1. Voir *The history of the caliph Vathek*, roman fantastique et puissant, par W. Beckford, publié d'abord en français, 1784.

d'Orient, tous témoins oculaires. « La description de
« Balbec, de la plaine et de ses ruines, dit un de ces
« messieurs, est admirablement fidèle. Le minaret est
« tout près de là sur la pente, et il ne manquait que
« le cri du muezzin pour rompre le silence. » — « J'au-
« rais juré, dit un autre, que Moore a voyagé en
« Orient! » A cet égard, leur minutie est plaisante[1],
et leurs notes, prodiguées sans mesure, montrent que
leur public tout positif impose aux denrées poétiques
l'obligation de prouver leur provenance et leur aloi.
Mais la grande vérité, qui consiste à entrer dans les
sentiments des personnages, leur échappe : ces sentiments sont trop étranges et immoraux. Quand Moore
a essayé de traduire et de refaire Anacréon, on lui a
déclaré que sa poésie était bonne pour une maison de
filles[2]. Pour écrire un poëme indien, il faut être panthéiste de cœur, un peu fou et assez habituellement
visionnaire; pour écrire un poëme grec, il faut être
polythéiste de cœur, païen à fond et naturaliste de
métier. C'est pour cela que Heine a parlé si bien de
l'Inde, et Gœthe si bien de la Grèce. Un véritable
historien n'est pas sûr que sa civilisation soit parfaite,
et vit aussi volontiers hors de son pays qu'en son pays.
Jugez si des Anglais peuvent réussir en ce genre. A
leurs yeux, il n'y a qu'une civilisation raisonnable,
qui est la leur; toute autre morale est inférieure, toute
autre religion est extravagante. Parmi de telles exi-

---

1. Voyez les notes de Southey, pires que celles de Chateaubriand dans les *Martyrs*.
2. *Revue d'Édimbourg*.

gences, comment reproduire des morales et des religions différentes ? C'est la sympathie seule qui peut retrouver les mœurs éteintes ou étrangères, et la sympathie ici est interdite. Sous cette règle étroite, la poésie historique, qui d'elle-même n'est guère viable, va languir étouffée comme sous une cloche de plomb.

Un d'entre eux, romancier, critique, historien et poëte, favori de son siècle, lu dans l'Europe entière, fut comparé et presque égalé à Shakspeare, eut plus de popularité que Voltaire, fit pleurer les modistes et les duchesses, et gagna six millions. « Je jurerais, « je crois, lui écrivait son éditeur en achevant un de « ses livres[1], et par tous les serments qu'on pour- « rait proposer, que je n'ai jamais éprouvé un plai- « sir aussi entier.... Lord Holland me dit quand je « lui demandai son opinion : Mon opinion ! personne « de nous ne s'est mis au lit cette nuit; rien n'a « dormi, excepté ma goutte. » En France, on vendit de ces romans quatorze cent mille volumes, et on en vend toujours. L'auteur, né à Édimbourg, était fils d'un avoué[2], savant dans le droit féodal et dans l'histoire de l'Église, lui-même avocat, puis shériff, et toujours grand amateur d'antiquités, surtout d'antiquités nationales, en sorte que, dans sa famille, dans son éducation, dans sa personne, il trouvait les matériaux de son œuvre et les aiguillons de son talent. Ses

---

1. Lockhart, p. 220, *Life of sir W. Scott.*
2. Writer at the signet.

premiers souvenirs s'étaient imprimés en lui à l'âge
de trois ans, dans une ferme où on l'avait porté pour
essayer l'effet du grand air sur sa petite jambe paralysée. On l'enveloppait nu dans la peau chaude d'un
mouton tué à l'instant, et il rampait dans cet attirail,
qui passait pour un spécifique. Il resta boiteux et
devint *liseur.* Dès sa première enfance, il avait été
élevé parmi les récits qu'il mit en scène plus tard,
celui de la bataille de Culloden, celui des cruautés
exercées contre les *highlanders,* celui des guerres et
des souffrances des covenantaires. A trois ans, il criait
si haut la ballade de Hardyknute qu'il empêchait le
ministre du village, homme doué d'une très-belle
voix, d'être entendu et même de s'entendre. Sitôt
qu'on lui avait récité une ballade du *Border,* il la savait
par cœur. Dans le reste, il était indolent, étudiait à
bâtons rompus, apprenait mal les choses sèches et
positives; mais de ce côté le courant de son instinct
était précoce, précipité et invincible. Le jour où, pour
la première fois, « sous un platane, » il ouvrit les
volumes où Percy avait rassemblé les fragments de
l'ancienne poésie, il oublia de dîner « malgré son
« appétit de treize ans, » et dorénavant « il inonda »
de ces vieux vers non-seulement ses camarades d'école,
mais encore tous ceux qui voulaient l'entendre. Devenu
clerc chez son père, il fourrait dans son pupitre toutes
les œuvres d'imagination qu'il pouvait trouver, non
pas les romans d'intérieur, « il lui fallait l'art de miss
« Burney ou la sensibilité de Mackensie pour l'inté-
« resser à une histoire domestique » mais les « récits

« aventureux et féodaux[1], » et tout ce qui avait trait « aux chevaliers errants. » Ayant fait une maladie, il fut retenu longtemps au lit avec défense de parler, sans autre divertissement que la lecture des poëtes, des romanciers, des historiens et des géographes, occupé à éclaircir les descriptions de bataille par des alignements et des arrangements de petits cailloux qui figuraient les soldats. Une fois guéri et bon marcheur, il tourna ses promenades vers le même emploi, et se trouva passionné pour le paysage, surtout pour le paysage historique. « On n'avait, dit-il[2], qu'à me « montrer un vieux château, un champ de bataille; « j'étais tout de suite chez moi, je le remplissais de « ses combattants avec leur costume propre, j'entraî- « nais mes auditeurs par l'enthousiasme de mes « descriptions. Une fois, traversant Magus-Moor, près « de Saint-Andrews, l'esprit me poussa à décrire « l'assassinat de l'archevêque de Saint-Andrews à « quelques voyageurs dont je me trouvais le compa- « gnon par hasard, et l'un d'eux, quoiqu'il sût bien « cette histoire, protesta que mon récit l'avait empêché « de dormir. » Entre autres excursions studieuses, il fit pendant sept ans un voyage chaque année dans le district sauvage et perdu de Liddesdale, explorant chaque ruisseau et chaque débris, couchant dans la hutte des bergers, ramassant des légendes et des ballades. Jugez par là de ses goûts et de son assiduité d'antiquaire. Il lisait les chartes provinciales, les plus

---

[1]. *Romantic.* — 2. Lockhart, t. I, p. 29.

mauvais vers latins du moyen âge, les registres de paroisse, même les contrats et les testaments. La première fois qu'il put mettre la main sur un des grands cors de guerre qui servaient aux *borderers*, il en sonna toute la route. La ferraille rouillée et le parchemin sale l'attiraient, remplissaient sa tête de souvenirs et de poésie. En vérité, il avait l'âme féodale. « Pendant toute sa vie, dit son gendre, son orgueil « principal fut d'être reconnu membre d'une famille « historique[1]. » — « Sa première et sa dernière ambi- « tion mondaine fut d'être lui-même le fondateur « d'une branche distincte. » La gloire littéraire ne venait qu'en second lieu ; son talent n'était pour lui qu'un instrument. Il employa les sommes énormes que ses vers et sa prose lui avaient gagnées à se bâtir un château à l'imitation des anciens preux, « tours « et tourelles, copiées chacune d'après quelque vieux « manoir écossais, toits et fenêtres blasonnés avec les « insignes des clans, avec des lions rampants sur « gueules, » appartements « remplis de hauts dressoirs « et de bahuts sculptés, décorés de targes, de plaids « et de grandes épées de *highlanders*, de hallebardes, « d'armures, d'andouillers disposés en trophées[2]. » Pendant de longues années, il y tint, pour ainsi parler, table ouverte, et fit à tout étranger « les honneurs de « l'Écosse, » essayant de ressusciter l'antique vie féodale avec tous ses usages et tout son étalage : « large

---

1. Lockhart, t. IV, p. 329.
2. Sa bibliothèque et sa collection furent estimées 10 000 liv sterling

« et joyeuse hospitalité ouverte à tous venants, mais
« surtout aux parents, aux alliés et aux voisins, —
« ballades et pibrochs sonnant pour égayer les verres
« qui trinquent, — joyeuses chasses où les *yeomen*
« et les *gentlemen* peuvent chevaucher côte à côte, —
« danses gaillardes et gaies où le lord n'aura pas honte
« de donner la main à la fille du meunier[1]. » Lui-
même, ouvert, heureux, au milieu de ses quarante
convives, nourrissait l'entretien par une profusion de
récits épanchés de sa mémoire et de son imagination
prodigues[2], conduisait ses hôtes dans son domaine
élargi à grands frais, parmi les plantations nouvelles
dont l'ombrage futur devait abriter sa race, et pensait
avec un sourire de poëte aux générations lointaines
qui reconnaîtraient pour ancêtre *sir Walter Scott, premier baronnet d'Abbotsford.*

*La Dame du lac, Marmion, le Lord des îles, la Jolie
Fille de Perth, les Puritains d'Écosse, Ivanhoe, Quentin
Durward*, qui ne sait par cœur tous ces noms? C'est
chez Walter Scott que nous avons appris l'histoire. Et
cependant est-ce de l'histoire? Toutes ses peintures
d'un passé lointain sont fausses. Les costumes, les
paysages, les dehors sont seuls exacts ; actions,
discours, sentiments, tout le reste est civilisé, embelli,
arrangé à la moderne. On pouvait s'en douter en
regardant le caractère et la vie de l'auteur; car que
veut-il et que demandent ces hôtes empressés à

1. Je suis obligé de traduire ici par des équivalents.
2. « Aujourd'hui environ cent cinquante anecdotes! » écrit le pitaine Basil Hall, son hôte.

l'écouter? Est-ce un amateur de la vérité pure, telle qu'elle est, atroce et sale, un curieux naturaliste, indifférent à l'applaudissement de ses contemporains, uniquement attaché à constater les transformations de la nature vivante? En aucune façon. Il est dans l'histoire comme dans son château d'Abbotsford, occupé à disposer des points de vue et des salles gothiques. La lune fera bien là-bas entre les tourelles; voilà une cuirasse heureusement placée, le jet de lumière qu'elle renvoie est agréable à voir sur les vieilles tentures; si l'on tirait de la garde-robe les habits féodaux pour inviter les convives à une mascarade? La fête serait belle, agréable à leurs souvenirs et à leurs principes nobiliaires. Des lords anglais qui sortent d'une guerre acharnée contre la démocratie française doivent entrer avec zèle dans cette commémoration de leurs aïeux. Ajoutons qu'il y a des dames et même de jeunes demoiselles, qu'il faut arranger la représentation de manière à ne point choquer leur morale sévère et leurs sentiments délicats, les faire pleurer décemment, ne point mettre en scène des passions trop fortes, qu'elles ne comprendraient pas; tout au contraire choisir des héroïnes qui leur ressemblent, attendrissantes toujours, mais surtout correctes; de jeunes *gentlemen*, comme Évandale, Morton, Ivanhoe, parfaitement élevés, tendres et graves, même un peu mélancoliques (c'est la dernière mode) et dignes de les conduire à l'autel. Y a-t-il un homme plus propre que l'auteur à composer un pareil spectacle? Il est bon protestant, bon mari, bon père, très-moral, tory si décidé qu'il emporte comme une relique un verre où le roi vient de boire. D'ailleurs il n'a ni le talent ni le loisir de pénétrer jusqu'au fond des personnages. C'est à l'extérieur qu'il s'attache; il voit et décrit bien plus longuement le dehors et les formes que le dedans et les sentiments. D'autre part il traite son esprit comme une mine de charbon, bonne à exploiter vite et le plus lucrativement possible : un volume en un mois, parfois même en quinze jours, et ce volume lui vaut vingt-cinq mille francs. Comment pourrait-il découvrir ou oserait-il montrer la structure des âmes barbares? Cette structure est trop difficile à découvrir et trop peu agréable à montrer. Tous les deux cents ans, chez les hommes, la proportion des images et des idées, le ressort des passions, le degré de la réflexion, l'espèce des inclinations, changent. Qui est-ce qui comprend et goûte aujourd'hui, à moins d'une longue éducation préalable, Dante, Rabelais et Rubens? Et comment, par exemple, ces grands rêves catholiques et mystiques, ces audaces gigantesques ou ces impuretés de l'art charnel entreraient-ils dans la tête de ce *gentleman* bourgeois? Walter Scott s'arrête sur le seuil de l'âme et dans le vestibule de l'histoire, ne choisit, dans la Renaissance et le moyen âge, que le convenable et l'agréable, efface le langage naïf, la sensualité débridée, la férocité bestiale. Après tout, ses personnages, en quelque siècle qu'il les transporte, sont ses voisins, fermiers finauds, lairds vaniteux, *gentlemen* gantés, demoiselles à marier, tous plus ou moins bourgeois, c'est-à-dire rangés, situés par leur éducation et leur caractère à cent lieues des fous voluptueux de la Renaissance ou des brutes héroïques et des bêtes féroces du moyen âge. Comme il a la plus riche provision de costumes et le plus inépuisable talent de mise en scène, il fait manœuvrer très-agréablement tout son monde, et compose des pièces qui, à la vérité, n'ont guère qu'un mérite de mode, mais cependant pourront bien durer cent ans.

Celle qu'il joua dura moins. Pour soutenir son hospitalité princière et ses magnificences féodales, il était devenu l'associé de ses éditeurs; châtelain en public et négociant en secret, il leur avait engagé sa signature, sans surveiller l'usage qu'ils en faisaient. Une banqueroute survint; à cinquante-cinq ans, il se trouva ruiné et débiteur de cent dix-sept mille livres sterling. Avec un courage et une probité admirables, il refusa toute grâce, n'accepta que du temps, se mit à l'œuvre le jour même, écrivit infatigablement, paya en quatre ans soixante-dix mille livres, épuisa son cerveau jusqu'à devenir paralytique et mourut à la peine. Ni dans sa conduite ni dans sa littérature ses goûts féodaux ne lui avaient réussi, et ses splendeurs seigneuriales s'étaient trouvées aussi fragiles que ses imaginations gothiques. Il s'était appuyé sur l'imitation, et l'on ne subsiste que par la vérité. C'est ailleurs qu'était sa gloire, et il y avait une partie solide dans son esprit comme dans ses écrits. Par-dessous l'amateur du moyen âge, on découvre d'abord l'Écossais avisé, observateur attentif, dont la sagacité s'est aiguisée par le maniement de la procédure, bon homme d'ailleurs, accommodant et gai, comme il convient au caractère national, si différent du caractère anglais. « Bon Dieu, dit un de ses camarades d'excursions, « quel fonds il avait de belle humeur et de plaisan- « teries! Un fonds sans fin. Nous n'avions pas fait dix « pas que nous étions à rire ou à crier et à chanter. « Partout où nous nous arrêtions, comme il s'accom- « modait gentiment à un chacun! Il faisait toujours « comme les autres faisaient; jamais il ne jouait le « grand homme et ne se donnait des airs en com- « pagnie. » Devenu plus âgé et plus grave, il n'en resta pas moins aimable, le plus aimable des hôtes, si bien qu'un de ses voisins, fermier, je crois, au sortir de chez lui, disait à sa femme : « Ailie, ma fille, je « vais me coucher, et je voudrais dormir douze mois « pleins, car il n'y a qu'une chose dans ce monde qui « vaille la peine de vivre, c'est la chasse d'Abbotsford. » Joignez à ce genre d'esprit des yeux qui voient tout, une mémoire qui retient tout, une étude perpétuelle promenée dans toute l'Écosse, parmi toutes les con- ditions, et vous verrez naître son vrai talent, ce talent si agréable, si abondant, si facile, composé d'observa- tion minutieuse et de moquerie douce, et qui rappelle à la fois Téniers et Addison. Sans doute il écrit mal, quelquefois même aussi mal que possible[1]; on voit qu'il dicte, ne se relit guère, et tombe volontiers dans

1. *Ivanhoe*, page 1. « Such being our chief scene, the date of our story refers to a period towards the end of the reign of Richard I, when his return from his long captivity had become an event ra-

le style pâteux et emphatique, qui est dans l'air et que nous respirons tous les jours dans les prospectus et les journaux. Bien pis, il est horriblement long et diffus; ses conversations, ses descriptions sont interminables; il veut à toute force remplir ses trois volumes. Mais il a donné à l'Écosse droit de cité dans la littérature; j'entends à l'Écosse entière, paysages, monuments, maisons, chaumières, personnages de tout âge et de tout état, depuis le baron jusqu'au pêcheur, depuis l'avocat jusqu'au mendiant, depuis la dame jusqu'à la poissarde. A son seul nom, les voilà qui apparaissent en foule; qui ne les voit sortir de tous les coins de sa mémoire? Le baron de Bradwardine, Dominie Sampson, Meg Merrilies, l'Antiquaire, Ochiltree, Jeanne Deans et son père, aubergistes, marchands, commères, tout un peuple. Y a-t-il un des traits écossais qui manque? Économes, patients, précautionnés, rusés, il le faut bien; la pauvreté du sol et la difficulté de vivre les y ont contraints; c'est là le fonds de la race. La même ténacité qu'ils avaient portée dans les choses de la vie, ils l'ont portée dans les choses de l'esprit, studieux lecteurs et liseurs d'antiquités et de controverses; poëtes de plus : les légendes naissent aisément, dans un paysage romantique, parmi des guerres et des brigandages invétérés. Sur cette terre ainsi préparée et dans ce triste climat, le presbytérianisme a enfoncé ses âpres racines. Voilà le monde tout moderne et réel,

---

ther wished than hoped for by his despairing subjects, who were in the mean time subjected to every species of subordinate oppression. »
— Impossible d'écrire plus lourdement.

illuminé par le lointain soleil couchant de la chevalerie, que Walter Scott a découvert, comme un peintre qui, au sortir des grands tableaux d'apparat, aperçoit un intérêt et une beauté dans les maisons bourgeoises de quelque bicoque provinciale, ou dans une ferme encadrée par ses carrés de betteraves et de navets. Une malice continue égaye ces tableaux d'intérieur et de genre, si locaux et minutieux, et qui, comme ceux des Flamands, indiquent l'avénement d'une bourgeoisie. La plupart de ces bonnes gens sont des comiques. Il s'amuse à leurs dépens, met au jour leurs petits mensonges, leur parcimonie, leur badauderie, leurs prétentions, et les cent mille ridicules dont leur condition rétrécie ne manque jamais de les affubler. Un perruquier chez lui fait tourner le ciel et la terre autour de ses perruques; si la Révolution française prend pied partout, c'est que les magistrats ont renoncé à cet ornement. « Prenez garde, Monkbarns, « dit-il piteusement en retenant par la basque de « l'habit une des trois pratiques qui lui restent, au « nom de Dieu, prenez garde. Sir Arthur est noyé « déjà, et si vous tombez par-dessus la falaise, il n'y « aura plus qu'une perruque dans la paroisse, celle « du ministre[1]. » Vous le voyez, l'auteur sourit, et sans malveillance; ce naïf égoïsme est l'effet du métier et ne révolte point. Walter Scott n'est jamais aigre : au fond il aime les hommes, les excuse ou les tolère;

---

1. Haud a care, haud a care, Monkbarns; God's sake, haud a care; sir Arthur's drowned already, and an ye fa' over the cleugh too, there will be but a wig left in the parish, and that's the minister's.

il ne flagelle point les vices, il les démasque; encore les démasque-t-il sans rudesse. Son meilleur plaisir est de suivre tout au long non point même un vice, mais un travers, la manie du bric-à-brac dans l'antiquaire, la vanité archéologique dans le baron de Bradwardine, le radotage nobiliaire dans la douairière de Tillietudlem, c'est-à-dire l'exagération plaisante de quelque goût permis, et cela sans colère, parce qu'en somme ces gens ridicules sont estimables et parfois généreux. Même dans des coquins comme Dick Hatteraick, dans des coupe-jarrets comme Bothwell, il met quelque chose de bon. Il n'y a pas jusqu'au major Dalgetty, tueur de profession, sorti de l'atroce guerre de Trente ans, dont il ne couvre l'odieux sous le ridicule. Par cette finesse critique et par cette philosophie bienveillante, il ressemble à Addison.

Il lui ressemble encore par la pureté et la continuité de ses intentions morales. « Sir Walter, lui disait
« M. Laidlaw, auquel il dictait *Ivanhoe*, je ne puis
« m'empêcher de vous dire que vous faites un bien
« immense par ces récits si attrayants et si nobles,
« car les jeunes gens et les jeunes personnes ne vou-
« dront plus jeter les yeux sur les drogues littéraires
« qu'on leur fournissait dans les cabinets de lecture[1]. »
Et les yeux de Walter Scott se remplirent de larmes. A son lit de mort, il dit à son gendre : « Lockhart, je
« n'ai plus qu'une minute peut-être à vous parler.
« Mon ami, soyez un homme de bien; soyez vertueux,

---

1. *Circulating libraries.* (Je traduis par un équivalent.)

« soyez religieux, soyez un homme de bien. Aucune
« autre chose ne vous donnera de consolation quand
« vous serez où j'en suis. » Ce fut là presque sa dernière parole. Par cette honnêteté foncière et par cette large humanité, il s'est trouvé l'Homère de la bourgeoisie moderne. Autour de lui et après lui, le roman de mœurs, dégagé du roman historique, a fourni une littérature entière et gardé les caractères qu'il lui avait imprimés. Miss Austen, miss Brontë, mistress Gaskell, mistress Eliot, Bulwer, Thackeray, Dickens et tant d'autres peignent surtout ou peignent uniquement, comme lui, la vie contemporaine, telle qu'elle est, sans embellissements, à tous les étages, souvent dans le peuple, plus souvent encore dans la classe moyenne. Et les causes qui ont fait avorter chez lui et ailleurs le roman historique ont fait réussir chez lui et les autres le roman de mœurs. Ils s'étaient trouvés copistes trop minutieux et moralistes trop décidés, incapables des grandes divinations et des larges sympathies qui ouvrent l'histoire; leur imagination était trop littérale et leur jugement trop arrêté. C'est justement avec ces facultés qu'ils créent un nouveau genre, qui par des milliers de rejetons pullule encore aujourd'hui, avec une abondance telle que les talents s'y comptent par centaines, et qu'on ne peut le comparer pour la séve originale et nationale qu'à la peinture du grand siècle des Hollandais. Réaliste et moral, voilà ses deux traits. Ils sont à cent lieues de la grande imagination qui crée ou transforme, telle qu'elle apparut à la Renaissance ou au dix-septième

siècle, dans les âges héroïques ou nobles. Ils renoncent à l'invention libre ; ils s'astreignent à l'exactitude scrupuleuse. Ils peignent avec un détail infini les costumes et les lieux sans y rien changer. Ils marquent les petites nuances du langage ; ils n'ont point dégoût des vulgarités ni des platitudes. Leurs renseignements sont authentiques et précis. Bref, ils écrivent en bourgeois et pour des bourgeois, c'est-à-dire pour des gens rangés, enfermés dans une profession, dont l'imagination vit à terre et regarde les choses à la loupe, incapables de rien goûter franchement en fait de peinture, sinon des intérieurs et des trompe-l'œil ; demandez à une cusinière quel tableau elle préfère au Musée, elle vous montrera une cuisine où les casseroles sont si bien faites qu'on est tenté d'y tremper la soupe. Cependant par delà cette inclination, qui aujourd'hui est européenne, ils ont un besoin particulier, qui chez eux est national et remonte au siècle précédent : ils veulent que le roman contribue comme le reste à leur grande œuvre, l'amélioration de l'homme et de la société. Ils lui demandent la glorification de la vertu et la flagellation du vice. Ils l'envoient dans tous les recoins de la société civile et dans tous les événements de l'histoire privée à la recherche de documents et d'expédients pour apprendre de lui le moyen de remédier aux abus, de soulager les misères, de prévenir les tentations. Ils font de lui un instrument d'enquête, d'éducation et de morale. Singulière œuvre, qui dans toute l'histoire n'a point sa pareille, parce que dans toute l'histoire il n'y a pas eu de société pareille, et qui, médiocre pour les amateurs du beau, admirable pour les amateurs de l'utile, offre, dans l'innombrable variété de ses peintures et dans la fixité invariable de son esprit, le tableau de la seule démocratie qui sache se contenir, se gouverner et se réformer.

IV

A côté de ce développement, il y en avait un autre, et en même temps que l'histoire, la philosophie entrait dans la littérature pour l'agrandir et l'altérer. On l'y trouvait partout, à l'entrée comme au centre. A l'entrée, elle avait implanté l'esthétique : chaque poëte devenu théoricien définissait le beau avant de le produire, posait des principes dans sa préface et n'inventait que d'après un système préconçu. Mais l'ascendant de la métaphysique était bien plus visible encore au centre de l'œuvre qu'à l'entrée; car non-seulement elle prescrivait à la poésie sa forme, mais encore elle lui fournissait son fonds. Qu'est-ce que l'homme et que vient-il faire en ce monde? Quelles sont ces grandeurs lointaines auxquelles il aspire? Y a-t-il un port qu'il puisse atteindre, et une main cachée qui le conduise vers ce port? Ce sont là les questions que les poëtes, transformés en penseurs, agitaient de concert, et Gœthe, ici comme ailleurs, père ou promoteur de toutes les hautes idées modernes, à la fois sceptique, panthéiste et mystique, écrivait dans son

Faust l'épopée du siècle et l'histoire de l'esprit humain. Ai-je besoin de dire que chez Schiller, Heine, Beethoven, Hugo, Lamartine et Musset, le poëte, à travers sa personne particulière, fait toujours parler l'homme universel? Les personnages qu'ils ont créés, depuis *Faust* jusqu'à *Ruy Blas*, ne leur ont servi qu'à manifester quelque grande idée métaphysique et sociale, et vingt fois cette idée trop grande, crevant son enveloppe étroite, a débordé hors de toute vraisemblance humaine ou de toute forme poétique pour s'étaler elle-même sous les yeux des spectateurs. Telle fut la domination de l'esprit philosophique, qu'après avoir violenté ou roidi la littérature, il imposa à la musique des idées humanitaires, infligea à la peinture des intentions symboliques, pénétra dans la langue courante, et gâta le style par un débordement d'abstractions et de formules dont tous nos efforts ne parviennent plus aujourd'hui à nous débarrasser. Comme un enfant trop fort qui se dégage de sa mère en la blessant, il a tordu les nobles formes qui avaient essayé de le contenir, et traîné la littérature à travers une agonie d'angoisses et d'efforts.

Ce n'est point ici qu'il avait sa patrie, et de l'Allemagne à l'Angleterre le trajet se trouva bien long. Pendant longtemps, il parut dangereux ou ridicule. « Tout ce qu'on savait de l'Allemagne[1], c'est que « c'était une vaste étendue de pays, couverte de hus- « sards et d'éditeurs classiques; que si vous y alliez,

---

1. *Edinburgh Review*, juin 1810.

« vous verriez à Heidelberg un très-grand tonneau, et
« que vous pourriez vous régaler d'excellent vin du
« Rhin et de jambon de Westphalie. » Quant aux écrit
vains, ils paraissaient bien lourds et maladroits. « Un
« Allemand sentimental ressemble toujours à un grand
« et gros boucher occupé à geindre sur un veau assas-
« siné. » Si enfin leur littérature finit par entrer, d'abord
par l'attrait des drames extravagants et des ballades
fantastiques, puis par la sympathie des deux nations
qui, alliées contre la politique et la civilisation françaises, reconnaissent leur fraternité de langue, de
religion et de cœur, la métaphysique allemande reste
à la porte, incapable de renverser la barrière que
l'esprit positif et la religion nationale lui opposent.
On la voit qui tente le passage, dans Coleridge par
exemple, théologien philosophe et poëte rêveur, qui
s'efforce d'élargir le dogme officiel, et qui, sur la fin
de sa vie, devenu une sorte d'oracle, essaye, dans le
giron de l'Église, de démêler et de dévoiler devant
quelques disciples fidèles le christianisme de l'avenir.
Elle n'aboutit pas; les esprits sont trop positifs, les
théologiens trop esclaves. Elle est contrainte de se
transformer et de devenir anglicane, ou de se défor-
mer et de devenir révolutionnaire, et, au lieu d'un
Schiller et d'un Gœthe, de donner des Wordsworth,
des Byron et des Shelley.

Le premier, nouveau Cowper, avec moins de talent
et plus d'idées que l'autre, fut par excellence un
homme intérieur, c'est-à-dire préoccupé des intérêts
de l'âme. « Que suis-je venu faire en ce monde, et

« pour quel emploi cette vie, telle quelle, m'a-t-elle
« été donnée? Suis-je juste ou non, et, par delà les
« démarches visibles de ma conduite, les mouvements
« secrets de mon cœur sont-ils conformes à la loi su-
« prême? » Voilà, pour cette sorte d'hommes, la pensée
maîtresse qui les rend sérieux, méditatifs et ordinairement tristes[1]. Ils vivent *les yeux tournés vers le dedans*,
non pour noter et classer leurs idées, en physiologistes, mais en moralistes, pour approuver ou blâmer
leurs sentiments. Ainsi comprise, la vie devient une
affaire grave, d'issue incertaine, sur laquelle il faut
réfléchir incessamment et avec scrupule. Ainsi compris, le monde change d'aspect : ce n'est plus une
machine de rouages engrenés, comme le dit le savant,
ni une magnifique plante florissante, comme le sent
l'artiste : c'est l'œuvre d'un être moral étalée en spectacle devant des êtres moraux.

Représentez-vous un pareil homme en face de la
vie et du monde; il les regarde et il y prend part, en
apparence comme un autre; mais au fond qu'il est
différent! Sa grande pensée le poursuit, et quand il
contemple un arbre, c'est pour méditer sur la destinée humaine. Il trouve ou prête un sens aux moindres
objets : un soldat qui marche au son du tambour le
fait réfléchir sur l'abnégation héroïque, soutien des
sociétés; une traînée de nuages qui dort lourdement
au bord d'un ciel terne lui communique cette mélan-

---

[1]. Nos jansénistes, les puritains et les méthodistes sont les extrêmes de ce groupe.

CHAPITRE I. LES IDÉES ET LES ŒUVRES. 313

colie calme, si propre à entretenir la vie morale. Il n'est rien qui ne lui rappelle son devoir et ne l'avertisse de ses origines. De près ou de loin, comme une grande montagne dans un paysage, sa philosophie apparaîtra derrière toutes ses idées et toutes ses images. Elle lui apparaîtra parmi des tempêtes et des éclairs, s'il est inquiet, passionné et malade de scrupules, comme les vrais puritains, comme Pascal, Cowper, Carlyle. Elle lui apparaîtra dans un demi-brouillard grisâtre, imposant et calme, s'il jouit comme celui-ci d'une âme reposée et d'une vie douce. Wordsworth est un homme sage et heureux, penseur et rêveur, qui lit et se promène. On le trouve dès l'abord assis dans une condition indépendante et dans une fortune aisée, au sein d'un mariage tranquille, parmi les faveurs du gouvernement et les respects du public. Il vit paisiblement au bord d'un beau lac, en face de nobles montagnes, agréablement retiré dans une maison élégante, parmi les admirations et les empressements d'amis distingués et choisis, occupé de contemplations que nul orage ne vient troubler, et de poésie que nul embarras ne vient empêcher d'éclore. Dans ce grand calme, il s'écoute penser; la paix est si grande en lui et autour de lui qu'il peut apercevoir l'imperceptible. « La plus humble fleur « qui s'ouvre, dit-il, peut remuer en moi des senti- « ments trop profonds pour se répandre en larmes[1]. »

---

1. To me the meanest flower that blows can give
Thoughts that do often lie too deep for tears.

Il voit une grandeur, une beauté, des leçons dans les petits événements qui font la trame de nos journées les plus banales. Il n'a pas besoin, pour être ému, de spectacles splendides ni d'actions extraordinaires. Le grand éclat des lustres, la pompe théâtrale le choqueraient; ses yeux sont trop délicats, accoutumés aux teintes douces et uniformes. C'est un poëte crépusculaire. La vie morale dans la vie vulgaire, voilà son objet, l'objet de ses préférences. Ses peintures sont des *grisailles significatives;* de parti pris il supprime tout ce qui plaît aux sens, afin de ne parler qu'au cœur.

De ce caractère naquit une théorie, sa théorie de l'art, toute spiritualiste, qui, après avoir révolté les habitudes classiques, finit par rallier les sympathies protestantes, et lui gagna autant de partisans qu'elle lui avait suscité d'ennemis [1]. Puisque la seule chose importante est la vie morale, attachons-nous uniquement à l'entretenir. Il faut que le lecteur soit ému, véritablement, et avec profit pour son âme; le reste est indifférent : montrons-lui donc les objets émouvants en eux-mêmes, sans songer à les habiller d'un beau style. Dépouillons-nous du langage convenu et de la diction poétique. Laissons là les mots nobles, les épithètes d'école et de cour, et tout cet attirail de splendeur factice que les écrivains classiques se croient en devoir de revêtir et en droit d'imposer. En poésie, comme ailleurs, il s'agit non d'ornement, mais de

---

1. Préface de la seconde édition des *Lyrical Ballads.*

vérité. Quittons la parade et cherchons l'effet. Parlons en style nu, aussi semblable que possible à la prose, à la conversation ordinaire, même à la conversation rustique, et choisissons nos sujets tout près de nous, dans la vie humble. Prenons pour personnage un enfant idiot, une vieille paysanne qui grelotte, un colporteur, une servante arrêtée dans la rue. C'est le sentiment vrai, et non la dignité des gens, qui fait la beauté du sujet; c'est le sentiment vrai et non la dignité des mots, qui fait la beauté de la poésie. Qu'importe que ce soit une villageoise qui pleure, si ces pleurs me font voir le sentiment maternel? Qu'importe que mon vers soit une ligne de prose rimée, si cette ligne rend visible une émotion noble? Vous nous lisez pour emporter des émotions, non des phrases; vous venez chercher chez nous une culture morale, et non de jolies façons de parler. — Et là-dessus Wordsworth, classant ses poëmes suivant les diverses facultés de l'homme et les différents âges de la vie, entreprend de nous conduire, par tous les compartiments et tous les degrés de l'éducation intérieure, jusqu'aux convictions et aux sentiments qu'il a lui-même atteints.

Tout cela est fort bien, mais à la condition que le lecteur soit comme lui, c'est-à-dire philosophe moraliste par excellence et homme sensible avec excès. Quand j'aurai vidé ma tête de toutes les pensées mondaines, et que j'aurai regardé les nuages dix années durant pour m'affiner l'âme, j'aimerai cette poésie. En attendant, le réseau de fils imperceptibles par lesquels Wodsworth essaye de relier tous les sentiments et d'embrasser toute la nature casse sous mes doigts : il est trop frêle ; c'est une toile d'araignée tissée, étirée par une imagination métaphysique, et qui se déchire sitôt qu'une main solide essaye de la palper. La moitié de ses pièces sont enfantines, presque niaises[1] : des événements plats dans un style plat, nullité sur nullité, et par principe. Toutes les poétiques du monde ne nous réconcilieront pas avec tant d'ennui. Certainement un chat qui joue avec trois feuilles sèches peut fournir une réflexion philosophique, et figurer l'homme sage « qui joue avec les « feuilles tombées de la vie ; » mais quatre-vingts vers là-dessus font bâiller, et bien pis, sourire. A ce compte, vous trouverez une leçon dans une brosse à dents usée, qui cependant continue son service. Sans doute encore les voies de la Providence sont insondables, et un manœuvre égoïste et brutal comme Peter Bell peut être converti par la belle conduite d'un âne plein de fidélité et d'abnégation ; mais ces gentillesses sentimentales sont bien vite fades, et le style, par sa naïveté voulue, les affadit encore. On n'est pas trop content de voir un homme grave imiter sérieusement le parler des nourrices, et on se dit tout bas qu'avec des attendrissements si fréquents, il doit mouiller bien des mouchoirs. Nous reconnaissons, si vous voulez, que vos sentiments sont intéressants ; encore

---

1. *Peter Bell*, — *the White doe*, — *the Kitten and the Falling leaves*, etc.

CHAPITRE I. LES IDÉES ET LES ŒUVRES. 317

pourriez-vous vous dispenser de nous les faire passer tous en revue. « Hier, j'ai lu *le Parfait pêcheur* de Walton ;
« sonnet. — Le dimanche de Pâques, j'étais dans une
« vallée du Westmoreland ; autre sonnet. — Avant-
« hier, par mes questions trop pressantes, j'ai poussé
« mon petit garçon à mentir ; poëme. — Je vais me
« promener sur le continent et en Écosse ; poésies
« sur tous les incidents, monuments, documents du
« voyage. » Vous jugez donc vos émotions bien précieuses, que vous les mettez toutes sous verre? Il n'y a que trois ou quatre événements en chacun de nous qui vaillent la peine d'être contés ; nos puissantes sensations méritent d'être montrées, parce qu'elles résument tout notre être, mais non les petits effets des petits ébranlements qui nous traversent et les oscillations imperceptibles de notre état quotidien. Autrement je finirai par expliquer en vers qu'hier mon chien s'est cassé la patte, et que ce matin ma femme a mis ses bas à l'envers. Le propre de l'artiste est de couler les grandes idées dans des moules aussi grands qu'elles ; ceux de Wordsworth sont en mauvaise glaise vulgaire, ébréchés, incapables de garder le noble métal qu'ils doivent contenir.

Mais le métal est véritablement noble, et, outre plusieurs sonnets très-beaux, il y a telle de ses œuvres, entre autres la plus vaste, *Une Excursion*, où l'on oublie la pauvreté de la mise en scène pour admirer la chasteté et l'élévation de la pensée. A la vérité, l'auteur ne s'est guère mis en frais d'imagination : il se promène et cause avec un pieux colporteur écossais, voilà toute l'histoire. Toujours les poëtes de cette école se promènent, regardant la nature et pensant à la destinée humaine ; c'est leur attitude permanente. Il cause donc avec le colporteur, personnage méditatif, qui s'est instruit par une longue expérience des hommes et des choses, qui parle fort bien (trop bien !) de l'âme et de Dieu, et lui conte l'histoire d'une bonne femme morte de chagrin dans sa chaumière ; puis avec un solitaire, sorte d'Hamlet sceptique, morose, attristé par la mort des siens et les déceptions de ses longs voyages ; puis avec le pasteur, qui les mène au cimetière du village et leur décrit la vie de plusieurs morts intéressants. Notez qu'au fur et à mesure les réflexions et les discussions morales, les paysages et les descriptions morales, s'étalent par centaines, que les dissertations entrelacent leurs longues haies d'épines, et que les chardons métaphysiques pullulent dans tous les coins. Bref, le poëme est grave et terne comme un sermon. Eh bien ! malgré cet air ecclésiastique et les tirades contre Voltaire et son siècle[1], on se sent pris comme par un discours de Théodore Jouffroy. Après tout, cet homme est convaincu, il a passé sa vie à méditer ces sortes d'idées, elles sont la poésie de sa religion, de sa race et de son climat ; il en est imbu : ses peintures, ses récits, toutes ses interprétations de la nature visible et de la vie humaine ne tendent qu'à mettre l'esprit

---

1. « This dull product of a scoffer's pen,
Impure conceits discharging from a heart
Harden'd by impious pride ! »

dans la disposition grave qui est celle de l'homme intérieur. J'entre ici comme dans la vallée de Port-Royal : un recoin solitaire, des eaux stagnantes, des bois mornes, des ruines, des pierres tumulaires, et par-dessus tout l'idée de l'homme responsable et de l'obscur *au-delà*, vers lequel involontairement nous nous acheminons. J'oublie nos façons françaises insouciantes, notre habitude de laisser couler la vie. Il y a un sérieux imposant, une austère beauté dans cette réflexion si sincère; le respect vient, on s'arrête et on est touché. Ce livre est comme un temple protestant, auguste, quoique monotone et nu. Ce qu'il expose, ce sont les grands intérêts de l'âme, « c'est la vérité, la grandeur, la beauté, l'espérance, « l'amour, — la crainte mélancolique subjuguée par « la foi, — ce sont les consolations bénies aux jours « d'angoisse, — c'est la force de la volonté et la puis- « sance de l'intelligence, — ce sont les joies répan- « dues sur la large communauté des êtres, — c'est « l'esprit individuel qui maintient sa retraite inviolée, « — sans y recevoir d'autres maîtres que la conscience, « — et la loi suprême de cette intelligence qui gou- « verne tout[1]. » Cette personne inviolée, seule por-

---

1. On man, on nature and on human life
Musing in solitude, I oft perceive
Fair trains of imagery before me rise;
Accompanied by feelings of delight
Pure, or with no unpleasing sadness mixed;
And I am conscious of affecting thoughts
And dear remembrances, whose presence soothes
Or elevates the mind, intent to weigh
The good or evil of our mortal stake.
— To these emotions, whencesoe'er they come,
Whether from breath of outward circumstance,

tion de l'homme qui soit sainte, est sainte à tous les étages; c'est pour cela que Wordsworth choisit pour personnages un colporteur, un curé, des villageois; à ses yeux, la condition, l'éducation, les habits, toute l'enveloppe mondaine de l'homme est sans intérêt; ce qui fait notre prix, c'est l'intégrité de notre conscience; la science même n'est profonde que lorsqu'elle pénètre jusqu'à la vie morale; car nulle part cette vie ne manque. « A toutes les formes d'être est assigné
« un principe actif; — quoique reculé hors de la portée
« des sens et de l'observation, — il subsiste en toutes
« choses, dans les étoiles du ciel azuré, dans les petits
« cailloux qui pavent les ruisseaux, — dans les eaux
« mouvantes, dans l'air invisible. — Toute chose a
« des propriétés qui se répandent au delà d'elle-même
« — et communiquent le bien, bien pur ou mêlé de
« mal. — L'esprit ne connaît point de lieu isolé, — de
« gouffre béant, de solitude. — De chaînon en chaînon
« il circule, et il est l'âme de tous les mondes[1]. »

> Or from the soul — an impulse to herself, —
> I would give utterance in numerous verse.
> Of Truth, of Grandeur, Beauty, Love and Hope,
> And melancholy Fear subdued by Faith;
> Of blessed consolations in distress,
> Of moral strength and intellectual Power,
> Of joy in widest commonalty spread,
> Of the individual mind that keeps her own
> Inviolate retirement, subject there
> To conscience only, and the Law supreme
> Of that Intelligence that govern all
> I sing.
> (Wordsworth. The Excursion.)

1. Whate'er exists hath properties that spread
Beyond itself, communicating good,
A simple blessing or with evil mixed. —
Spirit that knows no insulated spot,

CHAPITRE I. LES IDÉES ET LES ŒUVRES.

Rejetez donc avec dédain cette science sèche « qui « divise et divise toujours les objets par des sépara-« tions incessantes, ne les saisit que morts et sans « âme et détruit toute grandeur[1]. » « Mieux vaut un « paysan superstitieux qu'un savant froid. » Au delà des vanités de la science et de l'orgueil du monde, il y a l'âme par qui tous sont égaux, et la large vie chrétienne et intime ouvre d'abord ses portes à tous ceux qui veulent l'aborder. « Le soleil est fixé, et la magni-« ficence infinie du ciel — est fixée à la portée de « tout œil humain. — L'Océan sans sommeil mur-« mure pour toute oreille. — La campagne, au prin-« temps, verse une fraîche volupté dans tous les cœurs. « — Les devoirs premiers brillent là-haut comme les « astres. — Les tendresses qui calment, caressent et « bénissent — sont éparses sous les pieds des hommes « comme des fleurs[2]. » Pareillement à la fin de toute

    No chasm, no solitude; from link to link
    It circulates, the soul of all the worlds.

1.   Where Knowledge, ill begun in cold remarks
    On outward things, with formal inference ends,
    Or if the mind turn inward, 't is perplexed,
    Lost in gloom of uninspired research....
    .... Viewing all objects unremittingly
    In disconnexion, dead and spiritless,
    And still dividing and dividing still,
    Breaks down all grandeur.

2.   The sun is fixed,
    And the infinite magnificence of heaven
    Fixed within reach of every human eye.
    The sleepless Ocean murmurs for all ears,
    The vernal field infuses fresh delight
    Into all hearts....
    The primal duties shine aloft like stars,
    The charities that soothe and heal and bless
    Are scattered at the feet of man — like flowers.

agitation et de toute recherche apparaît la grande vérité qui est l'abrégé des autres. « La vie, la véri-
« table vie, est l'énergie de l'amour — divin ou hu-
« main — exercée dans la peine, — dans la tribula-
« tion, — et destinée, si elle a subi son épreuve et
« reçu sa consécration, — à passer, à travers les
« ombres et le silence du repos, à la joie éter-
« nelle[1]. » Les vers soutiennent ces graves pensées de leur harmonie grave ; on dirait d'un motet qui accompagne une méditation ou une prière. Ils ressemblent à la musique grandiose et monotone de l'orgue, qui le soir, à la fin du service, roule lentement dans la demi-obscurité des arches et des piliers.

Lorsqu'une forme d'esprit arrive à la lumière, elle y arrive de toutes parts ; il n'y a point de parti où elle n'apparaisse, ni d'instincts qu'elle ne renouvelle. Elle entre en même temps dans les deux camps contraires, et semble défaire d'une main ce qu'elle a fait de l'autre main. Si c'est comme autrefois le style oratoire, on le trouve à la fois au service de la misanthropie cynique et au service de l'humanité décente, chez Swift et chez Addison. Si c'est comme aujourd'hui l'esprit philosophique, il produit à la fois des prédications conservatrices et des utopies socialistes, Wordsworth et Shelley[2]. Celui-ci, un des plus grands

1. Life, I repeat, is energy of Love
Divine or human, exercised in pain,
In strife, in tribulation, and ordained,
If so approved and sanctified, to pass,
Through shades and silent rest, to endless joy.

2. Voir aussi les romans agressifs et socialistes de W. Godwin, surtout *Caleb Williams*.

poëtes du siècle, fils d'un riche baronnet, beau comme un ange, d'une précocité extraordinaire, doux, généreux[1], tendre, comblé de tous les dons du cœur, de l'esprit, de la naissance et de la fortune, gâta sa vie comme à plaisir, en portant dans sa conduite l'imagination enthousiaste qu'il eût dû garder pour ses vers. Dès sa naissance, il eut « la vision » de la beauté et du bonheur sublimes, et la contemplation du monde idéal l'arma en guerre contre le monde réel. Ayant refusé à Éton d'être le domestique[2] des grands écoliers, « il fut traité par les élèves et par les maî-« tres avec une cruauté révoltante, » se laissa martyriser, refusa d'obéir, et, refoulé en lui-même parmi des lectures défendues, commença à former les rêves les plus démesurés et les plus poétiques. Il jugea la société par l'oppression qu'il subissait, et l'homme par la générosité qu'il sentait en lui-même, crut que l'homme était bon et la société mauvaise, et qu'il n'y avait qu'à supprimer les institutions établies pour faire de la terre « un paradis. » Il devint républicain, communiste, prêcha la fraternité, l'amour, même l'abstinence des viandes, et, comme moyen, l'abolition des rois, des prêtres et de Dieu[3]. Jugez de l'indignation que de telles idées soulevèrent dans une société si obstinément attachée à l'ordre établi, si intolérante, où, par-dessus les instincts conservateurs et

1. Il gagna une fois une ophthalmie à visiter des chaumières malsaines.
2. *Fag.*
3. *Queen Mab* et notes. A Oxford il avait publié une brochure « sur la nécessité de l'athéisme. »

religieux, le *cant* parlait en maître. Il fut chassé de l'université ; son père refusa de le voir ; le chancelier, par un décret, lui ôta la tutelle de ses deux enfants à titre d'indigne ; à la fin, il fut obligé de quitter l'Angleterre. J'ai oublié de dire qu'à dix-huit ans il avait épousé une jeune fille du peuple, qu'ils s'étaient séparés, qu'elle s'était tuée, qu'il avait miné sa santé à force d'exaltations et d'angoisses[1], et que jusqu'à la fin de sa vie il fut nerveux ou malade. N'est-ce point là une vraie vie de poëte ? Les yeux fixés sur les apparitions magnifiques dont il peuplait l'espace, il marchait à travers le monde, sans voir la route, trébuchant sur les pierres du chemin. Cette connaissance des hommes que la plupart des poëtes ont en commun avec les romanciers, il ne l'avait pas. On n'a guère vu d'esprit dont la pensée planât plus haut et plus loin des choses réelles. Quand il a tenté de faire des personnages et des événements, dans *la Reine Mab*, dans *Alastor*, dans *la Révolte de l'Islam*, dans *Prométhée*, il n'a produit que des fantômes sans substance. Une seule fois, dans *Béatrix Cenci*, il a ranimé une figure vivante digne de Webster et du vieux Ford, mais en quelque sorte malgré lui, et parce que les sentiments y étaient tellement inouïs et tendus qu'ils s'accommodaient à ses conceptions surhumaines. Partout ailleurs son monde est au-delà du nôtre. Les lois de la vie y sont suspendues ou transformées. On y vogue

---

1. Quelque temps avant sa mort, à vingt-neuf ans, il disait : « Si je mourais maintenant, j'aurais vécu autant que mon père. »

entre ciel et terre, dans l'abstraction, le rêve et le symbole ; les êtres y flottent comme ces figures fantastiques qu'on aperçoit dans les nuages, et qui tour à tour ondoient et se déforment, capricieusement, dans leur robe de neige et d'or.

Pour les âmes ainsi faites, la grande consolation, c'est la nature. Elles sont trop finement sensibles pour trouver une distraction dans le spectacle et la peinture de passions humaines[1]. « Shelley s'en écar- « tait instinctivement ; » cette vue « rouvrait ses pro- « pres blessures. » Il se trouvait mieux dans les bois, au bord de la mer, en face des grands paysages. Les rochers, les nuages et les prairies, qui semblent inertes et insensibles aux yeux ordinaires, sont, pour les grandes sympathies, des êtres vivants et divins qui reposent de l'homme. Il n'y a point de sourire virginal aussi charmant que celui de l'aube, ni de joie plus triomphante que celle de la mer lorsque ses flots fourmillent et frissonnent à perte de vue sous la prodigue splendeur du ciel. A cet aspect, le cœur remonte involontairement vers les sentiments de l'antique légende, et le poëte aperçoit dans la floraison inépuisable des choses l'âme pacifique de la grande mère par qui tout végète et se soutient. Shelley passait la plus grande partie de sa vie en plein air, surtout en bateau, d'abord sur la Tamise, puis sur le lac de Genève, puis sur l'Arno et dans les mers d'Italie.

---

1. Tome IV, page 53, notes de mistress Shelley. — Voyez un excellent article sur Shelley dans la *National Review*, octobre 1856.

« J'aime tous les endroits déserts, disait-il, et soli-
« taires, ceux où nous goûtons le plaisir de croire in-
« fini ce que nous voyons, infini comme nous souhai-
« tons que soit notre âme. Et tel était ce large océan
« et cette côte plus stérile que ses vagues. » Profond
sentiment germanique qui, allié à des émotions
païennes, a produit sa poésie, poésie panthéiste et
pourtant pensive, presque grecque et pourtant anglaise, où la fantaisie joue comme une enfant folle et
songeuse avec le magnifique écheveau des formes et
des couleurs. Un nuage, une plante, un lever de soleil, ce sont là ses personnages; c'étaient ceux des
poëtes primitifs, lorsqu'ils prenaient l'éclair pour un
oiseau de flamme et les nuages pour les troupeaux
du ciel. Mais quelle ardeur secrète par delà ces splendides images, et comme on sent la chaleur de la fournaise par delà les fantômes colorés qu'elle fait flotter
sur l'horizon[1]! Quelqu'un, depuis Shakspeare et
Spenser, a-t-il trouvé des extases aussi tendres et
aussi grandioses? Quelqu'un a-t-il peint aussi magni-
fiquement le nuage qui veille la nuit dans le ciel, en-
veloppant dans son filet l'essaim d'abeilles dorées,
qui sont les étoiles, et « le matin rouge avec ses yeux
« de météore et ses flamboyantes ailes étendues qui
« saute, comme un aigle, sur la croupe de la nue vo-
« guante[2]? » Lisez encore ces vers sur le jardin où rêve

---

1. Voyez surtout *the Witch of Atlas, the Cloud, the Skylark,* la fin de *l'Islam, Alastor* et tout *Prométhée.*

2.   The sanguine sunrise with his meteor eyes
    And his burning plumes outspread,

la sensitive. Hélas! ce sont les rêves du poëte et les bienheureuses visions qui ont flotté dans son cœur vierge jusqu'au moment où il s'est ouvert et flétri. Je m'arrêterai à temps, je n'irai pas, comme lui, au delà des souvenirs de son printemps :

La perce-neige, puis la violette, — sortaient du sol, humides de pluie tiède, — et leur haleine se mêlait aux fraîches senteurs — du gazon, comme la voix à l'instrument.

Puis les gentianes bigarrées et les hautes tulipes, — et les narcisses, les plus belles d'entre toutes les fleurs, — qui contemplent leurs yeux dans les enfoncements du fleuve, — jusqu'à ce qu'ils meurent de leur propre beauté trop aimée.

Puis la naïade de la vallée, le muguet : — la jeunesse le fait si beau, et la passion si pâle, — que l'éclat de ses clochettes tremblantes se laisse entrevoir — à travers leurs pavillons de verdure tendre.

Puis l'hyacinthe empourprée, blanche ou bleue, — qui de ses clochettes frêles jetait un carillon — de notes si délicates, si douces et si intenses, — qu'on le sentait au-dedans des sens comme un parfum.

Et la rose, comme une nymphe qui s'apprête pour le bain, — découvrant la profondeur de son sein éblouissant, — jusqu'à ce que, voile après voile, devant l'air palpitant, — l'âme de sa beauté et de son amour se fût montré nue.

Puis le grand lis dressé qui levait en l'air, — comme une Ménade, sa coupe éclairée par la lune, — jusqu'à ce que l'étoile ardente, qui est son œil, — regardât l'azur tendre du ciel à travers la rosée transparente.

Sur le courant dont la poitrine mouvante, — scintillait entre des berceaux de branches fleuries, — des clartés d'éme-

> Leaps on the back of my sailing rack,
> When the morning star shines dead....
> The orbed maiden with white fire laden,
> Whom mortal call the moon,
> Glides glimmering o'er my fleece-like floor,
> By the midnight breezes strewn.

raude et d'or — glissaient à travers le dôme de teintes entremêlées.

De larges nymphéas y traînaient tremblants, — et à côté d'eux les nénufars étoilés luisaient, — et tout à l'entour la molle rivière scintillait et dansait — avec des sons doux et un doux rayonnement.

Et les sentiers sinueux de gazon et de mousse — qui menaient dans le jardin en long et en travers, — quelques-uns ouverts à la fois au soleil et à la brise, — d'autres perdus parmi des berceaux d'arbres en fleur,

Étaient tous parés de pâquerettes et de jacinthes délicates — aussi belles que les fabuleuses asphodèles, — et de fleurettes qui, se baissant vers le jour qui baissait, — retombaient en pavillons blancs, empourprés et bleus, — pour abriter le ver-luisant contre la rosée du soir[1].

Tout vit ici, tout respire et désire. Ce poëme, qui est l'histoire d'une plante, est aussi l'histoire d'une âme, l'âme de Shelley, la sensitive. Est-ce qu'il n'est

---

1. The snow-drop, and then the violet;
Arose from the ground with warm rain wet,
And their breath was mixed with fresh odour, sent
From the turf, like the voice and the instrument.

Then the pied wind-flowers and the tulip tall,
And narcissi, the fairest among them all,
Who gaze on their eyes in the stream's recess,
Till they die of their own dear loveliness;

And the Naiad-like lily of the vale.
Whom youth makes so fair, and passion so pale,
That the light of its tremulous bells is seen
Through their pavilions of tender green;

And the hyacinth purple, and white, and blue,
Which flung from its bells a sweet peal anew
Of music so delicate, soft, and intense,
It was felt like an odour within the sense;

And the rose like a nymph to the bath addrest,
Which unveiled the depth of her glowing breast,
Till, fold after fold, to the fainting air
The soul of her beauty and love lay bare;

pas naturel de les confondre? Est-ce qu'il n'y a pas une communauté de nature entre tous les vivants de ce monde? Certes il y a une âme dans chaque chose; il y en a une dans l'univers; quel que soit l'être, brut ou pensant, défini ou vague, toujours par delà sa forme sensible luit une essence secrète et je ne sais quoi de divin que nous entrevoyons par des éclairs sublimes, sans jamais y atteindre et le pénétrer. Voilà le pressentiment et l'aspiration qui soulèvent toute la poésie moderne, tantôt en méditations chrétiennes, comme chez Campbell et Wordsworth, tantôt en visions païennes, comme chez Keats et Shelley. Ils entendent palpiter le grand cœur de la nature, ils veulent arriver jusqu'à lui, ils tentent toutes les voies spirituelles ou sensibles, celle de la Judée et celle de

> And the wand-like lily, which lifted up,
> As a Mænad, its moonlight-coloured cup,
> Till the fiery star, which is its eye,
> Gazed through clear dew on the tender sky;
>
> And on the stream whose inconstant bosom,
> Was prankt under boughs of embowering blossom,
> With golden and green light slanting through
> Their heaven of many a tangled hue,
>
> Broad water-lilies lay tremulously,
> And starry river-buds glimmered by,
> And around them the soft stream did glide and dance
> With a motion of sweet sound and radiance.
>
> And the sinuous paths of lawn and of moss,
> Which led through the garden along and across,
> Some open at once to the sun and the breeze,
> Some lost among bowers of blossoming trees,
>
> Were all paved with daisies and delicate bells
> As fair as the fabulous asphodels;
> And flowrets which, drooping as day drooped too,
> Fell into pavilions, white, purple, and blue,
> To roof the glow-worm from the evening dew.

la Grèce, celle des dogmes consacrés et celle des doctrines proscrites. Dans cet effort magnifique et insensé, les plus grands s'épuisent et meurent. Leur poésie, qu'ils traînent avec eux sur ces routes sublimes, s'y déchire. Un seul, Byron, atteint à la cime, et de toutes ces grandes draperies poétiques qui flottaient comme des étendards et semblaient appeler les hommes à la conquête de la vérité suprême, on ne voit plus aujourd'hui que des lambeaux épars sur le chemin.

Ils ont fait leur œuvre cependant. Sous leurs efforts multipliés et par leur concert involontaire, l'idée du beau change, et par contagion les autres idées vont changer. Les conservateurs y contribuent comme les révolutionnaires, et l'esprit nouveau transpire des poëmes qui bénissent l'État et l'Église, comme des poëmes qui maudissent l'Église et l'État. On apprend par Wordsworth et par Byron, par le protestantisme approfondi[1] et par le scepticisme institué, que, dans cet établissement sacré que le *cant* protége, il y a matière à réforme ou à révolte; qu'on peut trouver des valeurs morales autres que celles que la loi timbre et que l'opinion reçoit; qu'en dehors des confessions officielles, il y a des vérités; qu'en dehors des conditions respectées, il y a des grandeurs; qu'en dehors

---

1. Wordsworth, *the Excursion*, page 328.
    Our life is turned
    Out of her course, whenever man is made
    An offering, a sacrifice, a tool,
    Or implement, a passive thing employed
    As a brute mean.

des situations régulières, il y a des vertus; que la grandeur est dans le cœur et dans le génie, et que tout le reste, actions et croyances, est subalterne. On vient d'éprouver que, par delà les conventions littéraires, il y a une poésie, et par contre-coup l'on est disposé à sentir que, par delà les dogmes religieux, il peut y avoir une foi, et, par delà les institutions sociales, une justice. L'antique édifice s'ébranle, et la Révolution y entre, non par une inondation subite, comme en France, mais par des infiltrations lentes. La muraille bâtie contre elle par l'intolérance publique se fendille et s'ouvre; la guerre engagée contre le jacobinisme républicain et impérial vient de finir par la victoire, et désormais on peut contempler les idées ennemies non plus à titre d'ennemies, mais à titre d'idées. On les contemple, et en les appropriant au pays on les importe. Les catholiques sont émancipés, les bourgs-pourris sont abolis, le cens électoral est abaissé, les taxes injustes qui enchérissaient les grains sont révoquées, les dîmes ecclésiastiques sont converties en redevances, les lois terribles qui protégeaient la propriété sont adoucies, l'assiette de l'impôt est reportée de plus en plus sur les classes riches; les vieilles institutions, arrangées autrefois au profit d'une race, et dans cette race au profit d'une classe, ne se maintiennent plus qu'à la condition de servir au profit de tous; les priviléges deviennent des fonctions, et dans ce triomphe de la classe moyenne qui fait l'opinion et prend l'ascendant, l'aristocratie, passant des sinécures aux services, ne semble plus légitime qu'à titre de pépinière nationale conservée pour fournir des hommes publics. En même temps, l'étroite orthodoxie s'élargit. La zoologie, l'astronomie, la géologie, la botanique, l'anthropologie, toutes les sciences d'observation si cultivées et si populaires, y font de force pénétrer leurs découvertes dissolvantes. La critique arrive d'Allemagne, remanie la Bible, refait l'histoire du dogme, atteint le dogme lui-même. Cependant la pauvre philosophie écossaise s'est desséchée; parmi les agitations des sectes qui essayent de se transformer et de l'unitarisme qui monte, on entend aux portes de l'arche sainte bruire comme une marée la philosophie continentale. Aujourd'hui déjà elle a gagné la littérature; depuis cinquante ans, tous les grands écrivains y plongent : Sidney Smith, par ses sarcasmes contre l'engourdissement du clergé et l'oppression des catholiques; Arnold, par ses réclamations contre le monopole religieux du clergé et contre le monopole ecclésiastique des anglicans; Macaulay, par son histoire et son panégyrique de la révolution libérale; Thackeray, en attaquant la classe noble au profit de la classe moyenne; Dickens, en attaquant les dignitaires et les riches au profit des petits et des pauvres; Currer Bell et mistress Browning, en défendant l'initiative et l'indépendance des femmes; Stanley et Jowet, en introduisant l'exégèse d'outre-Rhin et en précisant la critique biblique; Carlyle, en important sous forme anglaise la métaphysique allemande; Stuart Mill, en important sous forme

CHAPITRE I. LES IDÉES ET LES ŒUVRES.

anglaise le positivisme français; Tennyson lui-même, en étendant sur les beautés de tous les pays et de tous les siècles la protection de son dilettantisme aimable et de ses sympathies poétiques; chacun, selon sa taille et son endroit, enfoncé à des profondeurs différentes, tous retenus à portée du rivage par leurs préoccupations pratiques, tous affermis contre les glissades par leurs préoccupations morales, tous occupés, les uns avec plus d'ardeur, les autres avec plus de défiance, à recevoir ou à faire entrer le flot croissant de la démocratie et de la philosophie modernes dans leur constitution et dans leur Église, sans dégât et avec mesure, de façon à ne rien détruire et de façon à tout féconder.

CHAPITRE II.

Lord Byron.

I. L'homme. — Sa famille. — Son caractère passionné. — Ses amours précoces. — Sa vie excessive. — Son caractère militant. — Sa révolte contre l'opinion. — *English Bards and Scottish Reviewers.* — Ses bravades et ses imprudences. — Son mariage. — Déchaînement de l'opinion contre lui. — Son départ. — Sa vie politique en Italie. — Ses tristesses et ses violences.

II. Le poëte. — Ses raisons pour écrire. — Sa façon d'écrire. — Comment sa poésie est personnelle. — Son goût classique. — En quoi ce goût l'a servi. — *Childe Harold.* — Le héros. — Les paysages. — Le style.

III. Ses petits poëmes. — Ses procédés oratoires. — Ses effets mélodramatiques. — Vérité des paysages. — Sincérité des sentiments. — Peintures des émotions tristes et extrêmes. — Idée régnante de la mort et du désespoir. — *Mazeppa, le Prisonnier de Chillon, le Siége de Corinthe, le Corsaire, Lara.* — Analogie de cette conception avec celles de l'Edda et de Shakspeare. — *Les Ténèbres.*

IV. *Manfred.* — Comparaison du Manfred de Byron, et du Faust de Goethe. — Conception de la légende et de la vie dans Goethe. — Caractère symbolique et philosophique de son épopée. — En quoi Byron lui est inférieur. — En quoi Byron lui est supérieur. — Conception du caractère et de l'action dans Byron. — Caractère dramatique de son poëme. — Opposition entre le poëte de l'univers et le poëte de la personne.

V. Scandale en Angleterre. — La contrainte et l'hypocrisie des mœurs. — Comment et selon quelle loi varient les conceptions morales. — La vie et la morale méridionales. — *Beppo.* — *Don Juan.* — Transformation du talent et du style de Byron. — Peinture de la beauté et du bonheur sensible. — *Haydée.* — Comment il combat le cant britannique. — Comment il combat l'hypocrisie humaine. — Idée de l'homme. — Idée de la femme. — *Dona Julia.* — *Le Naufrage.* — *La prise d'Ismaël.* — Naturel et variété de son style. — Excès et fatigue de sa verve. — Son théâtre. — Son départ pour la Grèce et sa mort.

VI. Position de Byron dans son siècle. — La maladie du siècle. — Les diverses conceptions du bonheur et de la vie. — La réponse des lettres. — La réponse des sciences. — Équilibre futur de la raison. — Conception moderne de la nature.

I

J'ai réservé le plus grand et le plus anglais de ces artistes; il est si grand et si anglais qu'à lui seul il nous apprendra sur son pays et sur son temps plus de vérités que tous les autres ensemble. On a maudit ses idées pendant sa vie; on a tâché de dénigrer son génie après sa mort. Encore aujourd'hui, les critiques anglais, à son endroit, sont injustes. Il a combattu toute sa vie contre le monde dont il est issu, et pendant sa vie comme après sa mort, il a porté la peine des ressentiments qu'il a provoqués et des répugnances qu'il a fait naître. Un critique étranger peut être plus équitable, et louer librement la main puissante dont il n'a pas senti les coups.

Si jamais il y eut une âme violente et follement sensible, mais incapable de se déprendre d'elle-même, toujours bouleversée, mais dans une enceinte fermée, prédestinée par sa fougue native à la poésie, mais limitée par ses barrières naturelles à une seule espèce de poésie, c'est celle-là.

Cette promptitude aux émotions extrêmes était chez lui un legs de famille et un effet d'éducation. Son grand-oncle, sorte de maniaque emporté et misanthrope, avait tué dans un duel de taverne, à la clarté d'une chandelle, M. Chaworth, son parent, et avait passé en jugement devant la chambre des lords. Son père, viveur et brutal, avait enlevé la femme de lord Carmarthen, ruiné et maltraité miss Gordon, sa seconde femme, et, après avoir vécu comme un fou et comme un malhonnête homme, était allé, emportant le dernier argent de sa famille, mourir sur le continent. Sa mère, dans ses moments de fureur, déchirait ses chapeaux et ses robes. Quand mourut son triste mari, elle manqua perdre la raison, et on entendait ses cris dans la rue. Quelle enfance Byron mena dans l'antre de « cette lionne, » dans quelles tempêtes d'insultes entrecoupées d'attendrissements il vécut lui-même, aussi passionné et plus amer, c'est ce qu'un long récit pourrait seul dire. Elle courait après lui, l'appelait gamin boiteux, vociférait et lui lançait à la tête la pelle à feu et les pincettes. Il se taisait, saluait, et n'en sentait pas moins l'outrage. Un jour qu'il était « dans une de ses rages silencieu-
« ses, » il fallut lui arracher de la main un couteau qu'il avait pris sur la table et que déjà il portait à sa poitrine. Une autre fois la querelle fut si terrible que le fils et la mère, chacun séparément, s'en allèrent chez le pharmacien pour « savoir si l'autre n'était
« point venu chercher du poison pour se détruire, et
« pour avertir le marchand de ne point lui en ven-

« dre. » Quand il alla aux écoles, « ses amitiés, dit-il
« lui-même, furent des passions¹. » Bien des années
après, il n'entendait point prononcer le nom de
Clare, un de ses anciens camarades, « sans un batte-
« ment de cœur. » Vingt fois pour ses amis il se mit
dans l'embarras, offrant son temps, sa plume, sa
bourse. Un jour, à Harrow, un grand *brimait* son cher
Peel, et, le trouvant récalcitrant, lui donnait une
bastonnade sur la partie charnue du bras, qu'il avait
tordu afin de le rendre plus sensible. Byron, trop petit et ne pouvant combattre le bourreau, s'approcha
de lui rouge de fureur, les larmes aux yeux, et d'une
voix tremblante demanda combien il voulait donner
de coups. « Qu'est-ce que cela te fait, petit drôle ? —
« C'est que, s'il vous plaît, dit Byron en tendant son
« bras, j'en voudrais recevoir la moitié². » La générosité surabondait chez lui comme le reste. « Jamais,
« dit quelqu'un qui le connut intimement dans sa
« jeunesse, il ne rencontrait un malheureux sans le
« secourir³. » Plus tard, en Italie, sur cent mille
francs qu'il dépensait, il en donnait vingt-cinq mille.
Les sources vives dans ce cœur étaient trop pleines
et dégorgeaient impétueusement le bien, le mal au
moindre choc. A huit ans, comme Dante, il devint
amoureux d'une enfant nommée Mary Duff. « N'est-ce

---

1. My school-friendships were *with me passions* (for I was always violent). I never hear the word Clare (Lord Clare) without the beating of the heart, even now.

2. « Because, if you please, » said Byron holding out his arm, « I would take half. »

3. Moore, t. I, p. 121, année 1807.

« pas étrange, écrivait-il dix-sept ans plus tard, que
« j'aie été si entièrement, si éperdument épris de cette
« enfant à un âge où je ne pouvais point ressentir
« l'amour, ni savoir le sens de ce mot?... Je me rap-
« pelle tout ce que nous nous disions l'un à l'autre,
« nos caresses, ses traits; je n'avais plus de repos, je
« ne pouvais dormir.... Mon angoisse, mon amour
« étaient si violents, que parfois je me demande si
« j'ai eu depuis un autre attachement véritable....
« Quand plus tard j'appris son mariage, ce fut comme
« un coup de foudre, j'étouffais, je tombai presque
« en convulsions [1]. » Pareillement lorsqu'à douze ans
il aima sa cousine Marguerite Parker, il en perdit le
sommeil, il ne mangeait plus. « J'avais sujet de croire
« qu'elle m'aimait, et pourtant la grande affaire de
« ma vie était de penser au temps qui s'écoulerait
« jusqu'à notre prochaine rencontre. Et nos sépara-
« tions étaient d'environ douze heures! Mais j'étais
« un fou alors, et je ne suis pas beaucoup plus sage
« aujourd'hui [2].... »

---

[1]. How very odd that I should have been so utterly, devotedly fond of that girl at an age when I could neither feel passion, nor know the meaning of the word!... I remember all our caresses,... my restlessness, my sleeplessness. My misery, my love for the girl were so violent, that I sometimes doubt, if I have ever been really attached since.

[2]. My passion had its usual effects upon me. I could not sleep; I could not eat. I could not rest, and although I had reason to know that she loved me, it was the texture of my life to think of the time which must elapse before we could meet again, being usually about twelve hours of separation. But I was a fool then, and am not much wiser now.

Il ne le fut jamais : lectures énormes au collége, exercices violents plus tard à Cambridge, à Newstead et à Londres, veilles prolongées, débauches et jeûnes outrés, régime destructif, il se ruait en avant jusqu'au fond de tous les goûts et de tous les excès. Comme il était dandy, et l'un des plus brillants, il se laissait mourir de faim de peur de devenir gros, puis buvait et dînait à s'étouffer pendant les nuits d'abandon. « Les deux jours précédents, dit une fois son ami « Moore, Byron n'avait rien pris sinon quelques bis- « cuits, mâchant du mastic[1] pour apaiser son esto- « mac. S'étant mis à table, il se restreignit aux ho- « mards et en acheva deux ou trois pour sa part, « avalant quelquefois dans les intervalles un petit verre « à liqueur de forte eau-de-vie blanche, quelquefois « un grand verre à boire d'eau très-chaude, puis « encore de l'eau-de-vie pure ; il en but environ une « demi-douzaine, après quoi nous dépêchâmes deux « bouteilles de bordeaux à nous deux, et nous nous « séparâmes vers quatre heures du matin. » Une autre fois on trouve sur son journal la note suivante : « Dîné avec Scrope Davis hier au Coco. — De six heu- « res à minuit à table. — Bu à nous deux une bou- « teille de champagne et six de bordeaux. Aucun de ces « vins ne me fait beaucoup d'effet. » Plus tard, à Venise : « A peine si j'ai fermé l'œil de toute la semaine « dernière. J'ai eu quelques aventures curieuses en « masque de carnaval. — J'userai la mine de ma jeu-

---

1. Probablement de la gomme de lentisque.

« nesse jusqu'au dernier filon de son métal, et après...
« bonsoir. J'ai vécu, je suis content[1]. » A ce train,
les organes s'usent, et des intervalles de tempérance
ne suffisent pas à les réparer. L'estomac se gâte, les
nerfs se déconcertent, l'âme mine la machine, qui
mine l'âme à son tour. « Je m'éveille toujours, écri-
« vait-il en Italie, dans un véritable accès de déses-
« poir et de dégoût pour toutes choses, même pour
« ce qui me plaisait la veille. En Angleterre, il y a
« cinq ans, j'ai eu la même sorte d'hypocondrie, mais
« accompagnée d'une soif si violente, que j'ai bu
« jusqu'à quinze bouteilles d'eau de seltz en une nuit
« après m'être mis au lit, sans cesser d'avoir soif,
« faisant sauter le cou des bouteilles par pure impa-
« tience de soif... » Esprit et corps, on se ruinerait à
moins tout entier. Ainsi vivent ces âmes véhémentes,
incessamment heurtées et brisées par leur propre élan,
comme un boulet arrêté qui tourne et semble tranquille, tant il va vite, mais qui, au moindre obstacle,
saute, ricoche, met tout en poudre, et finit par s'en-
terrer. Le plus pénétrant des observateurs, Beyle, qui
vécut avec lui plusieurs semaines, dit qu'à certains
jours il était fou ; d'autres fois, en présence des belles
choses, il devenait sublime. Quoique contenu et si
fier, la musique le faisait pleurer. Le reste du temps,
les petites passions anglaises, l'orgueil du rang par

---

1. I have hardly had a wink of sleep this week past. I have had some curious masking adventures, this carnival.... I will work the mine of my youth to the last vein of the ore, and then.... good night. I have lived and am content.

exemple, la vanité du dandy, le mettaient hors des gonds : il ne parlait de Brummel « qu'avec un fré- « missement de jalousie et d'admiration. » Mais, petite ou grande, la passion présente s'abattait sur son esprit comme une tempête, le soulevait, l'emportait jusqu'à l'imprudence et jusqu'au génie. Son journal, ses lettres familières, toute sa prose involontaire est comme frémissante d'esprit, de colère, d'enthousiasme; le cri de la sensation y vibre aux moindres mots; depuis Saint-Simon, on n'a pas vu de confidences plus vivantes. Tous les styles semblent ternes, et toutes les âmes semblent inertes à côté de celle-là.

Dans ce magnifique élan de facultés débridées et débandées qui bondissent à l'aventure et semblent le lancer sans choix aux quatre coins de l'horizon, il y en a une qui prend les rênes, et le précipite contre la muraille où il s'est brisé. « Pauvre Byron ! disait « Walter Scott[1], c'était un homme d'une véritable « bonté de cœur, ayant les sentiments les plus affec- « tueux et les meilleurs. Il s'est misérablement « perdu par son mépris insensé de l'opinion. L'oppo- « sition publique, au lieu de l'avertir ou de le retenir, « ne faisait que l'exciter à faire pis. C'est comme « s'il eût dit : Ah ! vous n'aimez pas cela ? Bien, vous « allez avoir pis; voilà pour votre peine. » Cet instinct de révolte est dans la race ; il y a tout un faisceau de passions sauvages[2], nées du climat et qui le nourris-

---

1. Lockart, *Life of Sr W. Scott*, II, 238.
2. If I was born, as the nurses say, with a silver spoon in my mouth, it has stuck in my throat, and spoiled my palate, so that

sent : l'humeur noire, l'imagination violente, l'orgueil indompté, le goût du danger, le besoin de la lutte, l'exaltation intérieure qui ne s'assouvit que par la destruction, et cette folie sombre qui poussait en avant les *berserkers* scandinaves lorsque, dans une barque ouverte, sous un ciel fendu par la foudre, ils se livraient à la tempête dont ils avaient respiré la fureur. Cet instinct-là est dans le sang : on naît ainsi, comme on naît lion ou bouledogue[1]. Byron était encore tout petit enfant, en jaquette, lorsque sa nourrice le gronda rudement d'avoir sali une cotte neuve qu'il venait de mettre. Il entra dans une de ses rages silencieuses, saisit la cotte avec ses deux mains, la déchira du haut en bas, et se planta debout, fixe et morne, devant l'autre qui tempêtait, afin de la mieux braver. Chez lui, l'orgueil débordait. Quand à dix ans il hérita du titre de lord, et que pour la première fois à l'école on appela son nom en le faisant précéder du titre de *dominus*, il ne put répondre le mot ordinaire *adsum*[2], demeura immobile parmi ses camarades, qui ouvraient des grands yeux, et à la fin fondit en larmes. Une autre fois, à Harrow, dans une dispute qui divisait l'école, un élève dit : « Byron ne veut pas se

---

nothing put into it is swallowed with much relish, unless it be Cayenne... I see no such horror in a dreamless sleep, and I have no conception of any existence which duration would not make tiresome.

1. I like Junius, he was a good hater....
I don't understand yielding sensitiveness. What I feel is an immense rage for 48 hours.

2. Présent.

« mettre avec nous, parce qu'il n'aime à être le se-
« cond nulle part. » On lui offrit le commandement,
et c'est alors seulement qu'il daigna prendre parti.
Ne jamais subir de maître, se soulever tout entier
contre toute apparence d'empiétement ou d'ascendant,
maintenir sa personne intacte et inviolée à tout prix
jusqu'au bout et contre tous, tout oser plutôt que de
donner un signe de soumission, voilà son fonds.
C'est pourquoi il était disposé à tout souffrir plutôt
que de donner un signe de faiblesse. A dix ans, par
fierté, il était stoïcien. On lui redressait le pied dou-
loureusement dans une machine de bois pendant
qu'il prenait sa leçon de latin, et son maître le plai-
gnait. « Ne faites pas attention si je souffre, mon-
« sieur Roger, dit l'enfant; vous n'en verrez au-
« cune marque sur ma figure[1]. » Tel il était enfant,
tel il demeura homme. D'esprit, de corps, il lutte ou
se prépare à la lutte[2]. Tous les jours, pendant de longues heures, il boxe, il tire le pistolet, il s'exerce au
sabre, il court et saute, il monte à cheval, il dompte
des résistances. Ce sont là les exploits de ses mains et
de ses muscles; mais il lui en faut d'autres. Faute
d'ennemis, il s'en prend à la société et lui fait la
guerre. On sait à quel excès montait alors l'intolérance des opinions régnantes. L'Angleterre était au
fort de sa guerre avec la France, et croyait combattre

---

1. « Never mind, M. Roger, you shall not see any signs of it in me. »
2. I like energy, — even animal energy, — of all kinds — and have need of both, mental and corporal.

pour la morale et la liberté. A ses yeux, en ce moment, l'Église et la constitution sont choses saintes : gardez-vous d'y toucher, si vous ne voulez point devenir ennemi public ! Dans cet accès de passion nationale et de sévérité protestante, quiconque affiche des idées ou des mœurs libres semble un incendiaire et ameute contre soi l'instinct des propriétaires, les doctrines des moralistes, les intérêts des politiques et les préjugés du peuple. C'est ce moment que Byron choisit pour louer Voltaire et Rousseau, admirer Napoléon[1], s'avouer sceptique, réclamer pour la nature et le plaisir contre le *cant* et la règle, dire que la haute société anglaise, toute débauchée et hypocrite, fabrique des phrases et fait tuer des hommes pour garder ses sinécures et ses bourgs pourris. Comme si ce n'était pas assez des haines politiques, il se charge encore des inimitiés littéraires, attaque le corps entier des critiques[2], diffame la nouvelle poésie, déclare que les plus célèbres sont des « Claudiens, des gens du bas empire, » s'acharne sur les lakistes, et garde un ennemi venimeux et infatigable dans Southey. Ainsi muni d'adversaires, il donne prise sur lui de toutes parts. Il se décrie par haine du *cant*, par bravade, en fanfaron de vices. Il se peint dans ses héros, mais en noir, de telle façon que personne ne peut manquer de le reconnaître et de le croire beaucoup pire qu'il n'est. Walter Scott écrit de prime saut après avoir lu *Childe Harold* : « Poëme de

---

1. Il l'appelait « son héros de roman. »
2. *English Bards and Scottish Reviewers.*

« grand mérite, mais qui ne donne pas une bonne
« opinion du cœur ni de la morale de l'écrivain. Le
« vice devrait être un peu plus modeste, et il faut une
« impudence presque aussi grande que les talents du
« noble lord pour demander gravement qu'on le plaigne
« de l'ennui et du dégoût qu'il a gagnés dans la com-
« pagnie de ses compagnons de table et de ses maî-
« tresses. Il y a aussi une vanité monstrueuse à nous
« apprendre, à nous petites gens, que nos petits scru-
« pules surannés et nos préceptes de tempérance ne
« sont pas dignes de son attention [1]. » Voilà les sentiments qu'il excitait dans toutes les classes respectables; il s'y complaisait et faisait pis, donnant à entendre que, dans ses aventures d'Orient, il avait osé
bien des choses, et ne s'indignant point quand on le
confondait avec ses héros. Un jour il dit : « Je serais
« curieux d'éprouver les sensations qu'un homme doit
« avoir quand il vient de commettre un assassinat. »
Un autre jour il écrit sur son journal : « Hobhouse
« m'a rapporté un singulier bruit, que je suis le

---

1. *Childe-Harold* is, I think, a very clever poem, but gives no good symptom of the writer's heart or morals. Vice ought to be a little more modest, and it must require impudence almost equal to the noble lord's other powers, to claim sympathy gravely for the ennui arising from his being tired of his wassailers and his paramours. There is a monstrous deal of conceit in it too, for it is informing the inferior part of the world, that their little old-fashioned scruples of limitation are not worthy of his regard....

My noble friend is something like my old peacock, who chooses to bivouac apart from his lady, and sits below my bed-room window, to keep me awake with his screeching lamentation. Only I own he is not equal in melody to lord Byron.

« vrai Conrad, le véritable corsaire, et qu'une partie
« de mes voyages se sont accomplis sans témoins.
« Hum! les gens quelquefois touchent près de la vérité,
« mais jamais toute la vérité. Hobhouse ne sait pas à
« quoi j'étais occupé l'année après qu'il a quitté le
« Levant. Ni lui, ni personne,— ni, — ni, — ni. —
« Pourtant c'est un mensonge[1];…. mais je n'aime pas
« ces mensonges qui ressemblent à la vérité. » Dangereuses paroles qui se retournaient contre lui comme un poignard ; mais il aimait le danger, le danger mortel, et ne se trouvait à son aise qu'en voyant se hérisser autour de lui les pointes de toutes les colères. Seul contre tous, contre une société armée, debout, invincible, même au bon sens, même à la conscience, c'est alors qu'il ressentait dans tous ses nerfs tendus la sensation grandiose et terrible vers laquelle involontairement tout son être se portait.

Une dernière imprudence déchaîna l'attaque. Tant qu'il était garçon, on avait pu excuser ses excès par cette fougue du tempérament trop fort qui souvent révolte les jeunes gens de ce pays contre le bon goût et la règle ; mais le mariage les range, et c'est le mariage qui acheva de déranger celui-ci. Il se trouva que sa femme était une vertu, « sorte de modèle » cité pour tel, « créature de la règle », correcte et sèche, incapable de faillir et de pardonner. « Cela est bien
« drôle, disait son domestique Fletchter, je n'ai jamais

---

1. Il y a ici une citation de *Macbeth* que je traduis par un équivalent.

« connu de dame qui ne sût mener mylord, excepté
« mylady. » Elle le crut fou et le fit examiner par les
médecins. Ayant appris qu'il avait sa raison, elle le
quitta, revint dans sa famille, et refusa de jamais le
revoir. Là-dessus il passa pour un monstre. Les journaux le couvrirent d'opprobre; ses amis l'engageaient
à ne plus aller au théâtre ni au Parlement, craignant
qu'il ne fût sifflé ou insulté. Ce qu'une âme si violente, précocement habituée à la gloire éclatante,
ressentit de fureur et de tortures dans cet assaut universel d'outrages, on ne peut l'apprendre que par ses
vers. Il se roidit, alla s'enfoncer à Venise dans la voluptueuse vie italienne, même dans la basse débauche, pour mieux faire insulte à la pruderie puritaine qui l'avait condamné, et n'en sortit que par une
offense encore plus blâmée, son intimité publique
avec la jeune comtesse Guiccioli. Cependant il se
montrait aussi âprement révolutionnaire en politique
qu'en morale. Dès 1813, il écrivait : « J'ai simplifié
« ma politique ; elle consiste à présent à détester à
« mort tous les gouvernements qui existent[1]. » Cette
fois, à Ravenne, sa maison était le centre et l'arsenal
des conspirateurs, et il se préparait généreusement
et imprudemment à sortir en armes avec eux pour
tenter la délivrance de l'Italie. « Ils veulent s'insur-
« ger ici, écrivait-il sur son journal[2], et doivent m'ho-
« norer d'une invitation. Je ne ferai point défaut,

---

1. I have simplified my politics into an utter detestation of all existing governments.
2. 1821.

« quoique je ne les croie pas assez forts de nombre et
« de cœur pour faire grand'chose; mais en avant! —
« Que signifie le moi? Un homme ou un million
« d'hommes, il n'importe; c'est l'esprit de liberté qu'il
« faut répandre. En de telles occasions, il ne faut
« point de calcul personnel, et aujourd'hui ce ne sera
« pas moi qui en ferai un[1]. » En attendant, il avait
des rixes avec la police, sa maison était surveillée, il
était menacé d'assassinat, et néanmoins tous les jours
il montait à cheval, et allait s'exercer au pistolet dans
la forêt de pins voisine. Ce sont les sentiments d'un
homme qui est à la gueule d'un canon chargé, attendant qu'il parte : l'émotion est grande, héroïque même,
mais elle n'est pas douce, et certainement, même en
ce moment de grande émotion, il était malheureux;
rien de plus propre à empoisonner le bonheur que
l'esprit militant. « Pourquoi, écrit-il, ai-je été toute
« ma vie plus ou moins ennuyé?... Je ne sais que ré-
« pondre, mais je pense que c'est dans mon tempé-
« rament,... comme aussi de me réveiller dans
« l'abattement, ce qui n'a jamais manqué de m'ar-
« river depuis plusieurs années. La tempérance et
« l'exercice que j'ai pratiqués parfois et longtemps de

---

1. They mean to insurrect here and are to honour me with a call thereupon. I shall not fall back, though I don't think them in force and heart sufficient to make much of it. But onward. What signifies self?... It is not one man nor a million, but the spirit of liberty that must be spread.... The mere selfish calculation ought never to be made on such occasions and, at present, it shall not be computed by me.... I should almost regret that my own affairs went well, when those of nations are in peril.

« suite, vigoureusement et violemment, n'y faisaient
« que peu ou rien. Les passions violentes me valaient
« mieux. Quand j'étais sous leur prise directe, — c'est
« étrange, — j'étais agité et non abattu. — Pour le
« vin et les spiritueux, ils me rendent sombre et sau-
« vage jusqu'à la férocité, — silencieux pourtant et
« solitaire, point querelleur, si on ne me parle pas.
« Nager aussi me relève; mais en général je suis bas,
« et tous les jours plus bas. A cela pas de remède, car
« je ne me trouve pas aussi ennuyé qu'à dix-neuf ans.
« La preuve en est qu'à cet âge-là j'étais obligé de
« jouer ou de boire, ou d'avoir une excitation quel-
« conque, sans quoi j'étais misérable.... A présent,
« ce qui m'envahit le plus, c'est l'inertie, et une sorte
« d'écœurement plus fort que l'indifférence. Si je me
« réveille, c'est par des fureurs[1]. — Dernièrement
« Lega est entré avec une lettre de Venise au sujet

---

1. I always wake in actual despair, and despondency, in all respects, even of that which pleased me over night.
 In England, five years ago, I had the same kind of hypochondria,
but accompanied with so violent a thirst, that I have drunk as many
as fifteen bottles of soda-water in one night, after going to bed, and
been still thirsty.... striking off the necks of the bottles from mere
thirsty impatience.
 What I feel most growing upon me are laziness, and a disrelish
more powerful than indifference. If I rouse, it is into fury. I pre-
sume that I shall end (if not earlier by accident) like Swift « dying
at the top. »
 Lega came in with a letter about a bill unpaid at Venice which I
thought paid months ago. I flew into a paroxysm of rage, which
almost made me faint.
 I have always had « *une âme* » which not only tormented itself,
but every body else in contact with it, and an « *esprit violent,* »
which has almost left me without any « *esprit* » at all.

« d'une facture que je croyais payée il y a dix mois. « J'entrai dans un tel paroxysme de rage que je m'évanouis presque…. Je présume que je finirai comme Swift, c'est-à-dire que je mourrai d'abord par la tête, — à moins que ce ne soit plus tôt et par accident. » Horrible attente, et qui l'a hanté jusqu'au bout! A son lit de mort, en Grèce, il refusait, je ne sais plus pourquoi, de se laisser saigner, et préférait finir tout de suite. On le menaça de la folie; il sursauta : « Faites donc, bourreaux que vous êtes ! » et il tendit son bras. C'est parmi ces éclats et ces anxiétés qu'il passait sa vie; l'angoisse endurée, le danger bravé, la résistance domptée, la douleur savourée, toutes les grandeurs et toutes les tristesses de la noire manie belliqueuse, voilà les images qu'il avait besoin de faire flotter devant lui. A défaut d'action, il avait les rêves, et il ne se réduisait aux rêves qu'à défaut d'action. Lui-même, en s'embarquant pour la Grèce, disait qu'il avait pris la poésie faute de mieux, qu'elle n'était pas son affaire. « Qu'est-ce qu'un poëte? qu'est-ce qu'il vaut? Qu'est-ce qu'il fait? C'est un bavard. » Il augurait mal de la poésie de son siècle, même de la sienne, disant que s'il vivait dix ans, on verrait de lui quelque chose d'autre que des vers. En effet, il eût été mieux à sa place roi de la mer ou chef de bandes au moyen âge. Sauf deux ou trois éclairs de soleil italien, sa poésie et sa vie sont celles d'un scalde transporté dans le monde moderne, et qui, dans ce monde trop bien réglé, n'a pas trouvé son emploi.

II

Il a donc été poëte, mais à sa façon, façon étrange, semblable à celle dont il a vécu. Il y avait en lui des tempêtes intérieures, des avalanches d'idées qui ne trouvaient d'issue que par l'écriture. « Me fuir moi-
« même, ç'a été là toujours mon vrai, mon unique,
« mon seul motif pour barbouiller du papier et pour
« publier. — Publier est la continuation du même
« effet par le mouvement que cela donne à l'esprit,
« qui, sans cela retomberait sur soi-même¹. » — Il a écrit « par trop-plein, dit-il encore, par passion, par
« entraînement, par beaucoup de causes, mais jamais
« par calcul, » et presque toujours avec une rapidité étonnante : *le Corsaire* en dix jours, *la Fiancée d'Abydos* en quatre jours. — Pendant l'impression, il ajoutait, corrigeait, mais sans refondre. « Je vous ai déjà dit
« que je ne puis jamais refondre. Je suis comme le
« tigre : si je manque mon premier bond, je rentre
« en grondant dans ma jungle ; si je le fais juste, il est
« écrasant². » Sans doute il bondit, mais il a sa chaîne :

---

1. I have written from the fulness of my mind, from passion, from impulse, from many motives, but not « for their sweet voices. »

To withdraw myself from myself has ever been my sole, my entire, my sincere motive in scribbling at all — and publishing also the continuance of the same object, by the action it affords to the mind, which else recoils upon itself.

2. I told you before that I can never recast any thing. I am like the tiger. If I miss the first spring, I go grumbling to my jungle again. But if I do it, it is crushing.

jamais, dans le plus libre élan de ses pensées, il ne se détache de soi. C'est de lui-même qu'il rêve et c'est lui-même qu'il voit partout. C'est un torrent qui bouillonne, mais que des rocs endiguent. Il n'y a point d'aussi grand poëte qui ait eu l'imagination aussi étroite; il ne peut pas se métamorphoser en autrui. Ce sont ses chagrins, ses révoltes, ses voyages, à peine transformés et arrangés, qu'il met dans ses vers. Il n'invente pas, il observe; il ne crée pas, il transcrit. Sa copie est poussée au noir, mais c'est une copie. « Je ne puis écrire sur quoi que ce soit, dit-il, sans « quelque expérience personnelle et sans un fonde- « ment vrai[1]. » Vous trouverez dans ses lettres et dans son livre de notes, presque trait pour trait, ses descriptions les plus frappantes. La prise d'Ismaïl, le naufrage de don Juan, suivent pas à pas deux récits en prose. S'il n'y a que des badauds capables de lui attribuer les crimes de ses héros, il n'y a que des aveugles capables de ne point voir en lui les sentiments de ses personnages; cela est si vrai, qu'en somme il n'en a fait qu'un seul. Childe Harold, Lara, le Giaour, le Corsaire, Manfred, Sardanapale, Caïn, son Tasse, son Dante et le reste sont toujours un même homme, représenté sous divers costumes, dans plusieurs paysages, avec des expressions différentes, mais comme en font les peintres, lorsque par des changements de vêtements, de décors et d'attitudes, ils tirent du même

---

1. I could not write upon any thing without some personal experience and foundation.

modèle cinquante portraits. Il était trop replié sur soi pour s'éprendre d'autre chose : le roidissement habituel de la volonté empêche l'esprit d'être flexible; sa force, toujours concentrée pour l'effort et tendue vers la lutte, l'enfermait dans la contemplation de lui-même, et le réduisait à ne jamais faire que l'épopée de son propre cœur.

Dans quel style allait-il écrire? Avec ces sentiments concentrés et tragiques, il avait l'esprit classique. Par le plus singulier mélange, les livres qu'il préférait étaient ou les plus violents ou les plus réguliers, la Bible d'abord : « J'en suis grand lecteur et grand « admirateur, je l'avais lue et relue avant d'avoir « huit ans; je veux dire l'Ancien-Testament, car le « Nouveau, pour moi, était une tâche, mais l'Ancien « un plaisir[1]. » Remarquez ce mot; il ne goûte point le mysticisme tendre et abandonné de l'Évangile, mais la roideur atroce et les cris lyriques des vieux Hébreux. A côté de la Bible, ce qu'il aime, c'est Pope, le plus correct, le plus compassé des hommes : « Je « l'ai toujours regardé comme le plus grand nom de « notre poésie. Comptez là-dessus, les autres sont des « barbares.... Vous pouvez appeler Shakspeare et Milton des pyramides, je préfère le temple de Thésée ou « le Parthénon à des montagnes de briques brûlées[2]. »

---

1. I am a great reader and admirer of those books (the Bible) and had read them through and through before I was eight years old. — That is to say the Old Testament, for the New struck me as a task, but the other as a pleasure.

2. As to Pope, I have always regarded him as the greatest man in our poetry. Depend upon it. the rest are barbarians. He is a

Et aussitôt il écrit deux lettres avec une verve et un esprit incomparables pour défendre Pope contre les mépris des écrivains modernes. Ce sont ces écrivains, à son avis, qui ont gâté le goût public. Les seuls d'entre eux qui valent quelque chose, Crabbe, Campbell, Roger, imitent le style de Pope; quelques autres ont du talent, mais, à tout prendre, les nouveaux venus ont perverti la littérature; ils ne savent plus leur langue; leurs expressions ne sont que des à-peu-près, au-dessous ou au-dessus du ton, forcées ou plates. Lui-même il se range parmi les corrupteurs[1], et l'on voit bien vite que cette théorie n'est pas une improvisation échappée à la mauvaise humeur et à la polémique : il y revient. Dans ses deux premiers essais, *Hours of idleness*, *English Bards and Scottish Reviewers*, il a essayé de la suivre. Plus tard et presque dans toutes ses œuvres, on en trouvera l'effet. Il recommande et pratique la règle des unités dans les tragédies. Il aime la forme oratoire, la phrase symétrique, le style condensé. Il plaide volontiers ses passions. Sheridan l'engageait à se tourner vers l'éloquence, et la vigueur, la logique perçante, la verve

Greek temple, with a gothic cathedral on one hand and a turkish mosque, and all sorts of fantastic pagods and conventicles about him. You may call Shakspeare and Milton pyramids, but I prefer the temple of Theseus or the Parthenon to a mountain of burnt brickwork.... The grand distinction of the underforms of the new school of poets is their vulgarity. By this I do not mean they are coarse, but shabby genteel.

1. All the styles of the day are bombastic. I don't except my own, no one has done more through negligence to corrupt the language.

extraordinaire, l'argumentation serrée de sa prose, prouvent que parmi les pamphlétaires[1] il eût été au premier rang. S'il y monte parmi les poëtes, c'est en partie grâce à son système classique. Cette forme oratoire, où Pope resserre sa pensée à la façon de La Bruyère, multiplie la force et l'élan des idées véhémentes ; comme un canal étroit et droit, elle les rassemble et les précipite sur leur pente ; il n'y a rien alors que leur assaut n'emporte, et c'est ainsi que lord Byron, du premier coup, à travers les critiques inquiètes, par-dessus les réputations jalouses, a percé jusqu'au public[2].

Ainsi perça *Childe Harold*. Du premier coup, chacun fut troublé. C'était plus qu'un auteur qui parlait, c'était un homme. En dépit de ses désaveux, on sentait bien que l'auteur ne faisait qu'un avec le personnage ; il se calomniait, mais il s'imitait. On le reconnaissait dans ce jeune noble voluptueux et dégoûté, prêt à pleurer au milieu de ses orgies, qui « seul errait « perdu en de mornes rêveries, et, gorgé de plaisirs, « aspirait presque à la douleur[3], » qui, fuyant sa terre natale, portait parmi les splendeurs et les gaîtés du Midi la persécutrice infatigable, « la pensée, comme

---

1. Voyez le pamphlet qu'il fit contre les lakistes.
2. On vendit du *Corsaire* 13 000 exemplaires en un jour.
3. And now Childe Harold was sore sick at heart,
    And from his fellow bacchanals would flee ;
    'Tis said, at times the sullen tear would star,
    But pride congeal'd the drop within his ee :
    Apart he stalk'd in joyless reverie,
    And from his native land resolved to go;
    And visit scorching climes beyond the sea;
    With pleasure drugg'd he almost long'd for woe.

« un démon, » acharné après lui. On reconnaissait les paysages : ils avaient été copiés sur place. Et qu'est-ce qu'était tout ce livre, sinon son journal de voyage ? Il y disait ce qu'il avait vu et ce qu'il avait senti. Quelle fiction poétique vaut la sensation vraie ? Qu'y a-t-il de plus pénétrant que la confidence volontaire ou involontaire ? Véritablement chaque mot ici notait une émotion des yeux ou du cœur. « Cet azur tendre de la mer unie, ces « mousses des montagnes brunies par un ciel ardent[1], » ces îles « dans leurs robes de brume, rayées de bandes « brunes et pourprées, » toutes ces beautés imposantes ou sereines, il en avait joui et parfois souffert, et c'est pour cela que nous les voyons à travers ses vers. Quelque objet qu'il touchât, il le faisait palpiter et vivre ; c'est qu'en le regardant il avait palpité et vécu. Lui-même, un peu plus tard, laissant le masque d'Harold, reprenait son récit en son propre nom, et qui n'eût été touché d'aveux si passionnés et si entiers ?

Oui, il faut que je pense moins violemment ; j'ai pensé — trop longtemps et lugubrement, jusqu'à ce que mon cerveau, — bouillonnant et épuisé par son propre tourbillon, — soit devenu un gouffre tournant de rêves et de flamme. — Voilà comment, n'ayant point appris tout jeune à dompter mon cœur, — les sources de ma vie ont été empoisonnées. Il est trop tard ! — Pourtant je suis changé, quoique toujours le même en force — pour endurer ce que le temps ne peut amoindrir, — et pour me nourrir de fruits amers, sans accuser la destinée....

---

1. The tender azure of the unruffled deep,
 The mountain moss by scorching skies imbrown'd....
 The orange tints that gild the greenest bough....

Harold s'était bientôt reconnu le plus impropre des hommes — à vivre dans le troupeau des hommes. Il était — trop différent, incapable de plier ses pensées — à celles des autres, quoique son âme eût été foulée — dans sa jeunesse par ses propres pensées; toujours retranché dans son indépendance, — refusant de livrer le gouvernement de son esprit — à des âmes contre lesquelles la sienne se révoltait, — fier jusque dans un désespoir qui savait trouver — une vie en lui-même, et respirer en dehors de l'humanité!....

Comme le Chaldéen, il tenait ses yeux fixés sur les étoiles, — jusqu'à ce qu'il les eût peuplées d'êtres aussi brillants — que leurs propres rayons, et que la terre, et ses discordes fangeuses, — et les fragilités humaines fussent oubliées toutes. — S'il avait pu maintenir son âme dans cet essor, — il eût été heureux; mais notre argile étouffe — son étincelle divine, enviant à l'homme la lumière — vers laquelle il monte, comme pour briser sa chaîne — enchaîné loin du ciel qui là-haut nous ouvre ses plages.

Cependant, dans les demeures de l'homme, il était devenu une créature — anxieuse et harassée, sombre et déplaisante, — languissant comme un faucon sauvage dont l'aile est coupée, — pour qui l'air sans bornes serait la seule patrie. — Alors son accès lui revenait, et pour le dompter, — aussi ardemment que l'oiseau emprisonné heurte — sa poitrine et son bec contre le treillage de fer — jusqu'à ce que le sang teigne son plumage; — ainsi la chaleur de son âme captive allait dévorant le sang de son cœur [1].

1. Yet must I think less wildly : — I *have* thought
Too long and darkly, till my brain became
In its own eddy boiling and oerwrought,
A whirling gulf of phantasy and flame :
And thus, untaught in youth my heart to tame,
My springs of life were poison'd. 'Tis too late!
Yet I am changed; though still enough the same
In strength to bear what time cannot abate,
And feed on bitter fruits without accusing fate.

.... But soon he knew himself the most unfit
Of men to herd with man, with whom he held
Little in common; untaught to submit

Voilà les sentiments avec lesquels il parcourait la nature et l'histoire, non pour les comprendre en s'oubliant devant elles, mais pour y chercher ou y imprimer l'image de ses propres passions. Il ne laisse pas parler les objets, il les force à lui répondre. Au milieu de leur paix, il n'est occupé que de son trouble. Il les monte au ton de son âme, et les force à répéter ses propres cris. Tout est tendu ici, comme en lui-même; la vaste strophe roule emportant dans son lit comblé le flot des idées véhémentes; la déclamation s'étale, pompeuse et parfois artificielle (c'est sa première œuvre), mais puissante, et si souvent sublime que les vieilleries de la rhétorique qu'il garde encore disparaissent sous l'afflux des magni-

> His thoughts to others, though his soul was quell'd
> In youth by his own thoughts; still uncompell'd,
> He would not yield dominion of his mind
> To spirits against whom his own rebell'd;
> Proud though in desolation, which could find,
> A life within itself, to breathe without mankind.
>
> .... Like the Chaldean, he could watch the stars,
> Till he had peopled them with beings bright
> As their own beams; and hearth, and earthborn jars
> And human frailties, were forgotten quite :
> Could he have kept his spirits to that flight,
> He had been happy; but this clay will sink
> Its spark immortal, envying it the light
> To which it mounts, as if to break the link
> That keeps us from yon heaven which woos us to its brink.
>
> But in man's dwellings he became a thing
> Restless and worn, and stern and wearisome,
> Droop'd as a wild-born falcon with clipt wing,
> To whom the boundless air alone were home :
> Then came his fit again, which to o'ercome,
> As eagerly the barr'd-up bird will beat
> His breast and beak against his wiry dome
> Till the blood tinge his plumage, so the heat
> Of his impeded soul would through his bosom eat.

ficences dont il la charge. Wordsworth, Walter Scott, à côté de cette prodigalité de splendeurs accumulées, semblaient pauvres et ternes; on n'avait point vu depuis Eschyle une pompe aussi tragique, et on suivait avec une sorte de saisissement le cortége des figures gigantesques qu'il amenait en files lugubres du fond du passé jusque sous nos yeux.

J'étais à Venise, sur le pont des Soupirs, — un palais et une prison de chaque côté.— Je voyais, du sein de la vague, ses monuments se lever—comme à l'attouchement d'une baguette magique.— Dix siècles étendent leurs ailes brumeuses — autour de moi, et une auréole mourante rayonne — jusque sur ces temps lointains où mainte contrée sujette — tenait ses yeux fixés sur les bâtisses de marbre du lion ailé, — quand Venise, assise dans sa pompe, posait son trône sur ses cent îles.

Elle semble une Cybèle des mers sortie de l'Océan, — s'élevant avec sa tiare de tours orgueilleuses, — dans le vague lointain, d'un mouvement majestueux, — souveraine des eaux et de leurs puissances. — Elle l'était jadis; ses filles avaient leur douaire — dans les dépouilles des nations, et l'inépuisable Orient — versait dans son giron les pierreries en pluies éblouissantes. — Elle trônait dans sa pourpre, et à ses fêtes — les monarques invités croyaient leur dignité accrue[1]....

1.   I stood in Venice, on the Bridge of Sighs;
A palace and a prison on each hand :
I saw from out the wave her structures rise
As from the stroke of the enchanter's wand :
A thousand years their cloudy wing expand
Around me, and a dying glory smiles
O'er the far time, when many a subject land
Look'd to the winged lion's marble piles,
When Venice sat in state, throned on her hundred isles.

   She looks a sea-Cybele fresh from Ocean,
Rising with her tiara of proud towers
At airy distance, with majestic motion,
A ruler of the waters and their powers :
And such she was; — her daughters had their dowers

La Bataille géante¹ est debout sur la montagne ; — le soleil brunit l'éclat de ses tresses sanglantes; — dans ses mains de feu, les boulets flamboient, — et ses yeux brûlent tout ce que leur éclair a touché. — Çà et là, sans repos, elle roule, un instant fixe, puis au loin, — lançant sa flamme. Devant ses pieds de fer,—le Meurtre s'est blotti pour compter les œuvres de mort. — Car ce matin trois puissantes nations se rencontrent — pour verser devant son autel le sang qu'elle trouve le plus doux.

Par le ciel ! c'est une splendide vue — pour celui qui n'a point là d'ami ni de frère — de voir leurs écharpes rivales, aux broderies bigarrées, — de voir leurs armes variées qui étincellent dans l'air! — Les vaillants dogues de la guerre se lancent hors de leur repaire, — et grincent de leurs crocs, et hurlent haut après la proie. — Tous se joignent à la chasse, mais peu auront part au triomphe; — le tombeau prendra pour soi le plus précieux du butin, — et le Massacre assouvi peut à peine, à force de joie, compter leurs files²….

> From spoils of nations, and the exhaustless East
> Pour'd in her lap all gems in sparkling showers :
> In purple was she robed, and of her feast
> Monarchs partook, and deem'd their dignity increased….

1. Talavera.

2. Lo! where the giant on the mountain stands,
His blood-red tresses deepening in the sun,
With deathshot glowing in his fiery hands,
And eye that scorcheth all it glares upon;
Restless it rolls, now fix'd, and now anon
Flashing afar, — and at his iron feet
Destruction cowers, to mark what deeds are done ;
For on this morn three potent nations meet,
To shed before his shrine the blood he deems most sweet.

By Heaven! It is a splendid sight to see
(For one who hath no friend, no brother there)
Their rival scarfs of mix'd embroidery,
Their various arms that glitter in the air!
What gallant war-hounds rouse them from their lair,
And gnash their fangs, loud yelling for the prey!
All join the chase, but few the triumph share :
The grave shall bear the chiefest prize away,
And Havoc scarce for joy can number their array….

Quel fruit retirerons-nous de notre maigre et pauvre être ?
— Nos sens étroits, — notre raison fragile, — la vie courte,
— la vérité, une perle qui aime l'abîme, — toutes les choses
pesées dans la fausse balance de la coutume ; — l'opinion,
souveraine toute-puissante, qui jette — sur la terre le manteau de ses obscurités, jusqu'à ce que le juste — et l'injuste
semblent des accidents, et que les hommes pâlissent — de la
crainte que leurs propres jugements n'éclatent au jour, — et
que leurs libres pensées ne soient des crimes, et que la terre
n'ait trop de lumière.

Voilà comme ils fouissent leur sillon dans leur misère inerte,
— pourrissant de père en fils et d'âge en âge, — fiers de leur
nature foulée. Voilà comme ils meurent, — léguant leur rage
héréditaire — à une race nouvelle d'esclaves-nés, qui recommenceront la guerre — pour garder leurs chaînes, et,
plutôt que d'être libres, — saigneront en gladiateurs, et toujours iront s'assaillant — dans cette même arène où ils voient
— leurs compagnons tombés avant eux, comme les feuilles
du même arbre [1].

Jamais style a-t-il mieux exprimé l'âme? On la
voit ici qui travaille et s'épanche. Longuement et ora-

---

1. .... What from this barren being do we reap?
   Our senses narrow, and our reason frail,
   Life short, and truth a gem which loves the deep,
   And all things weigh'd in custom's falsest scale;
   Opinion an omnipotence, — whose veil
   Mantles the earth with darkness, until right
   And wrong are accidents, and men grow pale
   Lest their own judgments should become too bright,
   And their free thoughts be crimes, and earth have too much light.

   And thus they plod in sluggish misery,
   Rotting from sire to son, and age to age,
   Proud of their trampled nature, and so die,
   Bequeathing their hereditary rage
   To the new race of inborn slaves, who wage
   War for their chains, and, rather than be free,
   Bleed gladiator-like, and still engage
   Within the same arena where they see
   Their fellows fall before, like leaves of the same tree.

geusement les idées y ont bouillonné comme les pièces de métal entassées dans la fournaise. Elles y ont fondu sous l'effort de la chaleur intense; elles y ont mêlé leurs laves avec des frémissements et des explosions, et voilà qu'enfin la porte s'ouvre : un lourd ruisseau de feu descend dans le canal ménagé d'avance, embrasant l'air qui frissonne, et ses teintes flamboyantes brûlent les yeux qui s'obstinent à le regarder.

III

Ce n'était pas assez pour lui de la description et du monologue; il avait besoin, pour exprimer son personnage idéal, d'événements et d'actions. Il n'y a que les événements qui mettent à l'épreuve la force et le ressort de l'âme; il n'y a que les actions qui manifestent et mesurent cette force et ce ressort. Parmi les événements, il a cherché les plus puissants, parmi les actions, les plus fortes, et l'on a vu paraître coup sur coup *la Fiancée d'Abydos*, *le Giaour*, *le Corsaire*, *Lara*, *Parisina*, *le Siége de Corinthe*, *Mazeppa* et *le Prisonnier de Chillon*.

Je le sais, ces éclatants poëmes se sont ternis en quarante ans. Dans ce collier de pierreries orientales, on a découvert les verroteries, et Byron, qui ne les aimait qu'à demi, avait mieux jugé que ses juges. Encore avait-il mal jugé; les morceaux qu'il préférait sont les plus faux. Son *Corsaire* est taché d'élégances classiques; la chanson des pirates qu'il met au commencement n'est pas plus vraie qu'un chœur de l'Opéra italien ; ses chenapans y font des antithèses philosophiques aussi équilibrées que celles de Pope. Cent fois l'Ambition, la Gloire, l'Envie, le Désespoir et le reste des personnages abstraits, tels qu'on les mettait sur les pendules au temps de l'Empire, font invasion au milieu des passions vivantes[1]. Les plus nobles passages sont défigurés par des apostrophes de collége, et la prétendue diction poétique vient y étaler sa friperie usée et ses ornements convenus[2]. Bien pis, il vise à l'effet et suit la mode. Les ficelles mélodramatiques viennent tirer à propos son personnage pour obtenir la grimace qui fera frémir le public : « Écoutez ! — Qui vient là sur un noir coursier ? — « Approche, bas esclave rampant, et réponds : ne « sont-ce point là les Thermopyles[3] ? » Tristes procédés, emphatiques et vulgaires, imités de Lucain et de nos Lucains modernes, mais qui font effet pendant la chaleur de la première lecture et sur la populace des auditeurs. Il y a un moyen sûr d'attirer la foule au-

1. Par exemple :
   As weeping Beauty's cheek at Sorrow's tale.

2. Voici des vers dignes de Pope, très-beaux et très-faux :

   And havock loath so much the waste of time,
   She scarce had left an uncommitted crime.
   One hour beheld him since the tide he stemm'd,
   Disguised, discover'd, conquering, ta'en, condemn'd,
   A chief on land, an outlaw on the deep,
   Destroying, saving, prison'd, and asleep!

3. Who thundering comes on blackest steed,
   With slacken'd bit and hoof of speed?
   .... Approach, thou craven crouching slave :
   Say, is not this Thermopylæ?

tour de soi, c'est de crier fort; avec des naufrages, des siéges, des meurtres et des combats, on l'intéressera toujours; montrez-lui des forbans, des aventuriers désespérés : ces figures contractées ou furieuses la tireront de sa vie régulière et monotone; elle ira les voir comme elle va aux théâtres du boulevard et par le même instinct qui lui fait lire les romans à quatre sous. Joignez-y, en façon de contraste, des femmes angéliques, tendres et soumises, surtout belles comme des anges. Byron n'y manque pas, et ajoute à toutes ces séductions la fantasmagorie de la scène, le décor oriental ou pittoresque; les vieux châteaux des Alpes, les vagues de la Méditerranée, les soleils couchants de la Grèce, le tout en haut relief, avec des ombres marquées et des couleurs voyantes. Nous sommes tous peuple à l'endroit des émotions, et la grande dame, comme la femme de chambre, donne d'abord ses larmes sans chicaner l'auteur sur les moyens.

Et cependant la vérité surnage. Non, cet homme n'est point un arrangeur d'effets ou un faiseur de phrases. Il a vécu parmi les spectacles qu'il décrit; il a éprouvé les émotions qu'il raconte. Il est allé dans la tente d'Ali-Pacha, il a goûté l'âpre saveur des aventures maritimes et des mœurs sauvages. Il a senti vingt fois le voisinage de la mort : en Morée, dans les angoisses de la solitude et de la fièvre; à Suli, dans un naufrage; à Malte, en Angleterre et en Italie, dans des menaces de duel, dans des projets d'insurrection, dans des commencements de coups de main, en mer, armé, ou à cheval, ayant vu à sa porte, et plus d'une fois, l'assassinat, les plaies, l'agonie. « Je vis ici, écri- « vait-il, exposé tous les jours à être assassiné[1], car « je me suis fait un ennemi d'un homme puissant qui « n'a pas de conscience. Cela ne me fait pas dormir « plus mal, ni ne m'empêche d'aller à cheval dans les « endroits solitaires, parce que la précaution est inu- « tile. On pense à cela comme à une maladie qui peut « où non vous frapper[2]. » Il disait vrai : nul devant le danger ne s'est tenu plus droit et plus ferme. Un jour, près du golfe de San-Fiorenzo[3], son *yacht* fut jeté à la côte; la mer était horrible et les écueils en vue; les passagers baisaient leur rosaire ou s'évanouissaient d'horreur, et les deux capitaines, consultés, déclarèrent le naufrage infaillible. « Bien, dit « lord Byron, nous sommes tous nés pour mourir. Je « m'en irai avec regret, mais certainement sans « crainte. » Et il ôta ses habits, engageant les autres à en faire autant, non qu'on pût se sauver parmi de telles vagues : « mais, disait-il, comme les enfants qui « se laissent aller d'eux-mêmes au sommeil une fois « qu'ils se sont fatigués à force de crier, nous mour- « rons plus tranquillement quand nous nous serons « épuisés à nager[4]. » Là-dessus il s'assit, croisant ses

---

1. Moore's *Life of lord Byron*, III, 438; 1820.
2. I am living here exposed to it (assassination) daily, for I have happened to make a powerful and unprincipled man my enemy, and I never sleep the worse for it, or ride in less solitary places, because precaution is useless and one thinks of it as of a disease which may or may not strike.
3. Galt's *Life of lord Byron*, 113.
4. « Well, we are all born to die — I shall go with regret, but

bras, fort calme; même il plaisanta le capitaine, qui mettait ses dollars dans les poches de son gilet. Cependant « les longues lames pesantes déferlaient sur les rocs « avec le craquement d'une forêt de chênes fracassés « par un tourbillon, » le navire arrivait sur l'écueil; on ne vit point pendant tout ce temps Byron changer de visage. — Un homme ainsi éprouvé et trempé pouvait peindre les situations et les sentiments extrêmes. Après tout, on ne les peint jamais que comme lui, par expérience[1]. Les plus inventifs, Dante et Shakspeare, quoique tout autres, ne font pas autrement. Leur génie a beau monter haut, il a toujours les pieds plongés dans l'observation, et leurs plus folles comme leurs plus magnifiques peintures n'arrivent jamais qu'à offrir au monde l'image de leur siècle ou de leur propre cœur. Tout au plus ils *déduisent*, c'est-à-dire qu'ayant deviné, sur deux ou trois traits, le fond de l'homme qui est en eux et des hommes qui sont autour d'eux, ils en tirent, par un raisonnement subit dont ils n'ont point conscience, l'écheveau nuancé des actions et des sentiments. Ils ont beau être artistes, ils sont observateurs. Ils ont beau inventer, ils décrivent. Leur gloire ne consiste point dans l'étalage

---

« certainly not with fear. — It is every man's duty to endeavour to « preserve the life God has given him; so I advise you all to strip : « swimming, indeed, can be of little use in these billows — but as « children, when tired with crying, sink placidly to repose — we, « when exhausted with struggling, shall die the easier.... »

1. « Qu'aurais-je connu et écrit si j'avais été un paisible politique mercantile ou un lord d'antichambre? Un homme doit voyager et se jeter dans le tourbillon, sinon ce n'est pas vivre. » Moore, III, 429.

d'une fantasmagorie, mais dans la découverte d'une vérité. Ils entrent les premiers dans quelque province inexplorée de la nature humaine, qui devient leur domaine, et désormais, comme un apanage, soutient leur nom. Byron a trouvé la sienne, qui est celle des sentiments tendres et tristes; c'est une lande, et pleine de ruines, mais il est chez lui, et il est seul.

Quel séjour ! Et c'est sur cette désolation qu'il s'appesantit. Il la médite. Regardez passer les frères de Childe Harold, les personnages qui la peuplent. Celui-ci est dans un cachot, enchaîné avec les deux frères qui lui restent. Trois autres et leur père ont péri en combattant ou ont été brûlés pour leur foi. Un à un, sous les yeux de l'aîné, les deux derniers languissent et défaillent : agonie silencieuse et lente dans l'obscurité humide où perce à travers une crevasse un rayon de lumière malade. Le premier meurt, et les survivants demandent qu'on l'enterre du moins à l'endroit où vient cette pauvre clarté. Les geôliers rient et lui font la fosse à la place où il est mort, « dans la terre plate et sans gazon, » laissant pendre au-dessus « sa chaîne vide. » Jour par jour alors, le plus jeune se flétrit « comme une fleur sur sa tige, » sans se plaindre, au contraire encourageant son frère qui se tait, désespéré et morne[1]. Les piliers sont trop loin, il ne peut approcher du jeune homme mourant;

---

1. They coldly laughed, — and laid him there :
The flat and turfless earth above
The being we so much did love;

il prête l'oreille, et entend ses soupirs qui se ralentissent; il crie à l'aide, et nul ne vient. Il rompt sa chaîne d'un grand bond; tout est fini. Il prend cette main froide, et là, devant le corps demeuré inerte, ses sens se bouchent, sa pensée s'arrête, il est comme un homme qui se noie, qui, après avoir traversé l'angoisse, se laisse enfoncer aussi fixe qu'une pierre, et qui ne sent plus son être que par un roidissement universel d'horreur. — En voici un autre, lié nu et lancé à travers le steppe sur un cheval sauvage. Il se tord, et ses membres enflés, coupés par les cordes, saignent. Un jour entier il court, et derrière lui les loups hurlent. Toute la nuit il entend leur long galop monotone, et à la fin sa force s'abat : « la terre s'enfon-
« çait, le ciel roulait ; — il me sembla que je tombais
« à terre : — je me trompais, j'étais trop bien lié ! —
« Mon cœur devint malade, mon cerveau douloureux;
« — il palpita un temps, puis ne battit plus. — Le ciel
« tournoyait comme une grande roue. — Je vis les arbres
« chanceler comme des hommes ivres. — Un éclair
« faible passa devant mes yeux, — qui ne virent plus.
« Celui qui meurt — ne peut pas mourir davantage.
« — Je sentais les ténèbres venir et s'en aller, — et je
« luttais pour m'éveiller ; mais je ne pouvais m'accro-
« cher et gravir jusqu'à la vie. — Je me sentais comme

<pre>
        His empty chain above it leant. . . .
    . . . He faded. . . . .
    . . . . with all the while a cheek whose bloom
Was as mockery of the tomb,
Whose tints as gently sunk away
As a departing rainbow's ray. . . . .
</pre>

« un naufragé à la mer sur une planche, — quand toutes les vagues qui fondent sur lui — le soulèvent en même temps et l'engloutissent[1]. » Les nommerai-je tous? Hugo, Parisina, les Foscari, le Giaour, le Corsaire. Toujours son héros est l'homme aux prises avec la pire angoisse, en face du naufrage, de la torture, de la mort, de sa propre mort douloureuse et prolongée, de la mort amère de ses plus chers bien-aimés, avec le remords pour compagnon, parmi les lugubres perspectives de l'éternité menaçante, sans autre soutien que l'énergie native et l'orgueil endurci. Ils ont trop désiré, trop impétueusement, d'un élan insensé, comme un cheval sans bouche, et désormais leur destin intérieur les pousse dans le gouffre qu'ils voient et ne veulent plus éviter. Quelle nuit que celle d'Alp devant Corinthe! Il est renégat et vient avec des musulmans assiéger des chrétiens, d'anciens amis, Minotti, le père de la jeune fille qu'il aime. Demain il va donner l'assaut, et il pense à sa propre mort qu'il

---

1. .... The Earth gave way, the skies roll'd round,
I seem'd to sink upon the ground;
But err'd, for I was fastly bound,
My heart turn'd sick, my brain grew sore,
And throbb'd awhile, then beat no more :
The skies span like a mighty wheel;
I saw the trees like drunkards reel,
And a slight flash sprang o'er my eyes,
Which saw no farther : he who dies
Can die no more than then I died.
.... I felt the blackness come and go
And strove to wake; but could not make
My senses climb up from below:
I felt as on a plank at sea,
When all the waves that dash o'er thee,
At the same time upheave and whelm,
And hurl thee towards a desert realm.

pressent, au carnage des siens qu'il prépare. Nul appui intérieur, sinon le ressentiment enraciné et la fixité de la volonté roidie. Les musulmans le méprisent, les chrétiens l'exècrent, et sa gloire ne fait que publier sa trahison. Oppressé et fiévreux, il sort à travers le camp endormi, et va errer sur le rivage. « Il est mi-
« nuit; sur les montagnes brunes, — la froide lune
« ronde luit descendue ; — la mer bleue roule, le ciel
« bleu — s'étend comme un océan suspendu dans les
« hauteurs, — parsemé d'îles de lumière. — Les vagues
« sur les deux rivages reposaient, — calmes, trans-
« parentes, aussi azurées que l'air. — A peine si leur
« écume ébranlait les cailloux du bord, — et leur
« murmure était aussi doux que celui d'un ruisseau. »
« — Les vents étaient endormis sur les vagues, — les
« étendards laissaient retomber leurs plis le long de
« leurs hampes, — et ce profond silence n'était point
« interrompu, — sauf quand la sentinelle criait son
« signal, — sauf quand un cheval poussait son hennis-
« sement vibrant et aigu, — sauf quand le vaste bour-
« donnement de cette multitude sauvage — allait
« bruissant comme font les feuilles, d'une côte à l'au-
« tre côte[1]. » Comme le cœur se sent malade en face de pareils spectacles! Quel contraste entre son agonie

---

[1]. 'Tis midnight : on the mountains brown
The cold, round moon shines deeply down;
Blue roll the waters, blue the sky
Spreads like an Ocean hung on high,
Bespangled with those isles of light...
. . . .
The waves on either shore lay there
Calm, clear, and azure as the air;

et la paix de l'immortelle nature! Comme les bras se tendent alors vers la beauté idéale, et comme ils retombent impuissants au contact de notre fange et de notre immortalité! Alp avance sur la grève, jusqu'au pied du bastion, sous le feu des sentinelles : il n'y songe guère. « Il regardait les chiens maigres sous le
« mur, — qui faisaient leur carnaval sur les morts,
« — se gorgeant et grondant sur les carcasses et les
« membres. — Ils étaient trop affairés pour aboyer
« contre lui. — Ils avaient arraché la chair du crâne
« d'un Tartare, — comme on pèle une figue quand le
« fruit est frais, — et les crocs blancs grinçaient sur
« le crâne encore plus blanc, — quand il glissait à
« travers leurs mâchoires émoussées. — Eux, pares-
« seusement, allaient mâchonnant les os des morts,
« — et pouvant à peine se traîner hors de l'endroit où
« ils s'étaient emplis, — tant ils avaient bien rompu
« leur long jeûne, — sur ceux qui étaient tombés
« pour leur repas de la nuit. — Alp reconnut, aux
« turbans, qui avaient roulé sur le sable, — les pre-
« miers entre les plus braves de sa troupe; — rouges
« et verts étaient les châles qui ceignaient leurs têtes,
« — et chaque crâne avait une longue touffe de

    And scarce their foam the pebbles shook,
    But murmur'd meekly as the brook.
    The winds were pillow'd on the waves;
    The banners droop'd along their staves,
    And that deep silence was unbroke,
    Save where the watch his signal spoke,
    Save where the steed neigh'd oft and shrill,
    And the wide hum of that wild host
    Rustled like leaves from coast to coast....

« cheveux ; — tout le reste était rasé et nu. — Leurs
« crânes étaient dans la gueule du chien sauvage, —
« et leur chevelure entortillée autour de sa mâchoire.
« — Tout auprès, sur le rivage, au bord du golfe, —
« un vautour s'était posé, battant des ailes, pour
« chasser un loup — qui était descendu furtivement
« des collines, mais se tenait à l'écart, — effarouché
« par les chiens, loin de la proie humaine. — Pour-
« tant il attrappa sa part d'un cheval qui gisait, —
« rongé par les oiseaux sur les sables de la baie[1]. »
Voilà l'issue de l'homme ; la chaude frénésie de la vie
aboutit là ; enseveli ou non, peu importe : vautours
ou chacals, ses fossoyeurs se valent. La tempête de
ses colères et de ses efforts n'a servi qu'à le leur jeter

1. .... And he saw the lean dogs beneath the wall
Hold o'er the dead their carnival,
Gorging and growling o'er carcass and limb;
They were too busy to bark at him.
From a Tartar's skull they had stripp'd the flesh,
As ye peel the fig when its fruit is fresh;
And their white tusks crunch'd o'er the whiter skull,
At it slipp'd through their jaws when their edge grew dull,
As they lazily mumbled the bones of the dead,
When they scarce could rise from the spot where they fed;
So well had they broken a lingering fast
With those who had fallen for that night's repast.
And Alp knew, by the turbans that roll'd on the sand,
The foremost of these were the best of his band :
Crimson and green were the shawls of their wear,
And each scalp had a single long tuft of hair,
All the rest was shaven and bare.
The scalps were in the wild dog's maw,
The hair was tangled round his jaw.
But close by the shore, on the edge of the gulf,
There sat a vulture flapping a wolf,
Who had stolen from the hills, but kept away,
Scared by the dogs, from the human prey;
But he seized on his share of a steed that lay,
Pick'd by the birds, on the sands of the bay.

en pâture, et il n'arrive sous leurs becs ou sous leurs mâchoires qu'avec le sentiment de ses espérances frustrées et de ses désirs inassouvis. Quelqu'un de nous a-t-il pu oublier la mort de Lara après l'avoir lue? Quelqu'un a-t-il vu ailleurs, sauf dans Shakspeare, une plus lugubre peinture de la destinée de l'homme en vain cabré contre son frein? Quoique généreux comme Macbeth, il a tout osé, comme Macbeth, contre la loi et contre la conscience, même contre la pitié et le plus vulgaire honneur; les crimes commis l'ont acculé à d'autres crimes, et le sang versé l'a fait glisser dans une mare de sang. Corsaire, il a tué; coupe-jarret, il assassine, et les meurtres anciens qui peuplent ses rêves viennent avec leurs ailes de chauves-souris heurter aux portes de son cerveau. On ne les chasse point, ces noires visiteuses; la bouche a beau rester muette, le front pâli et l'étrange sourire témoignent de leur venue. Et pourtant c'est un noble spectacle que de voir l'homme debout, la contenance calme jusque sous leur attouchement. Le dernier jour est venu, et six pouces de fer ont eu raison de toute cette force et de toute cette furie. Il est couché sous un tilleul, et sa plaie ruisselle. A chaque convulsion, le flot jaillit plus noir, puis s'arrête; le sang ne tombe plus que goutte à goutte, et déjà son front est humide, son œil terne. Les vainqueurs arrivent, il ne daigne pas leur répondre; le prêtre approche la croix bénite, il l'écarte avec mépris. Ce qui lui reste de vie est pour ce pauvre page, seul être qui l'ait aimé, qui l'a suivi jusqu'au bout, qui maintenant essaye d'étancher le sang de sa blessure. « Lara peut à peine parler, mais fait signe que « c'est en vain; » — il lui prend la main, le remercie d'un sourire, et, lui parlant sa langue, une langue inconnue, lui montre du doigt le côté du ciel où en ce moment le soleil se lève, et la patrie perdue où il veut le renvoyer. Des assistants nul souci; sur lui-même aucun retour; son visage reste « immobile et sombre, « sans repentir, » comme dans sa vie. « Cependant « son souffle haletant soulève péniblement sa poi- « trine, — et le nuage s'épaissit sur ses yeux troubles, « — ses membres s'étendent en tremblotant, et sa « tête retombe[1]. » Tout est fini, et de ce hautain esprit il ne reste plus qu'une pauvre argile. Après tout, pour de tels cœurs c'est là le sort désirable; ils ont mal pris la vie, et ne reposent bien que dans le tombeau.

1. He scarce can speak, but motions him 't is vain,
He clasps the hand that pang which would assuage.
And sadly smiles his thanks to that dark page.
.... His dying tones are in that other tongue,
To which some strange remembrance wildly clung....
.... And once, as Kaled's answering accents ceased,
Rose Lara's hand, and pointed to the East:
Whether (as then the breaking sun from high
Roll'd back the clouds), the morrow caught his eye,
Or that it was chance, or some remember'd scene,
That raised his arm to point where such had been,
Scarce Kaled seem'd to know, but turn'd away,
As if his heart abhorr'd that coming day,
And shrunk his glance before that morning light,
To look on Lara 's brow, — where all grew night.
.... But from his visage little could we guess,
So unrepentant, dark, and passionless....
.... But gasping heaved the breath that Lara drew,
And dull the film along his dim eye grew;
His limbs stretch'd fluttering, and his head droop'd o'er.

Étrange poésie toute septentrionale, qui a sa racine dans l'*Edda* et sa fleur dans Shakspeare, née jadis d'un ciel inclément, au bord d'une mer tempêtueuse, œuvre d'une race trop volontaire, trop forte et trop sombre, et qui, après avoir prodigué les images de la désolation et de l'héroïsme, finit par étendre comme un voile noir sur toute la nature vivante le rêve de l'universelle destruction. Ce rêve est ici comme dans l'*Edda*, presque aussi grandiose. « J'eus un songe qui
« n'était pas tout entier un songe. — Le clair soleil
« était éteint, et les étoiles — erraient dans les ténè-
« bres de l'éternel espace, — sans rayons, ne voyant plus
« leur route, et la terre froide — se balançait aveugle
« et noircissante dans l'air sans lune. — Le matin ve-
« nait, s'en allait et venait encore, mais n'apportait
« point de jour.... — Les hommes mirent le feu aux
« forêts pour s'éclairer; mais heure par heure —
« elles tombaient et se consumaient; les troncs pé-
« tillants — s'éteignaient avec un craquement, puis
« tout était noir. — Ils vivaient près de ces feux noc-
« turnes, et les trônes, — les palais des rois cou-
« ronnés, les cabanes, les habitations de tous les
« êtres qui vivent sous un toit — flambèrent en guise
« de torches. Les cités furent incendiées, — et les
« hommes se tenaient assemblés autour de leurs mai-
« sons brûlantes — pour se regarder encore une fois
« la face les uns des autres. Leurs fronts sous cette
« lumière désespérée avaient un aspect infernal,
« lorsque par saccades — les éclairs arrivaient sur
« eux. Quelques-uns gisaient à terre, — et cachaient

« leurs yeux et pleuraient. — D'autres, souriant, —
« appuyaient leur menton sur les mains crispées. —
« D'autres couraient çà et là et nourrissaient — avec du
« bois leurs bûchers funéraires, et levaient les yeux
« — avec une anxiété folle vers le ciel morne, —
« linceul d'un monde mort; puis de nouveau, — avec
« des malédictions, ils se jetaient sur la poussière,
« — grinçaient des dents et hurlaient. Les oiseaux
« sauvages criaient, — et dans leur épouvante ve-
« naient tomber à terre — et battaient l'air de leurs
« ailes inutiles. Les brutes les plus farouches — arri-
« vaient apprivoisées et craintives, et les vipères
« rampaient — et s'entrelaçaient parmi la multitude
« — avec des sifflements, mais sans morsure. On les
« tua pour s'en nourrir. — La Guerre, qui pour un
« moment s'était apaisée, — s'assouvit de nouveau :
« ils achetèrent un repas — avec du sang, et chacun,
« morne, s'assit à part, — se gorgeant dans l'ombre.
« Plus d'amour; — la terre n'avait plus qu'une
« pensée, celle de la mort, — de la mort présente et
« sans gloire, et la dent — de la famine mordait
« toutes les entrailles. Les hommes — mouraient, et
« leurs os étaient sans tombe comme leur chair. —
« Les maigres étaient dévorés par les maigres. —
« Même les chiens assaillirent leurs maîtres, tous
« sauf un; — et celui-ci fut fidèle au cadavre, écar-
« tant — les oiseaux, et les bêtes, et les hommes
« affamés, par ses hurlements, — jusqu'à ce que la
« faim leur eût serré la gorge, ou que les morts qui
« tombaient — eussent alléché leurs mâchoires mai-

« gres. — Lui-même n'alla point chercher de nourri-
« ture, — mais d'un piteux et perpétuel gémissement,
« — avec des cris pressés et désolés, léchant la main
« — qui ne lui répondait point par une caresse, il
« mourut. — La foule périt de faim par degrés ; mais
« deux hommes — dans une énorme cité survécu-
« rent, — et ils étaient ennemis. Ils se rencontrèrent
« — auprès des brandons mourants d'un autel — où
« un amas de choses saintes avaient été empilées —
« pour un usage profane. Ils les ramassèrent, — et,
« grelottant, de leurs froides mains de squelettes —
« ils grattèrent — les faibles cendres, et leur faible
« souffle — tâcha d'y souffler une petite vie, et fit
« une flamme — qui était une dérision. Puis, comme
« elle devenait plus claire, — ils levèrent leurs yeux
« et regardèrent — chacun la face de l'autre ; ils se
« virent, crièrent et moururent. — Ils moururent
« d'épouvante par l'horreur de leur propre as-
« pect [1]. »

[1]. I had a dream, which was not all a dream.
The bright sun was extinguish'd, and the stars
Did wander darkling in the eternal space,
Rayless, and pathless, and the icy earth
Swung blind and blackening in the moonless air;
Morn came and went — and came, and brought no day.
. . . .
Forests were set on fire — but hour by hour
They fell and faded — and the crackling trunks
Extinguish'd with a crash — and all was black.
. . . .
And they did live by watchfires — and the thrones,
The palaces of crowned kings — the huts,
The habitations of all things which dwell,
Were burnt for beacons: cities were consumed,
And men were gathered round their blazing homes
To look once more into each other's face;

IV

Entre ces poëmes effrénés et funéraires, qui tous incessamment reviennent et s'obstinent sur le même sujet, il y en a un plus imposant et plus haut, *Manfred*, frère jumeau du plus grand poëme du siècle, le *Faust* de Goethe. « Lord Byron m'a pris mon *Faust*, « disait Goethe, et l'a fait sien. Il en a employé les « ressorts moteurs à sa façon, pour son but propre, « de sorte qu'aucun d'eux ne reste le même, et c'est « pour cette raison surtout que je ne saurais trop « admirer son génie. » En effet, l'œuvre était originale. « Je n'ai jamais lu le *Faust* de Goethe, écrivait « Byron, car je ne sais pas l'allemand ; mais Matthew

```
.... The brows of men by the despairing light
    Wore an unearthly aspect, as by fits
    The flashes fell upon them; some lay down
    And hid their eyes and wept; and some did rest
    Their chins upon their clenched hands, and smiled;
    And others hurried to and fro, and fed
    Their funeral piles with fuel, and look'd up
    With mad disquietude on the dull sky,
    The pall of a past world; and thence again
    With curses cast them down upon the dust
    And gnash'd their teeth and howl'd : the wild birds shriek'd,
    And, terrified, did flutter on the ground,
    And flap their useless wings; the wildest brutes
    Came tame and tremulous; and vipers crawl'd
    And twined themselves among the multitude,
    Hissing, but stingless — they were slain for food :
    And War, which for a moment was no more,
    Did glut himself again; a meal was bought
    With blood, and each sate sullenly apart,
    Gorging himself in gloom : no love was left;
    All earth was but one thought — and that was death,
    Immediate and inglorious; and the pang
    Of famine fed upon all entrails — men
```

« Monk Lewis, en 1816, à Coligny, m'en traduisit la
« plus grande partie de vive voix, et naturellement
« j'en fus très-frappé. Néanmoins c'est le Steinbach et
« la Jungfrau, et quelque chose d'autre encore, bien
« plus que *Faust*, qui m'ont fait écrire *Manfred*. » —
« L'œuvre est si entièrement renouvelée, ajoutait
« Goethe, que ce serait une tâche intéressante pour
« un critique de montrer non-seulement les altéra-
« tions, mais leurs degrés. » Parlons-en donc tout à
notre aise : il s'agit ici de l'idée dominante du siècle,
exprimée de manière à manifester le contraste de deux
maîtres et de deux nations.

Ce qui fait la gloire de Goethe, c'est qu'au dix-neuvième siècle il a pu faire un poëme épique, j'entends
un poëme où agissent et parlent de véritables dieux.
Cela semblait impossible au dix-neuvième siècle, puis-

> Died, and their bones were tombless as their flesh;
> The meagre by the meagre were devour'd,
> Even dogs assail'd their masters, all save one,
> And he was faithful to a corpse, and kept
> The birds and beasts and famish'd men at bay,
> Till hunger clung them; or the dropping dead
> Lured their lank jaws; himsef sought out no food.
> But with a piteous and perpetual moan,
> And a quick desolate cry, licking the hand
> Which answer'd not with a caress — he died.
> The crowd was famish'd by degrees; but two
> Of an enormous city did survive,
> And they were enemies : they met beside
> The dying embers of an altar place
> Where had been heap'd a mass of holy things
> For an unholy usage; they raked up
> And shivering scraped with their cold skeleton hands
> The feeble ashes, and their feeble breath
> Blew for a little life, and made a flame
> Which was a mockery; then they lifted up
> Their eyes as it grew lighter, and beheld
> Each other aspects — saw, and shriek'd, and died —
> Even of their mutual hideousness they died....

que l'œuvre propre de notre âge est la considération épurée des idées créatrices et la suppression des personnes poétiques par lesquelles les autres âges n'ont jamais manqué de les figurer. Des deux familles divines, la grecque et la chrétienne, aucune ne paraissait capable de rentrer dans le monde épique. La littérature classique avait entraîné dans sa chute les mannequins mythologiques, et les dieux antiques dormaient sur leur vieil Olympe, où l'histoire et l'archéologie pouvaient seules aller les réveiller. Les anges et les saints du moyen âge, aussi étrangers et presque aussi lointains, étaient couchés sur le vélin de leurs missels et dans les niches de leurs cathédrales, et si quelque poëte, comme Châteaubriand, essayait de les faire rentrer dans le monde moderne[1], il ne parvenait qu'à les rabaisser jusqu'à l'office de décors de sacristie et de machines d'opéra. La crédulité mythique avait disparu par l'accroissement de l'expérience; la crédulité mystique avait disparu par l'accroissement du bien-être. Le paganisme, au contact de la science, s'était réduit à la reconnaissance des forces naturelles; le christianisme, au contact de la morale, se réduisait à l'adoration de l'idéal. Pour diviniser de nouveau les puissances physiques, il eût fallu que l'homme redevînt un enfant bien portant comme sous Homère. Pour diviniser de nouveau les puissances spirituelles, il eût fallu que l'homme redevînt un enfant malade comme sous Dante. Mais il était adulte, et ne

---

1. L'ange des saintes amours, l'ange de l'Océan, les chœurs des esprits bienheureux. Voyez cela tout au long dans *les Martyrs*

pouvait remonter vers les civilisations, ni vers les épopées d'où le courant de sa pensée et de sa vie l'avait retiré pour jamais. Comment lui montrer ses dieux, les dieux modernes? comment les revêtir pour lui d'une forme personnelle et sensible, puisque c'est justement de toute forme personnelle et sensible qu'il a travaillé et réussi à les dépouiller? Au lieu d'écarter la légende, Goethe la reprend. C'est une histoire du moyen âge qu'il choisit pour thème. Soigneusement, pieusement, il suit à la trace les vieilles mœurs et la vieille croyance. Un laboratoire d'alchimiste, un grimoire de sorcière, de grosses gaîtés de villageois, d'étudiants ou d'ivrognes, le sabbat sur le Brocken, la messe à l'église : vous croiriez voir une gravure du temps de Luther, consciencieuse et minutieuse ; rien n'est omis. Les personnages célestes apparaissent dans les attitudes consacrées, selon le texte de l'Écriture, à la façon des anciens mystères. C'est le Seigneur avec les anges, puis avec le diable, qui vient lui demander la permission de tenter Faust, comme autrefois il a tenté Job. C'est le ciel comme l'imaginait saint François et le peignait Van Eyck, avec les anachorètes, les saintes femmes et les docteurs, les uns dans un paysage de rochers bleuâtres, les autres au-dessus dans l'air sublime, autour de la Vierge glorieuse, rangés par régions et flottant en chœurs. Goethe pousse l'affectation d'orthodoxie jusqu'à inscrire au-dessous de chacun son nom latin et sa niche dans la Vulgate[1].

1. *Magna peccatrix*, S. Lucæ VII, 36. — *Mulier Samaritana*, S. Johannis IV. — *Maria Ægyptiaca* (Acta Sanctorum), etc.

Et justement cette fidélité le proclame sceptique. On voit que s'il ressuscite le vieux monde, c'est en historien, non en croyant. Il n'est chrétien que par souvenir et poésie. Chez lui, l'esprit moderne déborde avec calcul du vase étroit où par calcul il semble s'enfermer. Le penseur perce derrière le conteur. A chaque instant, un mot voulu, qui paraît involontaire, ouvre par delà les voiles de la tradition les perspectives de la philosophie. Qui sont-ils, ces personnages surnaturels, ce Dieu, ce Méphistophélès et ces anges? Leur substance incessamment va se dissolvant et se reformant, pour montrer et cacher tour à tour l'idée qui l'emplit. Sont-ce des abstractions ou des personnes? Ce Méphistophélès révolutionnaire et philosophe, qui a lu *Candide* et gouaille cyniquement les puissances, est-il autre chose parfois que « l'esprit qui nie? » Ces anges « qui se
« réjouissent de la riche beauté vivante, que la trame
« incessante de l'être vient envelopper dans les suaves
« liens de l'amour, qui fixent en pensées stables la
« vapeur onduleuse des apparitions changeantes, »
sont-ils autre chose, pour un instant du moins, que l'intelligence idéale qui, par la sympathie, arrive à tout aimer, et par les idées, à tout comprendre? Que dirons-nous de ce Dieu, d'abord biblique et personnel, qui peu à peu se déforme, s'évanouit, et reculant dans les profondeurs, derrière les magnificences de la nature vivante et les splendeurs de la rêverie mystique, se confond avec l'inaccessible absolu? Ainsi se déveoppe le poëme entier, action et personnages, homm

et dieux, antiquité et moyen âge, ensemble et détails, toujours sur la limite de deux mondes : l'un sensible et figuré, l'autre intelligible et sans formes; l'un qui comprend les dehors mobiles de l'histoire ou de la vie, et toute cette floraison colorée et parfumée que la nature prodigue à la surface de l'être, l'autre qui contient les profondes puissances génératrices et les invisibles lois fixes par lesquelles tous ces vivants arrivent sous la clarté du jour[1]. Enfin, les voilà, nos dieux; nous ne les travestissons plus, comme nos ancêtres, en idoles ou en personnes; nous les apercevons tels qu'ils sont en eux-mêmes, et nous n'avons pas besoin pour cela de renoncer à la poésie, ni de rompre avec le passé. Nous restons à genoux devant les sanctuaires où pendant trois mille ans a prié l'humanité; nous n'arrachons pas une seule rose aux guirlandes dont elle a couronné ses divines madones; nous n'éteignons pas une seule des lampes qu'elle entassait sur les marches de son autel; nous contemplons avec un plaisir d'artistes les châsses précieuses où, parmi les candélabres ouvragés, les soleils de diamants et les chapes resplendissantes, elle a répandu les plus purs trésors de son génie et de son cœur. Mais notre pensée perce plus loin que nos yeux. A de certains instants, pour nous, ces draperies, ces marbres, tout cet appareil vacille; ce ne sont plus que de beaux fantômes, ils se dissipent en fumée, et nous découvrons à travers eux et derrière eux l'impalpable idéal

---

1. Wer ruft das Einzelne zur allgemeinen Weihe,
Wo es in herrlichen Accorden schlägt?

qui a dressé ces piliers, illuminé ces voûtes, et plané pendant des siècles sur la multitude agenouillée.

Comprendre la légende et aussi comprendre la vie, voilà l'objet de cette œuvre et de toute l'œuvre de Gœthe. Chaque chose, brute ou pensante, vile ou sublime, fantastique ou tangible, est *un groupe de puissances* dont notre esprit, par l'étude et la sympathie, peut reproduire en lui-même les éléments et l'arrangement. Reproduisons-la et donnons-lui dans notre pensée un nouvel être. Est-ce qu'une commère comme Marthe, bavarde et sotte, est-ce qu'un ivrogne comme Frosch, braillard et sale, et le reste des magots hollandais sont indignes d'entrer dans un tableau ? Même cette guenon et ces singes qui font bouillir la marmite de la sorcière, avec leurs cris rauques et leur imagination détraquée, valent la peine que l'art les ranime. Partout où est la vie, même bestiale ou maniaque, est la beauté. Plus on regarde la nature, plus on la trouve divine, divine jusque dans ses rochers et ses plantes. Considérez ces forêts, elles semblent inertes ; mais les feuilles respirent, et la séve y monte insensiblement, à travers les troncs massifs et les branches, jusque dans les minces rameaux étendus comme des doigts ouverts au bout des tiges ; elle emplit des canaux gorgés, elle suinte en formes vivantes, elle comble les frêles chatons de poussières fécondantes, elle répand à profusion dans l'air qui fermente les vapeurs et les senteurs ; cet air lumineux, ce dôme de verdure, cette longue colonnade de troncs, ce sol silencieux travaillent et se transforment ; ils accomplissent une œuvre, et le cœur du poëte n'a qu'à les écouter pour trouver une voix à leurs instincts obscurs. Ils parlent dans ce cœur ; bien mieux ils chantent, et les autres êtres font de même ; chacun avec sa mélodie distincte, courte ou longue, étrange ou simple, seule appropriée à sa nature, capable de la manifester tout entière, comme un son, par son timbre, sa hauteur et sa force, manifeste la structure intérieure du corps qui l'a produit. Cette mélodie, le poëte la respecte ; il évite de l'altérer par le mélange de ses idées où de son accent ; tout son soin est de la garder intacte et pure. Ainsi se forme son œuvre, écho de l'universelle nature, gigantesque chœur où les dieux, les hommes, le passé, le présent, tous les moments de l'histoire, toutes les conditions de la vie, tous les ordres de l'être viennent s'accorder sans se confondre, et où le génie flexible du musicien, qui tour à tour s'est métamorphosé en chacun d'eux pour les interpréter et les comprendre, ne témoigne de sa pensée propre qu'en faisant entrevoir, par delà cette immense harmonie, le groupe de lois idéales d'où elle dérive et la raison intérieure qui la soutient.

A côté de cette conception si haute, qu'est-ce que le surnaturel de Manfred? Sans doute Byron est ému par les grandes choses de la nature : il sort des Alpes, il a vu ces glaciers qui sont « comme un oura« gan gelé, » ces cataractes formidables qui ondulent au-dessus des précipices « comme la queue du che« val pâle de l'Apocalypse ; » mais il n'en a rien rapporté, sauf des images. Sa sorcière, ses esprits, son Ahrimane ne sont que des dieux de théâtre. Il n'y croit pas plus que nous. C'est à un tout autre prix qu'on fait de vrais dieux : il faut y croire ; il faut, comme Goëthe, avoir assisté longuement, en philosophe et en savant, à leur naissance ; il faut avoir vu d'eux autre chose que leur dehors. Celui qui, en restant poëte, s'est fait naturaliste et géologue, qui a suivi dans les fissures des roches les eaux tortueuses lentement distillées et poussées enfin par leur propre poids vers la lumière, peut se demander, comme autrefois les Grecs, en les regardant tournoyer et chatoyer sous leurs teintes d'émeraude, ce qu'elles peuvent penser, si elles pensent. Quelle étrange vie que la leur, tour à tour reposée et violente ! Combien loin de la nôtre ? Avec quel effort faut-il nous arracher à nos passions compliquées et vieillies pour comprendre la jeunesse et la simplicité divine d'un être affranchi de la réflexion et de la forme ! Combien difficile est une telle œuvre pour un moderne ! Combien impossible pour un Anglais ! Shelley, Keats en ont approché, grâce à la délicatesse nerveuse de leur imagination malade ou débordante ; mais que cette approche est encore lointaine ! Et comme on sent, en les lisant, qu'il leur eût fallu, ainsi qu'à Goëthe, l'aide de la culture publique et l'aptitude du génie national ! Ce que la civilisation tout entière a développé uniquement chez l'Anglais, c'est la volonté énergique et les facultés pratiques. L'homme s'est trouvé roidi dans l'effort, concentré dans la résistance, attaché à l'action, et partant exclu de la spéculation pure, de la sympathie ondoyante et de l'art désintéressé. Chez lui, la liberté métaphysique a péri sous les préoccupations utilitaires, et la rêverie panthéistique sous les préoccupations morales. Comment ferait-il pour plier son imagination jusqu'à suivre les contours innombrables et fuyants des êtres, surtout des êtres vagues? Comment ferait-il pour sortir de sa religion jusqu'à reproduire avec indifférence les puissances de l'indifférente nature? Et qui est plus loin de la flexibilité et de l'indifférence que celui-ci? L'eau coulante, qui chez Goëthe va se modelant sur toutes les formes du terrain, et qu'on aperçoit dans le lointain sinueux et lumineux sous le brouillard doré qu'elle exhale, s'est prise tout d'un coup chez Byron en une masse de glace, et ne fait plus qu'un bloc rigide de cristal. Ici comme ailleurs, il n'y a qu'un personnage, le même qu'ailleurs. Hommes, dieux, nature, tout le monde changeant et multiple de Goëthe s'est évanoui. Seul le poëte subsiste, exprimé dans son personnage. Enfermé invinciblement en lui-même, il n'a pu voir que lui-même; s'il fait venir d'autres êtres, c'est pour qu'ils lui donnent la réponse, et à travers cette épopée prétendue il a persisté dans son monologue éternel.

Mais aussi comme toutes ces puissances rassemblées en un seul être le font grand! Dans quelle médiocrité et quelle platitude recule auprès de lui le Faust de Goëthe! Sitôt qu'on cesse de voir en ce Faust l'humanité, qu'est-ce qu'il devient? Est-ce là un héros? Triste héros, qui pour toute œuvre parle, a peur, étudie les nuances de ses sensations et se promène ! Sa plus forte action est de séduire une grisette et d'aller danser la nuit en mauvaise compagnie, deux exploits que tous les étudiants ont accomplis. Ses volontés sont des velléités, ses idées des aspirations et des rêves. Une âme de poëte dans une tête de docteur, toutes deux impropres à l'action et faisant mauvais ménage, la discorde au dedans, la faiblesse au dehors; bref, le caractère manque; c'est un caractère d'Allemand. A côté de lui, quel homme que Manfred! C'est un homme; il n'y a pas de mot plus beau, ni qui le peigne mieux Ce n'est pas lui qui, à l'aspect d'un esprit, « trem-« blera comme un ver craintif qui se tortille à terre. » Ce n'est pas lui qui regrettera « de n'avoir ni or, ni « biens, ni honneurs, ni souveraineté dans le monde. » Ce n'est pas lui qui se laissera duper comme un écolier par le diable, ou qui ira s'amuser en badaud aux fantasmagories du Brocken. Il a vécu en chef féodal, non en savant gradué; il a combattu, il a maîtrisé les autres; il sait se maîtriser lui-même. S'il s'est enfoncé dans les arts magiques, ce n'est point par curiosité d'alchimiste, c'est par audace de révolté. « Dès ma « jeunesse, mon âme n'a point marché avec les âmes « des hommes, — et n'a point regardé la terre avec « des yeux d'homme. — La soif de leur ambition n'était « point la mienne. — Le but de leur vie n'était pas « le mien. — Mes joies, mes peines, mes passions, mes « facultés — me faisaient étranger dans leur bande; « je portais leur forme, — mais je n'avais point de

« sympathie avec la chair vivante.... — Je ne pouvais
« point dompter et plier ma nature, car celui-là — doit
« servir qui veut commander; il doit caresser, sup-
« plier, — épier tous les moments, s'insinuer dans
« toutes les places, — être un mensonge vivant,
« s'il veut devenir — une créature puissante parmi
« les viles, — et telle est la foule ; je dédaignais de
« me mêler dans un troupeau, — troupeau de loups,
« même pour les conduire[1].... — Ma joie était dans
« la solitude, pour respirer — l'air difficile de la cime
« glacée des montagnes, — où les oiseaux n'osent
« point bâtir, où l'aile des insectes — ne vient point
« effleurer le granit sans herbe, pour me plonger —
« dans le torrent et m'y rouler — dans le rapide tour-
« billon des vagues entre-choquées, — pour suivre à
« travers la nuit la lune mouvante, — les étoiles et
« leur marche, pour saisir — les éclairs éblouissants
« jusqu'à ce que mes yeux devinssent troubles, — ou
« pour regarder, l'oreille attentive, les feuilles dis-
« persées, — lorsque les vents d'automne chantaient

1. From my youth upwards
My spirit walk'd not with the souls of men,
Nor look'd upon the earth with human eyes;
The thirst of their ambition was not mine;
The aim of their existence was not mine;
My joys, my griefs, my passions, and my powers,
Made me a stranger; though I wore the form,
I had not sympathy with breathing flesh....
. . . .
I could not tame my nature down; for he
Must serve who fain would sway — and soothe — and sue —
And watch all time — and pry into all place —
And be a living lie — who would become
A mighty thing upon the mean, and such
The mass are; I disdain'd to mingle with
A herd, though to be leader — and of wolves....

« leur chanson du soir. — C'étaient là mes passe-
« temps, et surtout d'être seul ; — car si les créatures
« de l'espèce dont j'étais, — avec dégoût d'en être, me
« croisaient dans mon sentier, — je me sentais dé-
« gradé et retombé jusqu'à elles, et je n'étais plus
« qu'argile[1]. » Il vit seul, et il ne peut pas vivre seul.
La profonde source de l'amour, exclue de ses issues
naturelles, déborde alors et dévaste le cœur qui n'a
pas voulu s'épancher. Il a aimé, trop aimé, trop près
de lui, sa sœur peut-être ; elle en est morte, et le
remords impuissant est venu remplir cette âme que
nulle occupation humaine n'avait pu combler. « Ma
« solitude n'est plus une solitude ; — elle s'est peuplée
« de furies. J'ai grincé mes dents — dans les ténèbres
« jusqu'au retour de l'aube ; — puis, jusqu'au soleil
« couchant, je me suis maudit. J'ai demandé — la
« folie comme un bienfait ; elle m'est refusée. — J'ai
« affronté la mort ; mais dans la guerre des éléments
« — les eaux se sont écartées de moi, — et les choses
« mortelles ont passé près de moi sans me faire mal.

---

1. .... My joy was in the wilderness, to breathe
  The difficult air of the iced mountain's top,
  Where the birds dare not build, nor insect's wing
  Flit o'er the herbless granite; or to plunge
  Into the torrent, and to roll along
  On the swift whirl of the new breaking wave....
  .... To follow through the night the moving moon,
  The stars and their development; or catch
  The dazzling lightnings till eyes grew dim;
  Or to look, list'ning, on the scatter'd leaves,
  While Autumn winds were at their evening song,
  These were my pastimes, and to be alone;
  For if the beings, of whom I was one,
  Hating to be so, — cross'd me in my path,
  I felt myself degraded back to them,
  And was all clay again....

« La froide main — d'un démon impitoyable m'a re-
« tenu — par un seul cheveu, qui n'a pas voulu se
« briser. — Dans la fantaisie, dans l'imagination, dans
« toutes — les opulences de mon âme, j'ai plongé
« jusqu'au fond; — mais, comme une vague refluante,
« elle m'a rejeté — dans le gouffre de ma pensée sans
« fond. — J'habite dans mon désespoir, — et j'y vis, j'y
« vis pour toujours[1]. » Qu'il la voie encore une fois,
c'est vers cet unique et tout-puissant désir qu'affluent
toutes les puissances de son âme. Il l'évoque au milieu
des démons; elle paraît, mais ne répond pas. Il la
supplie, avec quels cris, quels douloureux cris d'angoisse profonde! Comme il l'aime! De quel élan et de
quel effort toutes ses tendresses refoulées et écrasées
bouillonnent et s'échappent à l'aspect de ces yeux
bien-aimés qu'il revoit pour la dernière fois! Avec
quel entraînement ses bras convulsifs se tendent vers
cette forme frêle qui, frissonnant, sort de la tombe,
vers ces joues où le sang rappelé par contrainte pose
une rougeur maladive « comme celle que l'automne

---

1. .... My solitude is solitude no more,
But peopled with the Furies : — I have gnash'd
My teeth in darkness till returning morn,
Then cursed myself till sunset; I have pray'd
For madness as a blessing —'tis denied me.
I have affronted death — but in the war
Of elements the waters shrunk from me,
And fatal things pass'd harmless — the cold hand
Of an all-pitiless demon held me back,
Back by a single hair, which would not break.
In fantasy, imagination, all
The affluence of my soul — I plunged deep
But like an ebbing wave, it dash'd me back
Into the gulf of my unfathom'd thought
.... I dwell in my despair
And live, and live for ever.

« met sur les feuilles mourantes[1] ! » — « Écoute-moi !
« écoute-moi ! — Astarté, ma bien-aimée, parle-moi !
« — J'ai tant enduré, j'ai tant à endurer encore ! —
« Regarde-moi, ce tombeau ne t'a pas changée — plus
« que je suis changé pour toi. Tu m'aimais trop —
« comme je t'ai trop aimée. Nous n'étions point faits
« — pour nous torturer l'un l'autre, quand c'eût été
« — le plus mortel péché de nous aimer comme nous
« nous sommes aimés. — Dis que tu n'as point horreur
« de moi, que je subis — cette punition pour nous
« deux, que tu seras — un des esprits bienheureux, et
« que je mourrai ; — car jusqu'ici toutes les choses
« odieuses conspirent — pour me lier à la vie, à une
« vie — qui me fait reculer en frémissant devant
« l'immortalité, — devant un avenir pareil au
« passé. Je n'ai plus de repos, — je ne sais pas
« ce que je demande, ni ce que je cherche. — Je
« sens seulement ce que tu es et ce que je suis. —
« Et pourtant je voudrais une fois encore, avant de
« périr, — entendre la musique de ta voix. Parle-moi,
« — car je t'ai appelée dans la nuit silencieuse, —
« j'ai effrayé les oiseaux endormis dans les rameaux
« muets, — j'ai éveillé les loups des montagnes et
« rendu — ton nom familier aux échos des caver-
« nes, — qui me répondaient ; bien des choses m'ont
« répondu, — esprits et hommes ; mais tu as toujours
« été muette. — Parle-moi ; j'ai erré sur la terre, —

1. There's bloom upon her cheek ;
But now I see it is not living hue,
But a strange hectic — like the unnatural red
Which Autumn plants upon the perish'd leaf.

« et je n'ai jamais trouvé ta ressemblance. Parle-moi ;
« — regarde les démons autour de nous ; ils se sen-
« tent un cœur pour moi. — Je ne les crains pas, je
« ne sens mon cœur que pour toi seule. — Parle-moi,
« quand ce serait avec courroux. Dis un mot, — n'im-
« porte lequel. Seulement que je t'entende encore une
« fois, — encore cette fois, encore une fois[1] ! » Elle
parle, quelle triste et douteuse réponse ! et des convulsions courent sur les membres de Manfred, lorsqu'elle disparaît ; mais un instant après, les esprits

1. .... Hear me, hear me —
Astarte ! my beloved ! speak to me :
I have so much endured — so much endure —
Look on me ! the grave hath not changed thee more
Than I am changed for thee. Thou lovedst me
Too much, as I loved thee : we were not made
To torture thus each other, though it were
The deadliest sin to love as we have loved.
Say that thou loath'st me not, that I do bear
This punishment for both — that thou wilt be
One of the blessed — and that I shall die.
For hitherto all hateful things conspire
To bind me in existence — in a life
Which makes me shrink from immortality —
A future like the past. I cannot rest.
I know not what I ask, nor what I seek :
I feel but what thou art, and what I am ;
And I would hear yet once before I perish
The voice which was my music — Speak to me !
For I have call'd on thee in the still night,
Startled the slumbering birds from the hush'd boughs
And woke the mountain wolves, and made the caves
Acquainted with thy vainly echoed name,
Which answer'd me — many things answer'd me —
Spirits and men — but thou wert silent all.
.... Speak to me ! I have wander'd o'er the earth,
And never found thy likeness — speak to me !
Look on the fiends around, they feel for me :
I fear them not, and feel for thee alone —
Speak to me ! though it be in wrath ; but say —
I reck not what — but let me hear thee once —
This once — once more

voient qu'il « se dompte et fait de sa torture l'esclave
« de sa volonté. » — « S'il eût été l'un de nous, il eût
« été un esprit redoutable[1]. » La volonté, voilà dans
cette âme la base inébranlable. Il n'a point plié devant
le souverain des esprits, il est resté debout et calme
en face du trône infernal, sous le déchaînement de
tous les démons qui voulaient le déchirer; maintenant qu'il meurt et qu'ils l'assaillent, il lutte et triomphe
encore; tout « râlant qu'il est, les lèvres blanches, »
il reste « debout dans sa force, » les brave et les chasse.
« Tu n'as point de pouvoir sur moi, je le sens. — Tu
« ne me posséderas jamais, je le sais. — Ce que j'ai
« fait est fait; je porte au dedans de moi — une torture
« à laquelle la tienne ne pourrait rien ajouter. —
« L'âme, qui est immortelle, se donne à elle-même —
« la récompense ou le châtiment de ses bonnes ou de
« ses mauvaises pensées. — Elle est à elle-même le
« commencement et la fin de son propre mal. — Elle
« est à elle-même son lieu et son temps. Son être intime, — quand elle est dépouillée de cette mortalité,
« n'emprunte point — sa couleur aux choses fugitives
« du dehors, — mais demeure absorbé dans une souf-
« france ou dans une joie — qui vient de la conscience
« de ses propres mérites. — Tu ne m'as point tenté,
« ce n'est point toi qui aurais pu me tenter. — Je n'ai
« point été ta dupe, et je ne suis point ta proie. — J'ai
« été mon propre destructeur, et je le serai encore —

---

1. .... Yet see, he mastereth himself, and makes
His torture tributary to his will.
Had he been one of us, he would have made
An awful spirit.

« dans la vie qui s'approche. Arrière, démons trompés!
« — La main de la mort est sur moi, mais point la
« vôtre [1].... » Le moi, l'invincible moi, qui se suffit à
lui-même, sur qui rien n'a prise, ni démons, ni hommes, seul auteur de son bien et de son mal, sorte de
dieu souffrant et tombé, mais toujours dieu sous ses
haillons de chair, à travers la fange et les froissements
de toutes ses destinées, voilà le héros et l'œuvre de
cet esprit et des hommes de sa race. Si Goëthe a
été le poëte de l'*univers*, Byron a été le poëte de la
personne, et si le génie allemand dans l'un a trouvé
son interprète, le génie anglais dans l'autre a trouvé
le sien.

V

On devine bien que les Anglais se récriaient, et
reniaient le monstre. Southey, poëte lauréat, disait
de lui, en beau style biblique, qu'il tenait de Moloch

1. .... Thou hast no power upon me, that I feel;
   Thou never shalt possess me, that I know :
   What I have done is done; I bear within
   A torture which could nothing gain from thine :
   The mind which is immortal makes itself
   Requital for its good or evil thoughts —
   Is its own origin of ill and end —
   And its own place and time ; — its innate sense,
   When stripp'd of this mortality, derives
   No colour from the fleeting things without;
   But is absorb'd in sufferance or in joy,
   Born from the knowledge of its own desert.
   Thou didst not tempt me, and thou couldst not tempt me.
   I have not been thy dupe, nor am thy prey —
   But was my own destroyer, and will be
   My own hereafter. — Back, ye baffled fiends!
   The hand of death is on me — but not yours!

et de Belial, mais surtout de Satan, et avec une générosité de confrère, réclamait contre lui l'attention du gouvernement. Le papier ne suffirait pas, s'il fallait transcrire les injures des *revues* décentes « contre ces hommes (entendez cet homme) au cœur « gâté, à l'imagination dépravée, qui, se forgeant « un système d'opinions accommodées à leur triste « conduite, se sont révoltés contre les plus saintes « ordonnances de la société humaine, et qui, haïssant « cette religion révélée dont avec tous leurs efforts « et toutes leurs bravades ils ne peuvent entièrement « déraciner en eux la croyance, travaillent à rendre « les autres aussi misérables qu'eux-mêmes en les « infectant d'un poison moral qui les rongera jus- « qu'au cœur. » Emphase de mandement et pédanterie de cuistre : dans ce pays, la presse fait l'office de gendarme, et jamais elle ne l'y a fait plus violemment qu'alors. L'opinion aidait la presse. Plusieurs fois en Italie lord Byron vit des *gentlemen* sortir d'un salon avec leurs femmes lorsqu'on l'annonçait. A titre de grand seigneur et d'homme célèbre, le scandale qu'il donnait criait plus haut que tout autre : il était *a public sinner*; un jour un ecclésiastique obscur lui envoya une prière qu'il avait trouvée dans les papiers de sa femme, charmante et pieuse personne, morte récemment, et qui en secret avait demandé à Dieu la conversion du grand pécheur. L'Angleterre conservatrice et protestante, après un quart de siècle de guerres morales et deux siècles d'éducation morale, avait poussé à bout sa sévérité et son rigorisme, et l'intolérance puritaine, comme jadis en Espagne l'intolérance catholique, mettait les dissidents hors la loi. La proscription de la vie voluptueuse ou abandonnée, l'observation étroite de la règle et de la décence, le respect de toutes les polices divines ou humaines, les révérences obligées au seul nom de Pitt, du roi, de l'Église et du dieu biblique, l'attitude du *gentleman* en cravate blanche, officiel, inflexible, implacable, voilà les mœurs qu'on trouvait alors au delà de la Manche, cent fois plus tyranniques qu'aujourd'hui; c'est à ce moment, selon Stendhal, qu'un pair, seul au coin de son feu, n'osait croiser ses jambes, par crainte d'être *improper*. L'Angleterre se tenait roide, désagréablement lacée dans son corset de bienséances. De là deux misères : on souffre, et l'on est tenté, quand on est sûr du secret, de jeter bas la vilaine machine étouffante. D'un côté la contrainte, de l'autre l'hypocrisie, voilà les deux vices de la civilisation anglaise, et c'est à eux que Byron, avec sa clairvoyance de poëte et ses instincts de combattant, s'est attaqué.

Dès l'abord, il les avait vus; les vrais artistes sont perspicaces; c'est en cela qu'ils nous surpassent; nous jugeons d'après des ouï-dire et des phrases toutes faites, en badauds; ils jugent d'après les faits et les choses, en originaux : à vingt-deux ans il avait vu l'ennui né de la contrainte désoler toute la *high life*. « Là se tient debout la noble hôtesse,
« qui restera sur ses jambes — même à la trois-
« millième révérence. — Les ducs royaux, les dames

« grimpent l'escalier encombré, et à chaque fois
« avancent d'un pouce[1]. » — « Il faut aller voir à la
« campagne, écrivait-il, ce que les journaux appellent
« une compagnie choisie d'hôtes de distinction, no-
« tamment les *gentlemen* après dîner, les jours de
« chasse, et la soirée qui suit, et les femmes qui ont
« l'air d'avoir chassé, ou plutôt d'avoir été chassées...
« Je me rappelle un dîner à la ville chez lord C.....,
« composé de gens peu nombreux, mais choisis
« entre les plus amusants. Le dessert était à peine
« sur la table, que sur douze personnes j'en comptai
« cinq endormies. » Pour les mœurs, du moins dans
la haute classe, il ajoutait : « Passé la soirée dans ma
« loge à Covent Garden.... Partout autour de moi les
« plus distinguées des jeunes et des vieilles coquines
« de qualité.... C'est comme si la salle eût été par-
« tagée entre les courtisanes publiques et les autres ;
« mais les intrigantes dépassaient de beaucoup en
« nombre les mercenaires.... Là, quelle différence y
« a-t-il entre Pauline et sa maman, et lady.... et sa
« fille, si ce n'est que les deux dernières peuvent
« aller chez le roi et partout ailleurs, et que les deux
« premières sont réduites à l'Opéra et aux maisons
« de filles? Quel plaisir j'ai à observer la vie telle

---

1. *Don Juan.*

>There stands the noble hostess, nor shall sink
>With the three thousandth curtsy;
>.... Saloon, room, hall, o'erflow beyond their brink,
>And long the latest of arrivals halts,
>'Midst royal dukes and dames condemn'd to climb,
>And gain an inch of staircase at a time....

« qu'elle est réellement[1]!... » Du décorum et de la débauche ; des tartufes de mœurs,

<blockquote>Qui mettent leurs vertus en mettant leurs gants blancs[2];</blockquote>

une oligarchie qui, pour garder ses dignités et ses sinécures, déchire l'Europe, dévore l'Irlande et ameute le peuple avec les grands mots de vertu, de christianisme et de liberté : il y avait des vérités sous ces invectives[3]. C'est depuis trente ans seulement que l'ascendant de la classe moyenne a diminué les priviléges et la corruption des grands ; mais à ce moment on pouvait leur jeter de rudes paroles à la tête. « La pudeur, disait Byron en prenant les mots de
« Voltaire, s'est enfuie des cœurs et s'est réfugiée sur
« les lèvres.... Plus les mœurs sont dépravées, plus
« les expressions sont mesurées ; on croit regagner
« en langage ce que l'on a perdu en vertu.... Voilà
« la vérité, la vérité sur la masse hypocrite et dégradée
« qui infeste la présente génération anglaise ; c'est
« la seule réponse qu'ils méritent.... Le *cant* est le
« péché criant dans ce siècle menteur et double

---

1. It was as if the house had been divided between your public and understood courtesans. But the intriguantes much outnumbered the regular mercenaries. Now where lay the difference between Pauline and her mamma, and Lady.... and daughter? Except that the two last may enter Carleton and any other house and the two first are limited to the Opera and b — house. How I delight in observing life as it really is — and myself after all the worst of any!

2. Alfred de Musset.

3. Voyez son terrible poëme bouffon *The Vision of judgment* contre Southey, George IV, et la parade officielle.

« d'égoïstes déprédateurs. » Et là-dessus il écrivit son chef-d'œuvre, *Don Juan*[1].

Tout y était nouveau, forme et fond ; c'est qu'il était entré dans un nouveau monde ; l'Anglais, homme du Nord transplanté parmi les mœurs du Midi et dans la vie italienne, s'était imbibé d'une nouvelle sève qui lui faisait porter de nouveaux fruits. On lui avait fait lire[2] les satires très-lestes de Buratti, et même les sonnets plus que voluptueux de Baffo. Il vivait dans l'heureuse société de Venise, encore exempte de colères politiques, où le souci paraissait une sottise, où l'on traitait la vie comme un carnaval, où le plaisir courait les rues, non pas timide et hypocrite, mais déshabillé et approuvé. Il s'y était amusé fougueusement d'abord, plus qu'assez et même plus que trop, presque jusqu'à s'y détruire ; puis après des galanteries vulgaires, ayant rencontré un amour véritable, il était devenu cavalier servant, à la mode du pays, du consentement de la famille, offrant le bras, portant le châle, un peu maladroitement d'abord et avec étonnement, mais en somme plus heureux qu'il n'avait jamais été, et caressé comme par un souffle tiède de volupté et d'abandon. Il y avait vu le renversement de toute la morale anglaise, l'infidélité conjugale érigée en règle, et la fidélité amoureuse érigée en devoir. « Impossible,
« écrivait-il, de convaincre une femme ici qu'elle
« manque le moins du monde au devoir et aux con-

---

[1]. Don Juan is a satire on the abuses in the present state of society, and not an eulogy of vice.
[2]. Stendhal, *Mémoires sur lord Byron*.

« venances en prenant un *amoroso*.... L'amour (le
« sentiment de l'amour) non-seulement excuse la
« chose, mais en fait une *vertu positive*[1], pourvu qu'il
« soit désintéressé et pas un caprice, et qu'il se borne
« à une seule personne. » Un peu plus tard, il traduisait le *Morgante Maggiore* de Pulci pour montrer « ce
« qui était permis aux ecclésiastiques en matière de
« religion dans un pays catholique et dans un âge
« bigot, » et pour imposer silence « aux arlequins
« d'Angleterre qui l'accusaient d'attaquer la liturgie. »
Il jouissait de cette liberté et de cette aise, et comptait bien ne jamais retomber sous l'inquisition pédantesque qui dans son pays l'avait condamné et damné
sans rémission. Il écrivait son *Beppo* en improvisateur,
avec un laisser-aller charmant, avec une belle humeur ondoyante, fantasque, et y opposait l'insouciance
et le bonheur de l'Italie aux préoccupations et à la
laideur de l'Angleterre. « J'aime à voir le soleil se
« coucher, sûr qu'il se lèvera demain, — non pas
« débile et clignotant dans le brouillard, — comme
« l'œil mort d'un ivrogne qui geint, — mais avec tout
« le ciel pour lui seul, sans que le jour soit forcé
« d'emprunter — sa lumière à ces lampions d'un
« sou qui se mettent à trembloter — quand Londres
« l'enfumée fait bouilloter son chaudron trouble [2]. »

Moore's *Life of lord Byron*, III, 113.

2. .... I like to see the sun set, sure he'll rise to morrow,
Not through a misty morning twinkling weak as
A drunken man's dead eye in maudlin sorrow,
But with all heaven t' himself; that day will break as
Beauteous as cloudles, nor be forced to borrow

— « J'aime leur langue, ce doux latin bâtard — qui se
« fond comme des baisers sur une bouche de femme,
« — qui glisse comme si on devait l'écrire sur du
« satin — avec des syllabes qui respirent la douceur
« du Midi, — avec des voyelles caressantes qui coulent
« et se fondent si bien ensemble, — que pas un seul
« accent n'y semble rude, — comme nos âpres gut-
« turales du Nord, aigres et grognantes, — que nous
« sommes obligés de cracher avec des sifflements et
« des hoquets[1]. » — « J'aime aussi les femmes (par-
« donnez ma folie), — depuis la riche joue de la
« paysanne d'un rouge bronzé — et ses grands yeux
« noirs avec leur volée d'éclairs — qui vous disent
« mille choses en une fois, — jusqu'au front de la
« noble dame, plus mélancolique, — mais calme,
« avec un regard limpide et puissant, — son cœur
« sur les lèvres, son âme dans les yeux, — douce
« comme son climat, rayonnante comme son ciel[2]. »

> That sort of farthing candlelight which glimmers
> Where reeking London's smoky caldron simmers.

1. .... I love the language, that soft bastard latin,
   Which melts like kisses from a female mouth,
   Which sounds as if it should be writ on satin,
   With syllables which breathe of the sweet south,
   And gentle liquids gliding all so pat in,
   That not a single accent seems uncouth,
   Like our harsh northern whistling, grunting guttural,
   Which we're obliged to hiss, and spit, and sputter all.

2. I like the women too (forgive my folly),
   From the rich peasant cheek of ruddy bronze,
   And large black eyes that flash on you a volley
   Of rays that say a thousand things at once,
   To the high dama's brow, more melancholy
   But clear, and with a wild and liquid glance,
   Heart on her lips, and soul within her eyes,
   Soft as her clime, and sunny as her skies.

Avec d'autres mœurs, il y avait là une autre morale; il y en a une pour chaque siècle, chaque race et chaque ciel; j'entends par là que le modèle idéal varie avec les circonstances qui le façonnent. En Angleterre, la dureté du climat, l'énergie militante de la race et la liberté des institutions prescrivent la vie active, les mœurs sévères, la religion puritaine, le mariage correct, le sentiment du devoir et l'empire de soi. En Italie, la beauté du climat, le sens inné du beau et le despotisme du gouvernement suggéraient la vie oisive, les mœurs relâchées, la religion imaginative, le culte des arts et la recherche du bonheur. Chacun des deux modèles a sa beauté et ses taches, l'artiste épicurien comme le politique moraliste[1]; chacun des deux montre par ses grandeurs les petitesses de l'autre, et, pour mettre en relief les travers du second, lord Byron n'avait qu'à mettre en relief les séductions du premier.

Là-dessus il se met en quête d'un héros, et n'en trouve pas, ce qui, dans ce siècle peuplé de héros, est « bien étrange. » Faute de mieux il prend « notre « vieil ami don Juan, » choix scandaleux : quels cris vont pousser les moralistes d'Angleterre! Mais le comble de l'horreur, c'est que ce don Juan n'est point méchant, égoïste, odieux, comme ses confrères. Il ne séduit pas, ce n'est pas un corrupteur; l'occasion venue, il se laisse aller; il a du cœur et des sens, et sous un beau soleil tout cela s'émeut; à seize ans, on

---

1. Voyez Stendhal, *Vie de Giacomo Rossini*, et Stanley, *Vie de Thomas Arnold*. Le contraste est complet. Voyez aussi dans *Corinne* cette opposition très-bien saisie.

n'y peut mais, à vingt non plus, ni peut-être à trente. Prenez-vous-en à la nature humaine, mes chers moralistes ; ce n'est pas moi qui l'ai faite ainsi ; si vous voulez gronder, adressez-vous plus haut ; nous sommes ici peintres, et non pas fabricants de marionnettes humaines, et nous ne répondons pas de la structure de nos pantins. Voilà donc notre Juan qui se promène ; il se promène en beaucoup d'endroits, et dans tous ces endroits il est jeune ; nous ne le foudroierons point pour cela, la mode en est passée ; les diables verts et leurs cabrioles ne sont plus de mise qu'au cinquième acte de Mozart. Et d'ailleurs Juan est si aimable! Après tout, qu'a-t-il fait que les autres ne fassent? S'il a été l'amant de Catherine II, c'est à l'exemple du corps diplomatique et de toute l'armée russe. Laissez-le semer sa folle avoine, le bon grain viendra à son tour. Une fois arrivé en Angleterre, il aura de la tenue : j'avoue que sur provocation il pourra bien encore par-ci par-là picorer dans les jardins conjugaux de l'aristocratie ; mais à la fin il se rangera, il ira au Parlement prononcer des discours moraux, il deviendra membre de l'association pour la répression du vice. Si vous voulez absolument qu'on le punisse, nous lui ferons faire un mariage malheureux : l'enfer de l'auteur espagnol « n'en est probable-« ment que l'allégorie. » En tout cas, marié ou damné, les honnêtes gens auront à la fin de la pièce le plaisir de savoir qu'il cuit tout vif[1].

---

1. Journal, février 1821.

Singulière apologie, n'est-ce pas? et qui ne fait qu'aggraver la faute? Attendez, vous ne connaissez pas encore tout le venin du livre : à côté de Juan, il y a dona Julia, Haydée, Gulbeyaz, Dudu, et le reste. C'est ici que le diabolique poëte enfonce sa griffe la plus aiguë, et c'est dans nos faibles qu'il a soin de l'enfoncer. Que vont dire les *clergymen* et les *reviewers* en cravate blanche? Car enfin, il n'y a point moyen de s'en défendre, il faut bien lire, malgré qu'on en ait. Deux ou trois fois de suite on voit ici le *bonheur* et quand je dis le bonheur, c'est bien le bonheur profond et entier, non pas la simple volupté, non pas la gaieté grivoise; nous sommes à cent lieues ici des jolies polissonneries de Dorat et des appétits débridés de Rochester. La beauté est venue, la beauté méridionale, éclatante et harmonieuse, épanchée sur toutes choses, sur le ciel lumineux, sur les paysages calmes, sur la nudité des corps, sur la naïveté des cœurs. Y a-t-il une chose qu'elle ne divinise? Tous les sentiments s'exaltent sous sa main. Ce qui était grossier devient noble; même dans cette aventure nocturne du sérail qui semble digne de Faublas, la poésie embellit la licence. Les jeunes filles reposent dans le large appartement silencieux, comme de précieuses fleurs apportées de tous les climats dans une serre. « L'une a posé sa « joue empourprée sur son bras blanc, — et ses bou-« cles noires font sur ses tempes une grappe sombre. « — Elle rêve ainsi dans sa langueur molle et tiède. « — L'autre, avec ses tresses cendrées qui se dé-« nouent, laisse pencher doucement sa belle tête, —

« comme un fruit qui vacille sur sa tige, — et som-
« meille, avec un souffle faible, — ses lèvres entr'ou-
« vertes, montrant un rang de perles. — Une autre,
« comme du marbre, aussi calme qu'une statue, —
« — muette, sans haleine, gît dans un sommeil de
« pierre, — blanche, froide et pure, et semble une
« figure sculptée sur un monument[1]. » Cependant
les lampes alanguies n'ont plus qu'une clarté bleuâtre ;
Dudu s'est couchée, l'innocente, et si elle a jeté un
regard dans son miroir, « c'est comme la biche qui a
« vu dans le lac — passer fugitivement son ombre
« craintive. — Elle sursaute d'abord et s'écarte, puis
« coule un second regard — admirant cette nouvelle
« fille de l'abîme[2]. » Que va devenir ici la pruderie
puritaine? Est-ce que les convenances peuvent empêcher la beauté d'être belle? Est-ce que vous condam-
nerez un Titien, parce qu'il est nu? Qui est-ce qui
donne un prix à la vie humaine et une noblesse à la
nature humaine, sinon le pouvoir d'atteindre aux
émotions délicieuses et sublimes? Vous venez d'en

---

1. She with her flush'd cheek laid on her white arm,
And raven ringlets gather'd in dark crowd
Above her brow, lay dreaming soft and warm;
.... One with her auburn tresses slightly bound,
And fair brows gently drooping, as the fruit
Nods from the tree, was slumbering with soft breath,
And lips apart, which show'd the pearls beneath.
.... A fourth as marble, statue-like and still,
Lay in a breathless, hush'd, and stony sleep;
White, cold and pure......................
.... a carved lady on a monument.

2. .... It was like the fawn which, in the lake display'd,
Beholds her own shy, shadowy image pass,
When first she starts, and then returns to peep,
Admiring this new native of the deep.

avoir une, et digne d'un peintre; est-ce qu'elle ne vaut pas celle d'un *alderman?* Refuserez-vous de reconnaître le divin, parce qu'il apparaît dans l'art et la jouissance, et non pas seulement dans la conscience et l'action? Il y a un monde à côté du vôtre, comme il y a une civilisation à côté de la vôtre; vos règles sont étroites et votre pédanterie tyrannique; la plante humaine peut se développer autrement que dans vos compartiments et sous vos neiges, et les fruits qu'alors elle portera n'en seront pas moins précieux. Vous le voyez bien, puisque vous y goûtez quand on vous les offre. Qui a lu les amours d'Haydée, et a eu d'autre pensée que de l'envier et de la plaindre? C'est une enfant sauvage qui a recueilli Juan, un autre enfant jeté évanoui par le flot sur la grève. Elle l'a préservé, elle l'a soigné comme une mère, et maintenant elle l'aime : qui est-ce qui peut la blâmer de l'aimer? Qui est-ce qui peut, en présence de la magnifique nature qui leur sourit et les accueille, imaginer pour eux autre chose que la sensation toute-puissante qui les unit? « C'était une côte dé-
« serte et battue de vagues brisées, — avec des falaises,
« au-dessus et une large plage de sable, — gardée par
« des bancs et des rocs comme par une armée. —
« Toujours y grondait la voix rauque des vagues hau-
« taines, — sauf pendant les longs jours dormants de
« l'été, — qui faisaient briller comme un lac l'Océan
« allongé dans sa couche. — Tout était silence, sauf
« le cri de la mouette, et le saut du dauphin et le
« bruissement d'une petite vague — qui, heurtée par

« quelque roc ou bas-fond, s'irritait contre la barrière
« qu'elle mouillait à peine. — Ils erraient tous les
« deux, et la main dans la main, — sur les cailloux
« luisants et les coquillages. — Ils glissaient le long
« du sable uni et durci. — Et dans les vieilles ca-
« vernes sauvages — creusées par les tempêtes, et
« pourtant creusées comme à dessein — en hautes
« salles profondes, en dômes ardoisés, en grottes, —
« — ils s'arrêtèrent pour se reposer, et, chacun en-
« laçant l'autre dans son bras, — ils s'abandonnèrent
« à la douceur profonde du crépuscule empourpré.
« — ils regardaient au-dessus d'eux le ciel, dont la
« lumière flottante — s'étendait comme un Océan rosé,
« brillant et vaste. — Ils regardaient au-dessous d'eux
« la mer luisante, — d'où la large lune se levait, for-
« mant son cercle. — Ils entendaient le clapottement de
« la vague et le bruissement si bas du vent. Ils virent
« leurs yeux noirs darder une flamme — chacun dans
« ceux de l'autre, et voyant cela, — leurs lèvres se
« rapprochèrent et se collèrent en un baiser[1].... —

1. .... It was a wild and breaker beaten coast,
With cliffs above, and a broad sandy shore,
Guarded by shoals and rocks as by a host;
And rarely ceased the haughty billow's roar,
Save on the dead long summer days, wich make
The outstretch'd Ocean glitter like a lake....

And all was stillness, save the sea bird's cry,
And dolphin's leap, and little billow crost
By some low rock or shelve, that made it fret
Against the boundary it scarcely wet.

.... And thus they wander'd forth, and, hand in hand,
Over the shining pebbles and the shells,
Glided along the smooth and hardened sand;
And in the worn and wild receptacles
Work'd by the storms, yet work'd as it were plann'd,

« Ils étaient seuls, mais non point seuls comme ceux
« — qui renfermés dans une chambre prennent cela
« pour la solitude. — L'Océan silencieux, la baie sous
« le ciel plein d'étoiles, — la rougeur du crépuscule
« qui de moment en moment baissait, — les sables
« sans voix, les cavernes où l'on entendait l'eau tom-
« ber goutte à goutte, — tout autour d'eux resserrait
« leurs bras entrelacés, — comme s'il n'y eût point
« de vie sous le ciel — hors la leur, et comme si cette
« vie n'eût pu jamais mourir [1]. » Excellent moment,
n'est-ce pas, pour apporter ici vos formulaires et vos
catéchismes ! Haydée « ne parle point de scrupules,
« ne demande point de promesses. » Elle ne sait rien,
elle ne craint rien. « Elle vole vers son jeune ami
« comme un jeune oiseau [2]. » C'est la nature qui sou-

> In hollow halls, with sparry roofs and cells
> They turn'd to rest; and each clasp'd by an arm,
> Yielded to the deep twilight's purple charm.
>
> They look'd up to the sky whose floating glow
> Spread like a rosy Ocean, vast and bright;
> They gazed upon the glittering sea below,
> Whence the broad moon rose circling into sight:
> They heard the wave's splash, and the wind so low;
> And saw each other's dark eyes darting light
> Into each other — and beholding this,
> Their lips drew near, and clung into a kiss.
>
> .... They were alone, but not alone as they
> Who shut in chambers think it loneliness;
> The silent Ocean, and the starlight bay
> The twilight glow, which momently grew less,
> The voiceless sands, and drooping caves, that lay
> Around them, made them to each other press,
> As if there were no life beneath the sky
> Save theirs, and that their life could never die.
>
> 2. .... Haydée spoke not of scruples, ask'd no vows,
> Nor offered any....
> She was all which pure ignorance allows,
> And flew to her young mate like a young bird....

dainement se déploie, parce qu'elle est mûre, comme un bouton qui s'étale en fleur, la nature tout entière, instinct et cœur. « Hélas! ils étaient si jeunes, si « beaux, — si seuls, si aimants, si livrés à eux-« mêmes, et l'heure — était celle où le cœur est tou-« jours plein — et, n'ayant plus sur soi de pouvoir, « — suggère des actions que l'éternité ne peut dé-« faire[1]! » Admirables moralistes, vous êtes devant ces deux fleurs, en jardiniers patentés, tenant en main le modèle de floraison visé par votre société d'horticulture, prouvant que le modèle n'a point été suivi, et décidant que les deux mauvaises herbes doivent être jetées dans « le feu » que vous entretenez pour brûler les pousses irrégulières. C'est bien jugé, et vous savez votre art.

Par delà le *cant* britannique, il y a l'hypocrisie universelle; par delà la pédanterie anglaise, Byron fait la guerre à la coquinerie humaine. C'est ici le sens vrai du poëme, et c'est à cela qu'aboutissent ce caractère et ce génie. Chez lui, les grands rêves lugubres de l'imagination juvénile se sont évanouis; l'expérience est venue; il connaît l'homme à présent, et qu'est-ce que l'homme une fois connu? Est-ce en lui que le sublime abonde? Croyez-vous que les grands sentiments, ceux de Childe Harold par exemple, soient la trame ordinaire de sa vie[2]? La vérité est qu'il emploie

---

1. Alas! They were so young, so beautiful,
 So lonely, loving, helpless, and the hour
 Was that in' which the heart is always full,
 And, having o'er itself no further power,
 Prompts deeds eternity cannot annul....

2. « Il y a dix fois plus de vérité, disait Byron, dans *Don Juan*

le meilleur de son temps à dormir, à dîner, à bâiller, à travailler comme un cheval, et à s'amuser comme un singe. Selon Byron, c'est un animal; sauf quelques minutes singulières, ses nerfs, son sang, ses instincts le mènent. La routine vient s'appliquer par-dessus, la nécessité fouette, et la bête avance. Comme la bête est orgueilleuse et de plus imaginative, elle prétend qu'elle marche de son propre gré, qu'il n'y a pas de fouet, qu'en tout cas ce fouet touche rarement sur les côtes, que du moins son échine stoïcienne peut faire comme si elle ne le sentait pas. Elle s'enharnache en imagination de caparaçons magnifiques, et se prélasse ainsi à pas mesurés, croyant porter des reliques et fouler des tapis et des fleurs, tandis qu'en somme elle piétine dans la boue et emporte avec soi les taches et l'odeur de tous les fumiers. Quel passe-temps que de palper son dos pelé, de lui mettre sous les yeux les sacs de farine qui la chargent et l'aiguillon qui la fait marcher[1]! La bonne comédie! C'est la comédie éternelle, et il n'y a pas un sentiment qui ne lui fournisse un acte : l'amour d'abord. Certainement dona Julia est bien aimable et Byron l'aime; mais elle sort de ses mains aussi chiffonnée qu'une autre. Elle a de la vertu, cela va sans dire; bien mieux elle veut en avoir. Elle se fait à propos de don Juan des raisonnements très-

que dans *Childe Harold*. C'est pour cela que les femmes n'aiment pas *Don Juan*. »

1.   I hope it is no crime
To laugh at *all* things. For I wish to know
What, after *all*, are *all* things — but a *show* ?
(Ch. vii, stance 2.)

beaux : la belle chose que les raisonnements, et comme ils sont propres à brider la passion ! Rien de plus solide qu'un ferme propos étayé de logique, appuyé sur la crainte du monde, sur la pensée de Dieu, sur le souvenir du devoir ; rien ne prévaudra contre lui, excepté un tête-à-tête en juin, à six heures et demie du soir. Enfin la chose est faite, et la pauvre femme timide est surprise par son mari outragé, dans quelle situation ! Là-dessus lisez le livre. Sûrement elle va se taire, honteuse et pleurante, et le lecteur moraliste ne manque pas de compter sur ses remords. Mon cher lecteur, vous n'avez point compté sur l'instinct et les nerfs. Demain elle sera pudique ; à présent il s'agit d'étourdir le mari, de l'assourdir, de le confondre, de sauver Juan, de se sauver, de faire la guerre. La guerre commencée, on la fait à toutes armes, en première ligne avec l'effronterie et l'injure. L'idée unique, le besoin présent, absorbe le reste : c'est en cela qu'une femme est femme. Celle-ci crie et du haut de sa tête. C'est une vraie pluie : malédictions et récriminations, railleries et défis, évanouissements et larmes. En un quart d'heure, elle a gagné vingt ans de pratique. Vous ne saviez pas, ni elle non plus, quelle comédienne tout d'un coup, à l'improviste, peut sortir d'une honnête femme. Savez-vous ce qui peut sortir de vous-même ? Vous vous croyez raisonnable, humain, j'y consens pour aujourd'hui ; vous avez dîné, et vous êtes à votre aise dans une bonne chambre. Votre machine fonctionne sans accroc, c'est que les rouages sont huilés et en équilibre ; mais qu'on

la mette dans un naufrage ou dans une bataille, que le manque ou l'afflux du sang détraque un instant les pièces maîtresses, et l'on verra hurler ou chanceler un fou ou un idiot. La civilisation, l'éducation, le raisonnement, la santé, nous recouvrent de leurs enveloppes unies et vernies; arrachons-les une à une ou toutes ensemble, et nous rirons de voir la brute qui gît au fond. Voici notre ami Juan qui lit la dernière lettre de Julia, et jure avec transport de ne jamais oublier les beaux yeux qu'il a tant fait pleurer. Jamais sentiment fut-il plus tendre et plus sincère? Mais par malheur Juan est en mer, et le mal de cœur commence. « Oui, dit-il, le ciel se confondra avec la
« terre avant que.... — (Ici il se trouva plus ma-
« lade.) — O Julia! qu'est-ce que toutes les autres
« angoisses?... — (Pour l'amour de Dieu, apportez-
« moi un verre de rhum! — Pedro, Baptista, aidez-
« moi à descendre.) — Julia, mon amour! — (Co-
« quin de Pedro, venez donc plus vite!) — Ma bien-
« aimée Julia, entends ma prière!... — (Ici sa voix
« devient inarticulée : c'était la faute des hoquets) [1].
« — L'amour est très-brave contre toutes les nobles

---

1. .... Sooner shall earth resolve itself to sea,
Than I resign thine image, oh, my fair!
(Here the ship gave a lurch, and he grew sea-sick.)
Oh Julia! what is every other woe? —
(Here he fell sicker)..................
(For God's sake let me have a glass of liquor;
Pedro, Baptista, help me down below.)
Julia, my love! (You rascal, Pedro, quicker) —
Oh, Julia! — (this curst vessel pitches so)
Beloved Julia, hear me still beseeching!
(Here he grew inarticulate with retching.)

« maladies, — mais il a horreur de l'application des
« serviettes chaudes, — et le mal de mer est sa
« mort[1]. » Bien d'autres choses sont sa mort, entre
autres le temps, et aussi le mariage; il y aboutit
« comme le vin au vinaigre. » Sachez que si Pénélope est si connue, c'est qu'elle est unique. « Les
« chances pour Ulysse étaient de retrouver une jolie
« urne, — érigée à sa mémoire, et deux ou trois
« jeunes demoiselles — engendrées par quelque
« ami détenteur de sa femme et de ses biens, — et
« de sentir son chien Argus l'empoigner par sa
« culotte[2]. »

Ceci est d'un sceptique, même d'un cynique. Sceptique et cynique, c'est à cela qu'il aboutit. Sceptique par misanthropie, cynique par bravade, c'est toujours l'humeur triste et militante qui le déchaîne; la volupté méridionale ne l'a point conquis; il n'est épicurien que par contradiction et par instants. « Donnez-nous

---

1. .... Love's a capricious power....
Against all noble maladies he's bold;
But vulgar illnesses don't like to meet;
.... Shrinks from the application of hot towels,
And purgatives are dangerous to his reign,
Sea-sickness death....

2. .... 'Tis melancholy, and a fearful sign
Of human frailty, folly, also crime,
That love and marriage rarely can combine;
Although they both are born in the same clime;
Marriage from love, like vinegar from wine —
A sad, sour, sober beverage. —
.... An honest gentleman, at his return
May not have the good fortune of Ulysses;....
.... The odds are that he finds a handsome urn
To his memory — and two or three young misses
Born to some friend, who holds his wife and riches
And that *his* Argus bites him by — the breeches. —

« du vin, des femmes, de la gaieté, des éclats de rire,
« — demain des sermons et de l'eau de Seltz. —
« L'homme étant un être raisonnable, doit se griser [1].
« — Le meilleur de notre vie n'est qu'ivresse. — Je
« voudrais être argile — autant que je suis sang,
« moelle, passion et sensation, — parce qu'alors le
« passé serait passé. Mais hier je me suis grisé à force,
« — et il me semble que je marche sur le plafond. »
Vous voyez bien qu'il est toujours le même, excessif
et malheureux, occupé à se détruire. Son *Don Juan*
aussi est une débauche; il s'y amuse outrageusement
aux dépens de toutes les choses respectées, comme un
taureau dans une boutique de glaces. Il y est toujours
violent, et maintes fois il est féroce; la noire imagination amène entre ses récits d'amour les horreurs
lentement savourées, le désespoir et la famine des
naufragés, et le dessèchement de ces squelettes enra-
gés qui se mangent les uns les autres. Il y rit horriblement, comme Swift; bien mieux, il y bouffonne
comme Voltaire. « On voulut manger le second comme
« plus gras; — mais il avait beaucoup de répugnance
« pour cette sorte de fin. — Pourtant ce qui le sauva, ce
« fut un petit présent qui lui avait été fait à Cadix —
« par une souscription générale des dames [2]. » Pièces en

---

1. .... Let us have wine and women, mirth and laughter,
Sermons and soda-water the day after.
Man, being reasonable, must get drunk;
The best of life his but intoxication....

2. .... And next they thought upon the master's mate,
As fattest; but he saved himself, because,
Besides being much averse from such a fate,
There were some other reasons : the first was,

main¹, il y suit avec une exactitude de chirurgien tous les pas de la mort, l'assouvissement, la rage, le délire, les hurlements, l'épuisement, la stupeur ; il veut toucher et montrer la vérité extrême et prouvée, le dernier fonds grotesque et hideux de l'homme. Voyez encore l'assaut d'Ismaïl, la mitraille et la baïonnette, les massacres dans les rues, les cadavres employés comme fascines, et les trente-huit mille Turcs égorgés. Il y a du sang assez pour rassasier un tigre, et ce sang coule parmi les calembours ; c'est pour railler la guerre et les boucheries décorées du nom d'exploits. Dans cet impitoyable et universel écrasement de toutes les vanités humaines, qui est-ce qui subsiste ? De quoi sommes-nous avertis, sinon « que la vie est un néant et que « les hommes ne valent pas des chiens² ? » Qu'est-ce qu'il découvre dans la science, sinon ses lacunes, et dans la religion, sinon ses momeries³ ? Garde-t-il au moins la poésie ? De la draperie divine, dernier vêtement qu'un poëte respecte, il fait un chiffon qu'il foule et tord et troue de gaieté de cœur. Au moment le plus touchant des amours d'Haydée, il lâche une

> He had been rather indisposed of late;
> And that which chiefly proved his saving clause,
> Was a small present made to him at Cadiz,
> By general subscription of the ladies.

1. Il avait sous les yeux une douzaine de descriptions authentiques.
2. Chant VII, 6, 7.

> Dogs, or men ! — for I flatter you in saying
> That ye are dogs — Your betters far — Ye may
> Read, or read not, what I am now essaying
> To show ye what ye are in every way.

Voyez *Vision of Judgment*.

pantalonnade. Il achève une ode par des caricatures. Il est Faust dans le premier vers et Méphistophélès dans le second. Il arrive au milieu des tendresses ou des meurtres avec des drôleries de petit journal, avec des trivialités, des cancans, avec des injures de pamphlétaire et des bigarrures d'Arlequin. Il met à nu les procédés poétiques, se demande où il en est, compte les stances déjà faites, gouaille la Muse, Pégase et toute l'écurie épique, comme s'il n'en donnait pas deux sous. Encore une fois, que reste-t-il? Lui-même, et lui seul, debout sur tous ces débris. C'est lui qui parle ici; ses personnages ne sont que des paravents; même la moitié du temps, il les écarte pour occuper la scène. Ce sont ses opinions, ses souvenirs, ses colères, ses goûts qu'il nous étale; son poëme est une conversation, une confidence, avec les hauts, les bas, les brusqueries et l'abandon d'une conversation et d'une confidence, presque semblable aux mémoires dans lesquels le soir, à sa table, il se livrait et s'épanchait. Jamais on n'a vu dans un si clair miroir la naissance d'une vive pensée, le tumulte d'un grand génie, le dedans d'un vrai poëte, toujours passionné, inépuisablement fécond et créateur, en qui éclosent subitement coup sur coup, achevées et parées, toutes les émotions et toutes les idées humaines, les tristes, les gaies, les hautes, les basses, se froissant, s'encombrant comme des essaims d'insectes qui s'en vont bourdonner et pâturer dans la fange et dans les fleurs. Il peut dire tout ce qu'il veut; bon gré, mal gré, on l'écoute; il a beau sauter du sublime au burlesque, on y saute avec lui. Il a tant d'esprit, de l'esprit si neuf, si imprévu, si poignant, une si étonnante prodigalité de science, d'idées, d'images ramassées des quatre coins de l'horizon, en tas et par masses, qu'on est pris, emporté par delà toutes bornes, et qu'on ne peut pas songer à résister. Trop fort et partant effréné, voilà le mot qui à son endroit revient toujours : trop fort contre autrui et contre lui-même, et tellement effréné qu'après avoir employé sa vie à braver le monde et sa poésie à peindre la révolte, il ne trouve l'achèvement de son talent et le contentement de son cœur que dans un poëme armé contre toutes les conventions humaines et contre toutes les conventions poétiques. A vivre ainsi, on est grand, mais on devient malade. Il y a une maladie de cœur et d'esprit dans le style de *Don Juan*, comme dans celui de Swift. Quand un homme bouffonne au milieu de ses larmes, c'est qu'il a l'imagination empoisonnée. Cette sorte de rire est un spasme, et vous voyez venir chez l'un l'endurcissement ou la folie, chez l'autre l'excitation ou le dégoût. Byron s'épuisait, du moins le poëte s'épuisait en lui. Les derniers chants du *Don Juan* traînaient ; la gaieté devenait forcée, les escapades se tournaient en divagations; le lecteur sentait approcher l'ennui. Un nouveau genre qu'il avait essayé avait fléchi sous sa main; il n'avait atteint dans le drame qu'à la déclamation puissante, ses personnages ne vivaient pas; quand il quitta la poésie, la poésie le quittait; il alla chercher l'action en Grèce et n'y trouva que la mort.

VI

Ainsi vécut et finit ce malheureux grand homme ; la maladie du siècle n'a pas eu de plus illustre proie. Autour de lui, comme une hécatombe, gisent les autres, blessés aussi par la grandeur de leurs facultés et l'intempérance de leurs désirs, les uns éteints dans la stupeur ou l'ivresse, les autres usés par le plaisir ou le travail, ceux-ci précipités dans la folie ou le suicide, ceux-là rabattus dans l'impuissance ou couchés dans la maladie, tous secoués par leurs nerfs exaspérés ou endoloris, les plus forts portant leur plaie saignante jusqu'à la vieillesse, les plus heureux ayant souffert autant que les autres, et gardant leurs cicatrices, quoique guéris. Le concert de leurs lamentations a rempli tout le siècle, et nous nous sommes tenus autour d'eux, écoutant notre cœur qui répétait leurs cris tout bas. Nous étions tristes comme eux, et enclins comme eux à la révolte. La démocratie instituée excitait nos ambitions sans les satisfaire ; la philosophie proclamée allumait nos curiosités sans les contenter. Dans cette large carrière ouverte, le plébéien souffrait de sa médiocrité et le sceptique de son doute ; le plébéien, comme le sceptique, atteint d'une mélancolie précoce et flétri par une expérience prématurée, livrait ses sympathies et sa conduite aux poëtes, qui disaient le bonheur impossible, la vérité inaccessible, la société mal faite, et l'homme avorté ou gâté. De ce concert, une idée sortit, centre de la littérature, des arts et de la religion du siècle : c'est qu'il y a quelque disproportion monstrueuse entre les pièces de notre structure, et que toute la destinée humaine est viciée par ce désaccord.

Quel conseil nous ont-ils donné pour y remédier? Ils ont été grands, ont-ils été sages? « Fais pleuvoir « en toi les sensations véhémentes et profondes ; tant « pis si ensuite ta machine craque! » — « Cultive ton « jardin, resserre-toi dans un petit cercle, rentre dans « le troupeau, deviens bête de somme. » — « Redeviens « croyant, prends de l'eau bénite, abandonne ton « esprit aux dogmes et ta conduite aux manuels. » — « Fais ton chemin, aspire au pouvoir, aux honneurs, « à la richesse. » Ce sont là les diverses réponses des artistes et des bourgeois, des chrétiens et des mondains. Sont-ce des réponses? Et que proposent-elles, sinon de s'assouvir, de s'abêtir, de se détourner et d'oublier? Il y en a une autre plus profonde que Goëthe a faite le premier, que nous commençons à soupçonner, où aboutissent tout le travail et toute l'expérience du siècle, et qui sera peut-être la matière de la littérature prochaine : « Tâche de te comprendre et de comprendre les choses. » Réponse étrange, qui ne semble guère neuve, et dont on ne connaîtra la portée que plus tard. Longtemps encore les hommes sentiront leurs sympathies frémir au bruit des sanglots de leurs grands poëtes. Longtemps ils s'indigneront contre une destinée qui ouvre à leurs aspirations la carrière de l'espace sans limites pour les briser à deux pas de l'entrée contre une misérable borne qu'ils ne voyaient pas. Longtemps ils subiront comme des entraves les nécessités qu'ils devraient embrasser comme des lois. Notre génération, comme les précédentes, a été atteinte par la maladie du siècle, et ne s'en relèvera jamais qu'à demi. Nous parviendrons à la vérité, non au calme. Tout ce que nous pouvons guérir en ce moment, c'est notre intelligence; nous n'avons point de prise sur nos sentiments. Mais nous avons le droit de concevoir pour autrui les espérances que nous n'avons plus pour nous-mêmes, et de préparer à nos descendants un bonheur dont nous ne jouirons jamais. Élevés dans un air plus sain, ils auront peut-être une âme plus saine. La réforme des idées finit par réformer le reste, et la lumière de l'esprit produit la sérénité du cœur. Jusqu'ici, dans nos jugements sur l'homme, nous avons pris pour maîtres les révélateurs et les poëtes, et comme eux nous avons reçu pour des vérités certaines les nobles songes de notre imagination et les suggestions impérieuses de notre cœur. Nous nous sommes liés à la partialité des divinations religieuses et à l'inexactitude des divinations littéraires, et nous avons accommodé nos doctrines à nos instincts et à nos chagrins. La science approche enfin, et approche de l'homme; elle a dépassé le monde visible et palpable des astres, des pierres, des plantes, où, dédaigneusement, on la confinait; c'est à l'âme qu'elle se prend, munie des instruments exacts et perçants dont trois cents ans d'expérience ont prouvé la justesse et mesuré la portée. La pensée et son développement, son rang, sa structure et ses attaches, ses profondes racines corporelles, sa végétation infinie à travers l'histoire, sa haute floraison au sommet des choses, voilà maintenant son objet, l'objet que depuis soixante ans elle entrevoit en Allemagne, et qui, sondé lentement, sûrement, par les mêmes méthodes que le monde physique, se transformera à nos yeux comme le monde physique s'est transformé. Il se transforme déjà, et nous avons laissé derrière nous le point de vue de Byron et de nos poëtes. Non, l'homme n'est pas un avorton ou un monstre; non, l'affaire de la poésie n'est point de le révolter ou de le diffamer. Il est à sa place et achève une série. Regardons-le naître et grandir, et nous cesserons de le railler ou de le maudire. Il est un produit comme toute chose, et à ce titre il a raison d'être comme il est. Son imperfection innée est dans l'ordre, comme l'avortement constant d'une étamine dans une plante, comme l'irrégularité foncière de quatre facettes dans un cristal. Ce que nous prenions pour une difformité est une forme ; ce qui nous semblait le renversement d'une loi est l'accomplissement d'une loi. La raison et la vertu humaines ont pour matériaux les instincts et les images animales, comme les formes vivantes ont pour instruments les lois physiques, comme les matières organiques ont pour éléments les substances minérales. Quoi d'étonnant si la vertu ou la raison humaine, comme la forme vivante ou comme la matière organique, parfois défaille ou se décompose, puisque comme elles, et comme tout être supérieur et complexe, elle a pour soutiens et pour maîtresses des forces inférieures et simples qui, suivant les circonstances, tantôt la maintiennent par leur harmonie, tantôt la défont par leur désaccord? Quoi d'étonnant si les éléments de l'être, comme les éléments de la quantité, reçoivent de leur nature même des lois indestructibles qui les contraignent et les réduisent à un certain genre et un certain ordre de formations? Qui est-ce qui s'indignera contre la géométrie? Surtout qui est-ce qui s'indignera contre une géométrie vivante? Qui, au contraire, ne se sentira ému d'admiration au spectacle de ces puissances grandioses qui, situées au cœur des choses, poussent incessamment le sang dans les membres du vieux monde, éparpillent l'ondée dans le réseau infini des artères et viennent épanouir sur toute la surface la fleur éternelle de la jeunesse et de la beauté? Qui enfin ne se trouvera ennobli en découvrant que ce faisceau de lois aboutit à un ordre de formes, que la matière a pour terme la pensée, que la nature s'achève par la raison, et que cet idéal auquel se suspendent, à travers tant d'erreurs, toutes les aspirations de l'homme, est aussi la fin à laquelle concourent, à travers tant d'obstacles, toutes les forces de l'univers? Dans cet emploi de la science et dans cette conception des choses il y a un art, une morale, une politique, une religion nouvelles, et c'est notre affaire aujourd'hui de les chercher.

CONCLUSION.

Le passé et le présent.

I. Le passé. — L'invasion saxonne. — Comment elle a établi la race et fondé le caractère. — La conquête normande. — Comment elle a infléchi le caractère et établi la constitution. — La Renaissance. — Comment elle a manifesté l'esprit national. — La Réforme. — Comment elle a fixé le modèle idéal. — La Restauration. — Comment elle a importé la culture classique et dévié l'esprit national. — La Révolution. — Comment elle a développé la culture classique et redressé l'esprit national. — L'âge moderne. — Comment les idées européennes élargissent le moule national.
II. Le présent. — Concordances de l'observation et de l'histoire. — Le ciel. — Le sol. — Les produits. — L'homme. — Le commerce. — L'industrie. — L'agriculture. — La société. — La famille. — Les arts. — La philosophie. — La religion. — Quelles forces ont produit la civilisation présente et élaborent la civilisation future.

§ 1.

I

Arrivés au terme de cette longue revue, nous pouvons maintenant embrasser d'un regard l'ensemble de la civilisation anglaise; tout s'y tient : quelques puissances et quelques circonstances primitives ont produit le reste, et il n'y a qu'à suivre leur action continue pour comprendre la nation et son histoire, son passé et son présent. A l'origine, et au plus profond dans la région des causes, apparaît la race. Une nation entière, Angles et Saxons, a détruit, chassé ou asservi les anciens habitants, effacé la culture romaine, s'est établie seule et pure, et n'a trouvé parmi les derniers ravageurs danois qu'une recrue nouvelle et du même sang. C'est là le tronc-primitif; de sa substance et de ses propriétés innées naîtra presque toute la végétation future. En ce moment, et comme les voilà, seuls dans leur île, ils atteignent un développement tel quel, fruste, brutal et pourtant solide. Ils mangent et boivent, bâtissent et défrichent, surtout pullulent : les peuplades éparses qui ont passé la mer sur des bateaux de cuir deviennent une forte nation compacte, trois cent mille familles, riche, pourvue de bétail, largement épanouie dans l'abondance de la vie corporelle, à demi assise dans la sécurité de la vie sociale, avec un roi, des assemblées respectées et fréquentes, avec de bonnes coutumes judiciaires; chez elle, parmi les fougues et les violences du tempérament barbare, la vieille fidélité germanique maintient les hommes en société, pendant que la vieille indépendance germanique maintient l'homme debout. Dans tout le reste, ils n'avancent guère. Quelques chants tronqués, une épopée où gronde encore l'exaltation guerrière de l'antique barbarie, des hymnes lugubres, une poésie âpre et furieuse, parfois sublime et toujours rude, voilà tout ce qui subsiste d'eux. En six siècles, ils ont fait à peine un pas hors des mœurs et des sentiments de leur inculte Germanie; le christianisme qui a trouvé prise sur eux par la grandeur de ses tragédies bibliques et la tristesse anxieuse de ses aspirations, ne leur apporte point la civilisation latine; elle demeure à la porte, à peine accueillie par quelques grands hommes, déformée, si elle entre, par la disproportion du génie romain et du génie saxon, toujours altérée et réduite, si bien que pour les hommes du continent, les hommes de l'île ne sont que des lourdauds illettrés, ivrognes et gloutons, en tout cas sauvages et lents par tempérament et par nature, rebelles à la culture et tardifs dans leur développement.

L'empire de ce monde est à la force. Ils sont conquis pour toujours et à demeure, conquis par des Normands, c'est-à-dire par des Français plus habiles, plus vite cultivés et organisés qu'eux; là est le grand événement qui va achever leur caractère, décider de leur histoire et imprimer dans leur caractère et dans leur histoire, l'esprit politique et pratique qui les sépare des autres peuples germains. Opprimés, enserrés dans le réseau rigide de l'organisation normande, ils ont beau avoir été conquis, ils n'ont pas été détruits; ils sont sur leur sol, chacun avec ses amis et dans sa commune; ils font corps, ils sont encore vingt fois plus nombreux que leurs vainqueurs. Leur situation et leurs nécessités feront leurs habitudes et leurs aptitudes. Ils vont endurer, réclamer, lutter, résister ensemble et avec accord, faire effort aujourd'hui, demain, tous les jours, pour n'être pas tués ou volés, pour ramener leurs anciennes lois, pour obtenir ou extorquer des garanties, et par degrés ils vont acquérir la patience, le jugement, toutes les facultés et toutes les inclinations par lesquelles se maintiennent les libertés et se fondent les États. Par un bonheur singulier, les seigneurs normands les y aident; car le roi s'est fait une si grosse part, et se trouve si redoutable que pour réprimer le grand pillard, les petits pillards sont forcés de ménager leurs sujets saxons, de s'allier à eux, de les comprendre dans leurs chartes, de se faire leurs représentants, de les admettre au Parlement, de les laisser impunément travailler, s'enrichir, prendre de la fierté, de la force, de l'autorité, intervenir avec eux dans les affaires publiques. Voilà donc que peu à peu la nation anglaise, enfoncée sous terre par la conquête comme par un coup de masse, se dégage et se relève; cinq cents ans et davantage s'emploient à ce redressement. Mais pendant toute cette durée le loisir a manqué pour la fine et haute culture; il a fallu vivre et se défendre, piocher la terre, tisser la laine, s'exercer à l'arc, aller aux assemblées, au jury, payer et raisonner pour les affaires communes; l'homme important et estimé est celui qui sait bien se battre et faire de gros profits. Ce qui s'est développé ce sont les mœurs énergiques et militaires; ce qui a régné, c'est l'esprit actif et positif; ils ont laissé les lettres et les élégances aux nobles francisés de la cour. Quand le vaillant bourgeois saxon quittait son arc ou sa charrue, c'était pour festiner plantureusement ou pour chanter la ballade de Robin Hood. Il a vécu et agi; il n'a point réfléchi ni écrit; sa littérature nationale se réduit à des fragments et des rudiments, à des chansons de harpistes, à des épopées de taverne, à un poëme religieux, à quelques livres de réforme. En même temps, la littérature normande s'est desséchée; séparée de la tige, et sur un sol étranger, elle a langui dans les imitations; un seul grand poëte, presque Français d'esprit, tout Français de style, a paru, et après lui comme avant lui s'étale le radotage irrémédiable. Pour la seconde fois une civilisation de cinq siècles s'est trouvée stérile de grandes idées et de grandes œuvres, celle-ci plus encore que ses voisines, et à double titre, parce qu'à l'impuissance universelle du moyen âge, s'y joint l'appauvrissement de la conquête, et que des deux littératures qui la composent, l'une, transplantée, avorte, et l'autre, mutilée, cesse de s'épanouir.

II

Mais parmi tant d'ébauches et d'épreuves, un caractère s'est formé et le reste en dérivera. L'âge barbare a établi sur le sol une race de Germains, flegmatique et sérieuse, capable d'émotions spiritualistes et de discipline morale. L'âge féodal a imposé à cette race les habitudes de résistance et d'association, les préoccupations politiques et utilitaires. Figurez-vous un Allemand de Hambourg ou de Brême, serré pendant cinq cents ans dans le corselet de fer de Guillaume le Conquérant : ces deux natures, l'une innée, l'autre acquise, composent tous les ressorts de sa conduite. Il en est ainsi des autres nations. Comme des coureurs rangés en ligne à l'entrée de la carrière, on voit au moment de la Renaissance s'élancer les cinq grands peuples de l'Europe, sans que d'abord on puisse rien prévoir de leur course. Au premier regard, il semble que les accidents ou les circonstances gouverneront seuls leur vitesse, leur chute et leur succès. Il n'en est rien, et c'est d'eux seuls que dépendra leur histoire : chacun sera l'ouvrier de sa fortune ; le hasard n'a point de prise sur des événements si vastes, et ce sont les inclinations et les facultés nationales qui, renversant ou suscitant les obstacles, les conduiront fatalement chacun à son terme, les uns jusqu'au fond de la décadence, les autres jusqu'au faîte de la prospérité. Après tout, l'homme est toujours son propre maître, et son propre esclave. A l'ouverture de chaque âge, il *est* d'une certaine façon ; son corps, son cœur et son esprit ont une structure et une disposition distinctes ; et de cet agencement durable que tous les siècles précédents ont contribué à consolider ou à construire sortent des désirs ou des aptitudes permanentes, selon lesquelles il veut et il agit. Ainsi se forme en lui le modèle idéal qui, obscur ou distinct, achevé ou ébauché, va dorénavant flotter devant ses yeux, rallier toutes ses aspirations, tous ses efforts et toutes ses forces, et l'employer à un seul effet pendant des siècles, jusqu'à ce qu'enfin renouvelé par l'impuissance ou la réussite, il conçoive un nouveau but, et reprenne un nouvel élan. L'Espagnol catholique et exalté se représente la vie à la façon des croisés, des amoureux et des chevaliers, et, abandonnant le travail, la liberté et la science, se jette, à la suite de son inquisition et de son roi, dans la guerre fanatique, dans l'oisiveté romanesque, dans l'obéissance superstitieuse et passionnée, dans l'ignorance volontaire et irrémédiable[1]. L'Allemand théologien et féodal se cantonne docilement, fidèlement sous ses petits princes, par patience naturelle et par loyauté héréditaire, occupé de sa femme et de son ménage, content d'avoir conquis la liberté religieuse, attardé par la lourdeur de son tempérament dans la grosse vie corporelle, et dans le respect inerte de l'ordre établi. L'Italien, le plus richement doué et le plus précoce de tous, mais de tous le plus incapable de discipline volontaire et d'austérité morale, se tourne du côté des beaux-arts et de la volupté, déchoit, se gâte sous la domination étrangère, se laisse vivre, oubliant de penser et content de jouir. Le Français sociable et égalitaire, se rallie autour de son roi qui lui donne la paix publique, la gloire extérieure, et le magnifique étalage d'une cour somptueuse, d'une administration réglée, d'une discipline uniforme,

---

1. Voyez le voyage de Mme d'Aulnay en Espagne, à la fin du dix-septième siècle. Rien de plus frappant que cette révolution, si l'on met en regard les temps qui précèdent Ferdinand le Catholique, c'est-à-dire le règne de Henri IV, la toute-puissance des nobles, et l'indépendance des villes. Voyez sur toute cette histoire, Buckle, *History of civilisation*, t. II.

d'une prépondérance européenne et d'une littérature universelle. Pareillement, si vous regardez l'Anglais au seizième siècle, vous découvrez en lui les penchants et les puissances qui, pendant trois siècles, vont gouverner sa culture et façonner sa constitution. Dans cette expansion européenne de la vie naturelle et de la littérature païenne, on retrouve tout d'abord chez Shakspeare, Jonson et les tragiques, chez Spenser, Sidney et les lyriques, les traits nationaux, tous avec une profondeur et un éclat incomparable, et tels que la race et l'histoire les ont imprimés et enfoncés depuis mille ans. Ce n'est pas en vain que l'invasion a implanté ici une race sérieuse, et capable de retours sur soi. Ce n'est pas en vain que la conquête a tourné cette race vers la vie militante et les préoccupations pratiques. Dès la première saillie de l'invention originale, son œuvre manifeste l'énergie tragique, la passion intense et informe, le dédain de la régularité, la connaissance du réel, le sentiment des choses intérieures, la mélancolie naturelle, la divination anxieuse de l'obscur au-delà, tous les instincts qui, repliant l'homme sur lui-même et concentrant l'homme en lui-même, le préparent au protestantisme et au combat. Quel est-il ce protestantisme qui se fonde? Quel est le modèle idéal qu'il présente et quelle conception originale va fournir à ce peuple son poëme permanent et dominateur? La plus âpre et la plus pratique de toutes, celle des puritains, qui, négligeant la spéculation, se rabat sur l'action, enferme la vie humaine dans une discipline rigide, impose à l'âme humaine l'effort continu, prescrit à la société humaine l'austérité monacale, interdit le plaisir, commande l'action, exige le sacrifice, et forme le moraliste, le travailleur et le citoyen. La voilà implantée, la grande idée anglaise, j'entends la persuasion que l'homme est avant tout une personne morale et libre, et qu'ayant conçu seul dans sa conscience et devant Dieu la règle de sa conduite, il doit s'employer tout entier à l'appliquer en lui, hors de lui, obstinément, inflexiblement, par une résistance perpétuelle opposée aux autres et par une contrainte perpétuelle exercée sur soi. Elle aura beau se discréditer d'abord par ses emportements et sa tyrannie; atténuée par l'épreuve, elle s'accommodera par degrés à la nature humaine, et, transportée du fanatisme puritain dans la morale laïque, elle gagnera toutes les sympathies publiques parce qu'elle correspond à tous les instincts nationaux. Elle a beau disparaître du grand monde, sous les mépris de la Restauration, et sous l'importation de la culture française; elle subsiste sous terre. Car la culture française ici n'aboutit pas; sur ce sol trop différent, elle ne fait éclore que des fruits malsains, grossiers ou incomplets. La fine élégance est devenue débauche ignoble; le doute délicat s'est tourné en athéisme brutal; la tragédie avorte, et n'est qu'une déclamation; la comédie est effrontée et n'est qu'une école de vices; de cette littérature, il ne subsiste que des études de raisonnement serré et de bon style; elle-même est chassée de la scène publique presque en même temps que les Stuarts au commencement du dix-huitième siècle, et les maximes libérales et morales reprennent l'ascendant qu'elles ne perdront plus. Car en même temps que les idées, les événements ont poursuivi leur cours ; les inclinations nationales ont fait leur œuvre dans la société comme dans les lettres, et les instincts anglais ont transformé la constitution et la politique, en même temps que les talents et les esprits. Ces riches communes, ces vaillants yeomen, ces rudes bourgeois bien armés, amplement nourris, protégés par leurs jurys, habitués à compter sur eux-mêmes, obstinés, batailleurs, sensés, tels que le moyen âge anglais les a légués à l'Angleterre moderne, ont pu laisser le roi étaler au-dessus d'eux sa tyrannie temporaire, et faire peser sur sa noblesse les rigueurs d'un arbitraire qu'autorisaient les souvenirs de la guerre civile, et le danger des hautes trahisons. Mais il faut qu'Henri VIII et Élisabeth elle-même suivent dans les grands intérêts le courant de l'opinion publique ; s'ils sont si forts c'est qu'ils sont populaires ; le peuple ne soutient leurs entreprises et n'autorise leurs violences que parce qu'il trouve en eux les défenseurs de sa religion, et les protecteurs de son travail[1]. Lui-même, il s'enfonce dans cette religion, et par-dessous l'établissement officiel, atteint les croyances personnelles. Il s'enrichit par le travail, et, sous le premier Stuart, il occupe déjà la plus grande place dans la nation. A ce moment, tout est

---

[1]. Buckle, *History of civilisation*, t. I, 590, 592.

décidé; quels que soient les événements, il faut bien qu'un jour il devienne maître. Les situations sociales font les situations politiques; toujours les constitutions légales s'accommodent aux choses réelles, et la prépondérance acquise aboutit infailliblement aux droits écrits. Des hommes si nombreux, si actifs, si résolus, si capables de se suffire à eux-mêmes, si disposés à tirer leurs opinions de leur réflexion propre et leur subsistance de leurs seuls efforts, finiront, quoi qu'il arrive, par arracher les garanties dont ils ont besoin. Du premier élan, et dans la ferveur de la foi primitive, ils renversent le trône, et le courant qui les porte est si fort, qu'en dépit de leurs excès et de leur défaite, la révolution s'accomplit d'elle-même par l'abolition des tenures féodales et l'institution de l'*Habeas corpus* sous Charles II, par le redressement universel de l'esprit libéral et protestant sous Jacques II, par l'établissement constitutionnel, l'acte de tolérance, et l'affranchissement de la presse sous Guillaume III. Dès ce moment l'Angleterre a trouvé son assiette; ses deux forces intérieures et héréditaires, l'instinct moral et religieux, l'aptitude pratique et politique ont fait leur œuvre et désormais vont bâtir sans empêchement ni démolition sur les fondements qu'elles ont posés.

III

Ainsi naquit la littérature du dix-huitième siècle, toute conservatrice, utile, morale et bornée. Deux puissances la dirigent, l'une européenne, l'autre anglaise; d'un côté ce talent d'analyse oratoire et ces habitudes de dignité littéraire qui sont propres à l'âge classique, de l'autre ce goût pour l'application et cette énergie de l'observation précise qui sont propres à l'esprit national. De là cette excellence et cette originalité de la satire politique, du discours parlementaire, de l'essai solide, du roman moral, et de tous les genres qui exigent un bon sens attentif, un bon style correct, et le talent de conseiller, de convaincre ou de blesser autrui. De là cette faiblesse ou cette impuissance de la pensée spéculative, de la vraie poésie, du théâtre original, et de tous les genres qui réclament la grande curiosité libre, ou la grande imagination désintéressée. Ils n'atteignent point l'élégance complète, ni la philosophie supérieure; ils alourdissent les délicatesses françaises qu'ils imitent, et s'effrayent des hardiesses françaises qu'ils suggèrent; ils restent à demi bourgeois et à demi barbares; ils n'inventent que des idées insulaires, et des améliorations anglaises, et se confirment dans leur respect pour leur constitution et leur tradition. Mais en même temps ils se cultivent et se réforment; leur richesse et leur bien-être s'accroissent énormément; la littérature et l'opinion chez eux deviennent sévères jusqu'à l'intolérance, et leur longue guerre contre la Révolution française pousse à l'excès le rigorisme de leur morale, en même temps que l'invention des machines développe jusqu'au centuple leur confortable et leur prospérité. Un code salutaire et despotique de maximes approuvées, de convenances établies et de croyances inattaquables qui fortifie, roidit, courbe et emploie l'homme utilement et péniblement, sans lui permettre jamais de dévier ou de faiblir; un attirail minutieux et une provision admirable d'inventions commodes, associations, institutions, mécanismes, ustensiles, méthodes qui travaillent incessamment pour fournir au corps et à l'esprit tout ce dont ils ont besoin, voilà désormais les deux traits saillants et particuliers de ce peuple. Se contraindre et se pourvoir, prendre l'empire de soi et l'empire de la nature, considérer la vie en moraliste et en économiste, comme un habit étroit dans lequel il faut marcher décemment, et comme un bon habit qu'il faut avoir le meilleur possible, être à la fois *respectable* et *muni de bien-être*, ces deux mots renferment tous les ressorts de l'action anglaise. Contre ce bon sens limité et contre cette austérité pédante, une révolte éclate. Avec le renouvellement universel de la pensée et de l'imagination humaine, la profonde source poétique qui avait coulé au seizième siècle s'épanche de nouveau au dix-neuvième, et une nouvelle littérature jaillit à la lumière; la philosophie et l'histoire infiltrent leurs doctrines dans le vieil établissement; le plus grand poëte du temps le heurte incessamment de ses malédictions et de ses sarcasmes ; de toutes parts, aujourd'hui encore, dans les sciences et dans les lettres, dans la pratique et la théorie, dans la vie privée et dans la vie publique, les plus puissants esprits essayent d'ouvrir une entrée au flot des idées continentales. Mais ils sont patriotes autant que novateurs, conservateurs autant que révolutionnaires; s'ils touchent à la religion et à la constitution, aux mœurs et aux doctrines, c'est pour les élargir, non pour les détruire; l'Angleterre est faite, elle le sait, et ils le savent; telle que la voilà, assise sur toute l'histoire nationale et sur tous les instincts nationaux, elle est plus capable qu'aucun peuple de l'Europe de se transformer sans se refondre, et de se prêter à son avenir sans renoncer à son passé.

§ 2.

I

Je commençais à démêler ces idées lorsque, pour la première fois, je débarquai en Angleterre, et je fus singulièrement frappé des confirmations mutuelles que se prêtaient l'observation et l'histoire; il me sembla que le présent achevait le passé et que le passé expliquait le présent.

Dès l'abord la mer inquiète et étonne; ce n'est pas en vain qu'un peuple est insulaire et marin, surtout avec cette mer et sur ces côtes; leurs peintres, si mal doués, en sentent, malgré tout, l'aspect alarmant ou lugubre; jusqu'au dix-huitième siècle, parmi les élégances de la culture française et sous la bonhomie de la tradition flamande, vous trouverez chez Gainsborough l'empreinte ineffaçable de ce grand sentiment. Aux doux moments, dans les beaux jours tranquilles d'été, la brume moite étend sur l'horizon son voile gris de perle; la mer a la couleur d'une ardoise pâle, et les navires, ouvrant leur voilure, avancent patiemment dans la vapeur. Mais qu'on regarde autour de soi, et l'on verra bientôt les marques du danger quotidien. La côte est labourée, les vagues ont empiété, les arbres ont disparu, la terre s'est détrempée sous les averses incessantes, l'Océan est toujours là intraitable et farouche. Il gronde et beugle éternellement, le vieux monstre rauque, et le train aboyant de ses vagues avance comme une armée infinie devant laquelle toute force humaine doit plier. Qu'on songe aux mois d'hiver, aux tempêtes, aux longues heures du matelot ballotté, roulé aveuglément par les rafales! En ce moment et dans cette belle saison, sur tout le cercle de l'horizon, les nuages montent ternis, blafards, bientôt semblables à une fumée charbonneuse, quelques-uns d'une blancheur éblouissante et fragile, si enflés qu'on les sent prêts à fondre. Leurs pesantes masses cheminent, elles s'engorgent, et déjà çà et là, sur la plaine sans limite, un pan du ciel est brouillé par une averse. Au bout d'un instant, la mer est salie et cadavéreuse; ses flots sursautent avec des tournoiements étranges, et leurs flancs prennent des teintes huileuses et livides. L'énorme coupole grisâtre a noyé et obstrué tout l'horizon; la pluie s'abat, serrée, impitoyable. On n'en a pas l'idée tant qu'on ne l'a pas vue. Quand les gens du Sud, les Romains, sont arrivés là pour la première fois, ils ont dû se croire en enfer. Le large espace qui s'étend entre le sol et le ciel, et sur lequel nos yeux comptent comme sur leur domaine, manque tout d'un coup; il n'y a plus d'air, on n'aperçoit plus que du brouillard coulant. Plus de couleurs ni de formes. Dans cette fumée jaunâtre, les objets semblent des fantômes effacés; la nature a l'air d'une mauvaise ébauche au fusain sur laquelle un enfant a maladroitement passé, la manche. Vous voilà à New-Haven, puis à Londres; le ciel dégorge la pluie, la terre lui renvoie le brouillard, le brouillard rampe dans la pluie; tout est noyé; à regarder autour de soi, on ne voit pas de raison pour que cela doive jamais finir. C'est vraiment ici la contrée cimmérienne d'Homère; les pieds clapotent, on n'a plus que faire de ses yeux; on sent tous ses organes bouchés, rouillés par l'humidité qui monte; on se croit hors du monde respirable, réduit à la condition des êtres marécageux, habitant des eaux sales; vivre ici, ce n'est pas vivre. On se demande si cette énorme ville n'est pas un cimetière où barbotent des fantômes affairés et malheureux. Dans le déluge de suie mouillée, le fleuve bourbeux avec ses bateaux de fer infatigables, noirs insectes, qui débarquent et embarquent des ombres, fait penser au Styx. Plus de jour, on s'en fabrique un. Dernièrement sur la grande place, dans le plus bel hôtel, cinq journées durant, il a fallu laisser le gaz allumé. La mélancolie vient, on prend en dégoût les autres et soi-même. Que peuvent-ils faire dans ce sépulcre? Rester chez soi sans travailler, c'est se ronger intérieurement et marcher au suicide. Sortir, c'est faire effort, ne plus se soucier de l'humidité ni du froid, braver le malaise et les sensations désagréables. Un pareil climat prescrit l'action, interdit l'oisiveté, développe l'énergie, enseigne la patience. Je regardais tout à l'heure sur le navire les matelots au gouvernail, avec leurs paletots imperméables, leurs grosses bottes ruisselantes, leurs calottes de cuir à rebord, si attentifs, si précis dans leurs mouvements, si graves, si maîtres d'eux-mêmes. J'ai vu depuis les ouvriers devant leurs métiers à coton, calmes, sérieux, silencieux, économisant leur effort, et persévérant tout le jour, toute l'année, toute la vie dans la même contention de corps et d'esprit régulière et monotone; leur âme s'est conformée à leur climat. En effet, il faut s'y conformer pour y vivre; au bout de huit jours on sent qu'on doit renoncer ici à la jouissance délicate et savourée, au bonheur de se laisser vivre, à l'oisiveté abandonnée, au contentement des yeux, à l'épanouissement facile et harmonieux de la nature artistique et animale, qu'il faut se marier, élever un troupeau d'enfants, prendre les soucis et l'importance du chef de famille, s'enrichir, se pourvoir contre la mauvaise saison, se munir de bien-être, devenir protestant, industriel, politique, bref, capable d'activité et de résistance, et, dans toutes les voies ouvertes à l'homme, endurer et faire effort.

Il y a pourtant ici des beautés charmantes et touchantes, celles du pays humide. Lorsque, par un jour demi-serein, on sort dans la campagne et qu'on arrive sur une hauteur, les yeux éprouvent une sensation unique et un plaisir qu'ils ne connaissaient pas. A perte de vue, aux quatre coins de l'horizon, dans les prairies, sur les collines, s'étend la verdure éternelle, plantes fourragères et potagères, luzerne, houblon, admirables prairies toutes regorgeantes d'herbes hautes et serrées; çà et là un bouquet de grands arbres; des pâturages enclos de haies, où ruminent à genoux, paisiblement, des vaches alourdies. La brume monte insensiblement entre les intervalles des arbres, et les lointains nagent dans une vapeur lumineuse. Il n'y a rien de plus doux au monde, ni de plus délicat que ces teintes; on s'arrêterait pendant des heures entières à regarder ces nuages de satin, ce fin duvet aérien, cette molle gaze transparente qui emprisonne les rayons du soleil, les émousse, et ne les laisse arriver sur la terre que souriants et caressants. Des deux côtés de la voiture passent incessamment des prairies toujours plus belles, où les boutons d'or, les reines des prés, les pâquerettes s'entassent par traînées avec des teintes fondues; une suavité presque douloureuse, un charme étrange, s'exhalent de cette végétation inépuisable et passagère. Elle est trop fraîche, elle ne peut durer; rien n'est arrêté, stable et ferme ici, comme dans les pays du Midi; tout est coulant, en train de naître et de mourir, suspendu entre les pleurs et la joie. Les gouttes d'eau roulantes luisent sur les feuilles comme des perles; les têtes rondes des arbres, les larges feuillages étalés chuchotent sous la brise faible, et le bruit des larmes laissées par la dernière ondée est incessant sur leur pyramide. Comme ils vivent opulemment dans les clairières, étalés à plaisir, toujours rajeunis et abreuvés par l'air moite! Comme la séve monte dans ces plantes rafraîchies et abritées contre le ciel! Et comme le ciel et le pays semblent faits pour ménager leurs tissus et aviver leurs couleurs! Au moindre soupçon de soleil, elles sourient avec une grâce délicieuse ; on dirait de belles vierges timides et frêles sous un voile qu'on va lever. Que le soleil un instant se dégage, et vous les verrez resplendir comme dans une parure de bal. La lumière s'abat par nappes éblouissantes ; les pétales lustrés, dorés, éclatent avec un coloris trop fort ; les plus magnifiques broderies, le velours constellé de diamants, la soie chatoyante couturée de perles n'approchent pas de cette teinte profonde ; la joie déborde comme d'une coupe trop pleine. A l'étrangeté, à la rareté de ce spectacle, on comprend pour la première fois la vie du pays humide. L'eau multiplie et amollit les tissus vivants ; les plantes foisonnent et n'ont point de suc ; la nourriture surabonde et n'a pas de goût ; l'humidité enfante, mais le soleil n'élabore pas. Beaucoup d'herbe, beaucoup de bétail, beaucoup de viande ; la grande mangeaille et la grosse mangeaille ; ainsi se soutient le tempérament absorbant et flegmatique ; la pousse humaine, comme toute la pousse végétale et animale, est puissante, mais lourde ; l'homme est amplement charpenté, mais à gros coups ; la machine est solide, mais elle roule lentement sur ses gonds, et le plus souvent les gonds grincent et sont rouillés. Lorsqu'on regarde les gens de près, il semble que leurs diverses pièces sont indépendantes, du moins qu'elles ont besoin de temps pour se transmettre les chocs. Leurs idées n'éclatent pas d'abord en passions, en gestes, en actions. Comme chez le Flamand et l'Allemand, elles s'arrêtent d'abord dans la cervelle, elles s'y étalent,

elles y déposent ; l'homme n'est point secoué, il n'a
point de peine à demeurer immobile ; il n'est point
entraîné ; il peut agir sagement, uniformément ; car
son moteur intérieur est une idée ou une consigne,
non une émotion ou un attrait. Il sait s'ennuyer ; ou
plutôt il ne s'ennuie pas ; son train ordinaire, ce sont
les sensations ternes, et l'insipide monotonie de la vie
machinale n'a rien qui doive le rebuter. Il y est fait,
sa nature y est conforme. Quand on a mangé toute
sa vie des navets, on ne regrette pas les oranges. Il se
résignera aisément à écouter quinze discours de suite
sur le même sujet, à demander vingt ans de suite la
même réforme, à compulser des statistiques, à étudier
des traités moraux, à faire des classes le dimanche, à
élever une douzaine d'enfants. Le piquant, l'agréable
ne sont point un besoin pour lui. La faiblesse de ses
impulsions sensibles contribue à la force de ses impulsions morales. Son tempérament le fait raisonnable ; il peut se passer de gendarme ; les chocs de
l'homme contre l'homme n'aboutissent point ici à des
explosions. Il peut discuter sur la place publique, et
tout haut, à propos de religion et de politique, avoir
des *meetings*, faire des associations, attaquer rudement
les gens en place, dire que la Constitution est violée,
prédire la ruine de l'État ; cela n'a pas d'inconvénient ;
il a les nerfs calmes ; il raisonnera sans s'égorger, il
ne fera pas de révolutions, et peut-être fera-t-il une
réforme. Considérez les passants dans la rue ; en trois
heures vous verrez tous les traits sensibles de ce tempérament : les cheveux blonds, et, chez les enfants, la

filasse presque blanche ; les yeux pâles, souvent bleus comme une faïence, les favoris rouges, la haute taille, les mouvements d'automate, et avec cela d'autres traits plus frappants encore, ceux que la forte nourriture et la vie militante ont ajoutés à ce tempérament. Ici l'énorme soldat des gardes, au teint rose, majestueux, cambré, qui se prélasse une petite canne à la main, étalant son torse et montrant sa raie claire entre ses cheveux pommadés ; là, le gros homme surnourri, courtaud, rougeaud, semblable à un animal de boucherie, à l'air inquiétant, ahuri, et pourtant inerte ; un peu plus loin, le gentilhomme de campagne, haut de six pieds, gros et grand corps de Germain qui sort de sa forêt, avec un mufle et un nez de dogue, des favoris disproportionnés et sauvages, des yeux roulants, la face apoplectique ; ce sont là les excès de la séve et de l'alimentation brutales ; ajoutez-y, même chez les femmes, la devanture blanche de dents carnivores, et les grands pieds d'échassiers, solidement chaussés, excellents pour marcher dans la boue. En revanche, voyez les jeunes gens dans une partie de cricket ou de campagne ; sans doute l'esprit ne petille pas dans leurs yeux, mais la vie y abonde ; il y a dans tout leur être quelque chose de décidé, d'énergique ; sains et actifs, prompts au mouvement, à l'entreprise, voilà les mots qui à leur endroit reviennent involontairement aux lèvres. Plusieurs ont l'air de beaux lévriers élancés, humant l'air et en pleine chasse. La vie gymnastique et hasardeuse est en honneur ici ; ils ont besoin de remuer leur corps, de nager, de lancer la balle, de courir dans la prairie mouillée, de ramer, de respirer en canot la vapeur salée de la mer, de sentir sur leur front les gouttes de pluie des grands chênes, de sauter à cheval les fossés et les barrières ; les instincts animaux sont intacts. Ils goûtent encore les plaisirs naturels ; la précocité ne les a point gâtés. Rien de plus simple que les jeunes filles ; parmi les belles choses, il y en a peu d'aussi belles au monde ; sveltes, fortes, sûres d'elles-mêmes, si foncièrement honnêtes et loyales, si exemptes de coquetterie ! On n'imagine point, quand on ne l'a point vue, cette fraîcheur, cette innocence ; beaucoup d'entre elles sont des fleurs, des fleurs épanouies ; il n'y a qu'une rose matinale, avec son coloris fugitif et délicieux, avec ses pétales trempés de rosée, qui puisse en donner l'idée ; cela laisse bien loin la beauté du Midi et ses contours précis, stables, achevés, arrêtés dans un dessin définitif ; on sent ici la fragilité, la délicatesse et la continuelle poussée de la vie ; les yeux candides, bleus comme des pervenches, regardent sans songer qu'on les regarde ; au moindre mouvement de l'âme, le sang afflue aux joues, au col, jusqu'aux épaules, en ondées de pourpre ; vous voyez les émotions passer sur ces teints transparents comme les couleurs changer sur leurs prairies ; et cette pudeur virginale est si sincère, que vous êtes tenté de baisser les yeux par respect. Et pourtant toutes naturelles et naïves comme les voilà, elles ne sont point languissantes et rêveuses ; elles aiment et supportent l'exercice comme leurs frères en cheveux flottants, à six ans, elles courent à cheval et font de grandes marches. La vie active fortifie en ce pays le tempérament flegmatique, et le cœur s'y conserve plus simple en même temps que le corps y devient plus sain. Encore un regard ; car au-dessus de toutes ces figures un type surnage, le plus véritablement anglais, le plus saillant pour un étranger. Plantez-vous une heure durant, vers le matin, au débarcadère d'un chemin de fer, et considérez les hommes au-dessus de trente ans qui viennent à Londres pour leurs affaires : les traits sont tirés, les visages pâles, les yeux fixes, préoccupés, la bouche ouverte et comme contractée ; l'homme est fatigué, usé et roidi par l'excès du travail ; il court sans regarder autour de lui. Tout son être est tendu vers un seul but ; il faut qu'il fasse effort incessamment, le même effort, un effort profitable ; il est devenu machine. Cela est surtout visible dans les ouvriers ; la persévérance, l'opiniâtreté, la résignation sont peintes sur leurs longs visages osseux et ternes. Cela est encore plus visible dans les femmes du peuple ; beaucoup sont amaigries, étiques, les yeux caves, le nez effilé, la peau rayée de marbrures rouges ; elles ont trop pâti, elles ont eu trop d'enfants, elles ont l'air éteint, ou opprimé, ou soumis, ou stoïquement impassible ; on sent qu'elles ont supporté beaucoup et qu'elles peuvent supporter encore davantage. Même dans la classe moyenne ou supérieure, cette patience et cet endurcissement morne sont fréquents ; on pense, en les voyant, à ces pauvres bêtes de somme déformées par le harnais, qui demeurent immobiles sous la pluie sans songer à s'en garantir. Certainement la bataille de la vie est plus âpre et plus obstinée ici qu'ailleurs ; quiconque fléchit, tombe. Sous la rigueur du climat et de la concurrence, parmi les chômages de l'industrie, les faibles, les imprévoyants périssent ou s'avilissent ; le gin arrive alors, et fait son office ; de là ces longues files de misérables femmes qui s'offrent le soir dans le Strand pour payer leur terme ; de là ces quartiers honteux de Londres, de Liverpool, et de toutes les grandes villes, ces spectres déguenillés, mornes ou ivres, qui encombrent les échoppes d'eau-de-vie, qui emplissent les rues de leur triste linge et de leurs haillons pendus aux cordes, qui couchent sur un tas de suie, parmi des troupeaux d'enfants pâles ; horrible bas-fonds où descendent tous ceux que leurs bras blessés, paresseux ou débiles n'ont pu soutenir à la surface du grand courant. Les chances de la vie sont tragiques ici et la punition de l'imprévoyance est atroce. L'on comprend vite pourquoi, sous cette obligation de lutter et de s'endurcir, les sensations fines disparaissent, pourquoi le goût s'émousse, comment l'homme devient disgracieux et roide, comment les dissonances, les exagérations viennent gâter le costume et les façons, pourquoi les mouvements et les formes finissent par être énergiques et discordants à la façon du branle d'une machine. Si l'homme est Germain de race, de tempérament et d'esprit, il a dû à la longue fortifier, altérer, tourner tout d'un côté sa nature originelle ; ce n'est plus un animal primitif, c'est un animal *en-*

traîné : son corps et son esprit ont été transformés par la forte nourriture, par l'exercice corporel, par la religion austère, par la morale publique, par la lutte politique, par la perpétuité de l'effort ; il est devenu de tous les hommes le plus capable d'agir utilement et puissamment dans toutes les voies, le travailleur le plus productif et le plus efficace, comme son bœuf est devenu la meilleure bête à viande, son mouton la meilleure bête à laine, et son cheval le meilleur coureur.

II

En effet, il n'y a pas de plus grand spectacle que son œuvre ; dans aucun siècle et chez aucune nation de la terre, on n'a, je crois, ainsi manié et utilisé la matière. Entrez à Londres par le fleuve, et vous verrez une accumulation de travail et d'œuvres qui n'a pas d'égale sur la planète. Paris, en comparaison, n'est qu'une élégante ville de plaisir ; la Seine, avec ses quais, un joli jouet commode. Ici tout est énorme ; j'avais vu Marseille, Bordeaux, Amsterdam, je n'avais pas l'idée d'un pareil amas. De Greenwich à Londres, les deux rives sont un quai continu : toujours des marchandises qu'on empile, des sacs qu'on hisse, des navires qu'on amarre ; toujours de nouveaux magasins pour le cuivre, la bière, les agrès, le goudron, les matières chimiques. Les entrepôts, les chantiers, les bassins de calfat et de construction se multiplient et se serrent. Il y a sur la gauche la carcasse en fer d'une église qu'on achève pour la porter dans l'Inde. Le fleuve a un mille de large, et n'est plus qu'une rue peuplée de vaisseaux, un tortueux chantier de travail. Les bâtiments à vapeur, à voiles, montent, descendent, stationnent, par paquets de deux, trois, dix, puis en longs amas, puis en haie serrée; il y en a cinq ou six mille à l'ancre. Sur la droite, les docks, comme autant de rues maritimes, arrivent en travers, dégorgeant ou emmagasinant les navires. Si vous montez sur une hauteur, vous voyez les bâtiments au loin par centaines et par milliers, posés comme en pleine terre; leurs mâts alignés, leurs cordages grêles font une toile d'araignée qui ceint tout l'horizon. Cependant sur le fleuve lui-même, du côté du couchant, on voit se lever une forêt inextricable de mâtures, de vergues et de câbles; ce sont les navires qui se déchargent, accrochés, mêlés parmi les cheminées des maisons, parmi les poulies des magasins, parmi les grues, les cabestans et tout l'attirail du labeur incessant et gigantesque. Une fumée brumeuse, pénétrée du soleil, les enveloppe de son voile roussâtre; c'est l'air lourd et charbonneux d'une grosse serre; depuis le sol et l'homme jusqu'à la lumière et l'air, tout est transformé par le travail. Si vous entrez dans un de ces docks, l'impression sera plus accablante encore; chacun d'eux semble une ville; toujours des navires, et encore des navires, alignés, montrant leur tête, leurs flancs évasés, leur poitrine de cuivre, comme de monstrueux poissons sous leur cuirasse d'écaille. Quand on descend jusqu'au bas, on voit que cette cuirasse a cinquante pieds de haut; beaucoup d'entre eux portent trois mille, quatre mille tonneaux; les clippers longs de trois cents pieds vont partir pour l'Australie, pour Ceylan, pour l'Amérique. Un pont se lève au moyen d'une machine, il pèse cent tonnes, et il ne faut qu'un homme pour le mouvoir. Ici est le quartier du vin : il y a trente mille tonneaux de porto dans les celliers; ici le quartier des peaux; ici celui des suifs, celui de la glace. Le réceptacle des épiceries s'allonge à perte de vue, colossal, sombre comme un tableau de Rembrandt, comblé de futailles énormes, peuplé d'une fourmilière d'hommes qui s'agite dans l'ombre vacillante. L'univers aboutit à ce centre; comme un cœur où afflue le sang et d'où jaillit le sang, l'argent, les marchandises, le négoce, arrivent ici des quatre coins de la planète et coulent d'ici vers tous les bouts du globe. Et cette circulation semble naturelle, tant elle est bien conduite. Les grues tournent sans bruit, les tonneaux ont l'air de se mouvoir d'eux-mêmes, un petit traîneau les roule à l'instant et sans effort; les ballots descendent par leur propre poids sur les plans inclinés qui les conduisent à leur place. Les clerks, sans se presser, crient les numéros; les hommes poussent ou tirent sans confusion, avec calme, épargnant leur peine, pendant que le maître flegmatique, en chapeau noir, commande gravement avec des gestes rares et sans prononcer un mot.

A présent, prenez un chemin de fer et allez à Glasgow, à Birmingham, à Liverpool, à Manchester, voir l'industrie. A mesure que vous avancez dans le pays houiller, l'air s'obscurcit de fumée ; les cheminées, hautes comme des obélisques, s'entassent par centaines et couvrent la plaine à perte de vue ; les files multipliées, entre-croisées, de hauts bâtiments en briques rouges et monotones, passent devant les yeux, comme des rangées de ruches économiques et affairées. Les hauts fourneaux flamboient dans la brume ; j'en ai compté seize en un seul tas ; les débris de minerais s'amoncellent comme des montagnes ; les locomotives courent, semblables à des fourmis noires, d'un mouvement automatique et violent ; et tout d'un coup on se trouve engouffré dans la ville monstrueuse. Telle usine a cinq mille ouvriers, telle manufacture contient trois cent mille broches. Les magasins de tissus sont des édifices babyloniens, larges et longs de cent vingt pas, à six étages. A Liverpool, il y a cinq mille navires rangés le long de la Mersey et qui s'étouffent ; d'autres attendent pour entrer ; les docks ont six milles d'étendue, et les entrepôts de coton qui les bordent allongent à perte de vue leur énorme rempart rougeâtre. Toutes les choses semblent ici bâties dans des proportions démesurées et comme par des bras de colosses. Vous entrez dans une usine : ce ne sont que piliers de fer épais comme des troncs d'arbres, cylindres larges comme un homme, arbres de locomotives qui ressemblent à de grands chênes, machines à entailler qui font sauter des copeaux de fer, laminoirs qui plient la tôle comme une pâte, volants qui disparaissent dans l'essor de leur vitesse ; huit ouvriers, commandés par une espèce de colosse paisible, poussaient et retiraient de la forge un arbre de fer rougi gros comme mon corps. C'est la houille qui a fait pousser tout cela : l'Angleterre en produit deux fois autant que le reste du monde. Ajoutez la brique, les grands schistes qui affleurent, et les estuaires des fleuves où la mer entre pour faire un port naturel. Liverpool, Manchester et une dizaine de villes de quarante à cent mille âmes germent comme une végétation sur le bassin du Lancashire; jetez les yeux sur la carte, et voyez les districts teintés de noir, Glasgow, Newcastle, Birmingham, le pays de Galles, toute l'Irlande, qui n'est qu'un bloc de charbon. Les vieilles forêts antédiluviennes, en accumulant ici les aliments du feu, y ont emmagasiné la puissance qui remue la matière, et la mer fournit le vrai chemin sur lequel la matière peut être transportée. L'homme lui-même, esprit et corps, semble fait pour mettre à profit ces avantages. Ses muscles sont résistants et son esprit peut supporter l'ennui. Il est moins sujet à la lassitude et au dégoût qu'un autre. Il travaille aussi bien à la dixième heure qu'à la première. Nul ne manie mieux les machines; il a leur régularité et leur précision; deux ouvriers font dans une manufacture de coton l'ouvrage de trois et parfois de quatre ouvriers français. Cherchez maintenant dans les statistiques combien de lieues d'étoffes ils fabriquent chaque année, combien de millions de tonnes ils exportent et importent, combien de milliards ils produisent et consomment; ajoutez-y les empires industriels ou commerciaux qu'ils ont fondés où qu'ils fondent en

Amérique, en Chine, dans l'Inde, en Australie, et peut-être alors, en comptant les hommes et les valeurs, en calculant que leur capital est sept ou huit fois plus grand que celui de la France, que leur population a doublé depuis cinquante ans, que leurs colonies, partout où le climat est sain, deviennent de nouvelles Angleterre, vous atteindrez quelque idée bien sèche, bien imparfaite, d'une œuvre dont les yeux seuls peuvent mesurer la grandeur.

Il reste pourtant encore une de ses portions à explorer, la culture; du wagon, on en voit assez déjà pour la comprendre. Une prairie avec une haie, puis une autre prairie avec une autre haie, et ainsi de suite; parfois d'immenses carrés de raves; tout cela aligné, nettoyé, lisse; point de forêts, çà et là seulement un bouquet d'arbres : la campagne est un large potager, une fabrique d'herbe et de viande; rien n'est laissé à la nature et au hasard; tout est calculé, aménagé, tourné vers le produit et le profit. Si vous regardez les paysans, vous ne trouvez pas non plus de vrais paysans; rien de semblable à nos campagnards, sortes de fellahs, parents de la terre, défiants et incultes, séparés des citadins par un abîme. L'homme de la campagne ici ressemble à un ouvrier; et en effet, un champ est une manufacture avec un fermier pour contre-maître. Propriétaires et fermiers, ils prodiguent les capitaux à la façon des grands entrepreneurs; ils ont drainé, assolé; ils ont fait un bétail, le plus riche en rendement qu'il y ait au monde; ils ont importé les machines à vapeur dans la culture et dans l'élevage, ils perfectionnent les étables perfectionnées. Les plus grands seigneurs y mettent leur gloire ; quantité de gentlemen de campagne n'ont pas d'autre emploi ; le prince Albert, a près de Windsor, une ferme modèle, et cette ferme rapporte de l'argent ; il y a quelques années, les journaux annonçaient que la reine avait découvert un remède pour la maladie des dindonneaux. Sous cet effort universel[1], la production agricole a doublé en cinquante ans, l'hectare anglais a reçu huit ou dix fois plus d'engrais que l'hectare français ; quoique de qualité inférieure, on lui a fait produire le double ; trente personnes ont suffi à cette œuvre, quand il fallait en France quarante personnes pour obtenir la moitié de cette œuvre. Vous entrez dans une ferme, même médiocre, de cent acres par exemple ; vous trouvez des gens décents, dignes, bien vêtus, qui s'expliquent clairement et sensément, un grand bâtiment sain, confortable, souvent un petit péristyle avec des fleurs grimpantes, un jardin bien tenu, des arbres d'ornement, les murs intérieurs blanchis tous les ans à la chaux, les carreaux du sol lavés tous les huit jours, une propreté presque hollandaise ; avec cela un assez grand nombre de livres, des voyages, des traités d'agriculture, quelques volumes de religion ou d'histoire, au premier rang la grande Bible de famille. Même dans les plus pauvres chaumières on trouve quelques objets de confortable et d'agrément : un large poêle de fonte

---

1. Léonce de Lavergne, *Économie rurale en Angleterre, passim.*

luisant, un tapis, presque toujours un papier de tenture, un ou deux petits romans moraux, et toujours la Bible. Le cottage est propre ; il y a là des habitudes d'ordre ; les assiettes à dessins bleuâtres, régulièrement rangées, font un bon effet au-dessus du buffet brillant ; les carreaux rouges ont été balayés, il n'y a pas de vitres cassées, ni salies ; point de portes disjointes, de volets dépendus, de mares stagnantes, de fumiers épars, comme chez nos villageois ; le petit jardin est purgé de toutes les mauvaises herbes ; souvent des rosiers, des chèvrefeuilles encadrent la porte, et, le dimanche, on voit le père, la mère assis près d'une table bien essuyée, avec du thé et du beurre, jouir de leur *home*, et de l'ordre qu'ils y ont mis. Chez nous le paysan, le dimanche, sort de sa cabane pour aller voir *sa terre ;* ce qu'il souhaite, c'est la possession ; ce que ceux-ci aiment, c'est le confortable. Point de pays où l'on soit plus exigeant à cet endroit. « Notre « vice, me disait un d'eux, c'est la passion exagérée « de toutes les choses bonnes et commodes ; nous « avons trop de besoins, nous dépensons trop ; nos « paysans, sitôt qu'ils ont un peu d'argent, au lieu « d'acquérir un bout de terre, achètent le meilleur « sherry, les meilleurs habits[1]. » A mesure qu'on monte vers les hautes classes, ce goût devient plus

---

1. « L'économie, disait de Foe en 1704, n'est pas une vertu anglaise. Là où un Anglais gagne vingt shillings par semaine et ne peut que vivre, un Hollandais devient riche et laisse ses enfants dans une très-bonne position. Là où un manœuvre anglais avec ses neuf shillings par semaine vit pauvre et misérablement, un Hollandais

fort. Dans les moyennes, l'homme s'excède de travail pour donner à sa femme des robes trop voyantes et pour mettre dans sa maison les cent mille brimborions du demi-luxe. Vers le sommet, les inventions du bien-être sont si multipliées, qu'on en est gêné ; il y a trop de journaux et de revues sur votre table de nuit, trop d'espèces de tapis, de cuvettes, d'allumettes, de serviettes dans votre cabinet de toilette : leur raffinement est infini : vous songerez, en fourrant vos pieds dans les pantoufles, qu'il a fallu vingt générations d'inventeurs pour porter la semelle et la doublure jusqu'à ce degré de perfection. On ne saurait imaginer des clubs mieux munis du nécessaire et du superflu, des maisons si bien approvisionnées et si bien menées, l'agrément et l'abondance si savamment entendus, un service si sûr, si respectueux, si rapide. Les domestiques, dans le dernier recensement, faisaient « la classe la plus « nombreuse parmi les sujets de Sa Majesté ; » ils en ont cinq là où nous en avons deux. Quand, à Hyde-Park, on voit leurs jeunes filles riches, leurs gentlemen à cheval et en équipage, lorsqu'on réfléchit sur leurs maisons de campagne, sur leurs habits, leurs parcs et leurs écuries, on se dit que véritablement ce peuple est fait selon le cœur des économistes, j'entends qu'il est le plus grand producteur et le plus

vit passablement avec le même salaire.... Il n'y a rien de plus fréquent pour un Anglais que de travailler jusqu'à ce qu'il ait sa poche pleine d'argent, puis de s'en aller et de faire le paresseux, souvent l'ivrogne, jusqu'à ce que tout soit parti, et que parfois il ait fait des dettes. »

grand consommateur de la terre, que nul n'est plus propre à exprimer et aussi à absorber le suc des choses; qu'il a développé ses besoins en même temps que ses ressources, et vous pensez involontairement à ces insectes qui, après leur métamorphose, se trouvent tout d'un coup munis de dents, d'antennes, de pattes infatigables, d'instruments admirables et terribles, propres à fouir, à scier, à bâtir, à tout faire, mais pourvus en même temps d'une faim incessante et de quatre estomacs.

III

Comment se gouverne la fourmilière? A mesure que le wagon avance, vous apercevez, parmi les fermes et les cultures, le long mur d'un parc, la façade d'un château, plus souvent quelque vaste maison ornée, sorte d'hôtel campagnard, de médiocre architecture, avec des prétentions gothiques ou italiennes, mais entouré de belles pelouses, de grands arbres soigneusement conservés; là vivent les bourgeois riches; je me trompe, le mot est faux, c'est *gentlemen* qu'il faut dire; *bourgeois* est un mot français et désigne ces enrichis oisifs qui s'occupent à se reposer et ne prennent point part à la vie publique; ici, c'est tout le contraire; les cent ou cent vingt mille familles qui dépensent par an mille livres sterling et davantage gouvernent effectivement le pays. Et ce n'est point là un gouvernement importé, implanté artificiellement et du dehors; c'est un gouvernement spontané et naturel. Sitôt que des hommes veulent agir ensemble, il leur faut des chefs; toute association volontaire ou involontaire en a un; quelle qu'elle soit, État, armée, navire ou commune, elle ne peut se passer d'un guide qui trouve la voie, y entre, appelle les autres, gourmande les retardataires. Nous avons beau nous dire indépendants; dès que nous marchons en corps, nous avons besoin d'un chef de file; nous jetons les yeux à droite et à gauche, attendant qu'il se montre. La grande affaire est de le démêler, d'avoir le meilleur, de ne pas suivre un autre à sa place; c'est un grand bonheur qu'il y en ait un, et qu'on le reconnaisse. Ceux-ci, sans élection populaire ni désignation d'en haut, le trouvent tout fait et tout reconnu dans le propriétaire important, ancien habitant du pays, puissant par ses amis, ses protégés, ses fermiers, intéressé plus que personne par ses grands biens aux affaires de la commune, expert en des intérêts que sa famille manie depuis trois générations, plus capable par son éducation de donner le bon conseil, et par ses influences de mener à bien l'entreprise commune. En effet, c'est ainsi que les choses se passent; tous les jours des centaines de gens riches quittent Londres pour passer un jour à la campagne; c'est qu'ils ont convocation pour les affaires de leur commune ou de leur Église; il sont *justices*, *overseers*, présidents de toutes sortes de Sociétés, et gratuitement. Tel a bâti un pont à ses frais, tel autre une chapelle, une maison d'école; plusieurs établissent des bibliothèques qui prêtent des livres, avec des chambres chauffées ou éclairées, où les villageois trouvent le soir des journaux, des jeux, du thé à bon marché, bref des divertissements honnêtes qui les détournent du cabaret et du gin. Beaucoup d'entre eux font des *lectures*; leurs sœurs ou leurs filles tiennent des écoles de dimanche; en somme, ils donnent à leurs frais aux ignorants et aux pauvres la justice, l'administration, la civilisation. J'en ai vu un, riche de trente millions, qui le dimanche, dans son école, enseignait à chanter aux petites filles; lord Palmerston offre son parc pour les *archery meetings;* le duc de Marlborough ouvre le sien journellement au public « en priant (le mot y est) les visiteurs de ne pas gâter les gazons. » Un ferme et fier sentiment du devoir, un véritable esprit public, une grande idée de ce qu'un gentleman se doit à lui-même, leur donne la supériorité morale qui autorise le commandement; probablement, depuis les anciennes cités grecques, on n'a point vu d'éducation ni de condition où la noblesse native de l'homme ait reçu un développement plus sain et plus complet. Bref, ils sont magistrats et patrons de naissance, chefs des grandes entreprises où il faut hasarder des capitaux, promoteurs de toutes les largesses, de toutes les améliorations, de toutes les réformes, et, avec les honneurs du commandement ils en prennent les charges. Car remarquez qu'à l'inverse des autres aristocraties, ils sont instruits, libéraux, et marchent à la tête, non à la queue, dans la civilisation publique. Ce ne sont point des délicats de salon, comme nos marquis du dix-huitième siècle : un lord visite ses pêcheries, étudie le système des engrais liquides, parle pertinemment du fromage, et son fils est souvent meilleur rameur, marcheur et boxeur que ses fermiers. Ce ne sont point des mécontents arriérés comme les nôtres, occupés à jouer au whist et à regretter le moyen âge. Ils ont voyagé par toute l'Europe, et souvent plus loin ; ils savent des langues et des littératures ; leurs filles lisent couramment Schiller, Manzoni et Lamartine. Par les revues, les journaux, les innombrables volumes de géographie, de statistique et de voyages, ils ont le monde sur le bout du doigt. Ils soutiennent et président les Sociétés scientifiques ; si les libres chercheurs d'Oxford, au milieu du rigorisme officiel, ont pu expliquer la Bible, c'est parce qu'on les savait soutenus par les laïques éclairés et du premier rang. Il n'y a pas de danger non plus que cette élite tourne à la coterie ; elle se renouvelle ; un grand médecin, un profond légiste, un général illustre reçoivent la noblesse et fondent des familles. Quand un industriel ou un marchand a gagné quelques millions, sa première pensée est d'acquérir une terre ; au bout de deux ou trois générations, sa famille a pris racine et participe au gouvernement du pays : de cette façon les meilleurs plants de la grande forêt populaire viennent recruter la pépinière aristocratique. Notez enfin que l'institution n'est pas isolée. Partout il y a des chefs reconnus, respectés, qu'on suit avec confiance et déférence, qui se sentent responsables et portent le poids en même temps que les avantages de leur dignité. Il y en a dans le mariage, où l'homme règne incontesté, suivi par sa femme jusqu'au bout du monde, fidèlement attendu le soir, libre dans ses affaires qu'il ne communique pas. Il y en a dans la famille, où le père[1] peut déshériter ses enfants et garde avec eux, jusque dans les plus minces circonstances de la vie domestique, un degré d'autorité et de dignité que nous ne connaissons pas : tel fils malade, absent depuis longtemps, n'ose pas venir voir son père à la campagne sans lui demander d'abord permission ; une servante, à qui je remettais ma carte, refusait de la porter : « Oh ! je n'oserais pas maintenant. Monsieur dîne. » Le respect est à tous les étages, dans les ateliers comme aux champs, dans l'armée comme dans la famille. Partout il y a des inférieurs et des supérieurs qui se sentent tels ; le mécanisme du pouvoir établi se dérangerait, qu'on le verrait bientôt se reformer de lui-même ; par-dessous la constitution légale s'étend la constitution sociale, et l'action humaine entre forcément dans un moule solide qui est tout prêt.

C'est parce que ce réseau aristocratique est fort que l'action de l'homme peut être libre ; car le gouvernement local et naturel étant enraciné partout, comme un lierre, par cent petites attaches toujours renaissantes, les mouvements brusques, si violents qu'ils soient, ne sont pas capables de l'arracher tout

---

1. Dans le langage familier, les fils disent : « My governor. » En France ils diraient : « Le banquier. »

entier ; les gens ont beau parler, crier, faire des *meetings*, des processions, des ligues, ils ne démoliront pas l'État ; ils n'ont point affaire à un compartiment de fonctionnaires plaqué extérieurement sur le pays, et qui, comme tout placage, peut être remplacé par un autre ; toujours les trente ou quarante gentlemen d'un district, riches, influents, accrédités, utiles comme ils sont, se trouveront les conducteurs du district. « Comme on voit le diable dans les papiers
« périodiques, disait Montesquieu, on croit que le
« peuple va se révolter demain. » Point du tout, c'est leur façon de parler ; seulement ils parlent haut, et d'un ton rude. Le lendemain du jour où j'arrivai à Londres, je vis marcher des hommes-affiches portant sur leur ventre et sur leur dos cet écriteau en grosses lettres : « Usurpation énorme, attentat des Lords dans
« le vote du budget contre les droits du peuple. » Il est vrai que l'affiche ajoutait : « Compatriotes, une péti-
« tion ! » Les choses se bornent là ; on raisonne en termes francs, et le raisonnement, s'il est bon, se propage. Une autre fois, à Hyde-Park, des orateurs en plein vent déclamaient contre les Lords, qui sont des *coquins (rogues)*. L'auditoire applaudissait ou sifflait, à volonté. « En somme, me disait un Anglais,
« c'est de cette façon-là que nous faisons nos affaires.
« Chez nous, quand un homme a une idée, il l'écrit ;
« une douzaine de personnes la jugent bonne ; et là-
« dessus tous mettent en commun de l'argent pour la
« publier ; cela fait une petite association, qui grandit,
« imprime des traités à bon marché, fait des *lectures*,

« puis des pétitions, rallie l'opinion, et enfin apporte
« un projet au Parlement ; le Parlement refuse, ou
« remet l'affaire ; cependant le projet prend du poids ;
« la majorité de la nation pousse, elle force les portes,
« et voilà une loi faite. » Libre à chacun d'agir ainsi ;
les ouvriers peuvent se liguer contre leurs maîtres ;
en effet, leurs associations enveloppent toute l'Angleterre ; à Preston, je crois, il y eut une fois une grève qui dura plus de six mois. Ils feront parfois des émeutes, mais point de révoltes ; ils savent déjà l'économie politique, et comprennent que violenter les capitaux, c'est supprimer le travail. Surtout ils sont flegmatiques ; ici comme ailleurs le tempérament est toujours la grande force. La colère, le sang ne leur montent pas aux yeux d'abord comme chez les nations méridionales ; un long intervalle sépare toujours l'idée de l'action, et les raisonnements sages, le calcul répété viennent remplir cet intervalle. Entrez dans un *meeting*, considérez ces gens de toute condition, ces dames qui viennent pour la trentième fois entendre la même dissertation, ornée de chiffres, sur l'éducation, sur le coton, sur les salaires. Ils n'ont pas l'air de s'ennuyer ; ils savent heurter argument contre argument, patienter, réclamer gravement, recommencer leur réclamation ; ce sont les mêmes gens qui attendent le train au bord de la voie ferrée, sans se faire écraser, et qui jouent au cricket deux heures durant sans élever la voix ni se disputer une minute. Deux cochers qui s'accrochent se dégagent sans tempêter ni s'injurier. Ainsi dure leur association politique ; ils peuvent

être libres parce qu'ils ont des conducteurs naturels et des nerfs patients. Après tout, l'État est une machine comme les autres ; tâchez d'avoir de bons rouages et prenez garde de les casser ; ceux-ci ont le double avantage d'en posséder de très-bons et de les manier avec sang-froid.

IV

Voilà notre Anglais approvisionné et administré ; à présent qu'il a pourvu au bien-être privé et à la sécurité publique, que va-t-il faire, et comment se gouvernera-t-il dans ce domaine plus haut, plus noble, où l'homme monte pour contempler la beauté et la vérité ? En tout cas, ce ne sont pas les arts qui l'y conduisent. Cet énorme Londres est monumental, mais comme le château d'un enrichi ; tout y est soigné et coûteux, rien de plus. Ces hautes maisons en pierres massives, chargées de péristyles, de demi-colonnes, d'ornements grecs, sont le plus souvent lugubres ; les pauvres colonnes des monuments semblent lessivées à l'encre. Le dimanche, par un temps brumeux, on se croirait dans un cimetière décent ; les adresses lisibles, parfaites, en cuivre, ressemblent à des inscriptions funéraires. Rien de beau ; tout au plus les maisons bourgeoises vernissées, avec leur carré de verdure, sont agréables ; on sent qu'elles sont bien tenues, commodes, excellentes pour un homme d'affaires qui veut se délasser, se détendre après une journée laborieuse. Mais un sentiment plus fin et plus haut n'a rien à goûter là. Quant aux statues, il est difficile de ne pas rire. Il faut voir lord Wellington, avec son chapeau à plumes de fer; Nelson, muni d'un câble qui lui fait une queue, planté sur sa colonne et traversé d'un paratonnerre comme un rat empalé au bout d'une perche, ou bien encore les généraux de Waterloo déshabillés et couronnés par des Victoires. Les Anglais, de chair et d'os, semblent déjà fabriqués en tôle; que sera-ce des statues anglaises? — Ils se piquent de peinture, du moins ils l'étudient avec une minutie étonnante, à la chinoise; ils sont capables de peindre une botte de foin si exactement, qu'un botaniste reconnaîtra l'espèce de chaque tige; celui-ci s'est installé sous une tente pendant trois mois dans une bruyère afin de connaître à fond la bruyère; beaucoup sont des observateurs excellents, surtout de l'expression morale, et réussiront très-bien à vous montrer l'âme par le visage; on s'instruit à les regarder, on fait avec eux un cours de psychologie; ils peuvent illustrer un roman; on sera touché par l'intention poétique et rêveuse de plusieurs de leurs paysages. Mais dans la vraie peinture, la peinture pittoresque, ils sont révoltants. Je ne pense pas que jamais on ait placé sur la toile des couleurs si crues, des corps si roides, des étoffes si semblables à du fer-blanc, des tons aussi criards. Figurez-vous un opéra où il n'y a que des fausses notes. Vous verrez des paysages passés au sang de bœuf, des arbres qui crèvent la toile, des gazons qui semblent un pot de vert-perroquet répandu à terre, des Christs qui ont l'air d'être cuits et conservés dans l'huile, des cerfs expressifs, des chiens sentimentaux, des femmes nues auxquelles on souhaite aussitôt d'offrir une robe. En fait de musique, ils importent l'opéra italien ; c'est un oranger entretenu à grands frais parmi des betteraves. Les arts ont besoin d'esprits oisifs, délicats, point stoïciens, surtout point puritains, aisément choqués par les dissonances, enclins au plaisir sensible, et qui emploient leurs longs loisirs, leurs libres rêves à arranger harmonieusement, sans autre objet que la jouissance, les formes, les couleurs et les sons. Je n'ai pas besoin de dire qu'ici la pente des esprits est toute contraire, et l'on voit assez pourquoi, parmi ces politiques militants, ces industriels laborieux, ces hommes d'action énergiques, l'art ne peut fournir que des fruits exotiques ou déformés.

Il en est autrement dans la science ; mais c'est que dans la science il y a deux parts. On peut la traiter comme une affaire, ramasser et vérifier des observations, combiner des expériences, aligner des chiffres, peser des vraisemblances, découvrir des faits, des lois partielles, posséder des laboratoires, des bibliothèques, des sociétés chargées d'emmagasiner et d'accroître les connaissances positives ; en tout cela ils excellent ; ils ont même des Lyell, des Darwin, des Owen capables d'embrasser, de renouveler une science ; dans la construction du vaste édifice, les maçons industrieux, les maîtres de second ordre ne manquent pas ; ce sont les grands architectes, les penseurs, les vrais spéculatifs qui leur manquent ; la philosophie, surtout la métaphysique, est aussi peu indigène ici que la musique et la peinture; ils l'importent; encore en laissent-ils la meilleure partie en chemin; Carlyle est obligé de la transformer en poésie mystique, en fantaisies d'humoriste et de prophète; Hamilton l'effleure, mais pour la déclarer chimérique; Stuart Mill, Buckle, n'en prennent que l'espèce la plus palpable, un résidu pesant, le positivisme. Ce n'est pas de ce côté que le débouché se fera. C'est sur d'autres objets que se rejetteront la grande curiosité, les instincts sublimes de l'esprit, le besoin de l'universel et de l'infini, le désir des choses idéales et parfaites. Prenons le jour où le silence des affaires laisse aux aspirations désintéressées un libre champ. Nul spectacle plus frappant pour un étranger que le dimanche à Londres. Les rues sont vides et les églises sont pleines. Une proclamation de la reine interdit de jouer à aucun jeu ce jour-là, en public ou en particulier; défense aux tavernes de recevoir les gens pendant le service. D'ailleurs toutes les personnes convenables sont aux offices; les bancs regorgent; et ce ne sont pas les servantes, comme chez nous, les vieilles femmes, quelques rentiers assoupis, une volée de dames élégantes qui sont là; ce vont des gens bien vêtus, ou du moins proprement habillés, et autant de gentlemen que de femmes. La religion ne reste pas en dehors et au-dessous de la culture publique; les jeunes gens, les hommes instruits, l'élite de la nation, toute la haute classe et la classe moyenne y demeurent attachés. Le ministre, même au village, n'est pas un fils de paysan, mal décrassé, encore imbu du séminaire, enfermé dans une éducation monacale, séparé de la société par le célibat, à demi enfoncé dans le moyen âge[1]. C'est un homme du siècle, souvent un homme du monde, souvent de bonne famille, ayant les intérêts, les habitudes, les libertés des autres, parfois une voiture, des gens, des mœurs élégantes, ordinairement instruit, qui a lu et qui lit encore. A tous ces titres, il peut être dans son canton le guide des idées, comme son voisin le squire est le guide des affaires. S'il ne marche pas au même rang que les penseurs libres, il ne reste derrière eux que d'un ou deux pas; vous, homme moderne, Parisien, vous pouvez causer avec lui de tous les grands sujets; vous ne sentez pas un abîme entre son esprit et le vôtre. A proprement parler, c'est un laïque comme vous; la seule différence, c'est qu'il est surintendant de la morale. Jusque dans ses dehors, sauf un rabat passager, et la perpétuelle cravate blanche, il vous ressemble; au premier aspect vous le prendriez pour un professeur, un magistrat ou un notaire, et les discours qu'il prononce sont d'accord avec sa personne. Il ne dit point anathème au monde; en cela sa doctrine est moderne, il suit la grande voie dans laquelle la Renaissance et la Réforme ont lancé la religion. Lorsque le christianisme parut il y a dix-huit siècles, c'était en Orient, dans le pays des Esséniens et des Théra-

---

1. M. Bournisien, dans *Madame Bovary*, est un personnage très-rare en Angleterre.

peutes, au milieu de l'accablement et du désespoir universels, quand la seule délivrance semblait le renoncement au monde, l'abandon de la vie civile, la destruction des instincts naturels, et l'attente journalière du royaume de Dieu. Lorsqu'il reparut, il y a trois siècles, c'est en Occident, chez des peuples laborieux et à demi libres, au milieu du redressement et de l'invention universelle, quand l'homme, améliorant sa condition, prenait confiance en sa destinée terrestre, et épanouissait largement ses facultés. Rien d'étonnant si le protestantisme nouveau diffère du christianisme antique, s'il recommande l'action au lieu de prêcher l'ascétisme, s'il autorise le bien-être au lieu de prescrire la mortification, s'il honore le mariage, le travail, le patriotisme, l'examen, la science, toutes les affections et toutes les facultés naturelles, au lieu de louer le célibat, la retraite, le dédain du siècle, l'extase, la captivité de l'esprit et la mutilation du cœur. Par cette infusion de l'esprit moderne, il a reçu un nouveau sang, et le protestantisme aujourd'hui forme avec la science les deux organes moteurs et comme le double cœur de la vie européenne. Car, en acceptant la réhabilitation du monde, il n'a point renoncé à l'épuration de l'homme; au contraire, c'est de ce côté qu'il a porté tout son effort. Il a retranché de la religion toutes les portions qui ne sont point cette épuration même, et l'a fortifiée en la réduisant. Une institution, comme une machine et comme un homme, est d'autant plus puissante qu'elle est plus spéciale; on fait d'autant mieux une œuvre qu'on n'en fait qu'une, et qu'on rapporte tout à celle-là. Par la suppression des légendes et des pratiques, la pensée entière de l'homme a été concentrée sur un seul objet, l'amélioration morale. C'est de cela qu'on lui parle dans les églises, en style grave et froid, avec une suite de raisonnements sensés et solides : comment un homme doit réfléchir sur ses devoirs, les noter un à un dans son esprit, se faire des principes, avoir une sorte de code intérieur librement consenti et fermement arrêté, auquel il rapporte toutes ses actions sans biaiser ni balancer; comment ces principes peuvent s'enraciner par la pratique; comment l'examen incessant, l'effort personnel, le redressement continu de soi-même par soi-même doivent asseoir lentement notre volonté dans la droiture : ce sont là les questions qui, avec une multitude d'exemples, de preuves, d'appels à l'expérience journalière[1], reviennent dans toutes les chaires, pour développer dans l'homme la réforme volontaire, la surveillance et l'empire de soi-même, l'habitude de se contraindre, et une sorte de stoïcisme moderne presque aussi noble que l'ancien. De toutes parts les laïques y aident, et l'avertissement moral, parti de la littérature en même temps que de la théologie, réunit dans un seul accord le monde et le clergé. Presque jamais un livre ici ne peint l'homme d'une façon désintéressée; critiques, philosophes, historiens, romanciers, poëtes même, ils

---

1. Je prie le lecteur de lire entre cent autres les sermons du docteur Arnold devant ses élèves de Rugby.

donnent une leçon, ils soutiennent une thèse, ils démasquent ou punissent un vice, ils peignent une tentation surmontée, ils racontent l'histoire d'un caractère qui s'assied. Leur exacte et minutieuse description des sentiments aboutit toujours à une approbation ou à un blâme; ils ne sont pas artistes, mais moralistes; c'est seulement en pays protestant que vous trouverez un roman employé tout entier à décrire les progrès du sentiment moral dans une enfant de douze ans[1]. Tout travaille en ce sens dans la religion et jusqu'à la partie mystique. On en a laissé tomber les distinctions et les subtilités byzantines; on n'y a point introduit les curiosités et les spéculations germaniques; c'est le dieu de la conscience qui seul y règne; les douceurs féminines en ont été retranchées; on n'y trouve point l'époux des âmes, le consolateur aimable, que l'*Imitation* poursuit dans ses rêves tendres; quelque chose de viril y respire; on voit que l'Ancien Testament, que les sévères psaumes hébraïques y ont laissé leur empreinte. Ce n'est plus un ami de cœur à qui l'on confie ses menus désirs, ses petites peines, une sorte de directeur affectueux et tout humain; ce n'est plus un roi dont on essaye de gagner les parents ou les courtisans, et de qui on espère des grâces ou des places : on ne voit en lui que le gardien du devoir, et on ne lui parle pas d'autre chose. Ce qu'on lui demande, c'est la force d'être vertueux, la rénovation

---

1. *The wide, wide World*, by Elizabeth Whetherell. Voir les romans de miss Yonge et surtout ceux de miss Evans.

intérieure par laquelle on devient capable de toujours bien faire, et une supplication semblable est par elle-même un levier suffisant pour arracher l'homme à ses faiblesses. Ce que l'on sait de lui, c'est qu'il est parfaitement juste, et une confiance pareille suffit pour représenter tous les événements de la vie comme un acheminement vers le règne de la justice. A proprement parler, il n'y a qu'elle; le monde est une figure qui la cache; mais le cœur et la conscience la sentent, et il n'y a rien d'important, ni de *vrai* dans l'homme, que l'étreinte par laquelle il la tient. Ainsi parlent les vieilles et graves prières, les chants sévères qui roulent dans le temple, soutenus par l'orgue. Quoique Français et né dans une religion différente, je les écoutais avec une admiration et une émotion sincères. Poëmes sérieux et grandioses qui, ouvrant une échappée sur l'infini, laissent entrer un rayon de lumière dans l'obscurité sans limites et contentent les profonds instincts poétiques, le vague besoin de sublimité et de mélancolie que cette race a manifestés dès l'origine et qu'elle a conservés jusqu'au bout.

V

Au fond du présent comme au fond du passé, reparaît toujours une cause intérieure et persistante, le *caractère* de la race; l'hérédité et le climat l'ont entretenu; une perturbation violente, la conquête normande, l'a infléchi; à la fin, après des oscillations diverses, il s'est manifesté par la conception d'un modèle idéal propre, qui peu à peu a façonné ou produit la religion, la littérature et les institutions. Ainsi fixé et exprimé, il est désormais le moteur du reste ; c'est lui qui explique le présent, c'est de lui que dépend l'avenir ; sa force et sa direction produisent la civilisation présente ; sa force et sa direction produiront la civilisation future. Aujourd'hui que les grandes violences historiques, j'entends les destructions et les asservissements de peuples, sont devenus presque impraticables, chaque nation peut développer sa vie suivant sa conception de la vie ; les hasards d'une guerre ou d'une invention n'ont de prise que sur les détails ; seules, maintenant, les inclinations et les aptitudes nationales dessinent les grands traits de l'histoire nationale ; lorsque vingt-cinq millions d'hommes conçoivent d'une certaine façon le bien et l'utile, c'est cette sorte de bien et d'utile qu'ils recherchent et finissent par atteindre. L'Anglais a désormais son prêtre, son gentleman, sa manufacture, son confortable et son roman. Si l'on veut chercher dans quel sens cette œuvre changera, il faut chercher dans quel sens change la conception centrale. Une vaste révolution se fait depuis trois siècles dans l'intelligence humaine, semblable à ces soulèvements réguliers et énormes qui, déplaçant un continent, déplacent tous les points de vue. Nous savons que les découvertes positives vont tous les jours croissant, qu'elles iront tous les jours croissant davantage, que d'objet en objet elles atteignent les plus relevés, qu'elles commencent à renouveler la science de l'homme, que leurs applications utiles et leurs conséquences philosophiques se dégagent sans cesse; bref, que leur empiétement universel finira par s'étendre sur tout l'esprit humain. De ce corps de vérités envahissantes sort aussi une conception originale du bien et de l'utile, et, partant, une nouvelle idée de l'État et de l'Église, de l'art et de l'industrie, de la philosophie et de la religion. Celle-ci a sa force comme l'ancienne a sa force; elle est scientifique si l'autre est nationale; elle s'appuie sur les faits prouvés si l'autre s'appuie sur les choses établies. Déjà leur opposition se manifeste; déjà leurs transactions commencent, et nous pouvons affirmer d'avance que l'état prochain de la civilisation anglaise dépendra de leur divergence et de leur accord.

Novembre 1863.

FIN.

TABLE DES MATIÈRES

CONTENUES DANS LE QUATRIÈME VOLUME

LIVRE III.

L'AGE CLASSIQUE.

(Suite.)

Chapitre V. — Swift.

I. Les débuts de Swift. — Son caractère. — Son orgueil. — Sa sensibilité. — Sa vie chez sir W. Temple. — Chez lord Berkeley. — Son rôle politique. — Son importance. — Son insuccès. — Sa vie privée. — Ses amours. — Son désespoir et sa folie..... 2

II. Son esprit. — Sa puissance et ses limites. — L'esprit prosaïque et positiviste. — Comment il est situé entre la vulgarité et le génie. — Pourquoi il est destructif........................ 17

III. Le pamphlétaire. — Comment en ce moment la littérature entre dans la politique. — Différence des partis en France et en Angleterre. — Différence des pamphlets en France et en Angleterre. — Conditions du pamphlet littéraire. — Conditions du pamphlet efficace. — Ces pamphlets sont spéciaux et pratiques. — L'*Examiner*. — Les *Lettres du Drapier*. — Le *Portrait de lord Wharton*. — *Argument contre l'abolition du christianisme*. — L'invective politique. — La diffamation personnelle. — Le bon sens incisif. — L'ironie grave............................ 21

IV. Le poëte. — Comparaison de Swift et de Voltaire. — Sérieux et dureté de ses badinages. — *Bickerstaff.* — Rudesse de sa galanterie. — *Cadénus et Vanessa.* — Sa poésie prosaïque et réaliste. — *La grande question débattue.* — Énergie et tristesse de ses petits poëmes.—Vers *sur sa propre mort.*—A quels excès il aboutit. 40

V. Le conteur et le philosophe. — Le *Conte du Tonneau.* — Son jugement sur la religion, la science, la philosophie et la raison. — Comment il diffame l'intelligence humaine. — Les *Voyages de Gulliver.* — Son jugement sur la société, le gouvernement, les conditions et les professions. —Comment il diffame la nature humaine.— Derniers pamphlets. — Construction de son caractère et de son génie. 56

Chapitre VI. — Les Romanciers.

I. Caractères propres du roman anglais. — En quoi il diffère des autres... 84

II. De Foe. — Sa vie. — Son énergie, son dévouement, son rôle politique. — Son esprit. — Différence des réalistes anciens et des réalistes modernes. —Ses œuvres. — Ses procédés. — Son but. — *Robinson Crusoé.*—En quoi ce caractère est anglais. — Sa fougue intérieure. — Sa volonté obstinée. — Sa patience au travail. — Son bon sens méthodique. — Ses agitations religieuses. — Sa piété finale... 85

III. Circonstances qui font naître le roman du dix-huitième siècle. — Tous ces romans sont des fictions morales et des études de caractères. — Liaison du roman et de l'essai. — Deux idées principales en morale. — Comment elles suscitent deux classes de romans.. 98

IV. Richardson. — Sa condition et son caractère. — Liaison de sa perspicacité et de son rigorisme. — Son talent, sa minutie, ses combinaisons. — *Paméla.* — Son tempérament. — Ses principes. — L'épouse anglaise. — *Clarisse Harlowe.* — La famille Harlowe. — Les caractères despotiques et insociables en Angleterre. — Lovelace. — Le caractère orgueilleux et militant en Angleterre. — Clarisse. — Son énergie, son sang-froid, sa logique. — Sa pédanterie, ses scrupules. — *Sir Charles Grandisson.* — Inconvénients des héros automates et édifiants. — Richardson, sermonnaire. — Ses longueurs, sa pruderie, son emphase.................. 102

V. Fielding. — Son tempérament, son caractère et sa vie. — *Joseph Andrews*. — Sa conception de la nature. — *Tom Jones*. — Caractère du squire. — Les héros de Fielding. — *Amélia*. — Lacunes de sa conception 124

VI. Smollett. — *Roderick Random*. — *Peregrine Pickle*. — Comparaison de Smollett et de Lesage. — Sa conception de la vie. — Dureté de ses héros. — Crudité de ses peintures. — Relief de ses caractères. — *Humphrey Clinker* 139

VII. Sterne. — Étude excessive des particularités humaines. — Caractère de Sterne. — Son excentricité. — Sa sensibilité. — Ses gravelures. — Pourquoi il peint les maladies et les dégénérescences de la nature humaine 144

VIII. Goldsmith. — Épuration du roman. — Peinture de la vie bourgeoise, du bonheur honnête et de la vertu protestante. — *Le ministre de Wakefield*. — L'ecclésiastique anglais. — Samuel Johnson. — Son autorité. — Sa personne. — Ses façons. — Sa vie. — Ses doctrines. — Son jugement sur Voltaire et Rousseau. — Son style. — Ses œuvres. — Hogarth. — Sa peinture morale et réaliste. — Contraste du tempérament anglais et de la morale anglaise. — Comment la morale a discipliné le tempérament... 151

Chapitre VII. — Les Poëtes.

I. Domination et domaine de l'esprit classique. — Ses caractères, ses œuvres, sa portée et ses limites. — Comment il a son centre dans Pope 173

II. Pope. — Son éducation. — Sa précocité. — Ses débuts. — *Les Pastorales*. — *L'Essai sur la critique*. — Sa personne. — Son genre de vie. — Son caractère. — Médiocrité de ses passions et de ses idées. — Grandeur de sa vanité et de son talent. — Sa fortune indépendante et son travail assidu 176

III. *L'Épître d'Héloïse à Abeilard*. — Ce que deviennent les passions dans la poésie artificielle. — *La Boucle de cheveux enlevée*. — Le monde et le langage du monde en France et en Angleterre. — En quoi le badinage de Pope est pénible et déplaisant. — *La Sottisiade*. — Saletés et banalités. — En quoi l'imagination anglaise et l'esprit de salon sont inconciliables 185

IV. Son talent descriptif. — Son talent oratoire. — Ses poëmes didactiques. — Pourquoi ces poëmes sont l'œuvre finale de l'esprit classique. — *L'Essai sur l'homme.* — Son déisme et son optimisme. — Valeur de ces conceptions. — Comment elles sont liées au style régnant. — Comment elles se déforment sous les mains de Pope. — Procédés et perfection de son style. — Excellence de ses portraits. — Pourquoi ils sont supérieurs. — Sa traduction de l'Iliade. — En quoi le goût a changé depuis un siècle......... 199

V. Disproportion de l'esprit anglais et des bienséances classiques. — Prior. — Gay. — La pastorale antique est impossible dans les climats du Nord. — Le sentiment de la campagne est naturel en Angleterre. — Thompson.......................... 213

VI. Discrédit de la vie de salon. — Apparition de l'homme sensible. — Pourquoi le retour à la nature est plus précoce en Angleterre qu'en France. — Sterne. — Richardson. — Mackensie. — Macpherson. — Gray, Akenside, Beattie, Collins, Young, Shenstone. — Persistance de la forme classique. — Empire de la période. — Johnson. — L'école historique. — Robertson, Gibbon, Hume. — Leur talent et leurs limites. — Commencements de l'âge moderne 225

LIVRE IV.

L'AGE MODERNE.

Chapitre I. — Les idées et les œuvres.

I. Changements dans la société. — Avénement de la démocratie. — La Révolution française. — Le désir de parvenir. — Changements dans l'esprit humain. — Nouvelle idée des causes. — La philosophie allemande. — Le désir de l'au-delà....................... 233

II. Robert Burns. — Son pays. — Sa famille. — Sa jeunesse. — Ses misères. — Ses aspirations et ses efforts. — Ses invectives contre la société et l'Église. — *The jolly Beggars.* — Ses attaques contre le cant officiel. — Son idée de la vie naturelle. — Son idée de la vie morale. — Son talent. — Comment il est spontané. — Son style. — Comment il est novateur. — Son succès. — Ses affectations. — Ses lettres étudiées et ses vers académiques. — Sa vie de fermier. — Son emploi de douanier. — Ses dégoûts. — Ses excès. — Sa mort................................ 243

III. Domination des conservateurs en Angleterre. — **La Révolution ne se fait d'abord que dans le style.** — Cowper. — Sa délicatesse maladive. — Ses désespoirs. — Sa folie. — Sa retraite. — *The Task*. — Idée moderne de la poésie. — Idée moderne du style. 272

IV. L'école romantique. — Ses prétentions. — Ses tâtonnements. — Les deux idées de la littérature moderne. — L'histoire entre dans la littérature. — Lamb, Coleridge, Southey, Moore. — Défauts de ce genre. — Pourquoi il réussit moins en Angleterre qu'ailleurs. — Sir Walter Scott. — Son éducation. — Ses études d'antiquaire. — Ses goûts nobiliaires. — Sa vie. — Ses poëmes. — Ses romans. — Insuffisance de ses imitations historiques. — Excellence de ses peintures nationales. — Ses tableaux d'intérieur. — Sa moquerie aimable. — Ses intentions morales. — Sa place dans la civilisation moderne. — Développement du roman en Angleterre. — Réalisme et honnêteté. — En quoi ce genre est bourgeois et anglais... 285

V. La philosophie entre dans la littérature. — Inconvénients du genre. — Wordsworth. — Son caractère. — Sa condition. — Sa vie. — Peinture de la vie morale dans la vie vulgaire. — Introduction du style terne et des compartiments psychologiques. — Défauts du genre. — Noblesse des sonnets. — *L'Excursion*. — Beauté austère de cette poésie protestante. — Shelley. — Ses imprudences. — Ses théories. — Sa fantaisie. — Son panthéisme. — Ses personnages idéaux. — Ses paysages vivants. — Tendance générale de la littérature nouvelle. — Introduction graduelle des idées continentales.. 309

Chapitre II. — Lord Byron.

I. L'homme. — Sa famille. — Son caractère passionné. — Ses amours précoces. — Sa vie excessive. — Son caractère militant. — Sa révolte contre l'opinion. — *English Bards and Scottish Reviewers*. — Ses bravades et ses imprudences. — Son mariage. — Déchaînement de l'opinion contre lui. — Son départ. — Sa vie politique en Italie. — Ses tristesses et ses violences...................... 344

II. Le poëte. — Ses raisons pour écrire. — Sa façon d'écrire. — Comment sa poésie est personnelle. — Son goût classique. — En quoi ce goût l'a servi. — *Childe Harold*. — Le héros. — Les paysages. — Le style... 351

III. Ses petits poëmes. — Ses procédés oratoires. — Ses effets mélodramatiques. — Vérité des paysages. — Sincérité des sentiments. — Peinture des émotions tristes et extrêmes. — Idée régnante de la mort et du désespoir. — *Mazeppa, le Prisonnier de Chillon, le Siége de Corinthe, le Corsaire, Lara.* — Analogie de cette conception avec celle de l'Edda et de Shakspeare — *Les Ténèbres.* 362

IV. *Manfred.* — Comparaison du Manfred de Byron, et du Faust de Goëthe. — Conception de la légende et de la vie dans *Goëthe.* — Caractère symbolique et philosophique de son épopée. — En quoi Byron lui est inférieur. — En quoi Byron lui est supérieur. — Conception du caractère et de l'action dans Byron. — Caractère dramatique de son poëme. — Opposition entre le poëte de l'univers et le poëte de la personne 378

V. Scandale en Angleterre. — La contrainte et l'hypocrisie des mœurs. — Comment et selon quelles lois varient les conceptions morales. — La vie et la morale méridionales. — *Beppo.* — *Don Juan.* — Transformation du talent et du style de Byron. — Peinture de la beauté et du bonheur sensibles. — *Haydée.* — Comment il combat le cant britannique. — Comment il combat l'hypocrisie humaine. — Idée de l'homme. — Idée de la femme. — *Dona Julia.* — *Le Naufrage.* — *La Prise d'Ismaïl.* — Naturel et variété de son style. — Excès et fatigue de sa verve. — Son théâtre. — Son départ pour la Grèce et sa mort........................ 395

VI. Position de Byron dans son siècle. — La maladie du siècle. — Les diverses conceptions du bonheur et de la vie. — La réponse des lettres. — La réponse des sciences. — Équilibre futur de la raison. — Conception moderne de la nature 419

Conclusion. — Le passé et le présent.

I. Le passé. — L'invasion saxonne. — Comment elle a établi la race et fondé le caractère. — La conquête normande. — Comment elle a infléchi le caractère et établi la constitution. — La Renaissance. — Comment elle a manifesté l'esprit national. — La Réforme. — Comment elle a fixé le modèle idéal. — La Restauration. — Comment elle a importé la culture classique et dévié l'esprit national. — La Révolution. — Comment elle a développé la culture classique et redressé l'esprit national. — L'âge moderne. — Comment les idées européennes élargissent le moule national............ 424

II. Le présent. — Concordance de l'observation et de l'histoire. —

Le ciel. — Le sol. — Les produits. — L'homme. — Le commerce.
— L'industrie. — L'agriculture. — La société. — La famille. —
Les arts. — La philosophie. — La religion. — Quelles forces ont
produit la civilisation présente, et élaborent la civilisation future... 433

FIN DE LA TABLE.

740 — PARIS. IMPRIMERIE LALOUX Fils et GUILLOT
7, rue des Canettes, 7

www.ingramcontent.com/pod-product-compliance
Lightning Source LLC
Chambersburg PA
CBHW071624230426
43669CB00012B/2063